사회복지정책론

조추용 이채식 전영록 오선영 이승민 정미경 공저

SJ 신정

머리말

‘사회복지정책론’은 사회복지학의 핵심 교과목 중 하나로, 사회복지정책에 대한 이론적 기초와 실제 적용을 학습하는 학문이다. 쉽게 말해, 사회복지를 실현하기 위한 제도와 정책이 어떻게 만들어지고 실제로 어떻게 운영되고 있는지에 대한 내용을 학습하는 것이다. 따라서 사회복지정책은 사회복지 정책과 실천 활동이 이루어지고 있는 모든 영역에 영향을 미치고 있다고 해도 과언이 아니다. 그러므로 사회복지를 공부하는 학생들은 사회복지정책을 통하여 사회복지 영역의 현상을 폭넓게 볼 수 있는 혜안과 거시적인 관점에서 사회복지를 조망하여 사회복지정책을 잘 이해하는 것이 중요하다.

이러한 관점에서 본서는 기본적으로 사회복지대학교육협의회가 발간한 교과목지침서를 바탕으로 모두 3부로 구성하여 각 장을 통하여 사회복지정책의 내용을 담았다. 제1부에 해당하는 제1장~제3장에서는 사회복지정책의 개요에 해당하는 부분으로 사회복지정책의 가장 기본 바탕이 되는 개념과 원리, 가치, 철학, 이데올로기, 발전과정에 대하여 설명하였다. 제2부에 해당하는 제4장~제9장에서는 사회복지정책에서 핵심적인 접근 방법이 되는 영역으로 형성과정, 내용분석과 평가, 급여의 할당, 급여의 내용, 전달체계, 재원의 구성과 조달 방법을 다루었다. 제3부에 해당하는 제10장~제13장에서는 사회복지정책의 법·제도에 의해서 구성된 것들을 배분하는 현장에 대한 내용으로 연금보험·건강보험·산재보험 등의 사회보험, 국민소득보장의 최후수단인 공공부조와 수당, 최근에 발달하여 제공하고 있는 사회서비스에 대하여 살펴보고, 마지막으로 사회복지정책의 과제와 전망으로 마무리하였다.

사실 사회복지정책의 범위는 매우 넓고 내용 또한 방대하기 때문에 전반적인 내용을 간결하게 구성하고 설명하는 작업은 결코 쉽지 않다. 본서는 사회복지정책 내용의 기본에 충실하면서 사회복지정책의 전체를 조망할 수 있도록 집필진 모두가 노력하였다. 그럼에도 불구하고 미진한 부분에 대해서는 학습자들의 조언과 평가를 통하여 개정판에서 완성도 높은 책으로 발전해나가도록 가일층 노력할 것을 약속한다.

끝으로 본 저서가 나오기까지 성원해 주신 신정출판사 관계자 여러분께 감사함을 전하며, 바쁜 일정 속에서도 묵묵히 자신이 맡은 영역의 집필에 최선을 다한 집필진 여러분께도 박수를 보낸다. 본 저서가 사회복지를 공부하는 학생과 사회복지현장에 유용하게 활용되기를 바라며, 이 책을 통하여 사회복지정책의 이해와 학문적 발전이 있기를 기원한다.

2025. 7.

저자 일동

차례

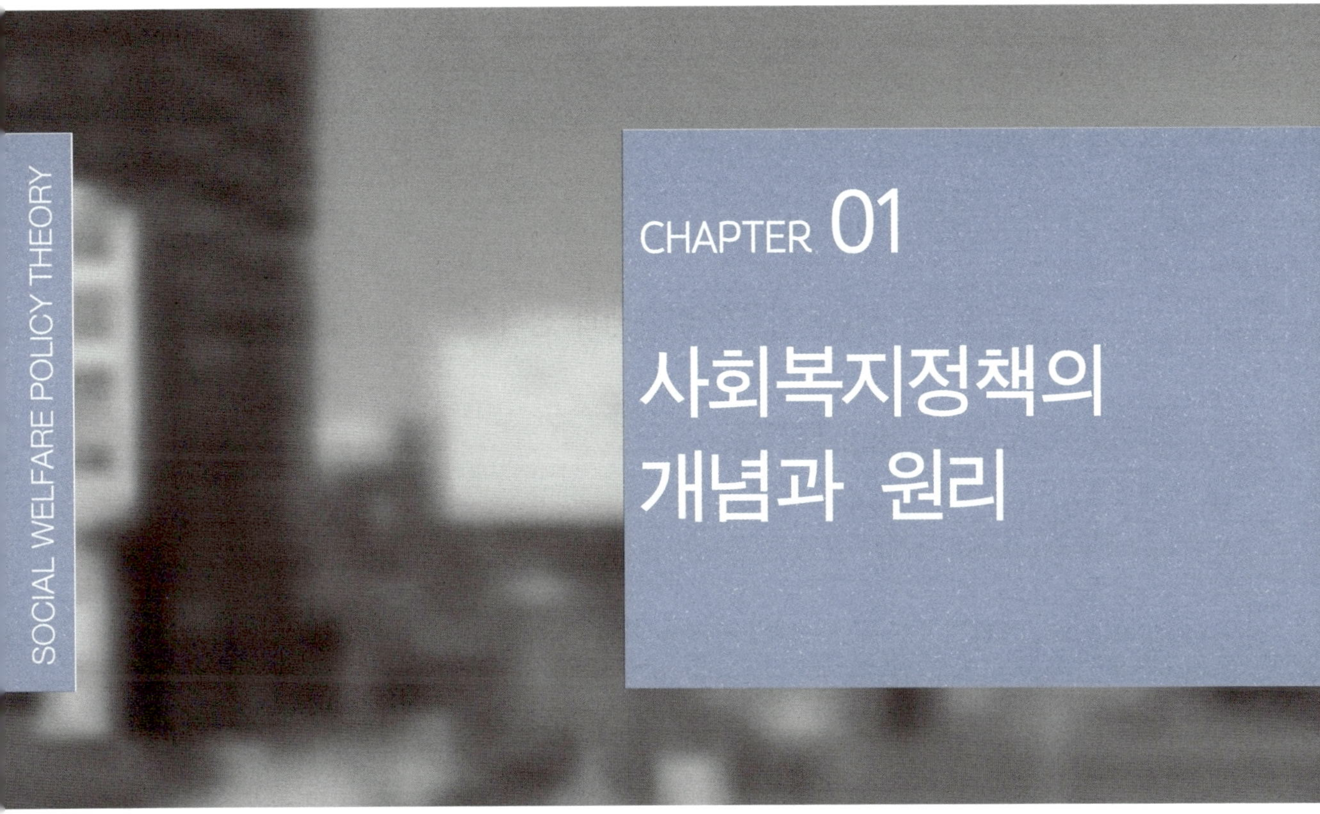

CHAPTER 01

사회복지정책의 개념과 원리

학습목표

1. 기본적인 개념과 세부적인 정책 유형 및 원리에 대한 설명을 통해 사회복지정책을 '전체'로서 조망할 수 있는 기본적인 시각과 관점을 배양한다.
2. 복지정책이 필요한 이유와 역할 및 위상에 대해 총괄적으로 공부한다.
3. 사회복지정책과 다른 유사학문 간의 관계, 대표적인 이념 모형에 대하여 이해한다.

CHAPTER 01 사회복지정책의 개념과 원리

제1절 사회복지정책의 개념과 성격

1. 사회복지정책의 개념

1) 사회복지의 개념

사회복지는 우리의 생활과 관련하여 매우 중요한 의미를 지닌다. 사회복지는 사회 변화에 따라 그 용어가 변화되었고, 전통적 사회복지의 개념은 상호부조, 자선사업, 인보사업, 박애사업 등으로 이어져 왔다. 사회복지는 사회(social)와 복지(welfare)의 합성어이다. 복지란 영어의 'welfare'로서, 'well'과 'fare'가 합친 말이다. 'well'은 사전적인 의미로 satisfactorily(만족하게), successfully(잘된·번창하는·성공한), properly(적당하게), fittingly(적당한) 등의 뜻이고, 'fare'는 'state of thing(사물의 상태)', '지내다', '살아가다'라는 의미를 가지고 있다. 즉 'welfare'는 '불만이 없는 상태', '만족할 만한 상태'를 의미한다. 다시 말해서 복지란 '안락하고 만족스러운 상태', '건강하고 번영한 상태'라는 의미를 내포하고 있다. 사회복지는 사회(social)라는 말이 첨가되어 '사회적으로 평안하고 만족스러운 상태'를 나타낸다고 할 수 있다. 즉 사회복지는 사전적인 의미로서 일단 사회 내의 사람들이 만족스럽고 평안한 상태를 유지할 수 있게 하는 것과 연결된다.

그렇다면 복지가 지향하는 수준과 목표는 과연 무엇이며 어디까지인가? 그것은 복지의 수준과 목표, 내용이 개인이 살고 있는 사회 현실을 반영하고 있음을 나타낸다. 사실 복지란 개념 자체가 현실 사회에서 출발한 것인 만큼, 그것이 지향하고 도달해야 하는 목표와 수준 역시 현실을 반영할 수밖에 없다. 그러므로 복지는 사회라는 용어가 제한하는, 그 사회 자체가 지니는 역량에 좌우되는 성격을 지니게 된다. 사회의 총체적 역량이란 복지 수준과 목적, 내용, 형태와 방법 등을 결정하는 실체로서 존재하게 되는 것이다. 따라서 사회복지란 한 사회나 국가의 가치관이나 이념을 포함하는 소위 문화적 요소, 정치경제적 요소, 사회구성원들 사이의 관계를 나타내는 총합적인 제반 사회적 요소를 말한다. 이것은 사회복지제도라는 형태로 구체적으로 표시되며, 사회복지제도는 국가에 따라 다양한 차이를 보인다. 결국 사회복지는 이런 점에서 한 국가와 사회의 역사적 흐름과 그 특성을 반영한 산물이다. 또한 사회복지는 목적적 개념으로서 한 국가와 사회에서 다양한 명목으로 통용되고 있는 사회복지적 시책들의 목표 자체가 사회복지라는 의미로 파악할 수 있으며, 향후 목표에 도달해야 하는 사회의 어떤 상황을 말한다. 이런 점에서 사회복지는 이상적인 상태를 의미하고, 그것은 인간의 가치와 존엄이 최고도로 실현되는 상황을 의미하고 있다.

사회복지학의 분류는 실천부문과 정책부문으로 구분하기도 하고, 직접적 서비스와 간접적 서비스로 나누기도 한다. 그러나 현재 우리나라에서 가장 보편적으로 사용되고 있는 분류방법은 미국의 전문사회사업을 포괄하는 실천론과 유럽의 사회행정이나 사회정책학의 전통까지를 포괄하는 정책론이다. 실천론과 정책론은 인간과 사회를 보는 관점에서는 상호대립적이지만 사회복지를 실현하는 데는 상호보완관계에 있다. 즉 법이나 제도 등의 정책은 전체 인간생활의 일정한 수준이나 범위를 다루는 것이고, 복지서비스로 나타나는 실천은 개별화된 원조활동을 통해 사회복지를 실현하고자 하는 것이다. 따라서 정책론과 실천론이 잘 조화를 이룰 때 비로소 참된 복지의 실현이 기대되며, 어떻게 이 둘을 잘 조화시켜 나가고 개별화된 서비스를 제공하느냐가 복지시책의 근본적 과제이다.

〈표 1-1〉 실천론과 정책론의 차이

구분	실천론(미시적 개입)	정책론(거시적 개입)
클라이언트	개인, 가족, 소집단	이웃, 근린, 공식적 조직, 지역사회, 전체 사회
목표	사회기능의 향상: 개인, 가족, 소집단을 위한 사회문제의 경감	조직, 지역사회, 전체 사회의 변화
기초가 되는 지식	개인변화이론: 발달심리학, 인간발달이론	대규모 체계변화이론: 사회학, 경제학, 정치학, 산업관계학
공통 필요 지식	소집단 사회학, 커뮤니케이션 이론	
변화전략	직접적인 상담, 위기개입, 개별 클라이언트를 위한 옹호	지역사회조직, 사회행동, 로비활동, 조정, 지역사회분석

출처: Whittaker, J. K. (1974); 김기태 외 (2000) 재인용.

로만슨(Romanyshyn, 1971; 장인협, 1986 재인용)은 산업화 이전 사회에서 산업화 이후 사회로 변화됨에 따라 사회복지 역시 그 개입의 방향과 인식이 확대해 가는 경향을 보인다고 하였는데, 그 내용은 다음과 같다.

- 보충적 개념에서 제도적 개념으로
- 자선에서 시민의 권리로
- 선별성에서 보편성으로
- 특수성에서 일반성으로
- 최저조건에서 최대·최적 조건의 급여나 서비스로
- 개인에서 사회개혁으로
- 민간에서 공공지원으로
- 빈민복지에서 복지사회로

이러한 사회복지 개념의 변천은 사회복지가 협의의 개념에서 광의·최광의의 개념으로, 일부 적용에서 전체 국민의 적용으로 변화·확대되는 것을 알 수 있다.

2) 사회복지정책의 개념

(1) 사회복지정책의 개입방법

오늘날 우리 사회는 시대적 변화와 변동, 다양한 형태의 사회문제로 접근방법과 대안이 모색되고 있다. 사회복지학도 새롭게 전개되면서 학문적 실천과 접근방법이 재고되고 있다. 현외성(2016)은 〈표 1-2〉와 같이 직접적 사회사업 실천방법, 지원적 개입방법, 간접적 개입방법으로 구분하고 있다.

〈표 1-2〉 최근의 사회복지 접근방법의 분류

직접적 사회사업실천방법	지원적 개입방법	간접적 개입방법
개별사회사업	사례관리방법	사회복지행정
집단사회사업	사회복지조사	사회복지정책
지역사회조직론		

출처: 현외성 (2016).

사회복지 전체의 실천방법은 국가와 학자에 따라서 분류방법이 다르지만 사회복지정책은 거시적인 방법으로 분류되고 있어 사회 전체나 국가 또는 특정 지역을 개입대상으로 하는 개입방법 또는 실천방법이다.

김태성(2012)은 우리나라 사회복지의 정의를 크게 세 가지 유형으로 나누고 있다. 첫째, 사회복지정책을 좁은 의미로 받아들여 사회복지서비스정책으로 제한하여 주요 소득보장정책(사회보험과 공공부조)을 비롯한 다른 사회복지 관련 정책들은 제외하는 유형이다.

둘째, 사회복지정책이라는 용어보다 사회정책이라는 용어를 선호하는 유형이다. 이 경우는 사회정책을 유럽 국가들처럼 매우 광범위하게 사용해서 몇 가지의 국가정책(예, 국방정책)을 제외하고 거의 모든 정책을 포함시킨다. 이 정의는 사회복지정책을 사회정책보다 하위개념으로 사용되는 경향이 크다.

셋째, 위 두 가지 개념의 중간 형태로 첫째보다는 넓은 의미로 사용하여 주요 소득보장정책을 포함시킬 뿐만 아니라 교육, 주택, 의료정책도 포함한다(일부는 노동정책과 조세정책도 포함). 둘째의 사회정책보다는 좁아 환경, 문화, 인구, 범죄, 교통정책 등을 제외한다. 사회복지학을 전공한 사람들은 대개 이러한 입장을 취하는 경향이 있다.

이렇게 사회복지정책이란 용어를 둘러싼 서로 다른 정의들 가운데 어느 것을 사용하는 것이 바람직한가? 이것을 위해서는 먼저 사회복지정책이라는 용어의 개념을 정리할 필요가 있다. 사회복지정책은 '사회복지'와 '정책'이라는 두 용어의 합성어이다. 외국의 사회복지정책에 대한 개념은 다음과 같다(현외성, 2016 참조).

(2) 영국의 사회복지정책 개념

영국에서는 사회복지정책 개념보다는 사회정책(social policy)이란 용어를 선호한다. 우리나라에서 사용되는 사회정책 개념은 미국적인 전통을 다분히 이어받은 것으로서 영국과는 다른 개념을 사용하고 있다. 이는 영국의 사회정책이 오랜 구빈행정의 역사적 발전과 연결되어 있으며, 1950년대 말부터 시작된 사회행정(social administration) 연구가 1980년대로 오면서 점진적으로 사회정책으로 확대, 변화되고 있는 데서 그 배경을 짐작할 수 있다(현외성, 2016).

영국 사회정책의 또 다른 특징은 학제적 성격에 있다. 영국의 사회정책을 독립된 학문분야로 보기보다는 다른 학문분야와 상호의존하는 관계로 본다. 따라서 영국의 사회정책 연구에는 사회철학, 사회학, 정치학, 경제학 등의 연구자들이 참여한다(박병현, 2015). 타운센드(Townsend)는 사회정책이란 공공행정과 관련된 정책이고, 이것은 일반적으로 인정된 특수한 사회문제를 해결하거나 사회

목적을 추구하기 위한 국가와 지방당국의 건강, 교육, 복지 및 사회보장서비스와 같은 서비스 개발과 관리에 관련된 정책이라고 하였다(신섭중, 1993).

(3) 미국의 사회복지정책 개념

미국의 사회복지정책 개념은 자유주의, 자본주의 정신이 강한 국가임을 반영하듯 매우 소극적인 개념을 사용하는 경향이 있다. 미국은 건국 배경에서 볼 수 있듯이 프런티어 정신이 강하게 남아 있고 경제사회적으로도 개인의 노력으로 자립할 수 있는 기회가 다른 나라에 비하여 많은 국가이다. 따라서 미국은 사회사업(social work)이 잘 발달된 국가이다. 이러한 맥락에서 사회복지정책 개념은 좁은 의미의 개념, 즉 스스로 사회적 적응이 어려운 사람들을 대상으로 제한적으로 사회적 급여를 제공하는 정책을 선호하는 것이 주류이다(현외성, 2016).

미국의 사회복지정책은 공공부문뿐만 아니라 민간부문과 사회복지활동까지 포함하는 개념으로 사용되기도 한다. 길(Gil, 1992)은 사회복지정책이라는 용어보다는 사회정책이라는 용어를 더 선호하는데, 사회복지정책은 빈곤, 아동학대, 주택 등과 같은 특수한 욕구나 문제에 대한 사회적 대응과 관계되는 것으로, 사회정책을 사회에서 전반적인 삶의 질, 사회구성원의 삶의 상태, 인간과 인간과의 관계, 인간과 전체 사회와의 관계를 형성하는 노력과 관계되는 것으로 보고 있다(박병현, 2015). 얀손(Jansson, 1994; 현외성, 2016 재인용)은 사회정책이란 사회문제를 해결하기 위한 집단적 전략이라고 하였다. 그는 사회정책이 해결해야 할 사회문제를 일곱 가지로 유형화하였다. 그것은 ① 물질적 자원의 박탈, ② 정신적 혹은 정서적 박탈, ③ 인지적 박탈, ④ 대인관계의 박탈, ⑤ 기회의 박탈, ⑥ 개인적 권리의 박탈, ⑦ 신체적 박탈 등이다.

따라서 사회복지정책 개념은 길버트(Gilbert) 등에 의하면 매우 유연하고 확장적인 개념을 내포하고 있다. 여섯 가지 사회제도(가족, 종교, 직업, 시장, 상호부조 및 정부) 모두에 사회복지의 기능이 있고, 따라서 사회복지정책의 존재 역시 각각 가능한 것으로 이해된다.

〈표 1-3〉 사회정책이 해결해야 하는 사회문제의 일곱 가지 유형

물질적 자원의 박탈	부적절한 소득, 주택, 음식물
정신적 혹은 정서적 박탈	다양한 현태의 정신질환
인지적 박탈	발달상의 장애
대인관계의 박탈	결혼생활 갈등, 고독, 파괴적인 부모-자녀 관계
기회의 박탈	교육의 결핍, 서비스 및 의료보호의 결핍, 추구해야 할 일의 결핍
개인적 권리의 박탈	시민권 및 자유의 결핍, 불평등으로 인한 희생
신체적 박탈	질병 장애

출처: 현외성 (2016).

(4) 독일의 사회복지정책 개념

독일의 사회복지정책은 사회정책을 의미하는 것으로서 노동자와 그 가족의 생활문제를 해결하는 데 초점을 두는 노동정책 혹은 경제정책의 하나로 파악하고 있다. 1972년 바그너(Wagner), 슈몰러(Schmoller) 등의 강단사회주의자(1860년대 경제학자들이 주장한 사회정책론으로 강단(교단, 교실, 교육)을 통하여 사회개량을 위한 계몽을 담당함)들에 의해 설립된 사회정책학회에 영향을 받은 결과로 이해된다. 이들은 사회정책론을 분배정책적(우파보수사회개량파로 입법과 행정수단으로 해결), 생산정책적(생산력으로 노동력을 보전하고 자본축적하는 자본가적 생산), 사회주의적(사회정책은 사회주의의 가교역할), 전체주의적(국가경제의 전체를 통제·감독)으로 나누어 설명하였다(박경일, 2016).

자본주의하의 분배과정을 조정하고 수정하며, 계급대립을 완화시키고 협조를 유도하기 위한 분배정책, 통합정책으로 사회정책을 활용한 것에서 독일 사회정책의 특성과 의미를 찾을 수 있다. 이러한 의미에서 독일은 사회복지정책보다는 사회정책 개념을 선호하고 있으며, 영국과 미국에서 볼 수 있는 바와 같이 공공부조와 사회복지서비스 대상자도 포함하는 사회복지정책 개념으로 확대되고 있다(현외성, 2016).

(5) 우리나라의 사회복지정책 개념

우리나라에서 사용하는 사회복지정책 개념은 영미 계통의 개념과 유사하다. 그러나 학문적 개념과 관련 실정법 및 제도상 개념은 다소 차이를 보인다. 학문적 사회복지정책 개념은 소득, 의료, 주택, 교육, 고용 및 개인적 서비스를 포함하는 광의의 사회복지 개념과 연관되어 있다. 즉 이들에 대한 일련의 행동지침이나 이들을 통하여 인간다운 생활을 유지할 수 있도록 하는 제반 서비스 및 급여의 배분 원칙이나 목표 달성을 위한 행동지침으로 이해할 수 있다. 그러나 실정법상이나 제도상으로는 협의의 사회복지정책 개념이 사용되는 경향이 있는데, 이것은 공공부조와 사회복지서비스와 관련된 정책을 말하는 것으로 이들의 배분과 급여를 통하여 일정한 목적을 달성하려는 일련의 행동지침으로 볼 수 있다(현외성, 2016).

2. 정책의 3대 요소

정책은 달성하고자 하는 정책 목표, 정책을 책임지고 실행하는 정책 주체, 그리고 그 정책이 대상으로 하는 사회 내 특정한 문제나 지역, 계층 혹은 집단 등의 정책 대상으로 구분해 볼 수 있다. 이를 정책의 3대 요소라고 한다. 볼딩(Boulding, 1958)은 정책 연구에서 다음 세 가지 사항을 다루어야 한다고 하였다. 우리들이 바라는 것이 무엇이고(목적 혹은 목표), 우리들이 어떻게 이것을 달성할 것인가(수단), 그리고 우리들이라는 정책과 관련 있는 사람들의 조직 혹은 집단으로서 정책을 실시하는 집단은 어떤 성격인가(주체)라는 세 가지 사항이다(박경일, 2016).

1) 정책 목표

정책 목표란 정책을 통해서 달성하려는 미래의 바람직한 상태, 현재는 존재하지 않지만 정책을 통하여 미래에 발생하게 하려는 상태를 말한다. 즉 사회복지정책분석도에서 제시하고 있는 인간의 존엄성 추구, 삶의 질(QOL) 향상, 인간과 환경 간의 조화, 사회통합, 정상화 등이 해당된다.

2) 정책 주체

정책 주체란 정책을 책임지고 실행하는 주체를 말한다. 예를 들어, 복지공급을 책임지고 있는 주체가 누구인가를 기준으로 사회복지정책을 구분하는 경우에는 중앙정부 및 지방정부에 해당되는 공적 주체를 정책 주체로 보는 것이 보편적이다. 공적 주체는 사회복지 전체에서 차지하는 비중과 역할이 가장 높다. 그러나 복지국가의 위기 이후 민간복지부문의 확대와 공적복지부문의 축소 경향으로 다양한 형태의 사회복지 공급주체(자원봉사조직, 사회단체, NGO, 기업, 종교단체 등)가 활성화되고 있다. 복지혼합, 복지다원주의가 여기에 해당한다.

3) 정책 수단(방법)

사회복지정책의 대상자를 선택하는 정책 수단(방법)은 모든 국민을 대상으로 보편적으로 할 것인가 아니면 자산조사와 소득조사를 통하여 선별적으로 할 것인가? 또한 정책 대상으로서 어떠한 정책 문제를 그 주된 대상으로 삼을 것인가, 즉 빈곤문제를 일차적으로 해결할 정책 대상으로 삼을 것인가, 건강 문제를 일차적 대상으로 삼을 것인가, 소외나 부적응 문제를 일차적 대상으로 삼을 것인가, 실업을 일차적 대상으로 삼을 것인가에 따라 달라질 것이다. 그리고 정책공급 주체로서 중앙정부가 모든 책임을 지고 전달할 것인가, 지방정부가 할 것인가, 민간이나 사회단체・자원봉사조직이 전달할 것인가 등의 방법을 선택하는 것이 곧 정책 수단이고 정책 방법이다.

3. 사회복지정책의 특징

존스(Jones, 1985; 현외성, 2000 재인용)는 사회복지정책의 개념 안에 다음과 같은 다섯 가지 특징이 있다고 보았다.

① 변화하는 정책: 사회복지정책은 앞으로도 마찬가지로 사회 변동에 따라 변화하는 개념이다. 사회복지정책이 다른 정책에 비하여 상대적으로 빠르게 변화하는 정책이라는 말은 스스로 인간다운 생활을 영위할 수 없는 사회적 약자에 대응하여 사회복지정책이 변화한다는 의미이다.
② 가치개입적 정책: 사회복지정책 역시 다른 정책과 마찬가지로 합리성과 효율성, 효과성을 중시하고 여기에 따라 좌우되기도 하지만 다른 정책에 비하여 상대적으로 가치와 이념에 관한 연관성을 지니고 있다.
③ 희소성의 원칙이 지배하는 정책: 사회복지정책은 사회 내의 한정된 자원으로 충족되지 않는 욕구를 해결하기 위한 정책이다.
④ 이익집단의 힘이 약한 정책: 사회복지정책은 다른 정책에 비하여 정책의 부산물인 사회복지서비스를 향유하는 대상집단이 이익집단화되는 경우가 많지 않다.
⑤ 내용 포착이 어려운 정책: 사회복지정책은 경제적·화폐적 계량화가 어려워 목표가 모호하게 설정되는 경우가 많으므로 복지정책의 내용과 영역이 불분명한 경우가 많다.

그 밖의 사회복지정책의 특성은 다음과 같다(박병현, 2015).

⑥ 인간지향적 정책: 어떤 사람이든 누구나 인간으로서의 존엄성을 지켜나가면서 인간으로서 대우받을 수 있는 생활을 보장하는 데 그 목적이 있으므로 인간의 존엄성을 기본 가치로 하는 정책이다.

⑦ 재분배정책(소득의 일방적 이전 정책): 경제정책은 재화의 생산을 통한 소득의 증대가 목적이지만 사회복지정책은 경제 성장의 과실로서 나타나는 증대된 소득의 배분이 목적이다. 경제정책은 사회구성원들 사이에 시장기구를 통해 이루어지는 교환관계, 곧 쌍방적 이전을 전제로 하지만 사회복지정책은 주로 급여제공이라는 소득의 일방적 이전을 내용으로 하여 수립된다는 점이 특징이다.

⑧ 정책형성 또는 집행에 클라이언트의 참여를 필요로 하는 정책: 사회복지정책의 대상이 클라이언트이고 정책의 성과 역시 클라이언트에게 달려 있는 까닭에 다른 어떤 분야의 정책보다도 클라이언트의 참여가 요구된다.

제2절 사회복지정책의 목표와 영역

1. 사회복지정책의 목표

사회복지정책의 기본 목표는 인간의 존엄성을 유지하는 것이다. 인간의 존엄성 사상은 오래전부터 현대사회에 이르기까지 중요시되고 있고 사회복지의 기본적 목표로 자리 잡았다. 사회복지정책의 목표를 사회기능적으로 구분해 보면 다음 다섯 가지로 요약해 볼 수 있다(박경일, 2016).

1) 사회통합과 질서유지

사회복지정책은 사회적 약자들의 어려움을 해결하여 사회통합과 질서유지를 시도하면서, 한편으로 이들을 사회적으로 격리하고 억제하여 현 상태의 파괴를 방지하고 유지하려는 기능을 가진다.

2) 경제성장과 안정화

사회복지활동은 인적자본의 질적 수준을 향상시켜 생산에서의 경쟁력을 확보함으로써 경제성장에 기여한다. 또한 사회복지는 경기가 호황일 때는 조세나 사회보장비의 부담을 증가시켜 경기를 진정시키고, 불황일 때는 조세나 사회보장비 부담을 감소시켜 경기를 자극하는 경기변동 시 조정을 통하여 경기안정화에 기여한다. 단기적으로 사회복지는 경제에 마이너스 효과를 가져오지만 장기적으로는 플러스 효과를 가져오는 것으로 인정된다.

3) 개인적 자립과 성장

개인이 스스로 자신의 생활을 결정하고 영위할 수 있는 데까지 이르도록 자립을 지원하는 역할과 모든 사람이 제각기 능력에 따라 성장하고 발달할 수 있는 잠재력을 발휘할 수 있도록 원조하는 기능을 한다. 즉, 사회복지는 인간의 잠재력과 성장가능성을 인정하고 '자기결정권(self determination)'의 원리를 중시한다.

4) 소득재분배에 의한 평등의 추구

소득의 재분배를 통하여 평등한 경향을 추구한다. 소득재분배란 개인이 취득하는 소득을 조정하기 위한 목적으로 시행되는 국가정책이다. 주로 누진세 등에 의한 조세정책이나 공공부조나 공적연금, 건강보험 등 사회보장급여를 통한 재정지출에 의해 이루어진다. 그리하여 소득재분배는 빈곤완화효과와 소득불균형완화효과 등으로 나타난다. 오늘날 사회보장에 의한 소득재분배의 유형과 형태는 〈표 1-4〉와 같다.

〈표 1-4〉 소득재분배의 유형과 형태

유형		내용	형태
세대 내 재분배		젊은 시절 소득 적립 후 노년기에 환급	적립방식의 연금
세대 간 재분배		노령세대 대 근로세대 근로세대 대 아동세대	부과방식의 연금, 기초노령연금, 가족(아동)수당
세대 내 재분배	수직적 재분배	소득계층 간(고소득자에서 저소득자)	공공부조, 사회복지서비스
	수평적 재분배	위험미발생집단 대 위험발생집단 • 건강한 자 → 병자 • 취업자 → 실업자 • 근로자 → 재해자	국민건강보험 고용보험 산재보험
시간적 재분배		동일인에 대해서 시기에 따른 소득격차를 시정	연금
공간적 재분배		도시와 농촌, 상공업지역과 농촌지역	도시지역과 농촌지역의 국민건강보험
장기적 재분배		청년기 → 노년기 생애에 걸친 장기간의 재분배	적립방식의 연금
단기적 재분배		현재 드러난 욕구충족을 목적으로 현재의 문제를 해결하기 위해	공공부조

출처: 박경일 (2016).

5) 정상화 이념의 추구

정상화(normalization)는 1959년 덴마크에서 정신지체인을 대상으로 '정신지체인을 가능한 한 최대로 정상적인 생활조건에 가깝게 생존하도록 하는 것'이라고 정의한 정신지체인법에서 출발하였다. 이는 이후에 미켈슨(Mikelson)에 의하여 '정신지체인에게 주거, 교육, 일, 취미활동 등을 포함하여 다른 모든 시민들이 갖는 인간의 기본권을 제공하는 것'을 의미하는 개념으로 발전되었다.

1945년 이후 장애인을 위한 서비스 개발은 세 가지의 독특한 단계를 거치면서 발전하였다. 첫째는 보호차원의 배려에 중점을 두는 서비스 개발이다. 둘째는 훈련과 교육에 중점을 두는 서비스 개발이다. 셋째는 지역사회 내에서 통합된 생활에 초점을 두는 서비스 개발이다.

2. 사회복지정책의 영역

1) 사회복지정책의 영역 구분

사회복지정책의 영역 구분은 여러 학자가 다양하게 구분하고 있다. 사회복지정책의 영역을 좁게 본다면, 인간의 최소한의 생활 유지에 필요한 욕구를 충족시키기 위한 정부의 정책으로 볼 수 있다. 따라서 사회복지정책의 주요 영역은 소득보장, 의료보장, 그리고 주택보장이 될 것이다. 영국의 베버리지(Beveridge, 1942)는 빈곤, 질병, 무지, 불결, 나태라는 다섯 개의 사회악을 퇴치하기 위한 방법으로 사회정책을 제시하면서, 사회정책의 영역으로 사회보장정책, 의료보장정책, 교육보장정책, 주택보장정책, 고용보장정책을 포함시켜 사회복지정책의 영역을 보다 넓게 보고 있다. 타운젠드(Townsend, 1970)는 소득보장, 건강, 교육, 주택, 대인서비스 등으로 나누었고, 디니토(DiNitto, 1995; 박경일, 2016 재인용)는 미국의 사회복지정책 영역을 소득보장, 영양, 건강, 사회서비스 등 네 가지 영역으로 나누어 설명하고 있다. OECD(2001)에서는 사회복지정책이라는 용어 대신에 사회정책을 사용하면서 사회정책을 구성하는 주요 정책들로 아동발달과 가족친화적인(family friendly) 정책, 고용지향적인(employment-oriented) 정책과 노동인구에 대한 사회지원정책, 장애정책, 연금 등의 노령 관련 정책들로 분류하고 있다. OECD는 이 중에서 고용지향적인 사회정책을 개인의 삶의 질을 향상시키는 최상의 방법으로 보면서 가장 중요시하고 있다.

그러나 사회복지정책을 보다 넓게 보는 사람은 조세정책(Titmuss, 1969)이나 노동시장정책(Kahn, 1979; Hill, 1980; 박경일, 2016 재인용)을 사회복지정책 영역에 포함시키기도 한다. 그 이유는 조세정책의 경우 비록 소득보장정책과 같이 직접적인 급여를 통하여 소득을 보장하지는 않는다 하더라도 직접적으로 소득재분배에 크게 기여하여 실질적으로는 소득보장의 기능을 하기 때문이다. 또한 노동시장정책의 경우에도 이들 정책들이 저소득계층이 시장에서 얻는 일차소득을 높이는 데 크게 기여하기 때문에 전체적인 소득보장이라는 차원에서 본다면 이차소득과 관련된 소득보장정책과 더불어 필요하다. 즉, 노동시장정책과 소득보장정책은 밀접한 관련을 갖고 있으므로 소득보장정책이 성공하기 위해서는 노동시장정책의 성공이 필수적이기 때문이다(송근원 · 김태성, 1995; 박병현, 2015). 박경일(2016)은 사회복지정책의 영역 및 내용을 〈표 1-5〉와 같이 설명하고 있다.

〈표 1-5〉 사회복지정책의 영역 및 내용

사회복지정책의 영역		사회복지정책의 내용
협의의 사회복지정책	소득보장정책	사회보험, 공공부조, 각종 사회수당제도, 보육수당, 장애수당, 양육수당 등
	건강보장정책	국민보건서비스, 건강보험 의료급여, 공비부담제도 등
	대인적 사회서비스	영유아복지, 아동 · 청소년복지, 노인복지, 모부자복지, 장애인복지 등
	주택정책	주택담보대출제도, 영구임대주택, 주거환경개선사업 등
광의의 사회복지정책	교육정책	저소득 중 · 고등학교 재학생 학비지원, 학교급식, 산업체 부설학교, 장학금 등
	조세정책	부(負)의 소득세(NIT: Negative Income Tax), 근로소득공제제도(EITC) 등
	노동정책	고용정책, 최저임금제도, 산업복지 등
	사법정책	보호관찰제도, 갱생보호제도, 법률구조제도

출처: 박경일 (2016).

2) 개념에 따른 영역

사회복지정책의 영역 구분 문제는 여러 가지 각도에서 논의될 수 있다. 먼저 흔히 말하는 개념의 범위와 연관하여 협의의 사회복지정책 영역은 협의의 사회복지 개념과 대응되는 것으로서 소위 사회사업정책이라고 할 수 있는데, 여기에는 사회생활상의 어려움을 가진 사람들에 대한 기본적 생활의 보장을 위한 정책이 포함된다. 협의의 사회복지정책 영역에는 사회적 취약계층에 속하는 아동, 장애인, 노인, 여성, 부랑인 등을 위한 보호, 육성, 지도, 치료 및 재활 등의 사회복지서비스정책이 해당된다. 내용의 주류는 비화폐적 서비스이며, 이는 전문사회복지사를 위시한 관련 전문직업인의 대인적 서비스(personal service)가 중요한 매개체가 된다. 앞으로 사회가 발달함에 따라 이러한 정책에 대한 요청이 더욱 높아질 것이다.

광의의 사회복지정책은 협의의 사회복지정책에 더하여 사회보장(소득보장), 보건의료, 주택, 고용, 교육 등이 포함되는 서비스정책으로서 국가에 있어서 최저 수준 또는 평균적 욕구가 충족되지 않은 개인, 가족 또는 집단 등에 제공되는 서비스정책이라고 할 수 있다. 광의의 사회복지정책에서 말하는 사회보장은 사회보험과 사회부조를 포함하는 의미로 볼 수 있고, 나머지 영역이 사회복지정책적인 의미를 가지기 위해서는 인간의 기본적인 욕구를 충족시키려는 데에 제공되는 각종 서비스정책이라고 할 수 있다. 예컨대, 공공정책으로서 주택정책과 사회복지정책으로서 주택정책은 같은 주택정책이라고 하더라도 그 내용과 목적에 따라 공공정책과 사회복지정책으로 구분될 수 있다(현외성, 2016).

3) 정책 주체에 의한 영역

사회복지정책의 영역 설정에서 일반적으로는 공적인 주체, 즉 중앙정부 및 지방정부가 사회복지정책의 주체라는 입장이 보편적이다. 그리고 이들이 사회복지정책을 주도하고 있으며 사회 전체의 사회복지 총량에서 차지하는 비중이 가장 높다. 이것은 국가복지의 확대에 의한 결과이기도 하다. 그러나 복지국가의 위기 이후 민간복지부문의 확대와 공적복지부문의 축소 경향으로 다양한 형태의 사회복지가 활성화되고 있다(현외성 외, 1996; 현외성·강욱모 역, 1999). 예컨대, 민간복지 활력을 도모하기 위해서 공적복지 영역에 수익자 부담 원리나 시장원리를 부분적으로 도입한 것이 사회서비스이다.

기존의 정부주도 사회복지정책에서부터 시장원리에 따른 개인이나 기업(특히 재단법인 혹은 사단법인 형태)의 사회복지정책, 종교기관이 주체가 되는 각종 사회복지정책, 그리고 비영리 민간 주체의 사회복지정책 등으로 구분할 수 있다(현외성, 2016).

3. 사회복지정책과 유사학문 간 관계

1) 사회복지정책, 사회정책, 일반사회정책의 차이점

사회복지정책은 주로 영미권 국가에서 통용되고 있는 용어로서, 정책 내용이나 대상 영역의 선택 등에서 다분히 자유주의적 가치관에 입각하고 있다. 따라서 사회복지정책은 일차적으로 인간의 자유로운 경제 행위로 나타난 시장 또는 복지의 결과를 사회의 보편적 가치이념(예: 전통적 또는 종교적 윤리관 등)에 입각하여 이차적으로 재조정하는 데 초점을 맞추고 있다. 종합하면 영미권 국가는 사회복지정책의 범위를 제반 복지문제의 직접적인 해결에 국한하고, 반면 복지문제의 근본적 발생원인이 되는 사회질서나 사회구조에 대한 정치적 개입에 대해서는 가급적 자제하려는 경향을 보이고 있다.

사회정책은 독일·프랑스 등 유럽의 대륙권 국가에서 주로 사용하고 있는 용어로서 사회계량주의적 가치관을 바탕으로 하고 있다. 이 국가들의 사회정책은 다음과 같은 이유로 영미권의 사회복지정책보다 정책의 내용이나 대상영역이 폭넓게 나타나고 있다. 구체적으로 사회정책은 사후적 차원에서 개인의 자유로운 경제행위를 통하여 나타난 복지 결과의 재분배뿐만 아니라, 사전적 차원에서 인간의 복지문제에 직간접적으로 영향을 미치게 되는 경제적·사회적 질서 및 사회구조를 재조정하는 것도 정책 대상으로 포함하고 있다.

일반사회정책은 정치·경제·사회 등의 모든 분야를 포괄하는 국가의 정책이 해당된다. 따라서 순수한 의미에서 사회복지정책이나 사회정책은 물론, 경제정책·교육정책·주택정책·보건정책·조세 및 재정정책·대외교역정책·환율정책 등 각종의 공공정책 또한 일반사회정책 영역에 해당될 수 있다. 이처럼 넓은 시각에서 사회정책을 파악하고자 하는 자세는 인간의 복지문제가 사회의 다양한 영역으로부터 영향을 받을 수 있다는 점에서 바람직한 것으로 판단된다. 오늘날 대다수의 선진 복지국가의 경우 국민의 복지문제를 이러한 일반사회정책의 시각으로 해결하고자 하는 경향이 나타나고 있다. 그러나 일반사회정책은 정책 대상의 포괄성으로 인하여 국민복지와 관련한 국가의 정책과 여타 공공정책 상호 간 차별성이나 영역 구분이 모호해지는 문제점이 있다(이정우, 2013).

2) 사회복지정책과 사회복지실천

사회복지정책은 사회복지실천과 밀접하게 연관되어 있다. 우선 사회복지정책은 사회복지실천이 이루어지는 전반적인 틀을 제공한다. 추상적인 사회복지정책은 구체적으로는 사회복지법률, 행정지침 등으로 표현되어 사회복지실천의 기본적 바탕이 된다. 따라서 사회복지정책은 결국 사회복지실천의 방향, 방법 및 기준이 되고 있어 그 영향력이 지대하다.

사회복지실천가는 나무를 보고 산을 동시에 볼 수 있는 눈을 가져야 한다. 자신이 속한 사회복지시설과 기관의 목표는 사회복지행정지침에 연결되고 그것은 다시 사회복지 법률과 정책에 연관되기 때문에 실천가는 이러한 연계를 적절하게 파악해야 한다. 그리하여 실천가는 올바른 사회서비스를 제공할 수 있다. 특히 사회복지정책은 변동되는 사회와 그 욕구에 민감하게 반응하여 지침과 기준을 제시함으로써 실천현장에 직접적·간접적으로 연결되어 있다. 따라서 사회복지학과에서는 사회복지실천과 함께 사회복지정책이 학습된다.

둘째로 사회복지실천은 사회복지정책과 연결되어 있으나, 실제 삶의 현장에서 사회복지전문가는 사회복지실천을 수행하는 과정에서 정책이나 법적 내용 및 기준과 다른 점을 종종 만나게 된다. 이러한 경우 기존의 사회복지정책을 현실에 맞게 적절하게 변경, 개선하기 위하여 사회복지실천가는 사회복지정책과 법률에 대한 지식이 필요하다. 그러므로 사회복지정책에 대한 학습이 요청된다고 할 수 있다.

현실적으로 중앙정부나 지방정부의 정책지침은 매우 경직되어 있는 것이 사실이다. 반면에 사회복지전문직은 그 특성상 자유재량이 필요한 직업이다. 이로 인하여 사회복지전문직의 직무수행에는 갈등의 소지가 있는 것도 사실이다. 이른바 사회복지실천윤리와 전문적 재량과 행정적 관료주의의 충돌이 그것이다. 이때 사회복지실천가는 사회복지정책에 대한 이해를 바탕으로 정책지침의 변화를 도모하는 기술을 체득해야 한다.

더욱이 사회복지실천기관이 민간기관인 경우, 공적 행정기관과의 충돌은 매우 민감하고 자주 생기기도 한다. 이러한 상황에서 사회복지정책의 이론과 기술은 충돌을 유연하게 해결하고 새로운 서비스를 만들거나 개선하는 데 유용하게 이용될 수 있는 잠재력을 제공할 수 있다. 최근 사회복지정책분야에서는 사회복지정책 실천의 중요성을 강조하고 있고(Jansson, 1994), 앞으로는 사회복지정책의 실천을 위한 현장실습이 이루어져야 할 것이다.

마지막으로 사회복지학과를 졸업하는 학생들은 처음에는 사회복지기관에서 직접적 실천가로서 활동하지만, 점차 경험을 쌓고 경력이 높아짐에 따라 슈퍼바이저, 행정가 및 정책결정권자로 승진하게 된다. 이러한 과정에서 사회복지정책에 대한 이해는 매우 중요하다(현외성, 2016).

제3절 사회복지정책의 이념모형

1. 사회복지정책의 이념모형 틀

사회복지정책의 이념모형은 학자들의 관점에 따라 다양하다. 사회복지정책의 이념모형은 극우와 극좌라는 이념의 연속선상에 다양한 모형의 이념이 존재한다. 지금까지 학자들이 제시한 대표적인 사회복지정책의 이념모형을 이념의 연속선상에 배치하면 〈표 1-6〉과 같다.

〈표 1-6〉 사회복지정책의 이념모형

구분	이념의 연속선			
	극우	중도우	중도좌	극좌
윌렌스키와 르보	보충적 모형	제도적 모형		
티트머스	보충적 모형	산업성취업적 모형	제도적 재분배모형	
조지와 윌딩	반집합주의 모형 (자유방임주의 모형)	소극적 집합주의 모형 (수정자유주의 모형)	페비안 사회주의 모형 (사회민주주의 모형)	마르크스주모형 (사회주의 모형)
갈등적 사회가치	개인주의 선별주의 자유 효율	← 사회가치 →		집합주의 보편주의 평등 평등

출처: 남기민 (2015).

1) 윌렌스키와 르보의 이념모형

사회복지정책의 이념모형 가운데 역사가 가장 오래된 모형이 윌렌스키와 르보(Wliensky & Lebeaux, 1965)가 미국의 사회복지를 분석하면서 제시한 보충적(잔여형, residual) 모형과 제도적(제도형, institutional) 모형이다. 보충적 모형은 사회복지정책을 가족이나 시장경제와 같은 정상적인 공급구조가 제 기능을 발휘하지 못해 개인의 욕구가 충족되지 않을 때 보충적으로 개입하여 응급조치 기능을 수행하는 것으로 본다. 공공부조정책이 대표적이며, 정상적인 경로를 활용할 수 없을 때 작용하는 기능으로 소극적 자유, 빈곤의 개인 책임으로 본다.

제도적 모형은 사회복지정책을 일정한 자격요건을 갖춘 사회구성원 모두가 누리는 복지로서, 가족이나 시장경제 등과 같이 사회의 기본적인 기능을 수행하는 하나의 제도로 보며, 사회복지정책은 복잡한 현대 산업사회에서 각 개인의 욕구를 충족시키고 사회를 유지·발전시켜 나가는 최전선의 기능을 수행해야 한다고 본다. 사회보험이 대표적인 사회복지정책이다.

2) 티트머스의 이념모형

티트머스(Titmuss, 1974; 현외성 외, 1996 재인용)는 「사회정책이란 무엇인가?(what is social policy?)」라는 논문에서 사회복지의 세 가지 유형을 이념형으로 제시하였다. 이는 사회복지의 기능과 역할이 어떠하냐에 따라 세 가지로 구분한 것으로 이해할 수 있다. 그 세 가지 모형은 ① 보충적 복지모형, ② 산업적 성취수행모형, ③ 제도적 재분배모형이다. 이들 각각에 대한 설명은 다음과 같다.

첫째, 보충적 복지모형은 윌렌스키와 르보가 말하였던 내용과 같다. 티트머스는 보충적 복지모형의 전형을 영국의 초기 빈민법에서 찾았다.

둘째, 산업적 성취수행모형은 사회복지를 경제의 부속물로서 기능하는 것으로 파악하고 있다. 이 모형은 사회적 욕구가 업적, 일의 수행 및 생산성에 따라 충족되어야 한다는 것을 담고 있다. 이 모형은 유인책, 노력 및 보상 그리고 충성심 등과 관련된 다양한 경제적, 심리학적 이론들로부터 나온 것이다.

셋째, 제도적 재분배모형인데, 이 모형은 사회복지를 시장 외부에서 욕구의 원칙에 입각하여, 보편적인 서비스를 제공하는 사회의 한 주요한 통합된 사회제도로 본다. 이 모형은 부분적으로는 사회 변동과 경제체계의 복합적인 영향에 이론을 두고 있으며, 다른 한편으로는 사회적 평등의 원칙에 입각해 있다. 이 모형은 기본적으로 시간에 따른 자원의 활용에 있어서 재분배체계를 원용한 모형이다.

티트머스의 복지모형은 지금까지 존재했던 사회복지적 활동을 세 가지 범주로 묶어 이념형을 만들었다는 점에서, 복잡한 사회복지의 특성과 개념을 단순화시켜 이해하는 데 도움을 준다. 그리하여 이들 세 가지 모형은 현재 여러 나라에 실천되고 있는 사회복지의 기능적인 측면을 일목요연하게 파악하게 해주는 장점을 가진다.

결론적으로 이들 개념은 역사적으로 변화하는 사회복지의 개념을 반영하고 있다. 물론 티트머스는 명확하게 이 점을 밝히지는 않았지만, 이들 세 가지 개념모형은 내면적으로 역사적 변화 발전단계를 어느 정도 내포하고 있다고 생각된다. 예컨대, 보충적 모형에서 산업적 성취수행모형을 거쳐 제도적·재분배적 모형으로 변화 발전한다는 것이다. 물론 이들 개념은 단선적으로 역사의 흐름에 따라 질서정연하게 변화하지는 않을 것이다. 사회와 국가의 특성에 따라 차이가 있을 수 있다. 하지만 일반적으로 현재까지의 사회의 변동에 따른 사회복지활동의 특성을 경험적이고 귀납법적인 측면에서 파악한다면, 세 가지 사회복지 개념 사이에는 상당한 연관성이 존재한다고 할 수 있다. 따라서 사회복지의 개념 변화를 어느 정도 이 세 가지 유형화된 개념으로 설명할 수 있을 것이다.

2. 우리나라 사회복지정책의 이념모형

미국과 유럽에서는 사회복지정책의 이념모형을 2분법, 3분법, 4분법으로 확대시켰다. 그러나 복지 논쟁에서 쟁점의 다양성 및 논의의 심도 부족과 같은 현실을 고려할 때 과도하게 세분화된 모형은 부적절하다. 김상균 외(1999)는 우리나라 사회복지정책의 이념모형을 경제발전과 사회복지의 관계, 사회복지에 대한 국가의 책임에 대한 인식에 주목하여 기본적으로 경제성장 우선모형과 국가복지 확대모형으로 크게 구분하였고, 이 중 국가복지 확대모형을 다시 복지제도 운영방식과 관련하여 분립복지모형과 통합복지모형으로 구분하였다. 이러한 우리나라 사회복지정책의 이념모형의 특징을 정리하면 〈표 1-7〉과 같다(남기민, 2015).

〈표 1-7〉 우리나라 사회복지정책의 이념모형

경제성장 우선모형	국가복지 확대모형	
	분립복지모형	통합복지모형
• 국가정책의 최우선: 경제성장 • 개인의 욕구충족: 가족단위로 일차적으로 시장에서 해결 • 국가복지는 근로동기를 약화시키므로 극빈자에 한정 • 경제성장에 순기능적인 복지서비스만 허용 • 분배정책은 시기상조 • 사회보험의 정책결정권은 노・사가 행사	• 사회정책의 재분배기능: 저평가 • 국가복지 예산확보: 소극적 • 사회보험에 비해 공공부조에 대한 관심 미약 • 사회보험 행정 및 재정: 통합반대, 조합분리운영 • 국가복지의 확대시행 연기 • 자영자 소득파악 가능성: 부정	• 사회정책을 통한 재분배: 적극적 • 국가복지 예산확보: 적극적 • 총체적 사회안정망에 대한 관심 • 사회보험의 통합주장: 사회정의, 행정효율성 증대 • 국가복지확대의 조기실시 • 자영자 소득파악 가능성: 인정

출처: 남기민 (2015).

여기에서 제시한 2분법 내지 변형된 3분법을 조지와 윌딩의 4분법과 비교해 보면 다음의 네 가지 사실을 발견할 수 있다(남기민, 2015).

첫째, 우리의 경제성장 우선모형과 조지와 윌딩의 반집합주의 모형은 상호 유사성이 매우 높다는 점이다.

둘째, 우리의 국가복지 확대모형은 내용상으로는 조지와 윌딩의 소극적 집합주의모형과 페이비언 사회주의모형을 섞어서 모아 놓은 것 같은 느낌을 받지만 우리에게는 페이비언 사회주의모형과 같은 내용의 모형이 없다는 점이 큰 차이를 보이는 부분이다. 즉, 우리나라에서는 친복지적이라 할지라도 반드시 좌파성향인 이념모형을 찾아보기는 쉽지 않다.

셋째, 분립복지모형과 통합복지모형의 차이점은 조지와 윌딩의 소극적 집합주의모형이나 페이비언 사회주의모형의 차이처럼 이념 측면에서 구별짓기 힘들다는 것이다.

넷째, 마르크스주의를 표방한 정치·사회세력이 없으므로 마르크스주의모형이 존재하지 않는다는 것이다.

지금까지 서구의 사회복지정책의 이념모형들과 최근에 시도된 우리나라 사회복지정책의 이념모형들을 고찰하여 보았다. 이러한 사회복지정책의 이념모형들과 관련시켜 볼 때 우리나라 사회복지정책의 이념모형은 어떻게 변천해 왔는지 검토해 보고자 한다.

1980년대에 서구 사회복지정책의 이념모형에 기초하여 검토한 몇몇 학자들의 견해를 종합해 보면, 대체로 그 당시 우리나라 사회복지정책의 이념모형을 초기단계의 소극적 집합주의모형에 가까운 것으로 보았다(남기민, 1984; 장인협, 1986). 한편, 최근 김상균 외(1999)의 연구에서 작업한 분류법에 따라 우리나라 사회복지정책의 이념모형을 검토해 보면, 과거 군사정권 시절에는 경제성장이 복지보다 우선하였으나 문민정부 이후 오늘에 이르면서 경제성장과 복지의 조화 또는 복지는 경제성장의 필요조건임을 강조하면서 복지예산이 증가하기 시작하였다. 특히 IMF 사태 이후 사회복지 안정망에 대한 관심이 급증하면서 사회 모든 빈곤층에 대하여 최저생활을 보장하게 되었으며, 국민건강보험법 제정과 더불어 의료보험을 통합하고, 사회보험료를 통합 징수하는 과정을 볼 때 우리나라 사회복지정책의 이념모형은 경제성장 우선모형에서 국가복지 확대모형으로, 그리고 분립복지모형에서 통합복지모형으로 서서히 변해 가고 있는 것으로 분석된다.

생각해 볼 문제

1. 복지국가 위기의 원인으로 옳지 않은 것은?
   ① 경기침체와 국가재정의 위기
   ② 관료 및 행정기구의 팽창과 비효율성
   ③ 포디즘적 생산방식의 비효율성
   ④ 독점자본주의의 축적과 정당화 간의 모순
   ⑤ 복지혼합을 통한 정부와 민간의 역할조정

2. 복지국가의 위기론이 등장하게 된 사회경제적 배경에 대한 설명으로 옳지 않은 것은?
   ① 복지국가의 위기론이 등장한 사회경제적 배경으로는 경제성장의 둔화와 오일쇼크를 계기로 스태그플레이션이 나타났다.
   ② 실업률이 증가하면서 복지지출이 급증하는 현상이 발생하여 세수 감소와 맞물려 재정적자를 크게 증대시켰다.
   ③ 복지제도의 효율성, 관료화 등에 대한 비판이 증가하면서 복지국가의 정당성이 약화되기 시작하였다.
   ④ 국가와 자본, 노동자 계급의 타협에 균열이 발생하게 되었다.
   ⑤ 복지공급에 있어서 국가의 역할이 축소되고, 시장과 비공식부문 등으로 다원화되었다.

3. 사회투자국가의 특징에 관한 설명으로 옳지 않은 것은?
   ① 인적자본과 사회적 자본에 대한 투자를 강조하여, 미래의 시민이자 노동자로서 아동에 대한 투자를 중요하게 간주한다.
   ② 사회정책을 우위에 두고 경제정책과 사회정책을 통합시키는 데 관심을 두고 있다.
   ③ 여성에게 일과 가정의 양립을 가능하게 하여 노동시장 참여를 촉진하는 데 주목한다.
   ④ 시민의 권리는 의무와 균형을 이루어야 한다고 주장한다.
   ⑤ 소득을 보장하는 소비적 지출은 가능한 억제하려고 한다.

4. 기본소득정책에 대한 관심이 높아지고 있는데 보편적 복지가 될 수 있는 정책인지 토론해 보자.

CHAPTER 02

사회복지정책의 가치, 철학, 이데올로기, 복지국가

학습목표

1. 사회복지정책의 가치를 이해하고 설명할 수 있다.
2. 사회복지정책의 철학에 대해 살펴보고 설명할 수 있다.
3. 사회복지정책의 이데올로기에 대해 살펴보고 설명할 수 있다.
4. 복지국가를 유형화하고, 특징을 설명할 수 있다.

CHAPTER 02 사회복지정책의 가치, 철학, 이데올로기, 복지국가

제1절 사회복지정책의 가치와 철학

사회복지정책에서의 가치(value)는 주관 및 자기의 욕구, 감정이나 의지의 욕구를 충족시키는 것이다. 기본적 가치는 국가나 시대에 관계없이 누구나 보편적으로 믿고 추구하는 신념이며, 상대적 가치는 국가나 시대의 흐름에 따라 또는 그 사회의 사회경제적 여건에 따라 달라질 수 있는 신념을 이른다. 기본적인 가치로는 인간의 존엄성과 생존권, 사회연대의식, 상대적인 가치로는 평등, 효율성, 자유, 적절성, 효과성, 사회정의, 국민적 최저기준을 들 수 있다.

사회복지정책에서의 철학(philosophy)은 인간과 세계에 대한 근본 원리와 삶의 본질 따위를 연구하는 학문으로 논리학 및 인식론이 포함되어 있다. 특히, 사회복지정책적 철학은 국가가 국민과 사회를 위한 목적 및 합당한 목적을 달성하기 위해 가장 바람직하다고 생각되는 수단에 관한 여러 가치 지향들을 정책적으로 입안하는 것이다.

본 장에서는 사회복지정책의 가치와 철학을 인간의 존엄성과 생존권, 자유와 평등, 정의와 연대, 공공성, 적절성, 효율성, 인정 등을 살펴보고자 한다.

1. 인간의 존엄성과 생존권

1) 인간의 존엄성

사회복지분야에서 가장 기본적 가치이며 중요한 것은 인간존중으로 한 개인은 가치가 있고 존중받고 윤리적인 대우를 받을 권리를 타고 났음을 나타낸다. 인종, 성, 경제적・정신적・사회적 지위, 종교, 국적, 육체적 조건이라는 속성으로 인해 무시되거나 차별받아서는 안 된다는 것을 의미한다.

우리나라 「헌법」 제10조에 "모든 국민은 인간으로서의 존엄과 가치를 가지며 행복을 추구할 권리를 가진다."라고 명시되어 있으며 '세계인권선언문'에서도 "모든 사람은 태어나면서부터 자유로우며, 동등하게 존엄성과 권리를 보장받아야 한다. 인간이라는 이유만으로 지구상의 모든 사람과 똑같은 권리를 가지고 있다. 이 권리는 양도될 수 없는 것으로 누구도 빼앗을 수 없는 권리이다. 모든 개인은 자신이 누구든지, 어디에 살든지 관계없이 존엄성을 보장받아야 한다."고 명시되어 있다. 인간존엄의 가치는 제도적 규정에 한하지 않음을 사회복지실천 원칙에도 포함되어 있다.

2) 생존권

생존권은 본래 국가의 간섭을 받지 않고 자신의 생활을 유지할 수 있는 자연권, 즉 자유권적 기본권으로 서구에서는 17~18세기에 주장되었다. 1919년 독일에서는 바이마르 헌법에서 최초로 생존권과 관련된 조항이 명시되었다. 그러나 20세기에 들어 빈부의 격차가 심해져 노동자・빈농 등 가난한 대중들의 생활이 위협을 받게 되자 생존권은 소극적인 것에서 적극적으로 개인이 국가에 대하여 생존의 유지와 발전을 위해 금전적 급부 또는 시설의 이용을 요구할 수 있는 수익권으로 전환하였다. 또한 우리나라 「헌법」 제34조 제1항에서도 생존권은 인간의 기본적인 자연권의 하나로 인간다운 생활 또는 생존을 위하여 필요한 여러 조건의 확보를 요구할 수 있는 권리임을 명시하였다. 즉, 생존권은 인간답게 살아갈 권리이며, 국가에 대해 인간의 생존을 유지할 수 있는 생활에 필요한 서비스를 요구할 수 있는 권리로서 사회복지정책이 추구하는 중요한 가치이다.

2. 자유와 평등

1) 자유

자유(freedom)는 인간이 누려야 할 기본적인 권리이며 평등은 자유를 누리기 위한 전제이다. 자유는 본인이 원하는 것을 하는 것을 의미하며 소극적 자유와 적극적 자유로 나눌 수 있다.

소극적 자유는 다른 이의 간섭이나 의지로부터의 자유이며 '기회'라는 측면을 강조한다. 적극적 자유는 자신이 원하는 것을 할 수 있는 자유로 '능력'이라는 면을 강조하고 있다. 즉, 소극적 자유는 개인이 타인, 사회, 국가 등의 억제나 간섭에서 벗어나는 것이며 적극적인 자유는 무엇인가를 할 수 있는 것으로 동시에 선택할 수 있는 것은 심리적 자유라고 할 수 있다. 이를 구체적으로 알아보면 다음과 같다.

소극적 자유(negative freedom)는 다른 사람의 간섭 혹은 의지(will)로부터의 자유이다. 이는 강요와 강압의 부재를 의미하기 때문에 침해당할 수 있는 소지가 존재한다. 예컨대, 사회복지사의 가정방문을 받게 되거나 의무교육에 해당되는 아동이 학교를 다니지 않으면 안 되는 경우 등이 있다. 따라서 이와 같은 소극적 자유의 침해 상황은 사회복지의 가치를 통해 정당화되어야 할 것이다.

적극적 자유(positive freedom)는 자신이 선택한 대로 행동할 수 있는 것을 의미한다. 즉, 강압의 부재가 아니라 행동할 수 있는 능력이다. 예컨대, 움직이

기조차 힘든 장애인이 장애인보호시설에서 생활하면서 사회복지사의 도움으로 정해진 시간에 식사를 하고 옷도 갈아입고 있다. 과연 장애인보호시설에서 생활하고 있는 장애인은 자유로운가? 소극적 자유의 관점에서 본다면 이 장애인은 어떠한 강요를 당하지 않기 때문에 자유롭다고 할 수 있다. 그러나 적극적 자유의 측면에서 본다면, 선택의 여지가 없기 때문에 자유롭지 못한 것도 사실이다. 심리적 자유(psychological freedom)는 자신의 자유의사를 통하여 선택할 수 있는 능력을 의미하며 그 선택을 매우 강조한다.

국가가 사회복지제도를 실시하고, 사회복지사가 행하는 개입활동은 개인의 자유를 침해하는 것으로 비칠 수도 있지만, 이러한 활동이 정당화되는 것은 개인이 선택할 수 있는 힘을 증가시킬 수 있기 때문이다. 또한 다른 가치 기반, 즉 인간의 존중이나 평등의 실현 등에 근거하기 때문이다. 더욱이 사회복지 가치로서 자유의 중요성은 사회복지실천 원칙 중 하나인 자기결정권의 존중에 그대로 담겨 있다.

〈표 2-1〉 소극적 자유와 적극적 자유, 심리적 자유

소극적 자유	• 다른 사람의 간섭이나 의지로부터 자유(기회를 강조)
적극적 자유	• 자신이 원하는 것을 할 수 있는 자유(능력을 강조)
심리적 자유	• 자신이 선택할 수 있는 능력(선택을 강조)

2) 평등

사회복지정책의 가치 가운데 가장 중요한 것 중의 하나는 평등(equality)으로 이는 정의로운 분배를 뜻하며 관점에 따라 차이가 있다. 예컨대, 평등의 개념은 관점에 따라 수량적 평등(numerical equality), 비례적 평등(proportional equality), 기회의 평등(equality opportunity)으로 나누거나 기회의 평등(equality of equality), 조건의 평등(equality of condition), 결과의 평등(equality of outcome)으로 보기 때문이다.

먼저 수량적 평등(numerical equality)에 대해 살펴보면 수량적 평등은 모든 사람을 똑같이 취급하여 사람들의 욕구나 능력, 기여의 차이에 관계없이 사회적 자원을 똑같이 분배하는 것이며 정책사례로는 「국민기초생활보장법」과 같은 공공부조를 들 수 있다.

비례적 평등(proportional equality)은 개인의 노력, 업적, 공헌도, 능력, 갹출 등에 따라 사회적 자원을 배분하는 것을 의미하며 이는 자본주의사회에서 실질적으로 가장 널리 사용하는 개념이다. 비례적 평등은 형평성의 가치, 즉 공정한 처우라는 의미와 연관이 된다. 예컨대, 보훈대상자에 대한 제반급여나 사회보험의 경우 보다 많은 급여의 혜택이 돌아가는 것도 국가에 대한 기여도를 보기 때문이다. 전통적으로 영국의 구빈정책에서 활용된 열등처우의 원칙도 비례적 평등의 한 예가 될 것이다.

기회의 평등(equality opportunity)은 과정이 평등하다면 결과의 불평등은 상관이 없다는 입장으로 아동과 가족에 초점을 두고 있다. 예컨대, 저소득 취약계층을 대상으로 실시되고 있는 드림스타트 프로그램을 들 수 있을 것이다. 즉, 기회의 평등은 오늘날 자본주의사회에서 가장 널리 퍼져 있는 평등의 범주로써 각 개인은 자신의 소질과 능력을 자유롭게 계발할 평등한 권리와 기회를 가질 뿐만 아니라 동일한 업적에 대해서는 동일한 보상이 주어져야 한다는 것이다. 또한 모든 사회적 제도에 대한 접근을 모든 사람에게 균등하게 열어 놓는다는 공무원 임용이 이에 속한다. 거기에는 혈통, 종교, 가문 등의 객관적 조건이 아니라 개인의 주관적 능력이 결정적인 규정 요소가 될 수 있다. 즉, 달리기를 할 때 동일한 경기규칙과 똑같은 거리를 적용해야 한다는 것이다. 지체장애를 가진 사람이나 건강한 청년, 부유층의 자녀, 어린 아이 등 누구든지 100m 출발선 위에 똑같이 세워놓고 똑같은 거리를 적용해서 경주를 시키는 경우와 같다고 할 수 있다. 즉, 기회 평등의 원리는 개인 간의 능력, 노력의 차이로 생겨난 결과에 대해서는 불평등이 존재할 수 있다는 것이다. 이처럼 동일한 경기규칙을 적용하기 위해서는 차별금지법을 도입할 수도 있고 동등한 출발선을 위해서는 사회적 지위나 관계가 아닌 스스로의 재능과 노력이라고 할 수 있다. 때로는 이러한 평등 개념은 기회의 평등이라는 명분으로 수많은 결과의 불평등의 존재를 합법화할 수도 있을 것이다. 1960년대 미국의 '대빈곤 전쟁(war on poverty)' 시기에 강조되었던 각종 빈곤층 대상의 교육 및 훈련 프로그램이 대표적인 사례라고 할 수 있다(송근원 · 김태성, 1999).

조건의 평등(equality of condition)은 사회적 기회를 획득하려는 자유경쟁의 출발 조건을 평등하게 정비하고자 노력한다. 따라서 순수하게 개인의 능력에 모든 것을 맡기는 것이 아니라 개인의 능력 부족을 사회적으로 도와주는 작업이 필수적이라고 인식하는 것이다. 예컨대, 100m 달리기에서 신체장애인의 경우에는 비장애인과는 달리 신체적 장애를 가지고 있으므로 얼마쯤 앞에서 출발하도록 배려하는 것이다. 이러한 조건의 평등은 사회적 약자에게 호의적 조치를 취함으로써 실질적 평등을 이루려는 노력의 일환으로 볼 수 있으며 이를 긍정적 조치, 적극적 조치 또는 차별철폐행동(affirmative action)이라고 말할 수 있다.

결과의 평등(equality of outcome)은 출발점이나 자연적 능력은 고려하지 않고 법적 조치나 정치적 수단을 이용하여 마지막 결과의 평등만을 얻고자 하는 것이다. 즉, 출발단계의 불평등을 마지막 단계의 사회적 평등으로 바꾸어 놓으려 하는 것이다. 따라서 이런 경우는 자유로운 경쟁이나 개인적 역량의 발휘가 억제되거나 무시된다고도 할 것이다. 예컨대, 100m 달리기에서 모든 사람을 똑같이 골인시키는 것이다. 이러한 결과의 평등은 가장 적극적인 평등 개념으로, 모든 사람에게 그들의 욕구나 능력의 차이에 관계없이 사회적 자원을 똑같이 분배하는 것을 이른다. 그러나 이러한 수량적 평등의 개념이 의미하는 결과의 완전한 평등은 어떠한 사회에도 존재하지 않으며 현실적으로도 존재할 수 없다. 그러나 사회복지에는 완전한 수량적 평등은 아니지만 부분적인 수량적 평등을 가치로 삼고 있으며 대표적인 예로 공공부조를 들 수 있다.

3. 정의와 연대, 공공성

1) 정의

정의(justice)란 공정함을 이르며 고대 그리스의 철학자인 아리스토텔레스는 평균적 정의와 배분적 정의로 나누었다. '평균적 정의'는 '같은 것은 같게'를 이르는 것으로 절대적 평균을 이른다. 예컨대, 한 나라의 국민이라면 모든 사람에게 똑같이 선거권을 인정해 주어야 한다는 것이다. 예컨대, 영국이나 프랑스의 경우 100여 년 전에는 여자와 노동자, 농민에게는 선거권을 주지 않았기 때문에 정의롭지 않은 사회였다고 할 수 있을 것이다.

'배분적 정의'는 '다른 것은 다르게'를 이르는 것으로 이는 각각의 사람들에게 각자의 몫을 나누어주라는 것으로, 급여나 성적을 줄 때 다른 사람보다 더 열심히 일한 사람이나 더 열심히 공부한 사람에게는 그에 상응하는 만큼의 대가를 주는 것이다.

미국의 철학자 롤스(John Bordley Rawls, 1921~2002)는 정의로운 상태에 관해 언급하였으며 정의와 관련해 두 가지 원칙을 주장하였다. 하나는 '평등의 원칙'으로 모든 사람은 자유와 권리를 평등하게 갖는다는 것과 다른 하나는 '차등의 원칙'인데 사회·경제적으로 불평등이 존재한다면, 그 사회에서 가장 혜택을 받지 못하는 사람에게 가장 큰 이익을 줄 때 정의가 실현된다고 하였다. 예컨대, 저소득층에게만 문화비를 지원해 주는 '문화 바우처'가 있다면 그 혜택을 받지 못하는 사람들은 상대적으로 불평등하다고 느낄 수도 있을 것이다. 그러나 그러한 불평등이 그 사회에서 경제적인 어려움을 겪고 있는 사람에게 이익을 주는 것이라면 모든 사람에게 공평하지 않다고 하더라도 정의롭다고 할 수 있음을 주장하였다.

사회정의로 공리주의는 최대다수의 최대행복을, 롤스는 무지의 베일에서 선택할 최소극대화 원칙을 말하고 있다.

(1) 분배적 정의

어떤 것을 나눌 때 어떻게 하는 것이 공정한 것인가와 관련된 것을 '분배적 정의'라고 한다. 특히, 분배는 이익이 되는 것과 부담이 되는 것으로 나눌 수 있을 것이다. 예컨대, 이익이 되는 것은 임금이나 용돈, 성적, 선거권 같은 것이며 부담이 되는 것은 숙제, 세금, 청소나 집안일 같은 노동, 벌과 같은 것들이라고 할 수 있다. 아리스토텔레스나 롤스는 분배 시에 "같은 것은 같게", "다른 것은 다르게"의 원칙을 적용하면 정의로운 분배가 될 것이라고 주장하였다. 어떤 것을 받기 위해 노력한 정도나, 그것을 받을 만한 일을 했다거나, 꼭 그것을 받아야 할 필요가 같은 사람이 있다면 서로 같도록 분배하고 다르다면 서로 다르게 분배하는 것을 이르는 것이다.

(2) 교정적 정의

교정적 정의란 어떤 잘못이나 피해에 대한 대응이 공정한가와 관련된 것이다. 예컨대, 수업 시간에 교실에 있지 않고 운동장에 있다가 친구와 싸워서 친구를 다치게 했을 때 수업 시간에 자리를 이탈한 것과 친구와 싸운 것은 교칙을 위반한 잘못을 한 것이며 교칙 위반과 상관없이 친구를 다치게 한 것은 피해를 입힌 것이라고 할 것이다. 즉, 교정적 정의는 '잘못'에 대해 어떤 처벌을 할지, '피해'에 대해 어떤 배상을 할지를 결정하는 것이다. 이때 정의로운 해결을 하려면 당연히 잘못은 교칙에 따라 공정하게 처벌하여야 할 것이며 피해에 대해서는 합당한 배상을 받아야 할 것이다.

(3) 절차적 정의

절차적 정의란 어떤 것을 결정하고 판단하기 위해 필요한 정보를 모으는 방법이 공정했는지, 결정과 판단의 과정의 공정 여부와 관련한 정의라고 할 수 있다. 예컨대, 어떤 재판에서 재판 결과를 바꿀 만한 결정적인 증거를 새롭게 확보하였다고 했을 때, 새로운 증거확보 과정에서 법으로 금지된 도청이나 불법으로 개인 정보를 확보한 경우는 증거의 효력이 없는 경우와 같다. 이는 과정이 정의롭지 못했기 때문이므로 절차적 정의에 위배되었다고 할 수 있다. 또 다른 예를 살펴보면, 학교 시험에서 커닝한 학생을 어떻게 처벌할지를 두고 회의 시 커닝을 했다고 의심되는 학생 당사자에게 자신의 의견을 말할 기회도 주지 않고 감독자의 견해만으로 처벌을 한다면 이 또한 정의롭지 못하다는 것이다.

절차적 정의란 어떤 것을 결정하거나 판단할 때의 과정이 공정한지를 판단하는 것으로 사회복지정책에서 말하는 사회정의(social justice)는 모든 국민이 인간다운 생활을 누리도록 보장하는 윤리라고 할 수 있다.

롤스의 사회정의론은 공정성으로서의 정의(justice as fairness)를 강조하며, 어떠한 불평등도 가장 불리한 입장에 있는 사람들에게 최대의 이익을 부여하는 경우에는 허용이 가능하지만 기타의 경우에는 모든 결과가 평등해야 한다고 하였다. 예컨대, 롤스의 사회정의론은 부, 권위, 사회적 기회가 모든 사람을 위해 골고루 수혜되거나 특히 사회적으로 가장 불리한 성원을 위해 혜택이 주어질 경우에만 정당하다고 주장하였다.

2) 연대

일반적으로 연대(solidarity)란 개인 간의 상호의존에 근거한 결합의 총칭을 의미하며 사회연대는 사회구성원 상호 간 또는 구성원과 사회 간의 상호의존을 지탱하는 의식, 또는 같은 사회의 구성원으로서 공통적으로 나누어 가지는 귀속의식을 말하며 서로에 대한 책임감을 강조한다.

특히, 자본주의사회가 개개인의 능력이나 경쟁을 지나치게 강조하여 사회적 불평등과 인간소외 현상을 초래하였다고 보았다. 사회복지정책은 사회구성원 간의 협동과 상호부조를 통하여 빈곤, 질병, 노령, 사망, 재해 등과 같은 사회적 위험을 제거 또는 예방하는 것을 사회연대의식이라고 하였다. 즉, 사회적 위험에 대한 공동의 협동과 책임을 전제로 한 사회적 연대의식이라는 가치의 실현이다(박경일, 2018).

3) 공공성

공공성(public)이란 실제로 다양한 측면에서 해석되기 때문에 하나의 간단한 명제로 표현하기는 쉽지가 않다. 사전적 정의로는 어떤 사물이나 기관이 널리 일반 사회 전반에 이해관계나 영향을 미치는 성격이나 성질을 이르며, 일반 사회구성원 전체에 두루 관련된 것으로 어떤 실체가 아닌 사생활이나 사적인 것과는 구분되는 공동의 공개된 성질을 이른다.

구성원 각자의 생각과 이해관계가 다르기 때문에 내용만이 아니라 성질을 밝히는 과정이 중요하다. 공공성은 개인과 사회가 함께 시민의 삶을 지속해 나갈 구조를 만들어 가는 과정이자 가치로써 다수의 사람과 두루 연관된 문제라면 개인에게만 맡기거나 바라만 보고 있을 것이 아니라 다함께 해결해야 한다는 것이 공공성의 논리이다.

신자유주의의 등장으로 자유로운 경쟁이 중요시 되고 개인, 기업, 국가 차원에서 경제 성장과 경쟁력 강화가 핵심이 되는 사회적 분위기가 만연해 있다. 이러한 사회가 다양성과 자유를 보장해 주는 것처럼 보일 수도 있겠으나 실제로는 그 반대의 경우가 될 수도 있다. 이는 의견의 다양성, 기회의 균등, 사회적 약자의 보호 등은 오히려 소홀히 다루어질 수도 있음을 간과해서는 안 될 것이다. 즉, 공공성을 내세우지만 각 집단마다 규정하는 공공성의 의미와 대상은 매우 다르고 다수의 집단들은 공공성의 의미를 자신들의 입장에서 남용하는 경우가 있기 때문이다. 공공복리는 어떻게 규정하느냐에 따라 다르며, 특히 권력이 있는 집단에 의해 그 의미가 달라질 가능성도 있기 때문이다. 그러므로 논의과정을 공개하고 자유롭고 평등한 합의가 이루어지는 의사소통이 공공복리를 실현할 수 있는 바탕이 될 것이다.

4. 기타

1) 인정

인간은 선천적으로 자신의 생존 이유에 대한 확신을 필요로 하며 그 확신으로 인해 생존력을 완성하게 된다. '살고자 하는 의지'를 '생존력'이라고 한다면, 생존력의 완성을 위해 필요한 생리적 욕구와 함께 인정욕은 인간의 생존을 위해 꼭 필요한 심리적 욕구이다. 또한 남에게, 혹은 자기 자신에게 자기의 능력이 뛰어나다는 것을 인정받는 일은 자신이 생존할 이유가 충분하다는 것을 확신하는 것으로 자신이 가치 있는 존재라는 믿음과 자신감이나 자부심을 갖도록 함으로써 살아갈 의미를 느끼고 삶의 목표를 가지게 된다. 그리고 인정의 욕구는 자신의 '권리'에 대한 자각과 더불어 '존엄성'과 '인격성'을 실현하기 위해 본질적으로 중요한 '자유'에 대한 자각을 동반한다. 자유를 동반하지 않으면 인정이 제대로 이루어지지 않을 수도 있다.

2) 효율성

효율성(efficiency)의 문제는 무한한 사람들의 욕구를 희소한 사회적 자원으로 어떻게 하면 적절하게 해결할 수 있을까라는 의문에서 나온 것이다. 즉, 가능한 한 최소의 자원으로 최대의 결과를 만들어 내려는 관심을 말하는 것으로서 비용과 관련된 가치이다.

사회복지정책에서 효율은 수단으로서의 효율과 목표로서의 효율(파레토 효율, 배분적 효율)이 있다. 수단으로서의 효율은 특정한 목표를 달성하는데 가능한 한 적은 자원을 투입(input)하여 최대한의 산출(output)을 얻는 것을 의미한다. 목표로서의 효율, 즉 파레토 효율의 개념은 더 이상 어떠한 개선이 불가능한 최적의 자원배분상태로서 사회적 자원의 바람직한 배분이라는 보다 포괄적인 측면에 초점을 두고 있다(김태성, 2003). 특히, 경제학자 파레토가 주장하는

'파레토 효율'은 어떤 사회가 적어도 한 사람의 복지를 향상시키는 데 있어 그 사람 이외 다른 어느 누구의 복지도 감소시키지 않는다면 그 사회 전체의 복지를 향상시키는 것이라고 보았다. 이를 파레토 개선이라고 하였으며, 이런 방식으로 사회 전체의 복지를 향상시켜 나간다면 결국에는 누군가의 복지를 향상시키기 위해서는 반드시 다른 누군가의 복지를 감소시켜야 하는 상황에 도달하게 된다. 이때 그 사회는 최적의 효율성(파레토 효율성) 상태에 도달한 것이라 하였다.

그 밖에도 목표효율성은 정책이 목표하는 대상자들에게 자원이 얼마나 집중적으로 할당되는가의 여부를 판단하는 기준으로 선별주의를 선호한다. 예컨대, 사회보험과 공공부조를 들 수 있으며, 특히 공공부조는 상대적으로 저소득층에게 집중적으로 자원을 할당한다는 측면에서 목표효율성이 높다고 볼 수 있다.

운영효율성은 정책을 집행하고 운영하는 과정에서 투입되는 비용의 여부를 판단하는 기준으로써 운영비를 줄여 비용 절감을 높이고자 하는 것으로 보편주의를 선호한다. 예컨대, 사회보험에서 통합주의 방식으로 관리 운영되는 경우 또는 보편주의 방식의 사회보험제도이다.

3) 사회적 적절성

사회적 적절성(social adequacy)의 가치는 사회복지급여 할당의 평등 또는 그의 업적에 따른 비례적인 것(형평)이냐 하는 것과는 달리, 급여수준이 신체적·정신적 안녕에 적절한 정도가 되어야 한다는 것을 말한다. 즉, 사회복지 급여는 개인이 살아가고 있는 사회적 수준에 적절한 정도의 수준이어야 한다. 이 사회적 수준에 대한 적절성의 가치는 시장과 환경에 따라 변화하는 성격을 지닌다. 적절성은 최저생계비 혹은 최저임금, 빈곤선 등으로 구체화한다. 사회복지정책과 관련한 사회복지의 목적이 삶의 질 향상과 인간다운 삶의 보장에 있으므로 사회적 적절성의 가치가 관련되어 있다. 즉, 욕구는 객관적이며 가치중립적이라는 점에서 충족이 필요하다.

4) 효과성

효과성(effectiveness)은 사회복지정책이 목표 달성에 적합하였는지를 나타내는 것을 말한다. 사회복지서비스를 필요로 하는 사회적 약자의 욕구에 대하여 다양한 접근방법이 있을 수 있다. 이들 욕구해결책으로서 선택된 사회복지정책이 과연 어느 정도로 적합하게 목표를 달성하였는지에 대한 관심을 말한다.

5) 국민적 최저기준

국민적 최저기준(national minimum)은 국가가 사회보장, 기타의 공공정책에 의해 모든 국민에게 보장하는 최저생활 수준을 말한다. 원래는 국민적 효율과 연계되어 주장된 것으로 영국 국민이 국민적 효율에 적합한 생활을 유지하는 것이 가능한 정도의 최저를 의미한다.

영국의 웹(Webb) 부부는 극히 낮은 임금과 장기간의 노동 등 근로자의 열악한 생활환경을 보고 처음으로 국민적 최저기준을 제창하였고, 국민적 최저기준은 1942년의 베버리지 사회보장계획에서 구체적인 정책 목표로 설정되었다. 이는 국민적 합의를 얻은 기준이라는 의미로 규범적 니드, 규범적 개념으로 사용되기도 하였으며 베버리지 계획처럼 구체적인 정책 개념으로 쓰이기도 하였다. 국민적 최저기준이 구체적으로 나타난 것이 최저생계비이지만, 그 수준은 국가나 사회에 따라서 서로 다르거나 변하기도 한다.

제2절 사회복지정책과 이데올로기

이데올로기(ideologie)의 어원은 '이데아(idea)'와 '로기(logie)'의 합성어이다. '이데아'는 이상향 혹은 이념을 의미하고 '로기'는 논리를 의미한다. 일반적으로 이데올로기는 한 개인이나 집단의 구성원들이 공통적으로 가지고 있는 신념체계라고 할 수 있다.

특히, 사회복지의 이데올로기는 한 국가나 사회의 사회복지의 방향과 성격의 근본이 되는 사상이기도 하다. 그러므로 사회복지정책과 이데올로기는 매우 밀접한 관계를 가지고 있다.

사회복지정책과 관련된 이론과 사상은 학자에 따라 다양한 관점에서 제시하고 있다. 예컨대, 정치적·사회적 대표적인 이념모형인 전통과 사회의 안정성을 중시하고 개인보다 집단에 비중을 두며 사회 속에 행복한 삶의 책임은 개인에게 있다는 보수주의, 개인의 자유와 평등을 기반으로 집단보다 개인의 자율성과 자발성을 중시하며 개인의 빈곤은 개인의 동기와 행동보다 사회환경에 책임이 있다는 자유주의, 개인의 행복이 사회와 경제구조의 근간이라고 인식하고 평등하고 공평한 사회로 돌아가기 위해서는 제도가 아닌 모든 사람이 평등한 근본적인 정치 및 사회구조가 새롭게 형성되어야 한다는 급진주의 등을 들 수 있다.

조지와 윌딩의 이데올로기의 경우, 사회복지에 영향을 미치는 이데올로기를 초기에는 4가지 이념을, 후기에는 6가지 이념을 보다 체계적으로 제시하였다. 즉, 조지와 윌딩은 사회복지이념을 『이데올로기와 사회복지』에서 초기모형으로는 ① 반집합주의, ② 소극적 집합주의, ③ 페이비언 사회주의, ④ 마르크스주의로 구분하였으며, 이후 후기의 수정된 이데올로기 모형으로는 ① 신우파, ② 중도노선, ③ 사회민주주의, ④ 마르크스주의, ⑤ 페미니즘, ⑥ 녹색주의를 들 수 있다. 그 밖에도 케인즈주의, 신자유주의, 제3의 길, 후기산업주의 등이 있다.

여기에서는 먼저 조지와 윌딩의 이데올로기를 살펴보고 자유주의와 신자유주의, 보수주의와 신우파, 사회주의와 사회민주주의, 페이비언, 케인즈주의 등에 대해 살펴보고자 한다.

1. 초기 조지와 윌딩의 이데올로기

1) 반집합주의

반집합주의(anticollectivism)는 애덤 스미스(Adam Smith)의 고전적 자유주의가 기원이 되었으며 개인의 자유를 신봉하는 것이 특징이라고 할 수 있는 자유방임주의에 기반한다. 이는 정부의 개입을 부정하며 복지국가에 대한 관점도 반대 입장이 뚜렷하다고 볼 수 있으며 가장 낮은 수준의 사회복지정책을 지향하는 유형이다. 즉, 복지국가는 개인의 자유, 독창성, 선택을 제한한다고 보았으며 복지 제공에서 정부의 역할을 최소화시켜야 한다고 보았다. 이는 국가개입이 시장경제의 효율성을 저해하고 개인의 자유를 침해한다고 보았기 때문이다.

2) 소극적 집합주의

소극적 집합주의(reluctant collectivism)의 특징으로 자유와 개인주의를 강조하는 것은 반집합주의자들과 유사하다. 그러나 절대적 성격보다는 실용주의적 경향을 가지고 있으므로 혼합적이며 중도적이라고 할 수 있다. 자본주의가 효율적이고 공정하게 기능할 수 있도록 적절한 규제와 통제가 필요하며 복지국가는 사회안정과 질서유지를 위해 필요한 것으로 간주하였다. 즉, 당면한 문제의 해결 등을 위해 정부가 개입하는 조건부개입을 인정한다. 특히, 빈곤완화에 대한 국가의 책임은 국민최저수준의 보장만 인정하는 낮은 수준의 사회복지정책을 제한적으로 지지하고 있다.

3) 페이비언 사회주의

고전적 마르크스주의와 뚜렷이 구별되는 영국식 사회주의이다. 페이비언 사회주의(fabian socialism)는 1884년 영국 런던에서 결성된 페이비언협회라는 단체에서 유래되었으며 점진적 사회주의 및 높은 수준의 사회복지정책을 지향하고 있다. 페이비언 사회주의는 평등, 자유, 우애, 사회통합, 민주주의, 인도주의의 가치를 신봉한다. 사회 불평등에 뿌리를 둔 계급갈등은 사회통합의 가장 큰 적이며 비효율을 초래한다고 보았고 사회복지정책을 사회통합, 공동체 의식의 강화, 이타주의의 유지, 재분배의 기능이라고 보았다. 이들은 자본주의체제가 필연적으로 실패할 수 있다는 점에서 이에 대한 정부의 개입이 불가피하다는 것이다. 복지국가에 대한 관점도 적극 찬성하는 입장이며 국가의 지속적인 불평등 완화 역할에 중점을 두고 있다. 자본주의를 극복의 대상이라고 간주하고 혁명적인 변화보다는 평화적이고 점진적인 방법으로 사회주의를 지향한다. 즉, 복지국가의 확대를 통하여 자본주의를 변화 계량시킬 수 있다고 보았으며 생산수단, 기업의 점진적 국유화를 주장하였고 경제적 지대(economic rent)를 전액 조세로 징수하여야 한다고 강조하였다. 이러한 견해로 복지비는 지출이 아니라 투자라고 생각하여 사회적 지출이 경제성장에 기여할 것이라고 주장하였다. 특히, 페이비언 사회주의는 점진적 사회주의 사상으로 영국 노동당의 지도이념이며, 사회개량의 수단으로서 혁명을 사용하지 않고 의회주의를 통하여 점진적으로 모든 정책을 실현함으로써 자본주의의 결함을 극복하는 것이다.

4) 마르크스주의

마르크스주의(Marxism)는 대표적인 사회주의 사상으로 자본을 사회공유재산으로 바꿈으로써 노동자가 자본을 증식하기 위해서만 산다는 비참함을 폐지하고 계급 없는 협동사회를 목표로 하는 것이다. 자본주의적 생산양식을 비판하며 자본주의의 수정이나 개혁보다는 전면적인 변혁, 즉 노동자 혁명을 주장하였다. 인간의 평등과 자유는 자본주의적 잔재를 완전히 소멸시켰을 경우에만 실현가능하다고 주장하였다. 복지국가는 모순적인 자본주의를 연명시키는 기능을 하므로 반대하는 입장이다. 즉, 정부의 개입을 적극적으로 인정하나 복지국가에 대한 관점은 노동계급에 대한 자본계급의 최소한의 양보로 본다는 점에서 적극적으로 반대하였다. 빈곤완화에 대한 국가의 책임 역시 자본주의 체제가 지속되는 한 빈곤은 결코 소멸될 수 없다는 점에서 부정적이다. 이들은 자유, 평등, 우애를 중시하며 이들의 자유는 광의적이며 적극적인 개념이다. 이들은 경제적 평등과 계급갈등에 대한 강조는 사회경제적 측면에서 정부의 강력하고 적극적인 역할이 필요하고 경제적 평등은 산업민주주의와 대기업 및 영리단체의 국유화를 요구하고 있다. 사회복지의 확대만으로는 자본주의의 근본적인 모순을 극복할 수 없다고 보기 때문이다.

2. 자유주의와 신자유주의

1) 자유주의

자유주의는 개인적 자율성과 시장기능의 중요성을 강조하였다. 즉, 애덤 스미스의 고전적 자유주의 사상에서 기원이 되었으며 개인의 자유를 신봉하는 것이 특징이라고 할 수 있다. 정치적 관점으로는 자연권적 자유주의와 경험적 자유주의로 구분할 수 있다.

먼저 자연권적 자유주의(natural rights libertarianism)는 국방, 치안, 질서유지 등 일부를 제외한 국가의 개입 자체를 도덕적으로 잘못된 것으로 보았으며 재산권을 도덕적 기준에서 파악하고 자연권으로 보호를 주장하는 것이다. 국가의 핵심적인 임무는 국민의 재산권을 보호하는 것이며 지나친 과세행위는 국민들의 노력을 약탈하는 도둑질로 국가의 재분배행위는 아주 제한적인 수준에 국한하는 것이 바람직하다고 하였다. 국가에 의한 재분배정책보다는 부자들의 자선행위를 통한 빈민구제를 주장하였다. 정부의 개입을 부정하며 복지국가에 대한 관점에도 반대 입장이 뚜렷하다고 볼 수 있다. 가장 낮은 수준의 사회복지정책을 지향하는 유형이다. 즉, 복지국가는 개인의 자유, 독창성, 선택을 제한한다고 보았으며 복지 제공에서 정부의 역할을 최소화시켜야 한다고 보았다. 이는 국가개입이 시장경제의 효율성을 저해하고 개인의 자유를 침해한다고 보았기 때문이다. 이를 조지와 윌딩은 반집합주의(anticollectivism)라고 하였다.

2) 신자유주의

신자유주의자들의 복지국가에 대한 태도는 복지국가의 경쟁력 회복을 위해 유연한 노동력 관리, 과도하게 관대한 노동자 보호규정 약화와 노조활동의 규제, 복지국가에서 자유방임형 국가로 전환, 사회정책을 경제정책에 종속시도 등이다. 사례로는 국가의 간섭 자제, 공급 측면 중시, 법인세 인하를 통한 기업 경쟁력 강화, 개인주의 경쟁의 원리, 소극적 자유의 강조, 개인의 자유강화 방향으로 복지국가 개조, 복지국가 축소를 들 수 있다.

영국과 미국의 경우에도 신자유주의를 적극적으로 도입하였으며 이를 '대처리즘', '레이거노믹스'라고 하였다. 사회민주주의와 케인즈주의의 복지국가로 인해 사회 활력이 저하되고 복지병이 만연한다고 주장하였다. 이를 극복하고자 감세, 작은 정부, 공기업 민영화, 사회복지 축소, 시장기능 강화 등의 정책을 시행하였다. 이들은 노동시장의 유연화를 위해서 완전고용정책을 폐기하였으며 각종 고용보호조치들을 폐지하였다. 완전고용정책보다는 인플레이션 조절정책에 정책적 우선순위를 두었으며 복지 프로그램들의 민영화 추진, 정부역할의 과감한 지방정부 이양 등을 실시하였다. 그러나 신자유주의 또한 문제점으로 빈곤 및 불평등의 심화로 양극화 현상이 나타났고, 사회복지의 민영화로 삶의 불확실성을 심화시켰다. 대표적인 국가로는 영국, 미국, 캐나다, 스위스 등이 있다.

3. 보수주의와 사회민주주의

1) 보수주의

기존의 계층이나 지위 구조를 유지하고자 하는 성향을 가지고 있으며 사회복지제도는 사전대비적 성격이 강한 사회보험을 중심으로 구성되었다. 또한 길드의 전통에 따라 사회복지제도는 직종별, 직역별, 지역별로 분화되어 급여의 내용 및 수준의 편차가 있는 것이 특징이다. 급여수준은 대체로 높은 편이나 재분배의 기능은 다소 미미한 상태이며 가부장적 성격과 남성생계부양자 모형을 바탕으로 하고 있다. 높은 사회보험료 수준은 노동비용으로 전가하는 경향이 있으며, 이는 일자리 창출을 억제하고 고용불안과 고도실업의 원인이 되기도 한다. 궁극적으로는 노동시장의 문제가 사회복지재정의 악화를 초래한다는 것이다. 대표적인 보수주의국가는 독일, 오스트리아, 프랑스 등의 유럽 대륙권 국가들이다.

2) 사회민주주의

사회민주주의를 사민주의라고도 하며 이들의 중심가치는 평등, 자유, 우애이며 평등은 과도한 불평등의 감소를 뜻한다. 탈상품화 수준은 높고 계층화는 높은 수준의 평등을 주장한다. 생산수단의 사회적 소유와 관리에 의한 사회의 개조를 민주주의적인 방법을 통해서 실현하려고 하는 주장 또는 운동으로 마르크스주의와는 다르다. 이는 국민 최저선의 설정, 기회평등의 촉진, 취약자에 대한 적극적 차별의 시행을 통해 이뤄진다고 보았다. 특히, 자유는 적극적 자유를 뜻한다. 시장체계의 정의롭지 못한 분배를 시정하는 것이 정부의 역할이며 경제성장 없이는 결코 사회주의 목표를 성취할 수 없다고 보기 때문에 경제성장을 위한 정부의 책임은 필수라고 한다. 복지국가가 사회의 조화, 즉 민주주의에 의해 제공된 정치적 권리와 시장의 힘만을 강조하는 자유시장의 한계 사이를 조정하는 중요한 힘이 바로 복지국가라고 생각하며, 따라서 복지국가가 불평등을 감소시키고 사회통합과 평등추구를 위한 사회복지정책의 확대를 지지하고 점진적 사회주의와 민주주의, 동기유발 및 소비자의 선택 강화를 강조한다. 대표적인 국가로는 스웨덴, 노르웨이 등이 있다.

4. 케인즈주의와 페미니즘

1) 케인즈주의

케인즈(Keynes)는 1929년 세계경제의 침체, 대공황 등의 위기 시 공공사업을 일으켜 정부지출을 증대시키고 조세를 감면해 주는 등의 적극적인 재정정책을 실시함으로써 시장경제의 위기를 해결할 수 있음을 주장하였다. 이는 수정자본주의 또는 소극적 집합주의라고도 할 수 있다. 국가의 적극적인 경제개입이 필요하다고 주장하였다. 즉, 실업은 유효수요(투자+소비)에 의해 좌우된다고 보고 유효수요를 창출함으로써 시장의 불완전성을 보완할 수 있다는 것이 '케인즈주의'이다. 사회복지지출은 사회복지정책 목표의 달성을 위한 수단이고 소비수요 증대를 통한 완전고용 및 경제성장 달성을 위한 수단의 의미가 있다는 것이다.

2) 페미니즘

페미니스트의 복지국가관은 성차별체계를 재연하는 역할과 여성친화적인 정책으로 양면성을 띠고 있다. 즉, 복지국가는 남성들의 권력 및 특권을 유지하는 정책 채택과 함께 자본주의 유지를 위해 남성들의 기득권을 약화시키는 가족정책 또는 양성평등을 지지하는 정책을 함께 실시한다는 것이다. 이들은 양면적 복지국가관을 보이면서도 복지국가가 여성 특유의 욕구에 대한 배려에 실패했음을 강조한다. 특히, 성차별체계는 복지국가가 노동시장에서 여성들이 평등한 지위를 보장받을 수 있도록 하는 데 필요한 서비스를 제공할 수 있다는 측면에서는 강한 지지를 보이고 있지만, 남성들이 정책입안자이고 여성들은 단지 정책수혜자로 머무는 남성지배적인 국가라고 주장하고 있다.

5. 기타

1) 생태주의

생태주의(ecology)는 녹색주의라고도 하며, 산업자본주의의 진전으로 인해 지구 자연이 급속도로 오염되고 파괴되는 상황 속에서 인류가 범해 온 잘못과 미래의 대안을 제시하고자 나타난 사상이다. 특히, 오늘날 현대사회의 자연 파괴와 인간 소외 문제 등을 비판적으로 바라보고 그 해결책을 모색하는 근본적인 대안으로 볼 수 있다. 생태주의는 근대 이후의 자본주의 문명에 대한 근본적인 반성과 성찰에서 시작되었다. 자본주의는 몇 차례의 불황과 공황을 겪으면서도 전 세계적으로 확산되고 성장하였다. 그러나 그 결과 지구 전역에서 심각한 자연 파괴가 빚어졌고 거대산업 중심의 생산체제는 지구에 존재하는 화석연료를 급격히 줄어들게 하여 미래에 대한 전망이 불투명하게 되었다. 일부에서는 이와 같은 문제점을 과학기술의 진보와 효과적인 자연환경 제어기술의 발달을 통해 극복가능하다고 주장하였으나 계속되는 자연 파괴와 지구 기후의 변화, 그리고 거대자본에 의해 피폐해져 가는 약소국 국민들의 삶은 많은 문제점이 있다고 보았다. 생태주의는 자연과 인간의 조화뿐만이 아니라 인간관계에서 배제되거나 억압되었던 소수자들의 문제에도 관심을 기울인다. 사회 속에 존재하는 인간 개개인 간의 편차를 무시한 채 모든 문제의 원인을 인간에게서 찾기보다는 억압적인 사회구조의 변화야말로 문제의 본질임을 강조하였다. 특히, 선진 산업사회의 정부 역할을 비판하는데, 경제성장과 소비의 지속적 확대가 가능하며 바람직하다는 신념에 입각한 복지국가는 잘못된 것이라고 보며, 공업·농업·의료부문이 사용하는 대규모 기술은 유해하다는 것, 산업사회의 탐욕적이고 개인주의적 정신은 자원고갈을 촉진시킨다는 것이다. 이들은 경제성장이 개인적 풍요나 공공서비스의 자원을 증가시킴으로써 복지를 강화하는 수단으로 여기는 경제성장이야말로 엄청난 비복지라고 주장하고 있다.

2) 제3의 길

제3의 길은 기존의 사회민주주의 복지정책과 신자유주의 복지정책의 틀을 벗어나 변증법적으로 새로운 복지패러다임을 형성하고자 하는 시도이다. 즉, 고복지-고부담-저효율로 요약되는 사회민주적 복지국가 노선(제1의 길)과 고효율-저부담-불평등으로 요약할 수 있는 신자유주의적 시장경제 노선(제2의 길)을 지양한 새로운 정책노선으로 시민들의 사회경제적 생활보장과 시장의 활력을 높이고자 하는 영국 노동당의 뉴 프로젝트를 '제3의 길'이라고 한다. 신자유주의와 케인즈주의의 문제점을 직시하면서 각각의 장점을 융합한 새로운 대안정책으로써 노동시장에서 해고의 유연성을 확보하고, 다른 한편으로는 충분한 보장성과 고용서비스를 통해 삶의 안정화를 꾀할 수 있는 유연안정성의 확보 및 적극적 복지시민으로서의 위상 정립을 제시하였다. 자본주의가 추구하는 경제성장과 사회복지를 동시에 발전시키는 생산적 복지로, 예컨대 시장주도의 상품화를 기반으로 하되 사회 및 분배정의를 동시에 추구하는 것이다. 이는 주로 1990년대 이후 유럽의 좌파정권에서 정권을 주도한 영국의 토니 블레어(Tony Blair)와 독일의 슈뢰더(Gerhard Schr der) 수상이 대표적이다.

3) 새로운 사회적 위험과 사회투자국가

후기 산업사회로의 전환에 따른 새로운 사회적 위험은 경제사회구조의 변화로 인해 초래된 맞벌이 부부의 증가, 여성의 노동시장 참여로 일과 가정의 양립 문제, 저출산 고령화로 인한 노인부양비 문제, 서비스산업의 확대로 인한 고용불안과 저임금 및 비정규직 노동의 증가, 노동의 이동성이 높아짐에 따라 평생학습체제의 강화 필요성이 대두되었다.

사회투자국가는 '제3의 길'의 구체적 실천전략으로 앤서니 기든스(Anthony Giddens)가 제시한 국가모형으로 복지의 투자적 성격과 생산적 성격을 강조하면서 복지와 성장 그리고 사회정책과 경제정책의 상호보완성을 강조하였다. 구체적으로는 경제정책과 사회정책의 통합 강조, 인적 자본 및 사회적 자본에 대한 투자 강조, 시민권의 권리와 의무의 균형 강조, 결과의 평등보다는 기회의 평등 강조 등이 있다.

〈표 2-2〉 이데올로기별 복지국가관

이데올로기	복지국가의 의미	복지국가에 대한 입장
신우파(신흥우파)	자유시장의 걸림돌	반대
중도노선	사회안정과 질서의 유지	제한적 지지
사회민주주의	사회조화, 평등한 사회실현	열광적 지지
마르크스주의(사회주의)	자본주의체제 강화	반대
페미니즘	남녀평등 보장	제한적 지지
생태주의(녹색주의)	경제성장 조장(개발과 보전의 갈등)	반대

출처: 박경일 외 (2013). p.34 재구성.

제3절 복지국가

복지국가(welfare state)는 일반적으로 국민들의 복지 전반에 적극적인 책임을 지고 관여하는 국가를 의미하는 것으로 1945년 영국 노동당 정부가 「베버리지 보고서(1942)」를 근간으로 1948년 '요람에서 무덤까지(from the cradle to the grave)'의 사회보장제도를 실시함으로써 일반적으로 사용되기 시작했는데, 1948년을 복지국가의 원년이라고 부른다(박경일, 2023).

1. 복지국가의 특징

복지국가의 개념이나 특징에 대해서는 학자들마다 다양한 견해를 나타내지만, 몇 가지 공통적인 특징을 정리해 볼 수 있다.

첫째, 복지국가의 성립에 있어서 필수적인 조건으로 정치적 민주주의를 전제하고 있다. 선거권 확대를 통한 민주주의의 확장은 복지개혁을 통한 복지국가 형성에 중요한 역할을 해왔다. 노동계급에게 노동 3권(단결권, 단체교섭권, 단체행동권)을 보장함으로써 노동계급의 조직화와 집단행동을 보장하고, 민주적 제도와 절차를 통해 노동계급의 이익을 대변하는 정당을 결성하고 합법적인 정치활동을 할 수 있도록 보장한다.

둘째, 베버리지 보고서를 통해 표명한 '국민 최저선의 보장'이라는 원칙은 복지국가의 일차적인 목표에 해당한다. 복지국가가 모든 국민들의 최소한의 생활을 보장하고 기본적인 욕구를 충족시킨다고 하는 것은 기존의 국가들과 복지국가를 구별하는 기준이 되며, 복지국가를 정의하는 데 있어서 하나의 근거가 된다.

셋째, 정도와 방식에 있어서는 다양한 차이가 있지만, 복지국가의 형성과 발전에 있어서 국가의 개입과 역할이 중요하다. 복지국가는 자본주의 체제의 문제점과 부작용을 해결하기 위한 국가개입의 산물이라고 할 수 있다.

이러한 몇 가지 공통적인 특징 외 특징과 정의와 관련하여 차이점도 발견할 수 있다. 평등의 종류와 내용 관련한 부분이다. 복지국가가 기회의 평등에 초점을 둔다고 주장하는 사람들도 있고, 복지국가가 단순히 기회의 평등을 보장하는데 그치지 않고 궁극적으로 결과의 평등을 가져오는 중요한 수단이 되어야 한다고 주장하는 사람들도 있다.

2. 복지국가 유형화

복지국가를 유형화하는 기준은 학자마다 다르기 때문에 어떤 학자가 어떻게 유형화했는지를 구분하여 살펴볼 필요가 있다. 본 절에서는 윌렌스키와 르보가 제시한 초기 유형화와 현재 가장 체계적이고 논리적인 연구로 사회복지정책 학자들에게 주목받고 있는 모형인 에스핑-앤더슨의 연구를 중심으로 살펴보았다.

1) 윌렌스키와 르보의 2분 모형

윌렌스키(Wilensky)와 르보(Lebeaux)는 초기 유형화의 대표적인 학자로 사회복지의 개념을 잔여적 개념과 제도적 개념의 두 가지로 나누어 제시하였다. 이 모형은 가장 기본적인 모형으로 사회복지를 포괄하는 상반된 두 가지 입장을 비교하고 있다.

(1) 잔여적(보충적 · 선별적) 모형

잔여적 모형에서 사회복지는 일차적으로 가족이나 이웃, 공동체 등이 제 기능을 발휘하지 못하는 경우에 사회복지제도로서 보완적으로 작동된다고 보는 입장이다. 즉, 가정생활이 파괴되거나 시장기구가 제대로 움직일 수 없어 정상적인 경로로는 사회복지가 공급될 수 없을 때 일시적, 한정적, 보완적으로 보호하고 지원하는 것을 목표로 하고 있고, 사회적 취약계층을 대상으로 한다. 빈곤의 책임은 개인에게 있으며, 선별주의 이념을 기반으로 하고 있다.

(2) 제도적(보편적) 모형

제도적 모형에서는 누구나 일정한 조건, 즉 법적 · 제도적 조건만 갖추게 되면 사회복지 혜택을 받을 수 있는 것으로 보는 입장이다. 가족이나 이웃, 공동체가 사회적 위험에 처한 구성원들을 보호하거나 사회를 재생산하는 데 있어서 담당했던 기능과 역할을 국가의 사회적 개입을 통해서 해결한다고 본다. 전체 사회구성원을 대상으로 하며, 실천에 대해 국가의 역할을 강조하고 있으며, 국가의 사회복지제도로 복지 욕구가 충족될 수 있도록 하고 있다.

2) 에스핑-앤더슨의 복지국가 유형화

에스핑-앤더슨(Esping-Andersen, 1990)은 복지국가의 유형화 기준으로 탈상품화(de-commodification), 계층화(stratification)를 제시하여 자유주의 복지국가, 보수조합주의 복지국가, 사회민주주의 복지국가 세 가지 유형으로 분류하였다. 탈상품화란 노동자가 자신의 노동력을 상품으로 시장에 내다 팔지 않고도 살 수 있는 정도, 즉 자신이 노동시장에서 일을 할 수 없는 여러 가지 상황에 처했을 때 국가가 어느 정도 수준의 급여를 제공해 주는가의 정도를 의미한다. 탈상품화가 높을수록 복지선진국이라고 할 수 있다. 또한, 계층화란 계급과 신분을 분열시키고 계층구조를 유지·강화시킨다는 의미이다.

(1) 자유주의 복지국가

빈곤층을 중심으로 한 자산조사에 의한 공공부조제도와 낮은 수준의 사회보험제도를 특징으로 하는 탈상품화 효과와 복지의 재분배효과가 미약한 복지국가 유형이다. 급여는 저소득층에 초점을 두며, 자격 기준은 까다롭고 엄격하여 낙인을 부여하는 방식으로 이루어진다. 이에 따라 탈상품화의 효과는 최소화되며 복지정책은 다차원의 사회계층체제(공공부조 수급자, 사회보험 가입자, 민간보험 구매자)를 만들어 낸다. 공공부문의 사회복지서비스 역할은 미미한 편이며, 민간부문의 역할을 강조한다. 미국, 캐나다, 호주 등의 나라가 이에 해당된다.

(2) 조합주의(보수주의) 복지국가

보수주의 복지국가 유형은 기존의 계층/지위 구조를 유지한다는 의미에서 보수적 복지국가로 명명되며, 사회복지제도도 기존의 사회적 지위를 유지하는 형태로 도입된다. 즉 소득재분배를 통해 기존의 사회적 지위를 수정하기보다는 직업별, 계층별로 상이한 복지급여를 제공하는 것으로, 주로 사회보험 프로그램을 강조한다. 사회보험 프로그램은 직업별로 분리되어 직업에 따라 급여수준의 차이가 크기 때문에 재분배효과가 낮다.

높은 사회보장세로 인한 높은 노동비용 때문에 민간부문의 일자리 창출이 어렵고, 높은 재정부담 때문에 공공부문의 일자리 창출도 어려워 실업률이 높은 수준이다. 젊은 층의 취업을 늘리기 위해 고령노동자들을 노동시장에서 퇴출할 경우 연금을 비롯한 사회복지 급여를 증가시키기 때문에 복지재정을 더욱 악화시키는 상황이 발생되기도 한다. 독일, 프랑스, 오스트리아 등 유럽 대륙의 국가들이 해당된다.

(3) 사회민주주의 복지국가

사회민주주의 복지국가는 보편주의 이념과 사회권을 통한 탈상품화 효과가 가장 크고 새로운 중산층까지 확대되는 복지국가이다. 복지의 재분배 기능이 강하고, 급여는 취약계층뿐만 아니라 중간계급까지 주요 대상으로 확대된다. 여성의 경제활동을 촉진하며, 사회서비스 비중이 높다. 이들 국가에서는 최소한의 생활수준 보장을 넘어 평등을 추구하며, 복지국가 추구를 위한 보편적인 결속이 이루어진다. 스웨덴, 덴마크, 노르웨이, 핀란드 등 주로 스칸디나비아 국가들이 이에 해당된다.

〈표 2-3〉 에스핑-엔더슨의 복지국가체제

구분	자유주의 복지국가	조합주의(보수주의) 복지국가	복지국가에 대한 입장
일반적 특징	시장원칙에 입각한 차별적 수혜	정부·자본·노동의 협조관계	보편주의와 사회권을 통한 최대수준의 복지추구
탈상품화	최소화	제한적	극대화
사회권	미약	인정	강조
대상	빈곤층 대상	제한적 수혜	보편적 복지
급여수준	최저생계비	능력별 차등	중간계층
자산조사	엄격	자족의 복지제공능력 고갈 입증	축소
소득재분배	매우 미약	미미	강함
국가유형	미국, 캐나다, 호주	독일, 프랑스, 오스트리아	스웨덴, 덴마크, 노르웨이

출처: 이기원 외 (2024). p.180 재구성.

이외에도 복지국가의 유형화는 학자들에 따라 다양한 형태로 나타나지만 가장 이상적인 복지국가의 유형화는 사회복지정책이나 제도 및 프로그램의 내용(대상, 급여수준, 재원조달 방법, 전달책 등)을 분석하고, 그 효과(재분배효과, 빈곤감소효과 등)를 분석하여 유형화하는 것이며, 이러한 분석에 의한 유형화는 각 국가의 제도나 프로그램 내용이 각각 달라서 일률적으로 비교, 분석하기가 쉽지 않다.

생각해 볼 문제

1. 평등에 관한 설명으로 옳지 않은 것은?
   ① 보험료 수준에 따라 급여를 차등하는 것은 비례적 평등으로 볼 수 있다.
   ② 드림스타트 사업은 기회의 평등을 반영하는 것으로 볼 수 있다.
   ③ 공공부조의 급여는 산술적 평등을, 열등처우의 원칙은 비례적 평등을 반영한 것이다.
   ④ 모든 사람에게 동등한 의료서비스를 제공하는 영국의 국민보건서비스(NHS)는 결과의 평등을 반영하는 것으로 볼 수 있다.
   ⑤ 비례적 평등은 결과의 평등이다.

2. 재분배와 파레토(Pareto) 효율에 관한 설명으로 옳지 않은 것은?
   ① 파레토 개선이란 다른 사람들의 효용을 감소시키지 않으면서 어떤 사람들의 효용을 증가시키는 것이다.
   ② 파레토 효율의 정의상 소득재분배는 매우 효율적이다.
   ③ 재분배를 통하여 빈곤층의 소득이 늘어나도 개인의 효용은 증가할 수 있다.
   ④ 파레토 개선의 예로 민간의 자선활동을 들 수 있다.
   ⑤ 파레토 효율은 완전경쟁시장에서 개인의 자발적인 선택을 전제로 한다.

3. 반집합주의가 선호하는 가치영역이 아닌 것은?
   ① 개인 ② 시장 ③ 평등
   ④ 가족 ⑤ 경쟁

4. 에스핑-앤더슨(G. Esping-Andersen)의 복지국가 유형에 관한 설명으로 옳은 것은?
   ① 복지국가 유형을 탈상품화, 계층화 등을 기준으로 분류하였다.
   ② 보수주의 복지국가는 탈가족주의와 통합적 사회보험을 강조한다.
   ③ 자유주의 복지국가는 공공부조의 비중과 탈상품화 수준이 낮은 편이다.
   ④ 사회민주주의 복지국가는 국가의 책임을 최소화하고 시장을 통해 문제해결을 한다.
   ⑤ 보수주의 복지국가의 예로는 프랑스, 영국, 미국을 들 수 있다.

CHAPTER 03
사회복지정책의 역사적 발전과정

학습목표

1. 서구의 사회복지정책의 역사적 발전과정을 설명할 수 있다.
2. 각 나라별 역사적 사회복지정책을 설명할 수 있다.
3. 우리나라 사회복지정책의 역사적 발전과정을 설명할 수 있다.

CHAPTER 03 사회복지정책의 역사적 발전과정

고대사회는 공동생활체로서 상부상조하며 자연 또는 다른 집단으로부터의 위협에 대처했고, 자선적 구제사상 및 상부상조의 인간적 동기가 있었으며 도덕적 정의와 우애의 실천적 가치를 전제로 사회복지가 이루어졌다.

중세사회에서는 신분적 계층과 종교의 사회적 역할이 강했다. 주로 자선이나 박애사업, 종교적, 감정적 동기에 의한 사회복지 행위가 이루어졌다고 볼 수 있다. 이후 근대사회에서는 사회복지정책 및 사회사업의 시작시기로, 특히 산업혁명으로 인한 도시화·산업화로 실업, 빈부격차, 환경문제 등의 사회문제 발생과 여성들의 사회진출과 핵가족화로 인한 아동양육, 노인부양 등의 사회문제가 대두되었다. 그 당시 빈곤은 개인에 의해 발생한다는 관점보다는 사회적 원인에 의해 발생한다고 보고 사회가 책임져야 한다는 사상과 함께 이를 해결하기 위한 대안으로 사회사업이 등장하게 되었다. 또한 자유방임주의적 관점에서 궁핍의 원인은 개인에게 있다고 주장하기도 하는 반면, 빈곤의 책임은 사회구조에 원인이 있으므로 국가가 책임을 져야 한다는 주장도 함께 등장하였다. 이 시기의 사회복지정책 대상은 노동능력이 없는 자로 제한되었다. 이들에게만 최소한의 도움을 주어야 한다는 제한적인 공공부조의 성격을 띤 구제제도가 실시되었고 노동력이 있는 빈민의 경우에는 가혹한 처우가 강제되었다.

현대사회로 들어오면서 근대사회의 발생문제들은 더욱 심각한 상태로 변화되어 이를 해결할 수 있는 새로운 제도 및 정책의 필요성이 요구되었다. 선진국을 중심으로 조직적이고 계획적이며 제도화된 사회복지서비스가 실시되어 복지국가가 형성되기 시작하였다. 또한 로마니신(J. M. Romanyshyn)은 사회복지의 전반적인 변화를 보충적 복지를 제도적 복지로, 자선을 시민의 권리로, 문제해결 중심을 문제예방으로, 빈민 위주의 선별적 서비스에서 전체 국민 대상의 보편적 서비스로, 최저의 조건을 최적의 조건으로, 민간의 자발성에서 공공차원의 공공성으로, 빈민복지구제에서 복지사회 및 복지국가로의 사회복지 전반의 개념의 변화를 촉구하였다.

앞서 살펴본 바와 같이 사회복지정책은 근대사회로 들어오면서 본격적으로 형성되기 시작하였다. 특히, 산업혁명 이후 근대 자본주의가 발달하기 시작한 영국의 경우 빈민에 대한 국가의 개입을 시작으로 제2차 세계대전 이후 복지국가의 틀을 만들었다고 할 수 있다. 19세기 말 독일에서는 사회복지정책의 주요 정책인 사회보험제도를 도입하였고 이러한 역사적 과정을 통해 복지국가의 형성 및 사회복지정책은 성장하였다. 그러나 1970년대 중반 이후 사회복지정책이 여러 가지 한계에 부딪치는 상황이 되면서 사회복지정책의 새로운 도약의 길목에 서 있게 되었다.

제1절 서구의 역사적 발전과정

1. 영국 사회복지정책의 역사

영국의 복지국가 형성은 1941년 6월 사회적 서비스나 효율성 조사를 위해 베버리지를 위원장으로 한 '베버리지보고서(사회보험 및 관련 서비스 보고서, 1942)'

를 시작으로 5대 사회악(궁핍, 질병, 무지, 불결, 나태)에서 벗어날 수 있도록 하고 사회보험을 중심으로 여러 사회 서비스를 통합하는 방안을 제시하였다.

1) 엘리자베스 구빈법(Poor law, 1601)

교구 내의 자선에 의한 구빈에는 한계가 있다고 판단하여 빈민구제의 책임을 교회가 아닌 국가가 최초로 지게 되었다는 점에서 의의가 크다. 빈민구제 업무를 위해 전국적 행정구조를 수립하였고 지방행정의 책임을 강화하였다. 즉, 구빈행정을 담당하는 행정기관을 수립하였으며 모든 교구에 구빈감독관을 임명하고 구빈행정과 구빈세 징수업무를 관장하도록 하였다. 구빈의 행정·재정책임은 교구단위이고 재원은 교구단위의 구빈세, 각 교구에 빈민감독관이 의무적으로 임명되는 지방행정의 원칙을 띠고 있었다. 또한 빈민을 노동이 가능한 자, 노동이 불가능한 자, 요보호 아동으로 분류하고 각각의 서로 다른 처우, 즉 차별처우의 원칙을 실시하였다. 또한 빈곤은 개인적 결함에서 비롯된다고 보았으며 부랑자를 분류할 때 노동능력이 없는 빈민은 구빈원에 수용하였고, 노동력이 있는 빈민은 작업장에 입소되어 강제노동을 시켰으며 요보호 아동의 경우에는 도제로 삼아 24세까지 장인에게 봉사하며 성장하도록 하였다. 이는 부랑자들을 자활시키려는 노동정책이라고 할 수 있다. 그 밖에도 자녀의 부모에 대한 또는 부모의 자녀에 대한 부양책임을 강조하는 친족부양의 원칙이 있었다.

2) 정주법(Settlement Act, 1662)

1660년대부터 농촌 빈민들이 일자리를 찾아 도시로 유입되면서 도시 교구의 구빈세 부담이 증가되었다. 이를 막기 위해 교구와 귀족들은 빈민들의 자유로운 이동을 금지시키고자 「정주법」을 제정하고 구빈감독관에게 부랑자를 원소속 교구로 돌려보낼 수 있는 권한을 부여하였다. 「정주법」은 노동력이 필요한 농업 자본가들의 이익을 대변하기 위해 빈민의 주거 선택과 이동의 자유를 침해한 것으로 이후 많은 비판을 받았다.

3) 작업장법(Workhouse test Act, 1722)

작업장을 통한 빈민들의 노동력 활용으로 구빈세 납부자들의 재정부담을 줄이고 국가경제에 기여를 기대한 법으로 연합구에 공동작업장을 설치하였다. 작업장에서의 노동을 통해 근로의욕을 강화시켜 부랑을 억제하고 국가의 부를 증대시키는 데 목적이 있었다. 그러나 작업장의 생산물은 사기업과의 경쟁에서 뒤쳐지는 비효율적인 면이 더 많았다. 나중에는 노동력이 없는 자들도 함께 수용되어 더욱 열악한 환경으로 변하기도 하였다.

4) 토마스 길버트법(Thomas Gilbert Act, 1782)

작업장에서의 빈민 착취를 개선하려는 목적으로 만들어진 새로운 인도주의적 구빈제도라고 할 수 있다. 일종의 작업장 개선운동이자 인도주의적 구빈제도라고 할 수 있다. 노동력이 있는 빈민과 실업자의 경우 일자리 및 무제한의 원외구제가 제공되었으며 노동력이 없는 빈민에게는 현금급여 제공, 나태한 자에게는 교정을 원칙으로 하였다. 교구연합을 허용하였으며 최초의 유급 구빈사무원을 채용하기도 하였다. 오늘날 사회복지사의 원조라고 할 수 있다.

5) 스핀햄랜드법(Speenhamland Act, 1795)

빈민에 대한 처우개선책으로 임금보조제도라고 할 수 있다. 생계비(빵 가격 기준)와 부양가족 수를 고려하여 교구의 구빈세 재원을 활용하여 빈곤한 저임금 노동자의 임금을 보충해 준 제도이다. 스스로 삶을 영위할 수 없는 자와 도움을 필요로 하는 자를 구분할 때 가족의 수를 고려했다는 점에 의의가 있으며, 경제적 불황기에 노동자의 권리를 보호했다는 점에서 의의가 있다. 그러나 고용주들의 낮은 임금지불 유인과 임금상승을 억제하고, 구빈세를 이용한 생계비 지원으로 인해 노동자들의 태만이 유발되고 빈곤의 악순환을 반복시키고 구빈세의 부담을 증가시키는 점 등으로 비판을 받기도 하였다. 스핀햄랜드법은 오늘날의 가족수당이나 최저생활보장의 기반이 되었다.

6) 공장법(Factory Law, 1833)

비인도적인 처우를 받는 아동들을 위해 만들어진 법으로 '공장의 아동, 연소자의 노동을 규제하는 법률'로 아동의 노동조건과 작업환경을 개선을 위한 것이다. 18세 미만의 연소자의 야간노동 금지, 노동시간 1일 12시간(주 69시간) 제한 등의 개선조치와 면방직산업에서 9세 미만의 아동 고용을 금지하고 노동아동에 대한 초등교육, 위생환경의 개선하는 조치를 포함하였다.

7) 신빈민법(Poor Law reform, 1834)

자유방임주의의 영향으로 「빈민법」에 대한 목적은 구빈세의 감소였다. 구빈세의 증가에 대한 불만을 반영하여 빈민에 대한 엄격한 처우와 구빈재정을 조정하는 법으로 신구빈법이 등장하게 되었다. 예컨대, 스핀햄랜드법의 임금보조제도를 철폐하였으며 노동이 가능한 자는 작업장에 배치하였다. 환자나 노인, 허약자 및 아동을 거느린 과부에게만 원외구제를 허용하였고 교구단위의 구호행정을 구빈법 조합으로 통합하였다. 주요 원칙으로는 전국 균일처우의 원칙, 즉 전국 통일의 원칙과 국가의 도움을 받는 사람의 처우는 스스로 벌어서 생활을 하는 최하위 노동자의 생활보다는 높지 않아야 한다는 열등처우의 원칙, 노약자 및 병자 등 예외적인 경우에 원외구제를 허용하나 원칙적으로는 원내구제를 실시한다는 작업장 활용의 원칙이 있었으며, 지방 구빈행정을 감독하고 관리할 중앙기구를 만들 것을 제안하기도 하였다.

2. 독일 사회복지정책의 역사

1) 구빈제도

함부르크 구빈제도(1788)는 교회의 무질서한 자선활동을 배제하고자 실시하게 되었으며 이는 무직 또는 구직자 및 걸인의 해소와 부랑자의 감소 등을 위해 중앙국을 설치하고 시를 각 구로 분할하여 감독관이 자조의 도움을 주고자 하였다. 초기에 문전구걸 금지, 빈민직업학교・병원건립・요보호자의 구제・갱생을 통한 통합적 제도 등으로 효과를 보았으나 이후 인구집중과 요구호자의 증가로 상담원, 재원의 확보, 활동 등으로 어려움이 많았다. 오히려 이 제도로 빈민이 증가된다는 비판을 피할 수가 없었다.

엘버펠트 구빈제도(1852)는 함부르크 구빈제도의 미비점을 수정 및 보완하여 엘버펠트시가 채택하여 실시한 제도이다. 이는 전적으로 공공의 조세에 의해 운영되었고 빈민구제를 546개 지구단위로 조직화하였고 각 지구별 약 300명 정도의 주민과 빈민은 4명 이하가 되도록 하였다. 각 지구별 명예직 구빈위원(almoner)을 두어 상담, 방문조사 등을 하였고 이후 이 제도는 영국의 자선조직협회 설립(1869)에 영향을 끼치기도 하였다.

2) 사회보험제도의 도입

자유주의자와 보수주의자들은 사회보험의 강제성을 받아들일 수 없었고 국가의 권력 강화 및 관료화의 초래를 우려하였다. 사회주의자들도 사회보험은 노동자들을 국가복지의 노예를 만들 수 있고 근본적인 개혁을 가로 막을 수 있다고 반대하였다.

1883년 도입된 질병보험은 세계 최초의 사회보험으로 육체노동자 및 저임금의 화이트칼라 노동자를 대상으로 실시하였다. 1884년 산재보험은 사용자들만 부담하는 보험료로 운영하였고, 1889년 노령폐질연금은 육체노동자 및 저임금의 화이트칼라 노동자를 대상으로 했는데 보험료는 노동자와 사용자가 동일한 보험료를 지불하는 방식으로 시행하였다. 이로써 보험료를 납부하는 수혜자는 수혜의 상호성과 법적 청구권을 가지게 되었다.

3) 독일 사회보험의 의의

독일 사회보험의 특징은 비상사태에 처한 빈민들에게 임시적·응급조치로 지원한 빈민구제와 달리 제도화된 일상적 수단을 통해 빈곤 예방에 초점을 둔 것이다. 또한 위기상황의 발생 시 가입자의 소득보장에 중점을 둔 점과 과거에는 여성과 아동이 주 수혜자였다면 질병보험은 취업 남성노동자들이 주 수혜자라는 점에 의의가 있다.

3. 미국 사회복지정책의 역사

1) 뉴딜정책(1933~1938)

1929년 미국 대공황이라는 비상사태에서 프랭클린 루스벨트(Franklin Roosevelt) 대통령이 내놓은 일련의 정책으로 전문자문단을 조직하여 구제, 부흥, 개혁을 목적으로 뉴딜정책을 실시하였다.

케인즈주의의 영향으로 나온 정책이라고도 하나 이는 케인즈의 이론과 뉴딜정책이 인프라 확충, 경기부양, 노동법, 반독점, 사회보장제도 등으로 상당수 부합하는 측면이 있었다. 뉴딜정책의 성공은 적극적인 국가개입으로 대규모 공공사업을 벌여 인위적으로 수요를 만들어 냄으로써 일자리를 확충하고 실업 감소 및 소득과 소비를 확대시킨 결과이다.

2) 사회보장법(1935)

최초로 사회보장(social security)이라는 용어를 공식화했다는 데 큰 의의가 있다. 연방정부가 재정과 운영을 담당하는 노령연금과 주정부가 운영하고 연방정부가 재정을 지원하는 실업보험, 주정부가 운영하고 연방정부가 재정을 지원하는 공공부조와 사회복지서비스로 구성되었다. 또한 빈곤에 대한 국가의 책임이 명시되어 있으며 국민의 생활을 보장하는 데 연방정부의 책임을 규정하고 있다.

4. 복지국가의 전개

1) 복지국가의 팽창기(1945~1970년대 중반)

1945~1970년대 중반은 국가, 자본, 노동 간에 형성된 화해구도와 복지국가 정착기 동안 구축된 다양한 복지제도가 빠르게 정비되고 발전된 시기이다. 복지국가의 발전은 복지혜택의 포괄성, 적용범위의 보편성, 복지혜택의 적절성, 복지혜택의 재분배효과를 포함하고 있다.

2) 복지국가의 위기와 재편기(1970년대 중반~현재)

(1) 복지국가의 위기

복지국가는 경제적인 측면에서 재정수입이 감소하면서 재정위기가 초래되어 경제 상황이 악화되었다. 사회적인 측면으로도 인구와 가족, 노동시장의 구조 변화와 함께 복지 수요가 크게 증대하였고, 정치적 측면에서는 전통적으로 복지국가를 지지해온 대표적 집단인 노동자계급의 구성이 다양화되었고, 노동조합과 사민주의정당으로 대표되는 복지국가의 기반이 약화되었다.

(2) 복지국가의 재편

1970년대 중반 이후 수급 요건이 강화되었으며 급여수준은 하향되었고 급여기간이 단축되었다. 예컨대, 베버리지・케인지언 복지체제는 완전고용과 수요관리정책, 대량생산・대량소비, 기여기반 보험원칙, 시민권에 기초한 소득이전, 집합적 소비형태를 강조한다면 슘페테리언 워크페어체제는 혁신과 경쟁, 노동과 복지연계, 복지의 생산적 역할 강조, 노동비용 축소라고 할 수 있다. 그런데 현재는 베버리지・케인지언 복지체제에서 슘페테리언 워크페어체제로 변화하였다.

제2절 한국의 역사적 발전과정

1. 고조선~조선시대

1) 고조선시대

우리나라 최초의 국가인 고조선은 널리 인간을 이롭게 한다는 홍익인간의 사상으로 통치되었다. 이에 따라 사회 안에 빈곤 및 궁핍자가 생겼거나 어려움에 처했을 때 집단공동체의 공동연대의식에 의해 도움을 주고받는 가장 원시적인 상호부조활동을 펼쳤다. 획기적이며 거시적인 차원의 사회정책으로 '8조법금'은 사회의 안녕과 질서를 유지하기 위한 것으로 국민의 생명, 신체, 재산, 정조 등과 같은 생존권적 기본권을 지향하는 우리나라 최초의 복지제도라고 할 수 있다.

2) 삼국시대

삼국시대 구제사업의 특징은 백성들이 기아상태에 빠졌을 때 국고로 비축된 양식을 풀어 백성들을 구제하는 등의 국가주도 구제정책이 실시되었다는 점이다. 신라 제3대 유리왕 5년에는 관리에게 명하여 곳곳마다 홀아비, 홀어미, 고아, 아들 없는 이, 노인, 병자 등을 위문하고 식료품을 주어 부양하도록 하였다.

구제제도로는 '창제(創制)'와 '진대법(賑貸法)'이 실시되었다. 창제는 본래 전쟁 시에 필요한 군량미를 확보하기 위한 것이었으나 갑작스런 재해나 질병이 발생했을 때, 왕의 명을 받아 비축양곡을 빈민에게 방출하였으며, 진대법은 고구려 고국천왕에 의해 16년(서기 194년)에 만들어져 흉년이나 춘궁기에 곡식을 백성에게 대부해 주었다가 풍작 때에 갚도록 하였다.

백제는 다루왕 11년 10월에 왕이 동부와 서부를 순행하며 백성을 위로하고 가난하여 스스로 생활을 할 수 없는 이들에게 곡식 2석을 각기 내려주었다는 기록이 있다. 가장 큰 빈민구휼지책으로 거대한 제방공사를 하였는데 이것이 한국 최대, 최고(最古)의 저수지인 김제 벽골제이다.

3) 고려시대

대표적인 구제제도로 창제(倉制), 의창(義倉), 상평창(常平倉), 환과고독진대지제(鰥寡孤獨賑貸之制), 납속보관지제(納贖補官之制) 등이 있었다. '창제'는 삼국시대에 비해 더욱 발전된 형태로 시행되었고, '의창'은 평상시에 곡물을 비축하였다가 흉년, 전쟁, 질병 등의 재난에 대비한 제도이며, '상평창'은 생활필수품의 물가조절 기능을 맡는 제도로서 백성들의 경제생활에 편의를 제공하였다. '환과고독진대지제'는 홀아비, 과부, 고아, 자식이 없는 이를 진휼(賑恤)하는 항구적 구빈사업을 하였다. '납속보관지제'는 재민구휼(災民救恤)을 위하여 거액의 기부를 행한 민간인에게 벼슬을 주어 자선을 장려하는 제도이다. 제25대 충렬왕 원년(서기 1275년)에 국고 부족을 충당하기 위해 시작되었다.

구제기관으로는 대표적으로 빈민구제사업과 이재민 구제사업을 담당하는 제위보, 의료보호기관이 설치되어 빈민 환자의 질병치료뿐만 아니라 물질적인 시혜(의약품, 의복 등의 보급)의 시행을 위한 혜민국과 동서대비원이 있었다.

4) 조선시대

조선시대의 특징으로는 유교정신에 입각한 왕도정치의 구현을 국가통치의 근본으로 삼아 민생구휼을 국가의 중요한 시책으로 삼았으며, 구제사업의 법적 기초와 유교사상을 바탕으로 한 체계가 만들어졌다.

구제사상의 원칙으로는 백성 중 한 사람이라도 빈궁에 처하게 하는 것은 위정자인 군주의 책임이라는 군주책임주의, 구제는 원칙적으로 생명유지에 필수적인 식료품을 공급하는 것으로 현물주의, 빠른 시간 내에 구제하는 신속구제의 원칙, 재원은 국가가 우선 부담하고 구제대부에 의해서 발생한 이익으로 보충하는 국비우선의 원칙, 구제를 위한 실제적인 행동의 1차적인 책임은 전적으로 지방관에게 일임하여 중앙에서는 이를 지도 및 감독하는 역할을 하는 중앙감독의 원칙을 들 수 있다.

구제제도의 법적 기초로서 조선시대의 대표적인 법전인 경국대전(經國大典)에는 이전, 호전, 예전, 병전과 같은 구제제도에 대한 규정이 있다. '이전'은 의료구제기관으로서 혜민서와 활인서(活人署)를 두는 규정과 80세 이상의 노인 직조에 대해서는 1계급 승진의 특전을 부여하는 규정이 있다. '호전'은 상평창의 규정이 있고, '예전'에는 경로, 혼비보조, 노인과 고아에 대한 수양 및 의과 관급, 의약규제 등이 규정되어 있다. 그리고 '병전'에는 면역(免役), 구휼의 제도를 규정하였다.

구제제도로는 비황을 위한 것으로써, 의창, 상평창, 사창 등이 있었는데, 사창은 국가기관 주도의 구제제도가 아닌 일종의 민영 의창제도로서 본래는 송나라 주자가 의창을 본떠서 만든 창제도와 일종의 세민구제책으로 관고에서 곡물을 방출하여 백성에게 대부한 다음 그 다음 해에 이를 환납하게 하는 것이다. 이는 두 가지로 나눌 수 있으며 나누어 주는 곡물은 굶주린 백성들을 위한 것이고, 수해, 재난 등에 대비하여 비축해 두는 제도였다.

유기 또는 부랑아의 생명을 보호하기 위해서 국가가 그들을 수용하거나 민가에서 수양토록 하여 양자녀 또는 노비 등을 삼을 수 있도록 허가한 제도이다. 행걸아 구제를 위해 1차적으로 친족책임을 원칙으로 하는 자휼전칙(字恤典則)이 있었다.

일반적 관습으로는 계, 두레, 오가통, 향약, 진궁 등이 있었으나 이것은 법적 효력을 가지는 제도는 아니었다. 애경사에 있어서는 공제구조를 하는 등의 활동을 벌인 대・소규모의 전국적인 민간조직체를 '계'라고 하고 농촌의 상호협동체로는 '두레'가 있었다.

지방행정조직을 세분화하여 5가구를 1단위로 '오가통'을 조직하여 인보상조와 연대책임의 원칙을 적용하였다. 주된 임무로 질병상담, 혼상상조(婚喪相助), 환란상휼(患亂相恤) 등과 통내에 불효, 살인, 도적 등의 일이 있을 경우에는 면, 리에 신고하였다. 조합원 상호 간에 선을 권장하고 악을 징계하며, 서로 도움으로써 복리증진과 질서유지를 꾀하기 위한 규약으로 향약(鄕約)을 만들었다. 그 밖에도 홀아비, 과부, 고아, 자식이 없는 자에 대한 관습적인 진휼사업으로 진궁(振窮)이 있었다.

구제기관으로는 세종대왕 때 처음으로 설치되어 빈민구제를 맡아 관장하다가, 제16대 인조4년(서기 1626년)에 진휼청으로 개칭하고 전국에 구호양곡을 방출하고 급식을 실시하는 등의 제반 진휼사업을 전개한 구황청(救荒廳), 태조 때 처음 설치되어 백성들의 질병을 치료하고, 여의사를 교습하는 등의 임무를 수행하였다. 후에 혜민서, 혜민원 등으로 명칭이 바뀐 혜민국(惠敏局), 태조 때 경성 내 환자의 구휼을 관장하던 기관으로 활인서(活人署), 70세 이상의 노인을 입소시켜 잔치를 열어주는 등의 노인구제활동을 담당한 기로소(耆老所), 유기된 아이나 부랑아를 수용 및 보호하던 진휼청 유접소(賑恤廳 留接所)가 있었다.

2. 일제 강점기~1950년대

1) 일제 강점기

일제 강점기 사회사업은 조선 말엽부터 유입되었던 구미제국의 자선구제사업이 사회사업이라는 새로운 용어로 바뀌게 되었고, 사회사업이 하나의 학문으로 태동 및 발전하기 시작한 것이 특징이다. 이는 근대적 사회사업의 성립시기라고 할 수 있다. 재단법인 조선사회사업협회가 있어서 민간사회사업을 지도 및 통제하고 강화하였다.

사회사업의 내용으로는 온정주의정책을 실시하였다. 예컨대, 한일합방 당시 일본의 천왕이 임시 은사금 3천만 엔을 주어 대부금 및 구제사업을 실시하도록 함으로써 식민지 국민들의 불만을 무마시키려는 정책을 펼쳤다. 또한 각 도에 지침을 내려 일반 민중들이 무위도식하는 풍조를 교화하는 동시에 근검저축의 정신을 일으켜 일을 열심히 하도록 하는 교화사업을 적극적으로 전개하였다. 이 또한 자본주의의 목적을 달성하기 위한 정책의 일환이었으며 반일운동을 억제시키려는 치안적 목적을 가진 일련의 교화사업이었다.

고종 25년(1888년)에 천주교회 고아원이 설립되면서부터 근대적 성격의 시설사업이 처음으로 시작되었다. 부녀복지 시설사업은 1919년에 설립된 루라웰즈 학원에서 시작하였으며 장애인 복지사업 중에서는 미국 감리교 여선교사 셔우드(R. Sherwood)에 의해 1894년 맹인사업이 최초로 실시되었고, 1897년엔 평양식 점자를 창안, 보급 등의 시설사업을 전개하였다. 그 밖에도 진휼구호, 의료보호 및 아동보호, 경제보호 및 노동보호 등의 구제사업의 확대가 실시되었다.

구빈목적보다는 전시체제하에서 식민지 통치를 보다 강화하고 효율성을 높이기 위한 목적에서 제정된 '조선구호령' 제정과 함께 구제사업을 실시하였다.

조선구호령 제정의 의의로는 근대적 사회사업의 법적 근거를 마련해 줌과 동시에 국민의 빈곤, 불구, 폐질 등에 대하여 보상할 책임이 있으며 나아가 국민생활을 보장할 의무가 있음을 법령으로 규정하였다.

구호대상은 원칙적으로 65세 이상자, 13세 이하의 아동, 임산부, 불구, 폐질, 질병, 기타 정신 또는 신체의 장애로 인해 일할 수 없는 자이며 생활부조, 의료부조, 조산부조, 생업부조 등으로 구호를 하였고 방법으로는 거택구호를 원칙으로 하며, 거택구호가 불가능한 경우에는 시설에 의탁, 수용하였다. 구호비는 원칙적으로 부・읍・면이 부담하였지만 국가에 의한 보조도 있었다.

2) 미군정시대의 사회사업

1945년 일제 강점기하에서 해방된 후 1948년 대한민국 정부가 수립될 때까지 3년 동안 미군정의 지배하에 있게 되었다. 전반적으로 우리나라는 기아선상의 빈곤과 궁핍한 상태에 놓여 있었으며, 일제의 총체적인 경제침탈과 해방 후의 남북경제의 단절, 국내의 농・공업의 생산성 저하, 귀환동포와 월남민의 유입 등으로 빈민의 수는 더욱 증가되었다.

미군정시대의 구호사업 내용으로는 주로 외국 원조단체들의 구호사업에 치중하였는데, 대표적인 원조단체들로는 국제원조처, 경제협조처 등이 있었다. 그리고 자발적 자선활동을 장려하였다. 미군정청은 후생국보에 발표된 내용에 따라 이재민, 월남인, 빈민, 고아 등에 대한 구호, 최소한의 서민생계유지, 보건위생 및 치료, 응급, 주택공급 등의 사업을 전개시켜 나갔다. 국고보조의 실시방법으로 후생시설 수용자에 대한 구호비 보조는 월별로 매월 지불되었으며, 조선구호령에 의하여 구호비 대상자를 심사하였다.

미군정시기에 현대적 성격의 사회사업으로 괄목할 만한 성장을 보인 부문은 바로 아동복지이다. 1946년 9월 18일 법령 제112호로 「아동노동법규」를 제정・시행하였으며, 1947년 5월 16일에는 미성년자를 위험한 직업이나 과중한 노동으로부터 보호하고 어린이의 건전한 발육과 정당한 권리를 보장하기 위하여 과도정부 법령 제4호로 「미성년자 노동 보호법」을 제정・공포하였다.

3. 대한민국 정부수립~1990년대까지

1) 대한민국 정부수립~1950년대

6·25전쟁 이후 당시의 사회적 이슈는 국제원조와 전쟁고아 수용이었다. 국가정체계로 사회부는 보건, 후생, 노동, 부녀문제를 담당하였으며 이후 보건부(1949년 3월), 보건사회부(1955년 2월)로 바뀌었다. 제헌헌법 제19조(생존권 규정)에서는 노령, 질병, 기타 근로능력이 없는 자는 법률로 정하는 바에 의하여 국가의 보호를 받도록 하였다.

6·25전쟁 후 전쟁고아와 이재민 등으로 난민이 급증하여 이들을 위한 보건복지사업이 시행되었다. 1951년 난민 일제등록 시 782만 명의 구호 대상자들에게 국제기구 및 민간기구가 주체가 되어 복지서비스를 전달하였다. 그러나 국가경제의 어려움으로 대부분 외국 원조에 의존한 구제방식을 행할 수밖에 없었다. 구호를 위해서는 중앙구호위원회 조직으로 UN한국재건단, 국제원조처 등 외국원조단체 협조, 지방위원회조직 등이 있었다. 이 시기에는 후생시설 설치 기준령과 후생시설 운영요령 등이 제정 및 시행됨으로써 전쟁고아들의 수용에 편의를 도모하였다. 특히, 전후의 영향으로 사회부의 복지정책은 거의 임시적인 응급 정책으로 전락되었고 외국원조에 의존하는 구제방식은 매우 심화되었다. 그러나 교육면에서는 미국식 전문 사회사업교육을 도입하고 사회사업종사자훈련원을 개원(1957)하기도 하였다.

2) 제3, 4공화국

제3공화국은 1961년 5·16군사정변에 의한 1년 7개월간의 군정의 뒤를 이어 1962년 12월 17일 국민투표로 확정된 개정헌법에 의하여 1963년 10월 대통령선거와 11월 제6대 국회의원선거를 거쳐 12월 17일 박정희 대통령이 취임함으로써 출범한 한국의 3번째 공화 헌정체제이다. 제4공화국은 1972년 10월 유신으로 수립된 뒤 1979년 10·26사건으로 박정희 대통령이 서거하기까지의 유신체제와 그 이후에 들어선 최규하 정부 그리고 제8차 헌법 개정으로 제5공화국이 출범한 1981년 3월 전까지 지속된 네 번째 공화국이다.

제3공화국 시대에는 공업화, 도시화, 도시문제, 주택문제 등의 사회문제 발생에 따른 제도는 마련되었으나 시행은 미미한 상태였다. 군사정부, 지역의 불균형발전을 위한 전략으로 경제 개발 5개년계획을 추진하였으며 제도를 정비하였다.

사회보험으로는 「공무원연금법」(1960), 「군인연금법」(1963), 「의료보험법」(1963)과 공공부조로는 「생활보호법」(1961), 「재해구호법」(1962), 국가유공자 및 월남귀순자특별보호(1962)와 사회복지서비스는 「아동복리법」, 「윤락행위방지법」, 「사회보장에 관한 법률」(1963) 등이 있다.

제4공화국 시대에는 빈부격차 극심하였고, 1977년 4차 경제개발 5개년계획은 사회개발정책과 함께 병행하였다. 구체적으로 사회보험은 「국민복지연금법」(1973), 「사립학교 교원연금법」(1973), 「개정의료보험법」(1976)이 있으며 공공부조는 「의료보호법」(1977), 「월남귀순자 특별보상법」(1978), 사회복지서비스는 「사회복지사업법」(1970), 사회복지법인, 정부보조노조운동 등이 있다. 1960년대는 베트남전쟁으로 한국 경제발전의 기틀이 마련되었고 군사정변 이후 정치적 정당성, 체제경쟁과 연결되어 사회보험 입법이 이루어졌으나 「산재보험법령」만 시행되었다. 또한 도시화·산업화에 따른 빈곤층, 가출 청소년, 미혼모, 미망인, 범죄 등의 사회문제 해결과 전후 원호대상자의 구호를 위해 「갱생보호법」, 「군사원호보호법」 등이 제정되었고, 「생활보호법」이 제정되어 빈민구제를 시도하였다. 이후 「국민기초생활보장법」이 제정·시행되기까지 40년 동안 빈곤층을 위한 법령으로서의 역할을 수행하였다. 경제적 이유로 「사회보장에 관한 법률」과 「의료보험법」은 시행되지 못하였다.

〈표 3-1〉 제3, 4공화국 사회복지사업

구분	사회보험	공공부조	사회서비스 및 기타
1960년대	• 공무원연금법(1960) • 군인연금법(1963) • 산재보험법(1963 제정, 1964 실시) • 의료보험법(1963)	• 생활보호법(1961) • 재해구호법(1962) • 국가유공자 및 월남귀순자 특별보호법(1962) • 자활지도사업임시조치법(1968)	• 고아입양특례법(1961) • 윤락행위 등 방지법(1961) • 아동복리법(1961) • 사회보장에 관한 법률(1963)
1970년대	• 국민복지연금법(1973, 미실시) • 사립학교 교원연금법(1973) • 의료보험법 개정(1976, 1977부터 강제적용 실시)	• 의료보호법(1977) • 월남귀순자특별보상법(1978)	• 사회복지사업법(1970)

1970년대에 시작한 새마을 운동은 잘살기 위한 노력과 함께 국민정신의 변화에 초점이 맞추어졌다. 그러나 국제적으로는 1, 2차 오일쇼크(1974, 1979)가 일어나 경제발전에 큰 위기에 처하기도 하였다. 그러나 도시화·산업화에 따른 각종 사회문제와 개인 욕구가 대두됨에 따라 사회복지사업법이 제정되었고, 본격적인 산업화의 결실과 체제경쟁을 위해 의료보험과 의료보호법이 시행되었다. 국민연금 관련 「국민복지연금법」은 제정되었으나, 경제적 이유로 시행되지는 못하였다.

3) 1980~1990년대

제5공화국은 전두환 정부(1981. 3.~1988. 2.)로 「노인복지법」(1981)이 제정되었으며 「사회복지사업법」 전면개정으로 사회복지종사자를 사회복지사로 명칭을 변경하고, 1급, 2급, 3급으로 구분하였다. 그리고 「최저임금법」(1986)을 제정하였다.

제6공화국은 노태우 정부(1988~1993. 2.)로 한국형 복지모형의 등장과 함께 6차 경제사회개발 5개년 계획(1987~1991)과 함께 공공행정 영역에 사회복지전문요원을 배치(1987)하였고 시설 위주에서 지역복지와 재가복지를 강조하였다.

이후 및 김영삼 정부(문민정부, 1993~1998. 2.)에서는 최저임금제 시행(1988), 전 국민 국민연금제도실시(1989), 전 국민 의료보험 확대적용(1989), 「장애인고용촉진법」(1991), 「영유아보육법」(1991) 제정, 「청소년기본법」(1991) 제정, 「고령자고용촉진법」(1992) 제정, 고용보험제도(1995)가 시행되었다. 즉, 소득 및 의료보장 확대, 장애인복지정책 변화, 사회복지관 전국적 운영, 영유아보육사업의 부각과 재가복지 중시 등 사회복지제도의 내실화를 위해 많은 노력을 하였다.

1980년대에는 중동 특수를 통한 외화 획득과 3저 호황으로 수출 주도의 경제발전 전략이 적중하였고, 국제경쟁력 우위를 통해 급격한 경제발전을 이룩하였다. 또한 86서울아시안게임과 88서울올림픽의 개최는 경제력 상승과 사회문화 발전, 그리고 국제적 위상을 제고하였다. 민주화, 복지사회 건설과 올림픽 개최 등에 따라 국제기준의 사회복지법령 제정에 노력하였다. 「사회복지사업기금법」, 「아동복지법」, 「장애인복지법」과 「노인복지법」, 「국민연금법」, 「최저임금법」 등 복지국가의 공공복지 근간을 이루는 기본법령 등이 제정 및 시행되었다. 특히, 1988년 올림픽 개최에 따른 「장애인복지법령」의 제정은 매우 큰 의의가 있다.

1990년대는 외환위기(IMF)를 맞게 되었고 국제기구를 통한 국내 산업 구조조정 및 외환관리, 금융정책에 영향을 받게 되었으며 외형적 복지 관련 법령이 모두 제정되는 시기였다. 공공복지사업으로 「고용보험법」이 시행되었으며, 「영유아보육법」, 「청소년기본법」, 「정신보건법」과 「사회보장기본법」이 제대로 시행됨으로써 공공복지사업의 외형이 완성된 시기이다.

〈표 3-2〉 제5, 6공화국 사회복지사업

구분	사회보험	공공부조	사회서비스 및 기타
1980년대	• 국민연금법(1986, 1988 시행) • 전국민의료보험법(1989)		• 아동복지법(1981) • 심신장애자복지법(1981) • 노인복지법(1981) • 모자복지법(1981) • 보호관찰법(1989) • 장애인고용촉진법(1989)
1990년대	• 고용보험법(1994, 1995 실시)	• 국민기초생활보장제도 도입: 최저생계비 미달 국민은 누구든 대상	• 영유아보육법(1991) • 정신보건법(1995) • 성폭력처벌 및 피해자보호법(1994) • 청소년보호법(1997) • 사회복지공동모금법(1997) • 가정폭력 및 피해자보호법(1997) • 장애인 · 노인편의증진법(1997)
외환위기 이후 1990년대 말	• 국민 건강보험법(1999, 2001년 통합) • 전국민 연금(1999) • 고용보험 전 사업장 확대(1998)	• 국민기초생활보장법 (1999, 2001년 통합)	

4. 2000년대 이후

경제양극화와 중산층의 붕괴 등 사회 변화 및 2006년과 2008년 국제 경제위기에 따라 경기침체와 저성장에 머물고 있다. 2000년대 이후 양극화와 세대갈등 양상이 심화되었고 경제적 · 사회적 갈등이 증폭되고 있어 사회통합을 위한 많은 노력이 필요한 때이다.

국민의 정부(김대중 대통령, 1998. 2.~2003. 2.)에서는 빈곤 실업대책, 시 · 도 사회복지사협의회의 독립법인화, 사회복지공동모금제도를 실시하였고 사회복지 관련법으로는 「고용보험법」(1993) 제정, 「국민의료보험법」(1997) 제정, 「국민건강보험법」(1999) 제정, 「국민기초생활보장법」(1999), 「사회복지공동모금법」(1997) 제정, 「사회보장기본법」(1995)을 제정하였다.

특징은 전 국민대상 의료보험, 전 사업장 고용보험, 국민건강보험과 같은 사회보험제도의 정비와 최저생계비 미달 국민은 누구든 대상이 되는 국민기초생활보장제도와 같은 공공부조의 도입과 각종 사회복지서비스 확대, 사회복지관 급증 등과 같은 사회복지서비스를 실시하여 일명 '생산적 복지'라고도 한다.

참여정부(노무현 대통령, 2003. 2.~2008. 2.)에서의 사회서비스는 첫째, 국민의 건강·생명·안전보장을 위한 공공부문의 역량 강화 및 독거노인·중증장애인 돌봄 등 필수적인 서비스를 우선적으로 확충하고, 인적·사회적 자본에 대한 사회투자도 강화하여 사회서비스를 확충하는 전략과 인적자본에 대한 투자를 통해 국민의 경제활동 참여기회 확대와 경제성장과 사회통합을 동시에 추구하는 사후대응 중심의 소비적 지원에서 사회투자형 서비스를 개발·확충하였다. 둘째, 공급자에 대한 재정지원방식에서 소비자에 대한 바우처 제공방식으로 전환하여 시장에서의 서비스 구매 촉진과 과감한 규제혁파와 제도 개선을 통해 다양한 서비스 공급자 출현 및 공급자 간 경쟁을 유도하는 전략을 구사했다. 재정투자는 구매력 보전·지원 등 사회서비스 초기 시장형성 촉진제로서의 역할 담당으로 시장에서의 좋은 일자리 창출하였다. 셋째, 서비스 인력의 전문성 제고 및 자격관리체계 정비, 국가 품질 표준 설정 및 모니터링·평가체계 구축, 지역사회가 주도할 수 있는 서비스 개발 및 재정지원 방식을 취함으로써 사회서비스 품질을 제고하였다. 이를 일명 "삶의 질 향상과 균형적 복지"라는 말은 전통적인 복지체제와는 다르게 시장의 성장에 부정적 영향을 미치지 않는 사회복지체제, 민간의 참여와 정부의 보완적 관계를 통한 정부지출 증가의 억제 등을 포함하는 개념이라고 할 수 있다.

이명박 정부(2008. 2.~2013. 2.)는 일할 능력이 있는 사람에게 일자리를 주고, 도움이 필요한 사람에게 국가가 따뜻한 손길을 제공하는 능동적 복지를 기조로하여 평생복지 기반 마련, 예방·맞춤·통합형 복지, 시장기능을 활용한 서민생활안정, 사회적 위험으로부터 안전한 사회를 위한 성장과 분배 등 네 가지를 전략으로 내세운 사회복지정책을 추진하였다(이기원 외, 2024). 이 시기

사회복지 관련 법률로는 「긴급복지지원법」(2009), 「아동 청소년의 성보호에 관한 법률」(2009), 「장애인연금법」(2010), 「장애인활동지원에 관한 법」(2011), 「장애아동복지지원법」(2011), 「사회복지사 등의 처우 및 지위 향상을 위한 법률」(2011), 「노숙인 등의 복지 및 자립 지원에 관한 법률」(2011), 「사회복지사업법」 개정(2012) 등이 있다.

박근혜 정부(2013. 2.~2017. 3.)는 「사회보장기본법」의 전면 개정에 따라 '사회보장기본계획'(2014)을 수립하여 생애주기별 맞춤형 사회안전망 구축, 일을 통한 자립지원, 지속가능한 사회보장기반 구축의 3대 정책방향을 제시하였다. 사회복지 관련 법률로는 「기초연금법」(2014), 「사회보장급여의 이용·제공 및 수급권자 발굴에 관한 법률」(2014), 「정신건강증진 및 정신질환자 복지서비스 지원에 관한 법률」(2016)을 제정하여 기존의 정신보건법을 대체하였다. 또한 국민기초생활보장법을 개정하여 탈수급의 경우 지원이 전무한 상황에서 사각지대가 발생하고 있어 이에 대한 대책을 확대하고, 개인 맞춤형 급여체계를 마련하여 탈수급 유인을 촉진하고 빈곤예방기능을 강화하였다.

문재인 정부(2017. 5.~2022. 5.)의 사회복지정책은 포용적 복지체계의 구축으로 기존 신자유주의의 정책기조에서 사회민주주의 방향으로 변경되면서 사회복지 각 분야에서 획기적인 전환을 계획하였으나 2019년 12월 코로나19로 인한 막대한 재정지출로 모든 정책이 실종되면서 보편화로의 개혁이 한계를 보였다.

〈표 3-3〉 정부의 사회복지사업

구분	사회보험	공공부조	사회서비스 및 기타
2000년대	• 산재보험 전 사업장 확대(2000) • 노인장기요양보험법(2007, 2008 시행)	• 의료급여법(2001) • 긴급복지지원법(2005, 2006 시행) • 기초노령연금법(2007, 2008 시행)	• 지역사회복지협의체 도입(2005) • 건강가정기본법(2004) • 장애인차별금지법(2007)
2010년 ~현재		• 장애인연금법(2010) • 기초연금법(2014)	• 사회보장급여의 이용·제공 및 수급권자 발굴에 관한 법률(사회보장급여법, 2014) • 정신건강증진 및 정신질환자 복지서비스 지원에 관한 법률(2016)

생각해 볼 문제

1. 영국의 신구빈법에 대한 설명이 아닌 것은?
   ① 빈곤의 개인적 책임을 강조하였다.
   ② 빈민의 자조를 강조하였다.
   ③ 열등처우의 원칙을 적용하였다.
   ④ 자유주의의 영향을 받았다.
   ⑤ 원외구제를 원칙으로 하였다.

2. 사회보장의 역사에 관련된 올바른 설명인 것은?
   ① 빈민에 대한 국가의 개입을 명시한 엘리자베스구빈법은 사회보험의 시작을 의미한다.
   ② 사회보험은 1883년 독인의 산재보험이 최초이다.
   ③ 영국은 1935년 사회보장이라는 용어를 최초로 도입하였다.
   ④ 사회보험 중에서 실업보험은 영국에서 최초로 실시하였다.
   ⑤ 미국은 AFDC 프로그램으로 아동수당을 처음 도입하였다.

3. 사회복지정책의 역사에 관한 설명으로 옳지 않은 것은?
   ① 1883년 독일의 질병(건강)보험은 최초의 사회보험이다.
   ② 우리나라의 건강보험과 국민연금 중 적용범위가 농어민으로까지 먼저 확대된 것은 국민연금이다.
   ③ 1980년대 미국에서는 의료부조, 요보호아동가족부조 등의 공공부조 급여수준이 삭감되었다.
   ④ 우리나라 최저임금제도는 1986년에 최저임금법이 제정되어 1988년에 시행되었다.
   ⑤ 영국의 베버리지 보고서에서는 아동수당, 포괄적인 보건의료서비스뿐만 아니라 완전고용도 강조하였다.

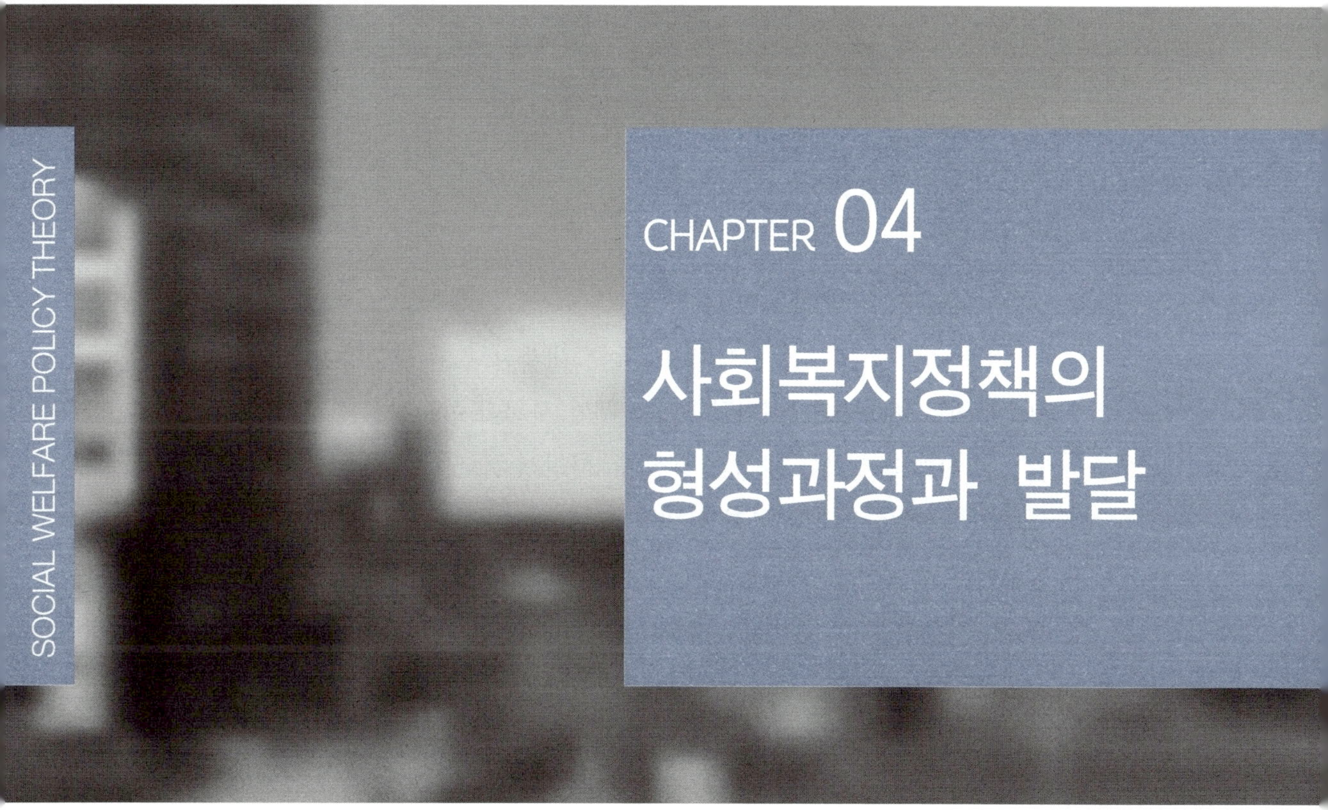

SOCIAL WELFARE POLICY THEORY

CHAPTER 04

사회복지정책의 형성과정과 발달

학습목표

1. 사회복지정책 형성의 기본욕구와 사회적 위험을 이해하고 설명할 수 있다.
2. 사회복지정책 형성에 영향을 미친 발달이론을 이해하고 설명할 수 있다.
3. 사회복지정책 형성과정인 정책의제 형성과정, 정책결정과정, 정책집행과정, 정책평가과정으로 구분하여 설명할 수 있다.

CHAPTER 04 사회복지정책의 형성과정과 발달

사회복지정책 형성은 사회구성원들의 내재된 욕구 불충족이 개인문제 혹은 사회문제로 변화되고, 이러한 사회문제가 사회적 여론형성을 바탕으로 공공개입으로 전개되어 가는 과정을 말한다. 따라서 본 장에서는 사회복지정책 형성의 기본이 되는 욕구와 사회적 위험 그리고 사회복지정책 형성에 영향을 미친 발달이론을 이해하고 이를 토대로 사회복지정책 형성과정인 정책의제 형성과정, 정책결정과정, 정책집행과정으로 구분하여 이를 이해하는데 학습목표를 두고 있다([그림 4-1]).

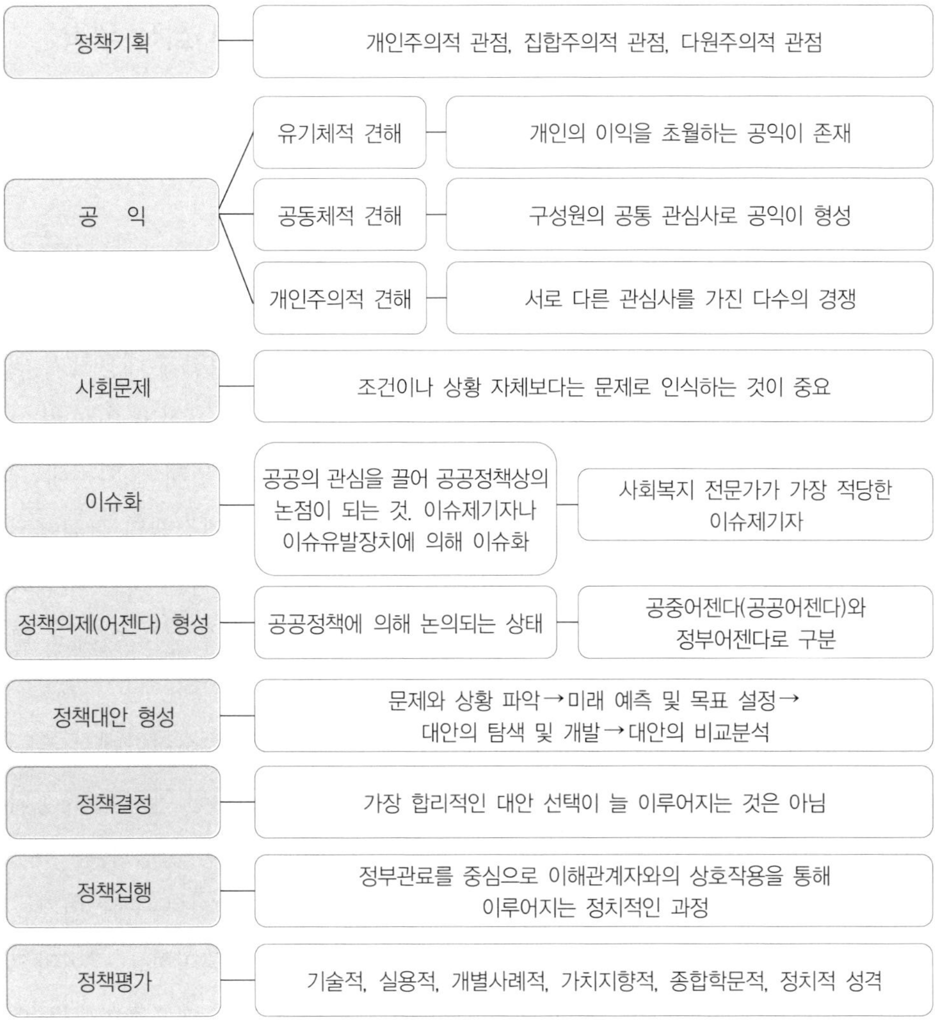

[그림 4-1] 정책형성과정

출처: 생각의 마을 (2018). p.135.

제1절 사회복지정책 형성 대상으로서 욕구와 사회적 위험

1. 사회복지정책 대상으로서 욕구

사회복지정책의 형성과정과 사회복지정책의 대상을 이해하기 위해서는 우선 인간의 욕구와 이에 따른 사회적 위험을 이해하는 것이 무엇보다 중요하다. 이는, 즉 사회복지 정책이라는 것은 인간의 욕구와 사회적 위험에 대응하기 위한 하나의 사회적 제도라고 말할 수 있기 때문이다. 아울러 사회적 위험을 야기하는 사회문제는 개인욕구에서 비롯된 개인문제로부터 출발하게 되는데 개인문제는 개인의 욕구 불충족에서 비롯된다. 따라서 사회복지정책의 관점에서 중요하게 고려되고 있는 인간의 욕구와 사회적 욕구를 이해하는 것은 사회복지정책을 형성하고 집행하는데 있어서 매우 중요한 기본적인 시각이라고 할 수 있다.

이를 위해서는 욕구라는 용어에 대해 살펴볼 필요가 있다. 심리학에서 욕구(need)란 유기체가 건강한 상태를 유지해야만 하는 세포가 지닌 본질로 규정되거나 혹은 개인이 그의 복지에 유해한 것으로 느껴지는 어떠한 결핍 혹은 부족을 의미한다(Chaplin, 1968: 336). 이는 결국 사회복지정책에서 욕구란 인간이 사회생활을 영위함에 있어 충족시켜야 할 기본적인 욕구를 의미하는 것이라고 할 수 있다. 이와 같은 인간의 욕구를 가장 잘 설명하고 있는 대표적인 이론으로 심리학자인 매슬로(Maslow)가 분류한 5가지 욕구를 들 수 있다. 즉 매슬로는 인간의 욕구를 생리적 욕구, 안전의 욕구, 사랑의 욕구, 존경의 욕구, 자아실현의 욕구로 구분하고, 생리적인 욕구를 바탕으로 하여 차례로 안전의 욕구, 사랑의 욕구, 존경의 욕구, 자아실현의 욕구의 계층적으로 위계적 구조를 가지고 있다고 설명하고 있다(배기효 외, 2014).

〈표 4-1〉 Maslow의 인간욕구유형

욕구유형	내용	결핍상태
생리적 욕구 (physiological need)	인간의 욕구 중 가장 기본적이고 강한 생물학적 생존의 욕구로 유기체의 생물학적 유지와 직접적으로 관련되어 있는 욕구.	배고픔, 갈증, 수면, 성욕, 피로, 좌절, 긴장, 질병
안전의 욕구 (safety need)	생리적 욕구가 만족되면 개인은 안전욕구에 관심을 갖게 됨. 이러한 욕구가 생기게 되는 주된 원인은 누구나 확실하고 잘 정돈되고 조직화되고 예측할 수 있는 환겨 내에서 생활하고 싶은 욕구 때문.	주거결핍, 불안, 갈구, 두려움, 강박함
소속과 사랑의 욕구 (need for belonging and love)	생리적 및 안전의 욕구가 충족되면 건전한 사랑의 관계에 대한 욕구가 나타나는데 개인이 한 집단 속에서 타인과의 애정적인 관계, 준거집단, 사회적 관계를 갈망하는 욕구.	무가치한 느낌, 공허함, 고독, 고립, 불안전감
존경의 욕구 (self-esteem need)	사회적으로 사랑받고 남을 사랑하려는 욕구. 즉, 자기존중과 타인으로부터 존경을 받고자 하는 욕구.	무능력한 감정, 열등감
자아실현의 욕구 (self-actualization need)	이상의 모든 욕구가 충족될 때 발생하며 자아실현은 자신이 원하는 유형의 사람이 되고자 하는 욕구.	소외, 삶의 의미상실, 권태, 한정된 활동

출처: 배기효 외 (2014). p.63.

이와 같이 매슬로가 제시한 인간의 욕구는 개인의 욕구에 한해서 설명되어지고 있으며, 이는 곧 사회적 욕구로서는 설명하기 어렵다. 사회적 욕구는 인간이 가지고 있는 개인의 욕구가 사회적 차원에서 발생가능하다는 인식이 이루어졌을 때 존재한다(현외성, 2004). 즉 사회적 욕구는 개개인이 사회에서 충족되기를 바라는 것이 결핍되어 있는 상태라고 할 수 있다. 이에 대해 브래드쇼(Bradshaw)는 사회적욕구 인식의 기준에 따라 다음과 같이 네 가지로 구분하여 설명하고 있다(김학만 외, 2005).

〈표 4-2〉 Bradshaw의 사회적 욕구유형

유형별	특성
규범적 욕구 (normative need)	• 전문가들에 의하여 정의된 욕구다. • 바람직한 수준과 실제적으로 존재하는 욕구수준의 비교가 가능하다. • 욕구의 계량화가 어렵다(최저임금, 최저생계비 등).
인지적 욕구 (느낀 욕구) (felt need)	• 욕구를 가진 당사자가 인식하는 욕구로 규범적 욕구보다 내용이 다양하고, 수준도 높다. • 모든 인지적 욕구가 사회적 욕구가 되기 어렵다. • 면접, 서베이, 사회 조사 등을 통하여 파악할 수 있다.
표현된 욕구 (expressed need)	• 욕구를 가진 사람이 욕구해소를 위하여 필요한 서비스를 요구할 때 파악하는 욕구이다. • 당사자의 행동으로 표출되는 욕구로 사회복지수요가 사람마다 기준이 다를 수 있다.
비교적 욕구 (comparative need)	• 욕구대상자와 비슷한 상황에 있는 다른 사람(지역)과의 비교로 생기는 욕구다. • 지방자치제 실시로 사회복지의 공평성 문제와 관련이 있다(출산장려금의 비교, 사회복지사 처우문제 등).

출처: 김학만 외 (2005). p.68.

2. 사회복지정책 대상으로서 사회문제와 사회적 위험

사회복지정책의 대상을 이해하는 데에는 일차적으로는 인간의 욕구에 대한 이해가 우선시되어야 하지만, 다른 한편으로는 사회문제와 사회적 위험에 대한 이해가 동시에 이루어져야 한다. 어떠한 문제가 개인의 욕구에서 비롯된 개인문제이고 또한 사회문제인가 하는 것을 구분하는 일은 매우 어렵다. 개인문제가 사회문제로 규정되고 변화되는 데에는 누가 그 문제를 인지하느냐에 따라 달라지기도 한다(현외성, 2014). 즉 사회복지정책이란 개인의 욕구 불충족에서 비롯된 다양한 사회문제가 이로 인해 고통을 받고 있는 개인과 가족, 집단을 대상으로 우리사회의 공동의 노력을 통하여 해결해나가는 의도적인 개입활동이라고 할 수 있다.

이와 같은 사회문제를 이해하기 위해서는 사회문제에 대한 정의와 특성을 살펴보는 것이 중요하다(강영실, 2005; 김학만 외, 2005 재인용).

첫째, 사회문제는 사회적 가치에서 벗어나야 한다. 즉 사회에서 일반적으로 수용되고 있는 가치기준에서 위배되는 현상을 의미한다. 예들 들어 장애인학대 등은 우리나라의 전통적인 사회적 약자에 대한 배려 정신에서 위배된다고 할 수 있다.

둘째, 어떠한 사회문제 또는 사회현상으로 인하여 다수의 많은 사람들이 고통과 손해 등 부정적인 영향을 받고 있어야 한다. 예들 들어 우리나라 노인의 소득문제로 인한 노인의 빈곤률이 상대적으로 높게 나타나 심각한 사회문제로 나타나고 있는 것 등을 말한다.

셋째, 문제의 원인이 사회적인 것이어야 한다. 어떠한 사회적 현상이 사회문제로 되기 위해서는 인간이 만들어낸 구조적·제도적 문제이어야 한다. 예들 들어 장애인의 빈곤과 높은 실업률은 장애인복지정책의 제도 미비와 장애인고용정책의 문제로 들 수 있다.

넷째, 우리사회의 다수의 사람들과 영향력 있는 집단에서 사회문제로 판단하고 규정하여야 한다. 즉 노인부양 문제 등은 개인의 문제가 아니라 우리사회 전체 문제로 인식하고 있어야 한다.

다섯째, 어떠한 사회문제가 부정적인 영향을 미칠때에 전체 사회구성원에게 피해를 주거나 전체 사회구성원들이 그 사회문제에 대한 개선을 원하고 있어야 한다. 청년 실업문제는 현재의 청년뿐만 아니라 전체 사회구성원들이 사회문제로서 개선과 해결에 대한 욕구를 가지고 있어야 한다.

여섯째, 사회문제 개선을 위한 집단적 행동이 요구되어야 한다. 어떠한 개인의 문제 및 사회적 현상이 사회문제가 되기 위해서는 개인적 차원에서 벗어나 지역사회, 국가 차원의 사회공동의 노력에 의해 해결되어야 한다. 예를 들어 평균수명 증가로 인한 노인인구 증가는 노인의 부양문제로 나타나게 되고, 이는 곧 노인장기요양보험제도가 만들어지게 된 계기가 되었다.

한편 사회보장기본법에서는 질병, 장애, 노령, 실업, 사망, 출산, 보육, 빈곤

등 8가지의 사회적 위험을 규정하고 있고, 우리나라의 사회보험제도의 대상으로서 사회적 위험과 사회적 위험에 따른 발생문제와 사회적 급여의 내용을 살펴보면 다음〈표 4-3〉과 같다.

〈표 4-3〉 사회보험제도 대상의 사회적 위험과 사회문제

사회보험제도	사회적 위험	발생문제	사회적 선택(급여)
연금보험제도	노령·장애·사망·황혼이혼	• 소득의 단절 문제 • 장애, 사망으로 소득능력의 영구적 상실 문제	• 노령연금, 장애연금, 유족연금, 일시금, 분할연금
국민건강보험제도	질병·부상·사망	• 치료비용 • 소득의 단절 문제	• 요양급여, 건강검진, 요양비 • 상병급여
산재보험제도	산업재해로 인한 부상·폐질·사망	• 치료비용의 부담문제 • 소득의 일시적 단절 문제 • 장애, 사망으로 인한 소득능력 영구적 상실 문제	• 요양급여 • 휴업급여 • 장애급여, 유족급여, 상병보상연금
고용보험제도	재취업·직업능력부족·실업	• 고용의 불안정 문제 • 직업능력 부족 문제 • 소득단절 문제	• 고용안정, 직업능력개발사업 • 실업급여
노인장기요양보험제도	노인성 질병(치매, 뇌혈관 질환 등), 장기요양	• 가족의 정신적, 심리적 부담문제 • 요양서비스	• 재가급여 • 시설급여 • 특별현금급여

출처: 박경일 (2017). p.120.

제2절 사회복지정책 형성의 발달이론

사회복지정책의 발달에 관한 이론은 복지국가가 발달한 이론을 가리키는 경우가 많다. 본 절에서는 사회복지가 발달한 이론 가운데 주요 이론인 사회양심

이론, 시민권이론, 산업화이론, 확산 이론, 음모 이론, 이익집단정치이론 등을 중심으로 설명하고자 한다.

1. 사회양심이론

사회양심이론(social conscience thesis)은 사회구성원들의 집단양심을 사회복지 발달의 변수로 보는 것으로써 사회적 양심의 증대가 사회복지의 발전을 가져오는 원동력이 되었다고 보는 이론이다(원석조, 2014). 즉 사회양심이론은 시간이 지나면서 모든 시민 사회는 사회구성원을 도와줄 의무를 가진다고 인식하는 방향으로 나아갈 것이라고 보는 이론을 말한다. 즉 인도주의적 욕구 때문에 이런 방향으로 나아갈 것이라고 보는 것이다. 그러므로 사회양심이론에서는 사회복지정책은 개인이 서로에 대해 가지는 사랑을 국가를 통해 보여주는 것이라고 보고 있으며, 사회복지정책은 자선적 특징을 지니고 있고, 복지서비스 및 급여를 받는 사람들과 공동체 전체를 위해선 실시된다(노병일, 2018).

사회양심이론의 경우 다음과 같이 몇 가지 특성을 가지고 있으며, 이러한 특성에 의해 사회복지정책이 발달하고 변환다고 보고 있다(Powell & Hewitt, 2002; 양승일, 2019).

첫째, 사회복지정책은 인간이 가지고 있는 서로를 위한 사랑이 국가를 통해 표현된 것이며, 사회복지의 혜택은 전체 공동체를 위해 제공된다.

둘째, 사회복지정책은 사회적 의무감의 확대와 심화 그리고 사회적 욕구에 대한 과학적 지식의 증대로 변화된다.

셋째, 사회복지정책은 대체로 관대하고 보다 넓은 범위로 발전한다.

다섯째, 현재의 사회복지수준은 불완전한 부분이 발견되지만, 사회복지의 주요 문제들은 앞으로 해결될 것이며, 현대사회는 매우 튼튼하게 구성되어 있어 개선에 대한 전망은 낙관적이다.

하지만 이와 같은 특성에도 불구하고 사회양심이론은 다음과 같은 한계를 노출하고 있다는 평가도 있다.

첫째, 사회복지발전의 원동력을 사회적 양심에 중점을 두어 바라봄으로써 여타 사회적 맥락 등을 간과했다는 것이다.

둘째, 사회복지의 현안문제에 대해 낙관적인 전망을 하고 있으나, 현실적으로 공공정책들이 높은 수준으로 실패하고 있는 현재의 모습을 볼 때, 설득력이 떨어진다고 할 수 있다.

셋째, 사회적 양심이 사회복지의 발전을 가져왔다고 보고 있으나 이에 대한 명확한 인과관계를 밝히지는 못하고 있다는 것이다(양승일, 2019).

따라서 사회양심이론은 복지국가를 전통적으로 설명하는 이론으로 볼 수 있고, 사회복지정책의 발달을 낙관적이고 이상적으로 보는 이론에 속하기도 한다.

2. 시민권이론

시민권이론에서 시민권이란 "공동체의 완전한 성원에게 부여된 여러 가지의 권리와 권력을 향유할 수 있는 지위"를 의미하는데, 시민권은 18세기 시민혁명을 통한 시민계급의 등장으로 쟁취한 인간의 자유와 평등에 대한 기본권을 최초의 시민권으로 인식한다. 따라서 개인적·정치적 권리가 18세기와 19세기에 강조되었다면, 사회적 권리는 20세기 이후에 확립된 권리로서 복지권을 의미한다(박광준, 2005).

이와 같은 시민권에 대해 마샬(T. H. Marshall)은 시민권적 권리를 공민적(civil), 정치적(political), 사회적(social)이라는 3가지 요소로 구성되어 있다고 보고 있다.

첫째, 공민권은 법 앞에 개인적 자유와 평등을 보장하는 것과 관련된 것으로, 법적 제도에 부여되어 발생된다.

둘째, 정치권은 투표권과 공공기관에 접근할 권리와 같은 정치적 참정권을 의미하는 것으로 정치제도에 부여되어 발생한다.

셋째, 복지권 내지 사회권은 사회의 지배적 기준에 의하여 시민으로서의 문명인 생활과 사회적 유산의 몫을 충분히 분배받을 수 있는 권리, 즉 적은 양의 경제적 복지와 보장에 대한 권리를 의미하며, 복지서비스 제도 및 사회봉사에 부여되어 발생한다. 이러한 시민권적 권리의 각각의 요소는 공민적 권리는 18세기, 정치적 권리는 19세기, 복지권은 20세기에 발전되었다고 보고 있으며, 이러한 시민권의 발전은 초기에 비하여 점차적으로 그 향유하는 사람의 범위가 확대되어 갔다고 볼 수 있다(고수현 외, 2016).

이러한 시민권이론은 오늘날 사회복지정책의 제도적 모형에 이론적 근거를 제공했다는 점과 사회권의 확립을 통해 사회복지를 제도화시키는 데 영향을 주었다는 점에 있어서는 역사적 의의가 있다. 그러나 시민권이론은 서구 민주주의 사회에서는 유용한 이론이지만 공산주의 사회에 보편화하기에는 이론적 한계를 지니고 있다. 또한 사회권에 대한 명확한 설명 부족 등 사회복지정책의 전반적인 상황을 설명하는데도 한계를 지지고 있다(김종명 외, 2015).

3. 수렵이론(산업화이론)

수렵이론(산업화이론)은 경제발전이 상당한 수준에 도달하게 되면 사회복지가 유사한 형태로 수렴된다는 이론이다. 즉 복지국가의 발전은 산업화로 인해 나타난 욕구에 대해 산업화로 가능해진 자원을 통해 이루어지며 경제발전과 산업화로 사회문제가 발생하고 사회적 욕구와 문제를 해결하기 위해 사회복지제도가 발전하게 된다는 이론이다.

사회복지제도의 수렵에 있어서 중요한 요인은 기술발전이다. 기술발전은 사회복지를 포함한 제반 제도를 유사하게 만든다. 체제를 떠나 기술이 국가발전의 원동력임을 인식한 국가는 기술발전을 조족하고 기획하며, 복잡한 기술개발에 필요한 환경구축을 지원하게 되는데, 기술개발에 필요한 환경구축의 하나로 사회복지가 활용되고 그러다 보면 자본주의 국가는 물론 양 체제의 사회복지가 비슷한 형태를 갖추게 된다는 것이다(원석조, 2016).

수렴이론(산업화이론)의 대표적인 학자는 윌렌스키와 르보가 있으며 산업화이론은 다음과 같은 특징을 가지고 있다(이정서, 2017).

첫째, 수렵이론(산업화이론)은 경제가 성장하고 생활수준도 향상됨에 따라 자연스럽게 사회복지발전을 가져오며, 사회복지정책이 산업화의 산물이라고 보는 이론이다.

둘째, 산업화는 새로운 사회적 욕구를 만들어 내고 이것을 해결하기 위해서 사회복지를 확대시킨다.

셋째, 수렴이론(산업화이론)은 기술이 사회복지정책 발달을 좌우한다는 주장으로 기술결정론 또는 수렴이론이라고도 한다.

넷째, 산업화이론의 기반은 경제발전에 두고 있으며 산업화에 있어서 중요한 요인은 기술발전으로 이는 국가발전에 원동력이 된다.

다섯째, 자본주의체제에서는 사회통합을 위해서 국가의 통제를 강조하고 공산주의 체제(자원분배)에서는 창의성과 효율성의 증대를 위해 분산화를 하다 보면 결과적으로 양자의 사회복지는 수렵하게 된다.

여섯째, 산업화이론의 사회복지 발달수준은 산업화의 정도, 경제성장의 수준 등의 요인이 결정한다고 보는 이론이다.

일곱째, 산업화이론은 사회복지정책은 산업화 과정에서 필연적으로 발생되는 사회문제와 새로운 욕구를 확보된 자원을 통해서 해결하려는 방향으로 등장한다.

그러나 이와 같은 특성을 가지고 있는 수렵이론은 다음과 같은 한계도 동시에 지니고 있다. 즉 기본적인 제도, 대상자 확대 과정, 복지비 증대 등의 수렴현상만 다루고 있고, 각 복지 프로그램의 세부적인 내용 등의 수렵은 제대로 규명하지 못하고 있다는 점과 복지정책의 기능주의 관점과 복지국가의 책임만을 강조하여 복지국가 위기를 설명하기에는 한계가 있다.

4. 확산(전파)이론

확산이론(diffusion theory)은 한 나라의 사회복지정책이 다른 나라의 정책에도 영향을 미친다는 데 초점을 둔 이론이다. 확산이론의 핵심은 사회복지정책의 도입을 모방과정의 결과로 인식하는 것이다. 이는 한 국가의 제도적 혁신이 인근 국가로 확산되는 것인 동시에 선진국으로부터 후진국으로의 관념과 기술의 이전과정이기도 하다. 즉 확산이론은 개인, 집단, 또는 사회체제 수준에서 혁신이 환산(전파)되는 커뮤니케이션 과정을 설명하는 이론으로서 사회복지정책이나 사회보장제도의 발달이 국가 간의 의사소통이나 영향력을 주고받음에 따라 이루어진다는 것이다(박경일, 2017).

확산이론의 대표적인 학자로는 타이라(Taira), 킬버(Kilby), 콜리어(Collier) 등이 있으며 확산이론에 대해 이들 학자들의 견해를 종합하면 다음과 같은 특성을 가지고 있다(이정서, 2017).

첫째, 사회보장의 발전과 국가의 지리적 위치가 상호 밀접한 상관관계에 있다는 것을 발견하였다.

둘째, 확산이론 혹은 전파이론이라고도 하는데 이 이론은 국제관계가 긴밀하게 이루어지는 현대사회에서 국가 간 교류로 사회복지정책과 사회보장의 아이디어와 경험이 한 나라에서 다른 나라로 전파 확산된다고 설명한 이론이다.

셋째, 사회복지정책 및 사회보장제도의 발달이 국가 간 의사소통이나 영향력을 서로 주고받음에 따라 이루어진다는 이론이다.

넷째, 확산이론은 한 나라의 사회복지정책이 다른 국가에 영향을 미친다고 보는 관점이다.

다섯째, 확산이론은 유럽대륙의 국가들이 지리적 근접에 기인한다고 보면서 후진국가에서 선진국가로의 역환산을 인정하고 있다.

그러나 확산이론에 대한 한계들도 지적되고 있다. 이에 대해 우선, 산업국가에서 정부가 시행하는 사회복지정책에 있어서 확산이론에 의한 확산효과는 미미하며. 그보다는 각 국가의 사회경제적·정치적 요인이 더 중요하는 것을 들 수 있다. 둘째로는 선진국가에서 후진국가로 사회복지정책이 확산되어 간다고 주장하고 있으나 그렇지 않은 경우도 있다. 따로는 후진국가에서 선진국가로의 역확산도 존재하는데 근대화가 영국에 비해 뒤진 독일의 사회보험이 영국에 뒤늦게 도입된 것이 그 예이다. 마지막으로 한 국가의 새로운 복지제도를 도입하려 할 때 다른 나라, 특히 선진복지국가의 제도를 참고하는 것은 분명하지만, 확산이론은 사회복지제도의 국가 간 확산 여부를 떠나 복지의 원인이 복지가 된다는 논리적인 취약점을 가지고 있다는 것이다(오세영, 2017).

5. 음모이론

음모이론(conspiracy theory)은 사회복지를 확대하는 것은 취약층이 생활 여건이 나빠지고 빈곤상태에 놓이는 것과 관련해 대항·투쟁하는 것에 대해서 지배계급이 대응하는 것이라고 보는 이론을 가리킨다(원석조, 2016). 즉 음모이론은 사회복지정책의 주목적이 인도주의나 양심의 실현이 아니라 사회안정 및 사회질서의 유지와 사회통제라는 관점의 이론이다. 따라서 사회정책의 변화시기를 지배계층이 기존의 사회질서가 위협을 받고 있다고 느끼는 때라고 주장하면서 사회정책의 변화를 개선과 악화의 양면이 언제라도 교차될 수밖에 없는 성질의 것으로 보며, 사회양심론과 정반의 입장을 견지하는 이론이다(오세영, 2017).

음모이론의 대표적인 사례로 들 수 있는 것이 비스마르크의 사회보험인데

비스마르크는 영토통일에 이어 독일민족의 내부적 통일, 즉 1850년 이후 산업화과정에서 급속도록 성장해 온 노동자계급의 불만을 해소하고 비스마르크 자신이 지향하고 있는 사회적 질서에 노동자들을 통합시키기 위해 이른바 당근정책을 추진했는데, 이것이 노동자계급을 국가 내로 통합시키기 위한 양보책인 사회보험제인 것이다(양승일, 2019).

음모이론은 사회양심이론과 정반대적인 입장을 주장하는 이론이며 다음과 같은 특징을 가지고 있다(이정서, 2017).

첫째, 음모이론은 사회양심이론에 대해 정면으로 도전하는 반대 입장을 취하는데 이것을 사회통제이론이라고도 한다.

둘째, 사회정책의 목적을 인도주의나 동정심의 실현이 아니라 사회안정 및 질서유지와 사회통제로 보는 관점이다. 즉 정치적 안정을 유도하기 위해 사회복지제도를 발전시킨다고 본다.

셋째, 음모이론은 중상층계급의 자비심이 아니라 빈민구제를 위한 공적인 사회복지제도를 사용한다.

넷째, 사회의 특정한 목적을 달성하기 위해서 사회복지정책을 하나의 수단으로 삼는다. 아울러 사회복지정책은 복지에 대한 인도주의적 관심보다는 사회적으로 무질서를 해결하며 노동규범에 대해 강제하기 위한 억압이었다.

다섯째, 음모이론은 갈등기나 정권소체기에 등장한 정책이 정당성 확보 또는 정치권력의 재생산을 위해서 도입 및 확대된다는 사실을 폭로할 수 있다는 장점이 있다.

그러나 이와 같은 음모이론은 동시에 다음과 같은 한계점도 가지고 있다. 우선 음모이론의 한계점으로 사회복지정책을 결정하는 사람의 의도보다는 사회복지정책의 결과에 의존하고 있다는 것이다. 즉 음모이론에서는 사회복지정책이 실패한 것을 지적하는 방식을 통해서 음모이론이 타당하다는 점을 증명하고 있다는 것이다. 다음으로는 음모이론은 자본의 논리나 자본의 본질적 속성을 자본가나 지배층의 음모로 인식하고 있다는 것이다(원석조, 2016).

6. 이익집단정치이론

이익집단정치이론(interest group politics)은 사회복지정책을 다양한 이익집단들 간의 갈등과 타협의 산물로 간주한다. 즉, 사회복지정책은 다양한 이익집단들 사이에서 사회적 자원의 배분을 둘러싼 치열한 경쟁 관련 이해 집단들의 정치적인 힘을 국가가 중재하는 과정에서 비롯된다는 보고 있다(Pampel & Williamson, 1989).

경제발전과 민주주의 진전과 함께 이익집단들의 요구가 커지고 다양화지는 것은 세계 어느 나라에서나 나타나는 공통적인 현상이다. 보통 이익집단은 노동조합이나 경영단체 그리고 의사나 변호사와 같은 직능단체가 있다. 또는 이익집단은 직능단체를 넘어 연령, 인종, 언어, 종교를 중심으로 결성되기도 하는데, 그 대표적인 것이 퇴직한 노령층의 이익집단이다. 이들은 숫자도 많고 투표율도 높으며 정치적으로 활동적이다. 그 외에도 이익집단은 역동적인 집단행동으로 조직된다. 이들 집단의 행동을 통해 이익을 관철시키게 되면 이익집단의 역동성은 더욱 강화된다(구제관 외, 2015).

이와 같은 이익집단 정치이론의 특성을 보면 다음과 같다(이정서, 2017).

첫째, 이익집단정치이론은 다양한 이익집단들의 정치적인 힘에 초점을 둔다.

둘째, 이익집단정치이론은 다양한 이익집단들 간에 사회적 자원의 배분을 둘러싸고 치열한 경쟁에서 관련된 이해집단들의 정치적인 힘을 국가가 개입하여 중재하는 과정에서 비롯하였다.

셋째, 정부의 사회복지정책 지출은 선거의 득표를 위한 경쟁에서 비롯하였다.

넷째, 이 이론에 의하면 많은 이익집단들이 자기들의 이익을 위해 프로그램에 대하여 지지하는 정당에 투표한다.

다섯째, 이 이론은 노인들을 위한 복지국가 프로그램의 확대를 설명하는 데 적합하다.

그럼에도 불구하고 이익집단정치이론은 정치적으로 다원화된 민주주의 국가에만 적용되는 한계가 있고, 또한 민주주의제도가 아직 정착되지 않았거나 이익집단들에게 정치적 힘이 중요하지 않은 국가에서 복지정책을 설명하는 데에는 한계를 가지고 있다.

제3절 사회복지정책의 의제형성

1. 사회문제와 이슈화

사회복지는 인간으로서의 기본적인 생활을 누리지 못하여 고통을 받고 있는 사람들이 그러한 상황이나 조건을 해결해야 할 문제로 인식할 때 그에 대한 해결책으로 정책을 결정한다. 따라서 정책을 형성하는 데 있어 출발점은 사회문제라고 할 수 있다. 사회문제란 인간이 해결하고자 하는 욕구를 불러일으키는 불만족스런 상태를 말하는데, 이는 개별적이고 주관적인 인식을 통해 나타난 것이므로 사회적 의미를 가지고 해결책을 찾는 것은 쉬운 일이 아니다. 그러나 문제가 불특정 다수인에게 장시간에 걸쳐 반복적으로 일어나 장래에 부정적인 영향을 받게 될 것이라고 느끼는 경우 사회문제화되고, 해결이 어려운 상태가 되면서 논의가 이루어지면 공공의 문제로 제기되어 정책으로 형성될 수 있다(김기원, 2003; 강영실, 2005; 임정문 외, 2016).

사회문제의 이슈화는 사회문제의 제기로 사회복지정책 형성과정의 첫 단계이며 어떠한 사회문제를 다룰 것인가 하는 것으로부터 부각된 문제이다. 이와 같은 사회문제를 이슈화하는 것은 쉽지 않다. 왜냐하면 사회문제나 이슈는 정치적・경제적 약자의 문제이기 때문에 정책의제(어젠다)가 되지 못하고 무시되기 쉽기 때문이다(김종명, 2015).

사회문제로 인한 정책이슈에는 사회적 이슈, 정치적 이슈, 합의이슈, 갈등이슈, 기존이슈, 새 이슈, 재량적 이슈와 비재량적 이슈, 상징적 이슈와 물질적 이슈 등이 있다. 이중 정책 이슈로 제공되었으나 어젠다로 가지 못한 이슈를 억압된 이슈라고 부르기도 하며 문제나 요구가 공공의 관심을 끌었지만 공공 정책상의 논점으로 제시되지 못한 경우를 말한다(박경일, 2017).

또한 사회문제를 이슈화하고자 할 때 누가 이슈 제기자가 되어야 할 것인가는 이슈화 전략에 매우 중요한 사항이다. 일반적으로 사회문제의 이슈 제기자들은 클라이언트 자신, 사회복지전문가, 언론, 정치인 등을 들 수 있다.

2. 정책의제(어젠다) 형성

사회복지정책 의제형성은 정부가 정책적 해결을 위하여 사회문제를 정책문제로 채택하는 과정 또는 행위이다. 즉 사회문제가 정책문제로 전환되는 과정이나 행위를 의미하는 것이다. 사회복지전문가가 정책문제로 이슈화되어 일반 국민들의 관심을 불러일으키고 정책꾼들에 의하여 논의되는 과정을 어젠다의 형성과정이라 한다(이정서, 2017).

사회복지정책의 형성과정은 정책결정을 이루어지기에 앞서 사회문제를 인식하고 그것을 정책의제로 채택하는 정책의제화의 단계에서 시작된다. 정책의제화가 중요한 이유에 대해 설명하면 다음과 같다(Freeman & Sherwood, 1970; 고수현 외, 2016).

첫째, 특정한 사회문제가 어떻게 해서 정책의제로 전환되었는가 하는 데에 따라서 정책의 성격과 내용이 달라질 수 있다. 사회문제를 정책의제로 등장시키는 데 성공하거나 실패한 개인이나 집단은 그 후에 이어지는 정책의 결정, 집행, 평가에 직·간접적으로 개입하는 경우가 많다.

둘째, 대부분 정책의제화의 단계에서 이미 여러 정책대안들이 제시된다. 현실적으로 정책결정이 그 이전의 정책의제화의 단계와 별개로 새로운 정책대안을 기초로 이루어지기 보다는 정책의제화의 단계에서 나온 여러 대안들을 구체화하거나 수정 및 보완하는 정도에서 결정되는 경우가 많다.

셋째, 모든 사회문제가 정책의제로 논의되거나 채택되지는 않는다. 특정한 문제들은 매우 중요한 것일 수도 있는데 정책의제화 과정에서 은폐되거나 관련 집단 간의 역학관계 속에서 사장될 수 있다.

사회문제에서 발생하여 정책의제(정부의제)로 채택되기까지는 여러 단계를 거치게 된다. 이를 도식화 하면 다음과 같다.

사회문제 → 사회적 이슈 → 공중의제 → 정부의제

[그림 4-2] 정책의제화의 과정

출처: 고수현 외(2016: 132).

이와 같은 정책의제화의 형성을 위해서는 문제와 상황의 파악과 정책목표 설정, 그리고 정책의제에 대한 대안 탐색과 개발이라는 과정을 거치게 된다.

첫째, 문제 파악 단계이다. 정책 결정의 첫째 단계는 정책과 관련된 문제를 파악하는 단계이다. 문제파악의 단계에서는 개인과 집단이 정부에게 어떤 행동을 취하라하고 요구하는 것을 보고서 정책과 관련된 문제를 파악하는 경우가 많다. 사회문제 파악 단계에서 구체적으로 활동하는 내용으로서는 우선 사회문제를 널리 알리고, 정부가 해당 사회문제에 대해 행동할 것을 요구한다. 그리고 이러한 문제들을 언론, 이익집단, 시민단체, 일반인이 관여할 수 있도록 하는 것이 중요하다(노병일, 2018).

둘째, 대안 탐색 및 개발이다. 사회복정책의 목표가 설정되면 그 정책수단으로서의 해결방법들, 즉 정책대안들을 만들어 내야 한다. 정책 대안을 만들기 위해서는 문제, 상황, 미래에 대한 정보를 수집하여 종합적으로 검토 및 분석하여야 한다.

셋째, 대안의 비교분석이다. 정책대안을 비교분석하기 위해서는 기술적 실현가능성과 정치적 실현 가능성, 능률성, 효과성, 사회적 효과성 등을 비교분석하여 대안을 마련하여야 한다.

3. 정책의제화 설정 모형

정책의제를 설정하는 과정에서 정책의제를 주도적으로 설정하는 집단이 누구인가에 따라 외부주도모형, 동원모형, 내부접근모형 등 3가지 모형으로 구분하여 설명할 수 있다(노시평 외, 2002, 박정호, 2003; 남기민, 2004; 박경일, 2017).

1) 외부주도모형

정부이외의 집단이 주도하여 제기한 문제가 사회 이슈화됨으로써 일차적으로 공중의제가 되고, 최종적으로 공식의제 또는 정부의제로 채택되는 의제설정과정이다. 이 모형은 사회가 다원화되고 민주화가 성숙된 선진국에서 보편화되어 있다. 즉 이 모형에서는 민주적이고 평등한 사회에서 지배적으로 나타난다고 설명할 수 있다.

2) 동원모형

이 모형은 정부 내부의 정책결정자들이 문제를 제기하고, 이 문제가 정부의제화되는 과정에서 일반 국민들의 참여를 동원하여 정부의제를 정당화시키는 것이다. 여기에서 일반 국민들의 참여는 진정한 의미의 참여라기보다는 정부의제를 정당화시키기 위한 수단으로서 참여를 의미한다. 즉 동원모형이란 어떤 논제가 정부 내부에서 제기되었을 때 거의 자동적으로 공식의제로 채택되는 과정과 그것이 정책으로 입안되고 난 후 그 성공적인 집행을 위해서는 공중의 지지와 협조가 필요함에 따라 이를 위해 공식의제를 역으로 공중의제화시키는 과정을 함께 설명하는 모형이다.

3) 내부접근모형

이 모형은 정부기관 내에서 문제를 제기하여 정부의제화하는 것을 의미한다. 다만 동원보형과는 달리 채택된 공중의제가 정부 밖으로 확산되지 않도록 규제한다는 점에서 차이가 있다. 즉 내부접근모형이란 불만이나 정책안이 정부영역 내부에서 제기되어 공식의제로 채택되는 경우를 설명하는 모형이지만, 앞의 동원모형과는 달리 주장자들이 그 논제를 정부영역 밖의 일반 대중에게 확산시키기를 바라지 않기 때문에 공중의제화의 단계를 거치지 않고, 바로 공식의제로 채택하도록 하는 경우를 설명하는 모형이다.

제4절 사회복지정책 결정

정책결정은 정책형성단계의 하나로서 정책의제와 정책대안이 형성된 다음 이루어지는 단계로서 여러 대안들 가운데 하나를 결정하는 중요한 과정이라고 할 수 있다. 즉, 정책결정이란 권위 있는 정책결정자가 정당성 권위를 갖고 문제해결을 위한 여러 대안들 가운데 하나를 선택하는 과정을 말한다. 여기에는 국회통과, 대통령 서명, 명령, 규칙, 조례제정 등이 해당한다(박경일, 2017). 본 절에서는 정책결정에 대한 의미와 특징 그리고 정책을 결정하는 과정에서의 이론적 모형을 살펴보고자 한다.

1. 정책결정과정의 의미와 특징

정책결정이란 권위 있는 정책결정자가 어떠한 사회문제를 해결하기 위하여 여러 개의 대안 중에서 하나를 선택하는 과정이다. 이러한 과정에서는 문제를 확인하고, 바람직한 대안들을 모색하며 개발된 대안을 서로 비교하고 평가한 후 특정의 대안을 선택하는 일련의 과정을 포함하는 것이 보통이다(김종명 외, 2015).

정책결정과정의 특성으로는 권위 있는 정책결정자가 행하는 행위라는 점, 행위의 결과 잠정적인 해결방안이 채택된다는 점, 이때의 행위는 사회 공익적인 관점에서 이루어져야 한다는 점, 문제를 보는 시각이 거시적 관점일 필요가 있다는 점 등을 들 수 있다(조영구, 2016).

1) 권위 있는 결정

정책결정은 아무나 하는 것이 아니라 정책결정을 할 수 있는 권한을 가진 사람, 즉 권위 있는 정책결정자만이 할 수 있다. 권위 있는 정책결정자에 의해서 결정된 정책은 권위를 띠며, 선택된 정책 대안이 구성원들에 의하여 받아들여진다는 것을 의미한다.

2) 해결방안의 채택

정책결정자가 정책을 결정하는 행위는 사회문제를 둘러싼 여러 세력들 사이에서 이들의 이해관계에 대하여 나름대로 심사숙고하고 제안된 여러 개의 정책 대안들 가운데 하나를 선택함으로써 그 사회문제에 대해 권위를 가지고 결론을 내리는 것이다.

3) 공익적 성격

정책결정자는 사회 전체적인 공익을 기준으로 삼아야 하며, 정책문제를 둘러싼 사회세력들의 이해를 조정하되, 어느 한편의 이익을 대변해서는 안 되고 공익적 관점에서 결정이 이루어져야 한다. 사회적 약자를 다루는 사회복저정책의 경우는 더욱더 공익적 성격이 강하다고 볼 수 있다.

4) 정치적 성격

정책의 결정과정이 사회전체를 위한 공익적 성격을 띠기는 하지만 결정된 정책은 사회문제를 둘러싼 사회세력들 사이의 타협의 산물이다. 특히 사회복지정책의 결정에는 규범성이 강조되면서 다른 한편으로는 정치적 성격이 반영된다.

5) 거시적 성격

사회복지정책의 경우 논의되는 해당 사회복지문제의 해결만을 고려하는 것이 아니라 다른 정책과의 관계 및 장래의 사회적 상황 변화 등 사회 전체적인 입장에서 거시적 조망이 필요하다.

2. 정책결정과정의 이론모형

사회복지정책을 결정하는 과정에 대한 이론적 모형으로는 합리모형, 만족모형, 점증모형, 쓰레기통모형, 공공선택모형 등이 있다. 이러한 모형은 실제 정책결정과정에서 모두 완벽하게 설명해 주는 않으며, 각각의 문제를 바라보는 관점과 시각에 따라 달리 설명될 수 있다.

1) 합리모형

합리모형은 인간의 이성과 합리성을 전제로 하여 정책결정자나 정책분석가가 고도의 합리성을 가지고 있고, 주어진 상황하에서 주어진 목표 달성을 극대화할 수 있는 정책대안을 찾아낼 수 있다고 보는 정책결정과정의 모형이다. 이와 같은 합리모형의 특징으로는 다음과 같다(노병일, 2018).

첫째, 정책결정자는 매우 합리적이고 이성적이라고 가정한다.

둘째, 정책결정자는 목표를 이루기 위해서 가장 좋은 정책방안을 찾을 수 있다.

셋째, 정책결정자는 사용한 비용에 비해서 가장 많은 이득을 사회에 제공하는 정책을 선택한다.

넷째, 정책결정자는 모든 가치를 알고 있고, 또한 이런 가치들의 비중을 따져 정책을 선택한다.

다섯째, 정책결정자는 모든 정책 대안들을 파악하고 고려하여 정책을 선택한다.

이와 같은 합리모형의 특징은 동시에 정책을 결정하는 과정에 있어서 다음과 같은 한계점도 가지고 있다(김종명 외, 2015). 우선, 인간의 이성 및 합리성에 대한 비판이다. 즉 인간이 항상 이성적이거나 합리적이지 않기 때문에 최선의 정책대안을 선택하는 정책결정만 존재하는 것은 아니다. 둘째, 목표와 상황의 불확실성이다. 정책목표는 원래부터 뚜렷한 것이 아니고 정책과정 속에서 정책가의 타협과 협상에 의하여 형성되며 정책상황의 변화 속에서 바뀔 수 있다는 것이다. 셋째, 인간능력의 한계이다. 인간의 능력은 무한 것이 아니라는 것이다. 넷째, 정보 및 시간의 부족이다. 정책문제의 해결에 관한 정보가 항상 충분하지 않고, 문제해결의 최선책 방안을 강구할 수 있는 시간적 여유가 없는 경우도 있다는 것이다. 다섯째, 매몰비용의 문제이다. 최선의 정책대안을 알고 있으나 과거의 잘못된 정책결정 때문에 현재 시행중인 비합리적 정책안을 계속 하용하거나 일부 수정하여 사용할 수밖에 없는 경우가 있다.

2) 만족모형

만족모형의 관점은 인간은 합리모형이 제시하는 '경제적 합리성'보다는 제한된 합리성의 기준에 입각하므로 '최적의 대안'을 선택할 수 없으며, 만족스러운 정도의 대안을 선택할 수밖에 없다는 현실적이고 실증적인 이론모형이라고 할 수 있다. 이러한 만족모형에 대한 기본적인 가정을 살펴보면 다음과 같다(조영구 외, 2016).

첫째, 사람은 자신의 제한된 능력과 환경적 제약으로 인해 완전한 합리성을 발휘할 수 없다. 따라서 인간은 합리적이 되고자 노력할 뿐이며, 대안의 분석에도 완벽을 위하여 노력할 뿐이다.

둘째, 대안의 선택시에도 최소한의 만족을 유지하지 못하는 경우가 계속된다면 그에 맞추어 대안의 선택기준을 낮추어 가게 된다.

셋째, 의사결정을 하는 사람의 가치관 등 심리적 성향에 의하여 형성되는 주관적 합리성이 의사결정의 기준이 된다. 마지막으로 의사결정에서 탐색할동은 만족을 줄 수 있는 대안을 찾는데 그 목적이 있다. 즉 주관적으로 좋다고 생각되는 대안을 선택하게 된다는 것이다.

이와 같은 만족모형의 특성에도 불구하고 한계점을 가지고 있다. 즉 모든 정책결정은 만족할 만한 수준의 대안 선택에 있어 객관적인 기준이 없다는 것이며, 아울러 만족모형은 합리모형보다는 현실적이지만 지극히 중요한 결정의 경우 합리모형이 더 이성적이라는 것이다.

3) 점증모형

점증모형은 합리모형을 전적으로 부정하고, 정책의 실현가능성에 무게를 두고 중요시하는 이론이다. 즉 만족모형이 인간의 보편적인 의사결정에 초점을 맞춘 이론이라면, 점증모형은 정책결정가에 의해 주로 결정되는 이론이다. 따라서 점증모형은 기존의 정책들 중에서 크게 다르지 않은 대안들을 선택해서 이들을 부분적으로 또는 점진적으로 약간의 개선 또는 수정, 향상시켜 정책으로 발전시켜나가게 된다. 그리고 이렇게 점진적으로 발전시키는 정책결정이 바람직하다도 보는 관점이다. 이는 하나의 정책을 둘러싸고 전개되는 정치적 양향은 다양한 이해관계자들 간의 경쟁과 대립 등 정책결정과정의 정책적 성격을 함께 설명하고 있기 때문이다(강영실, 2007). 따라서 본 모형에서는 기존 정책을 고려할 첫 대안으로 기존 정책에 약간의 수정만 가하면 되는 것을 말한다.

4) 혼합모형

혼합모형은 적극적인 의사결정접근법으로서 합리모형과 점증모형을 혼합과 절충한 제3의 모형이라고 할 수 있다. 이는 합리모형의 이상주의적 성격을 지양하고 점증모형의 보수성을 말한다. 다시 말해서, 합리모형과 점증모형 양 이론에 대해 비판을 하면서 하나의 적극적인 의사결정접근법으로서 혼합모형을 설명하고 있는 것이다. 그는 상상력이 부족한 정책결정자를 위한 하나의 지침으로서 혼합전략을 제시하고 있는데, 이는 행위자가 확고한 전략이 없는 상황에서 과거의 정책을 근본적으로 재검토해야 하는 위기에 직면했다고 가정하는 것이다.

5) 쓰레기통 모형

쓰레기통 모형은 정책에 필요한 몇 가지 흐름이 우연히 통 안에 들어와 정책이 결정된다고 보는 모형이다. 즉, 정책을 결정하는 과정이 합리성, 협상, 타협 등을 통해 이루어지는 것이 아니라 마치 온갖 쓰레기가 우연히 하나의 쓰레기통에 모아지듯이 사회문제와 정치적 상황과 정책적 필요성 등이 합쳐지게 되면서 정책의제화 과정이 형성되고 정책이 결정된다고 주장한다(강영실, 2005).

이와 같은 쓰레기통 모형은 합리적 의사결정을 저해하는 세 가지 조건하에서 의사결정이 우연히 결합하여 이루어진다는 것이다(양승일, 2019).

첫째, 불확정적 선호이다. 이는 기존 모형들이 조직 내에서 자신이 어떤 목표를 가지고 정책결정에 참여하는지를 알고 있다고 가정하지만, 실제로는 어떤 목표를 가지고 결정에 참여하는가를 모르는 경우가 많아 자신이 무엇을 선호하는지도 제대로 알지 못한다는 것이다.

둘째, 불명확한 기술이다. 이는 목표와 대안 사이에 존재하는 인과관계가 명확하지 않아 정책결정에 참여하는 결정가가 목표를 명확히 알아도 이를 실행할 구체적인 대안을 잘 모르고 있는 경우가 많다는 것이다.

셋째, 유동적 참여자이다. 동일한 개인이 시간흐름에 따라 문제의 성격에 근거해서 어떤 경우에는 결정에 참여했다가, 어떤 경우에는 참여하지 않는 상황을 의미하는 것이다.

6) 공공선택 모형

공공선택 모형은 정부재정 부문의 정책결정과정에서 바람직한 민주적 의사결정이 어떻게 이루어져야 하는가를 내용으로 하는 것으로서 이 모형은 사회·정치·경제학적인 입장에서 공공재와 공공서비스의 공급을 합리적으로 수행하는 것이 중요하다는 전제하에 정책결정을 하게 된다. 따라서 정책결정과정에서는 정책이 사회의 모든 부문에 미치는 파급효과를 중시하고 재화의 공공성을 강조한다(강영실, 2007).

이와 같은 공공선택모형이 근거하고 있는 기본적 가정들을 보면 다음과 같다(고수현 외, 2016).

첫째, 자원의 희소성이다. 사회에는 모든 개인이 원하는 만큼 공·사적 재화가 충분히 있는 것은 아니다.

둘째, 개인주의이다. 사회적 산출은 개인의 선택과 행위의 결과이다. 개인들은 합리적 선호체계를 갖고 있으며 투표 등 사회적 의사결정 매커니즘들은 그러한 개인의 선호들을 집계하기 위한 절차이다.

셋째, 이기심이다. 개인의 선호체계는 일차적으로 자신의 이기심에 따른다.

넷째, 합리성이다. 개인은 우선순위가 정해져 있는 특정한 선호체계를 갖고 있다. 그들은 어떤 선택상황에서든 자신이 가장 선호하는 결과를 알고 있으며 자신의 이익을 극대화하려고 노력한다.

그러나 이와 같은 가정에도 불구하고 공공선택 모형은 정책을 결정하는 과정에서 잘못된 선택과 정책결정으로 모든 사회구성원들의 이익이 오히려 감소될 수도 있다는 것과 개인들이 모여 정책을 결정하고 정치적 과정에서의 정치타협이 필요하고, 공익보다 개인의 이익을 증대시키려는 과정에서 정치적 비용의 극대화가 문제로 나타날 수 있다는 것을 들 수 있다.

제5절 정책집행

1. 정책집행의 의미와 특성

정책집행이란 의도된 정책목표를 달성하기 위하여 결정된 사항들을 구체화시키는 활동을 의미한다. 즉, 정책결정과정을 통해 만들어진 정책을 시행하는 것을 말한다. 결정과정을 통해 얻어진 정책 속에 포함되어 있는 수많은 정책수단과 계획들은 집행작업을 거쳐 현실로 나타나야만 원하는 목표를 달성할 수 있고 정책문제를 해결할 수 있다. 정책집행은 오랜 시간, 여러 장소, 복합적인 상황 속에서 발생하는 일련의 행정적, 정치적 결정과 활동으로 이루어진다(조영구 외, 2016).

따라서 사회복지정책집행은 주어진 목표를 이루어 나가는 기술적인 과정임과 동시에 그 안에서 이루어지는 상호작용에 대한 정치적인 과정이기도 하다. 정책집행의 특성은 관리기술적 성격, 정치적 성격 등을 갖는다(이정서, 2017).

1) 관리기술적 성격

정책집행과정은 주어진 목표를 구체화시키는 데 그 목적이 있어서 정책의제 형성과정이나, 정책대안 형성과정 또는 정책결정과는 달리 관리기술적 성격을 띤다. 또한 정책집행에 있어서는 정부 관료의 역할이 중요하다. 관리기술적 의미는 경제적 분명성, 결정과 집행과정이 공평·평등 수행, 정치적 중립성, 과학성과 합리성, 논리적이라는 점이다. 즉, 관리기술적 성격은 집행조직의 문화와 선례, 표준운영절차 등이 많이 적용되므로 새로운 아이디어나 쇄신적인 집행을 기대하기는 어렵다.

2) 정치적 성격

정책집행과정은 여러 참여자들 사이의 상호작용과정이며 참여자들 사이의 협상과 타협을 통하여 원래의 정책목표를 왜곡시키기도 하고 정책집행을 지연시키기도 하며 때에 따라서는 정책목표를 전혀 실현시키지 않기도 한다. 이와 같은 정책적 성격을 띤다는 점에 그 특징이 있다.

2. 정책집행의 모형과 영향 요인

정책집행을 이해하는 모형으로서는 체제관리모형, 관료과정모형, 조직발전모형, 갈등협상모형 등을 들 수 있다(김학만 외, 2005; 박경일, 2017).

첫째, 체제관리모형이다. 이 모형에서는 조직을 합리적 가치극대자로 보고 있고, 집행이 성공을 거두기 위한 조건으로서 효율적인 관리통제체제를 강조한다.

둘째, 관료과정모형이다. 이 모형에서는 집행이 성공을 거두기 위해서는 조직의 새로운 정책과 통합시키는 문제가 중요하다고 보는 것이다.

셋째, 조직발전모형이다. 이 모형에서는 집행이 성공을 거두기 위해서는 정책결정자와 집행자 간에 정책에 관하여 합의가 이루어져야 한다고 본다.

넷째, 갈등협상모형이다. 이 모형에서는 조직을 갈등의 장이라고 전제하며 따라서 정책결정자와 집행자 간에 정책에 관하여 합의가 이루어져야 한다고 본다.

이와 같은 정책집행의 모형을 기반으로 정책을 집행하는 과정에서 정책집행에 영향을 미치는 요인들을 정책환경적 요인, 정책내재적 요인, 정책행태적 요인 등에서 찾아볼 수 있다(김종명 외, 2015).

첫째, 정책환경적 요인이다. 정책환경적 요인은 사회복지정책의 형성 및 정책참여자의 형태에 영향을 미치는 환경적 변수로서 정치, 경제, 사회적 상황의 변화와 관련된 변수로 구성된다. 정치적 상황으로서는 전쟁이나 쿠데타, 정당 내의 진보와 보수 간의 정치적 불일치 등이 정책결정자의 형태 및 집행과정에 영향을 미치게 된다. 경제적 상황 변수로는 개방화, 세계화, 국민소득, 실업률, 물가지수 등이 복지정책의 집행에 영향을 미친다. 사회적 상황으로는 고령인구의 증가, 독신가구의 증가, 이혼증가, 사회양극화, 산업화 및 도시화 등이 사회복지정책의 집행에 영향을 미친다.

둘째, 정책내재적 요인이다. 사회복지정책의 집행에 영향을 미치는 정책내재적 요인이라는 규정된 정책내용에 영향을 미치는 요인들로 사회복지정책목표의 타당성과 구체성, 정책수단 및 절차의 확보와 방법, 사회복지서비스의 유형이 포함된다. 정책목표의 타당성과 구체성은 정책문제의 정의와 관련된 변수로서 정책에서 해결하고자 하는 정책문제와 정책목표가 얼마나 잘 연결되어 있으며, 그러한 정책의 목표가 정책집행시에 평가기준으로서 사용할 수 있을 만큼 구체화해 있는지 여부는 정책집행에 많은 영향을 미치게 된다. 정책수단 및 절차의 확보와 관련된 요인으로는 정책목표가 아무리 잘 세워졌다 해도 그 목표를 달성할 수 있는 효율적 정책수단 및 절차가 규정되어 있지 않다면 그 정책은 성공하기 어렵다는 것이다. 사회복지서비스 유형에서는 복지서비스 형태가 현물인지, 현금인지에 따라 기회의 형태를 띠는지, 용역의 형태를 띠는지, 아니면 신용의 형태를 띠는지에 따라 정책의 효율성은 달라진다,

셋째, 정책행태적 요인이다. 정책행태적 요인은 정책집행 시에 관여하는 다양한 참여자의 정치행태와 관련된 변수를 말한다. 우선, 정치기관의 지지로서 대통령, 국회, 시·구의원 등과 같은 정치를 담당하는 기관의 관심과 지지는 정책의 성공에 많은 영향을 미친다. 이외에도 상급 관청 및 경쟁부서의 태도, 클라이언트 욕구의 강도, 가치 및 태도, 조직화, 이익집단, 지역주민 및 일반국민의 적극적지지, 저항, 무관심, 압력 등이 정책행태적 요인에 해당된다.

생각해 볼 문제

1. 사회복지정책의 일반적이 형성과정을 적절하게 설명한 것은?
   ① 문제형성 - 대안마련 - 정책의제(어젠다) 형성 - 정책결정 - 집행 - 평가
   ② 문제형성 - 정책의제(어젠다)형성 - 대안마련 - 정책결정 - 집행 - 평가
   ③ 정책의제(어젠다)형성 - 문제형성 - 대안마련 - 정책결정 - 집행 - 평가
   ④ 문제형성 - 정책의제(어젠다)형성 - 대안마련 - 집행 - 정책결정 - 평가
   ⑤ 문제형성 - 평가 - 정책의제(어젠다)형성 - 대안마련 - 정책결정 - 집행

2. 정책의제(어젠다) 설정 모형에 대한 설명으로 옳지 않은 것은?
   ① 외부주도형은 정부 밖의 개인이나 집단들의 주도에 의하여 정책의제의 채택이 이루어지는 것이다.
   ② 내부접근모형은 정부 내부에서 제기되어 일반 공중에게 확산되지 않는 형태를 가진다.
   ③ 동원모형은 정치적 민주화가 제대로 이루어지지 않은 국가를 설명할 때 많이 활용된다.
   ④ 민주화된 사회일수록 외부주도형의 설명력이 크다.
   ⑤ 동원모형에서는 공중의제로 확산시켜 대중의 지지를 얻기 위한 노력을 기울이지 않는다.

3. 정책결정이론에 관한 설명으로 옳은 것은
   ① 쓰레기통모형은 조직화된 혼란상태속에서 나타나는 흐름에 의하여 우연히 정책결정이 이루어진다고 본다.
   ② 합리모형은 정책결정자가 제한된 합리성에 기초하여 정책을 결정한다고 본다.
   ③ 만족모형은 합리모형과 점증모형의 절충된 형태이다.
   ④ 점증모형은 사회적 자원의 근본적인 재배분을 요구하는 정책결정에 효과적이다.
   ⑤ 혼합모형은 정책결정과정이 기본적 결정이라는 한 가지 수준만으로 이루어진다고 본다.

CHAPTER 05

사회복지정책의 분석과 평가

학습목표

1. 사회복지정책분석에 대한 개념과 의미를 이해할 수 있다.
2. 사회복지정책분석 유형인 과정분석, 산출분석, 성과분석을 이해하고 설명할 수 있다.
3. 사회복지정책분석의 효과에 대해 이해하고 설명할 수 있다.

CHAPTER 05 사회복지정책의 분석과 평가

사회복지정책에 대한 실무적인 이해와 지식을 확보하기 위해서는 사회복지정책을 분석하고 평가하는 방법을 알아야 한다. 따라서 본 장에서는 정책분석에 대한 개념과 의미를 바탕으로 정책분석의 보편적인 유형을 살펴보고 정책의 효과성, 그리고 정책의 평가를 이해하는 데 학습목표를 두고 있다. 아래 그림은 정책분석에 대한 이해를 돕기 위하여 정책분석에서 가장 많이 활용되는 길버트와 테렐의 분석방법을 예로 제시하였다.

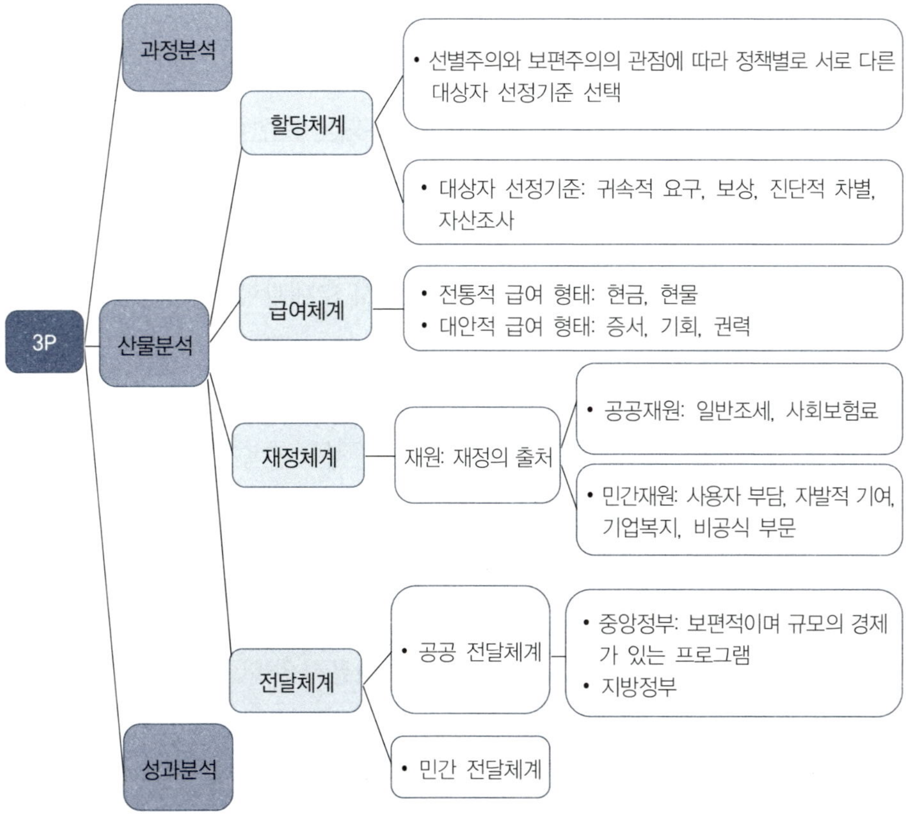

[그림 5-1] 길버트와 테렐의 정책분석틀

출처: 생각의 마을(2018). p.179.

제1절 정책분석의 개념과 의미

사회복지정책 분석은 대체적으로 사회복지정책에 규정된 사회문제와 정책목표, 정책문제의 사회적・역사적 배경, 정책 프로그램의 내용과 집행, 정치적 영향, 주요 제약요인과 촉진요인, 그리고 평가요소 등을 분석하는 것을 말한다. 결국 사회복지정책을 대상으로 한 정책분석인 것이다(고수현 외, 2016).

정책분석에 대한 의미는 학자에 따라 다양하게 정의되고 있으나 주로 정책연구 내지 정책학이라는 용어와 동일하게 사용되기도 한다(Dye, 1984). 학자들이 제시한 정책분석에 대한 개념적 특징을 보면 다음과 같이 설명할 수 있다(나기산, 1994).

첫째, 정책분석은 하나의 응용사회과학으로서 행태과학뿐만 아니라 행정학, 법학, 철학, 윤리학 및 다양한 체제분석과 응용수학으로부터 이론과 기법을 원용한다.

둘째, 정책분석은 다양한 탐구방법을 갖는다. 정책 관련 정보는 일정한 분석적 절차를 거쳐 산출되는데 정책분석은 인간의 문제를 해결하기 위한 모든 노력에 공통적 점검이나 기술, 예측, 평가, 제안 혹은 처방 등으로 이루어지는 일반적 분석절차와 문제구조화를 이용한다.

셋째, 정책분석은 정책논증의 구조이다. 정책분석은 단지 정책 관련 정보를 산출하기 위한 다양한 탐구방법을 사용하는 데 그치지 않는다. 즉, 분석가는 다양한 정보를 산출하려 할 뿐만 아니라 그러한 정보를 공공정책에 대한 타당한 논증으로 전달하려 한다.

넷째, 정책분석은 정보활용의 정치이다. 다양한 방법으로 정책관련 정보와 타당한 논증들을 산출해 내었다고 해서 그것이 곧 정책결정자에게 이용된다는 보장은 없다. 정책분석이 정책분석을 활용하게 되는 데는 방법론 외에 많은 요인들이 영향을 미친다.

다섯째, 정책분석가는 정책체계에 관련되어 있는 다양한 형태의 행위자들 중 한 사람이다. 정책체계, 즉 정책이 만들어지는 전반적인 제도적 형태는 공공정책, 정책관련자, 정책환경이라는 상호 관련된 세 요소들로 구성되어 있다.

또한 정책분석에 대해 좁은 의미와 넓은 의미의 정책분석으로 설명할 수 있다. 정책분석을 좁은 의미에서 볼 경우, 정책 분석은 가장 좋은 정책 대안을 얻기 위해서 여러 가지 정책 대안들을 검토하여 비교하는 지적활동이나, 또는 이를 위한 분석 기술이나 지식체계를 가리킨다(송근원, 2004). 따라서 정책분석을 좁은 의미로 볼 때에는 정책 분석은 정책결정을 위한 대안을 개발하고 각 대안의 효과 및 비용을 분석하기 위해 발달한 정책 이론의 한 분야를 뜻하는 경우가 많다. 그러나 이와 반대로 정책분석을 넓은 의미에서 볼 경우, 정책 분석은 사회적 쟁점을 더 잘 이해하고 더 나은 해결 방안을 찾기 위한 응용 연구의 한 형태이다. 구체적으로 정책 분석을 넓은 의미로 볼 경우, 정책 분석은 좁은 의미의 정책 분석뿐만 아니라, 정책 과정 전체에 대해서도 실시하는 분석을 가리킨다(노병일, 2018).

효과적인 정책분석을 위해서는 다방면의 지식이 필요하다. 정책분석가가 정책분석 시에 반드시 고려해야 할 점은 첫째, 대안들에 대한 조사나 검토는 조사도구에 의해 체계적인 방식으로 정해져야 하며, 둘째, 분석결과는 이용될 수 있도록 구체적이고 실현 가능해야 한다는 것이다. 정책분석가의 역할에 대해 살펴보면 다음과 같다(오세영, 2017).

첫째, 정책분석가는 정책에 대해 객관성을 유지하면서도 해당 정책에 대해 설득력 있는 옹호자가 되어야 하는데, 그 이유는 정책 결정자에게 간단하게 정책을 설명하고 옹호할 수 있어야 하기 때문이다.

둘째, 정책분석가는 자신이 분석한 내용의 정책 반영 여부는 자신의 권한 밖이라는 것을 인식해야 한다.

셋째, 정책분석사는 프로그램을 수행하는 기관이 기관 자체의 대안들을 고려하지 않으려는 경향이 있다는 것을 고려해야 한다.

넷째, 정책분석가는 분석이 직접적인 실행과 연계되기 위해서는 상위기관 및 협력기관까지 분석 범위를 넓혀야 한다는 것을 인지하고 있어야 한다.

다섯째, 정책분석가는 장기적인 안목에서 실현 가능한 대안을 제시하여야 한다.

여섯째, 정책분석가는 정부 외부에서 행해진 학술적 정책분석은 즉각적인 정책대안으로 채택될 가능성이 적다는 것을 알아야 한다.

일곱째, 정책분석가는 분석이 끝난 후에도 정책분석 결과가 어떻게 활용되는지를 계속 주시해야 한다.

제2절 정책분석의 유형

사회복지정책에는 공공부조정책, 사회보험정책, 사회복지서비스 정책 등 다양한 정책들이 존재하며, 이러한 많은 정책을 분석하는 데에는 정책별 특성과 정책의 형태에 따라 행정가, 학자, 현장실무가 등 저마다의 필요에 의하여 여러 가지 방법을 활용하여 정책을 분석하고 있다. 여러 학자들이 제시한 정책분석 가운데 본 절에서는 가장 보편적으로 활용되고 있는 정책분석방법인 길버트(Gilbert)와 테렐(Terrell)에 의한 3P 분석방법, 포플(Popple)과 라이닝거(Leighninger)의 정책분석방법을 설명하고자 한다.

1. 길버트와 테렐의 정책분석

사회복지정책의 분석유형 중에서 일반적으로 사용되는 것이 길버트(Gilbert)와 테렐(Terrell)에 의한 3P이다. 3P란 과정(Process), 산출(Product), 성과(Performance)를 말한다(Gilbert, 2014). 즉, 길버트와 테렐의 경우 사회복지정책을 분석하는 주요한 접근 방식을 세 가지의 관점에서 설명할 수 있다고 보고 있다. 분석하는 형태를 과정분석, 산출(산물)분석, 성과(평가)분석으로 구분할 수 있다.

1) 과정분석(Process)

사회복지정책에 있어서 과정분석이란 사회복지정책 형성의 역동성을 사회정치적 변수와 기술적·방법적 변수를 중심으로 하여 분석하는 접근을 말한다. 정치학과 역사학이 과정분석의 주요 이론적 기반이 된다. 과정분석은 계획과 관련된 각종 정보가 정책형성에 어떻게 영향을 미치는가, 그리고 다양한 정치조직, 정부조직, 기타 이익집단들 간의 관계와 상호작용이 어떻게 영향을 미치는가에 관심을 둔다. 따라서 과정분석은 주로 정책결정과 관련된 정치적·기술적 투입소요를 파악하는 사례연구의 형태를 띠게 된다. 즉 과정분석은 분석수준에 있어서 사회복지제도 전체를 대상으로 할 수도 있고 특정한 제도 한가지만을 대상으로 할 수도 있다. 또한 시간차원에 있어서도 장기간에 걸친 제도의 발달을 다룰 수도 있고 그보다 단기간을 다룰 수도 있는 것이다(오세영, 2017).

과정분석은 결국 사회복지정책의 과정을 분석대상으로 하여 사회복지정책이 목적하는 바가 무엇인가 하는 데에 궁극적으로 특별한 관심을 가진다. 이에 대해 애드워즈(Edwards)는 정책형성과정을 연구하는 이유로서 다음과 같이 다섯 가지를 제시하고 있다(현외성, 2014 재인용).

첫째, 그것 자체에 흥미롭고 가치 있다.

둘째, 사회의 효과적인 힘의 소재지를 알수 있다.

셋째, 그것을 통해서 정책 형성을 보다 효과적이고 효율적으로 할 수 있다.

넷째, 정해진 목적을 달성하기 위하여 대안의 방법을 창안할 수 있다.

다섯째, 정책결정과정에 대해하여 보다 깊은 이해를 할 수 있는 지적 기능이 된다.

즉 사회복지정책 형성의 동태적 측면에 초점을 두는 과정분석은 주로 사회복지정책의 환경복지정책의 환경을 분석한다. 사회복지정책은 정치·경제·시민사회 등 사회의 전체적 체계 속에서 형성되기 때문에 정책환경의 분석은 체계론적 관점을 갖게 된다. 이에 대한 과정분석을 다음과 같이 분석틀로 제시할 수 있다(고수현, 2006).

〈표 5-1〉 사회복지정책의 과정분석틀

분석대상	하위환경	집단 및 사회변화	관련 이슈
사회복지 정책환경	정치적 환경	• 집권여당 • 행정관료 • 정치권 • 지방의회 • 야당	• 사회복지입법 활동 • 복지이념에 대한 정강 • 방위비 복지비용 억제 • 선거전략
	경제적 환경	• 경제성장과정 • 자본가계층 • 노동자계층	• 경제성장, 물가상승 • 복지재정 할당 • 정경유착 정도 • 노동권 확보
	시민사회적 환경	• 민주화 운동 • 중간계층 • 사회복지운동	• 복지의식의 행동화 • 복지욕구의 확대 • 사회복지운동의 조직화

출처: 고수현 (2006). p.45.

2) 산출분석(Product)

산출분석이란 정책선택에 관한 프로그램, 관련 법률, 기획안 등을 분석하는 것이다. 산출분석은 선택에 초점을 두고 있는데, 주로 다음의 세 가지 문제를 분석한다. 우선, 정책을 구성하고 있는 정책선택의 형태와 내용은 무엇인가? 두 번째로는 그러한 선택이 이루어짐으로 해서 선택에서 배제된 대안들은 어떤 것인가? 세 번째로는 그러한 선택의 근거가 되는 가치와 이론, 가설은 무엇인가? 이다. 즉 산출분석은 과정을 통해 선택된 정책의 내용을 특정기준이나 분석틀을 통해 분석하는 것이다(오세영, 2017).

산출분석을 위한 틀을 제시한 대표적인 학자는 길버트와 테렐이다. 길버트와 테렐의 산출분석에 따르면 사회복지정책은 다음과 같은 것을 결정하는 원칙들 사이에서 선택하는 것이다(노병일, 2018).

첫째, 어떤 급여를 제공할 것인가를 결정한다.

둘째, 이런 급여를 누구에게 제공할 것인가를 결정한다.

셋째, 이런 급여를 어떻게 전달할 것인가를 결정한다.

넷째, 이런 급여를 필요한 재정을 어떻게 확보할 것인가를 결정한다.

이와 같이 길버트와 테렐이 제안한 산출분석의 경우, 주요한 차원들은 다음과 같은 내 가지 질문의 형태로 제시하고 있다.

첫째, '할당'차원에서 사회적 할당의 근거는 무엇인가?

둘째, '급여'차원에서 할당되는 사회적 급여의 형태는 무엇인가?

셋째, '전달체계'차원에서 이런 급여를 전달하기 위한 전략은 무엇인가?

넷째, '재정'차원에서 이런 급여를 필요한 재정을 확보하는 방법은 무엇인가?

따라서 길버트와 테렐이 제안하였던 산출분석은 네 가지 영역 즉, 할당, 급여, 전달체계, 재정의 질문에 대한 세가지 차원인 가치와 이론 및 대안 분석이 바로 그것이다. 그러므로 사회복지정책의 산출분석은 정책 선택과 관련하여 그들이 말한 이러한 요소들의 복잡한 관계가 일차적인 관심의 대상이 된다(현외성, 2014). 산출분석의 네 가지 질문(선택차원)과 선택의 대안은 다음 〈표 5-2〉와 같이 정리할 수 있다(박경일, 2017).

〈표 5-2〉 길버트와 테렐에 의한 산출분석

선택차원	의 미	선택의 대안
할당	수급자격: 대상체계	귀속적 욕구, 사회적 공헌, 사회적으로 부당하게 당한 손실에 대한 보상, 전문가 판단에 의한 진단적 차별, 개인 또는 가족의 자산상태에 따른 욕구
급여	급여종류: 급여체계	현금, 사회서비스 물품, 신용, 물품교환권, 기회, 권력 등
전달	전달방법: 전달체계	중앙집권 또는 지방분권, 복수 서비스 또는 단독 서비스 동일, 전문가 이존 또는 소비자 및 준전문가 의존, 공공행정가 또는 민간행정가
재정	재정마련: 재정체계	공공재원(사회보험, 과세), 민간재원(사용자 부담, 민간모금 등), 공공과 민간 재원의 혼합

출처: 박경일 (2017). p.279.

3) 성과분석(Performance)

성과분석은 정책프로그램이 실행된 결과나 영향을 평가하는 것이며, 과정분석이나 산출분석에 비해 더 객관적이고 체계적인 분석을 요구한다. 따라서 성과분석은 주로 정책의 조사연구에 관한 문제들을 다룬다. 성과는 질적 및 양적 자료의 수집을 통해서 다양한 학문 분야에서 개발된 방법론적 도구를 통해서 측정될 수 있다(오세영, 2017). 일반적으로 성과분석을 하는데 있어 질문은 세 가지 정도로 할 수 있다(박경일, 2017).

첫째, 프로그램이 어떻게 잘 수행되었는가?

둘째, 프로그램의 효과성은 어떠한가?

셋째, 프로그램이 무엇으로 구성되어 있는가?

즉, 이에 대해 대상 집단이 제대로 전달되었는가? 비용은 얼마나 들었는가? 등으로 분석할 수 있다. 두 번째 질문인 효과성과 관련하여서는 프로그램 실시 전후의 측정치를 비교하여 개입의 효과를 측정할 수 있다. 성과분석의 장점은 과정분석이나 산출분석에 비하여 분석대상이 명확하기에 보다 객관적이고 구조적인 분석이 가능하다.

성과분석틀은 성과분석 혹은 성과연구를 위한 이론적 분석도구이다. 이것은 산출분석틀과 다소 중첩되는 부분도 있지만 정책요소들을 좀 더 세분화하여 사회복지정책의 성과를 분석하고 최종적 평가를 할 수 있게 한 것이다. 따라서 보다 세밀한 산출분석을 위해서 이 평가틀을 사용할 수 있음을 물론이다. 시민과 사회 프로그램의 클라이언트 혹은 수혜자에게 매일 제공되는 모든 정책과 프로그램의 기초를 구성하고 있는 정책요소들은 다음과 같이 여섯 가지로 요약해 볼 수 있다(고수현 외, 2016).

첫째, 목적과 목표

둘째, 전달되는 급여나 서비스 형태

셋째, 자격규정

넷째, 서비스 전달을 위한 행정적·조직적 구조

다섯째, 재원충당방법

여섯째, 앞서 언급한 요소들 간의 상호작용

이와 같은 내용들을 다음의 표와 같이 성과분석틀로 제시할 수 있다.

〈표 5-3〉 정책요소의 하위유형들과 성과평가기준

기본정책요소	유형	평가기준
목적·목표	1. 장기/단기 목적 및 목표 2. 명시적/잠재적 목적 및 목표	1. 목적·목표에 대한 구체적 기준 (a) 단순한 서비스 전달이 아니라 최종 생산물 (b) 명확성, 측정가능성, 조작가능성 (c) 성과기준과 대상의 구체화 포함 2. 적실성·형평성·능률성에 대한 목적·목표의 의미
급여와 서비스의 형태	1. 대인적 사회서비스 2. 물질적 급여 : 현금, 재화, 상품 3. 신용/상품권 4. 보조금 5. 정부융자금 보증행위 5. 기회, 권력	1. 급여와 서비스에 대한 구체적 기준 (a) 낙인여부 (b) 대상의 능률성 (c) 비용효과분석 (d) 대용가능성 (e) 소비자 주권 (f) 손익교환(trade-off) (g) 강제성/개입성 (h) 행정의 복잡성과 비용 (i) 수혜자를 위한 융통성 (j) 정치적 위험부담 2. 적실성·형평성·능률성에 대한 급여/서비스 3. 급여/서비스 형태의 적합성
자격규정	1. 자산조사 2. 행정규정 3. 민간계약공급 4. 사전 기여금 5. 전문가의 재량 6. 사법적 결정 7. 근로와의 연계	1. 자격규정에 관한 구체적 기준 (a) 과도한 활용/불충분한 활용 (b) 과도한 비용 (c) 낙인/소외 (d) 근로의욕의 감퇴 (e) 출산·이혼·세대 간 의존에 대한 유인책 2. 문제정의와 대상집단의 명확화 3. 적실성·형평성·능률성에 대한 자격규정의 의미
행정과 서비스 전달	1. 중앙집권 2. 지방자치 3. 사례관리 4. 서비스 타기관 의뢰 5. 인력 보강 및 충원 6. 공청회 및 포럼 7. 시민참여	1. 행정전달/ 서비스 전달을 위한 구체적 평가기준 (a) 상세한 프로그램 계획 (b) 통합성/계속성 (c) 접근성 (d) 책임성 (e) 클라이언트/소비자의 역량강화 (f) 의사결정에 대한 소비자 참여 (g) 인종·성·민족의 다양성 문제의 해결
재원충당	1. 사회보험 수입 2. 조세수입 3. 자발적 기여 4. 서비스 요금 5. 민간 기부금	1. 재원충당을 위한 구체적 평가기준 (a) 재원충당의 연속성 (b) 광범위한 경제적 변동 속에서의 안정성 : 인플레이션·경기침체·인구학적 변동
상호작용		유일한 평가기준이 존재하지 않음

출처: 고수현 외 (2016). p.185에서 재구성

2. 포플과 라이닝거의 정책분석

포플과 라이닝거의 사회복지정책 분석을 보면 분석유형을 세 가지 범주로 나누고 그 하위 유형으로 세분화하여 제시하였다. 즉 서술분석(내용분석, 선택분석, 비교분석, 역사분석), 과정분석, 평가분석(논리적 평가, 계량적 평가, 윤리적 평가)이다(현외성, 2014).

1) 서술분석

① 내용분석

내용분석은 정책의 취지, 문제의 정의, 목적, 그리고 그 목적을 달성하기 위해 이용되는 수단 등의 측면에서 현존하는 정책을 단순하게 경험적으로 서술하는 것을 말한다. 흔히 내용분석은 정책을 실천하는 기관에서 보통 활용되며, 그 기관의 편람, 팸플릿, 보고서 발간 형태로 출간되고 있다.

② 선택분석

선택분석은 사회복지문제를 취급하기 위하여 정책가들이 이용 가능한 것을 선택하여 체계적으로 분석하는 것을 말한다. 즉 법률, 규정, 제도, 계획서 등에서 필요로 하는 것을 선택하여 분석하는 것이다.

③ 비교분석

비교분석은 2개 이상의 장면에 놓인 정책을 체계적으로 비교하는 것을 말한다. 가장 흔한 예로서 국가 간 분석이다. 동일한 정책 및 사회복지문제에 대해 2개 이상의 국가 간 정책을 비교하는 것이다.

④ 역사분석

역사분석은 역사적 전개과정에서 변화되는 정책을 분석한다. 역사분석은 오랫동안 변화하는 정책의 경향과 지속성의 배경을 설명하는 것이다. 내용분석은 현존하는 정책을 초점으로 하는데 비하여 역사분석은 오랫동안 공공이나 민간집단에 의해서 이루어지는 행위의 유형을 분석하는 것을 말한다.

2) 과정분석

과정분석은 정책내용보다는 정책이 어떻게 형성되는가에 관심을 갖는다. 과정분석은 수많은 정치적 행위자의 의도에 초점을 가지는데, 이들 중에는 특정 정책에 의하여 긍정적으로나 부정적으로 영향을 미치기 쉬운 사람들을 대표하는 공무원, 매스미디어, 전문가 집단, 특별한 이익집단 등이 포함된다.

제3절 정책분석의 효과

1. 복지투자에 대한 효과

사회복지정책은 정책선택의 방법에 따라 정치, 경제, 사회분야에 다양한 영향을 미친다. 즉, 사회복지정책은 사회통합과 사회질서를 유지함으로써 정치적 안정을 가져오기도 하고 자본축적과 유효수요의 창출 및 소득재분배 등으로 경제성장에 긍정적 효과를 초래하기도 한다. 그러나 사적 축적을 저해하거나 국제경쟁력과 근로동기를 약화시켜 경제성장에 부정적 효과를 낳기도 한다. 사회복지의 경제효과로서 세 가지 차원을 살펴보면 다음과 같다(박경일, 2017).

첫째, 현재와 같은 산업구조의 상태나 고령화를 수반하는 복지분야에 대한 잠재수요를 생각하면 도로나 댐과 같은 전통적인 토목건설분야에 대한 공공투자보다 노인홈 건설과 같은 복지의 인프라 정비 등에 대한 투자가 경제파급효과나 상승효과가 크다는 것이 복지에 대한 투자론이다.

둘째, 노인장기요양보장이나 장애인활동지원제도, 보육 등 가정주부에만 맡겨두기보다는 오히려 공적인 서비스로서 대응하면 경제 전체에 플러스가 된다는 것이다. 이것을 가사노동에 의한 외부화에 의한 복지의 경제효과론이라고 한다.

셋째, 사회보장제도는 산업화나 경제성장과정에서 해체되어 가는 공동체를 사회적 시스템으로 회복하게 하는 기능을 지닌 제도를 복지와 경제의 지속적 발전론이라고 한다.

2. 사회보장제도의 소득재분배효과

사회복지정책에서 소득재분배 기능은 대단히 중요한데, 사회복지정책을 경제제도나 경제정책과 차별화시키는 것이 바로 이 소득재분배이기 때문이다. 소득재분배는 개인 또는 한 집단으로부터 다른 개인이나 집단으로 이전되는 소득 또는 소득으로 간주되는 급여를 말한다(원석조, 2016). Webb(1971)은 사회보장의 소득재분배효과를 다음과 같이 구분하여 설명하였다.

첫째, 수직적 재분배이다. 부자로부터 빈민으로의 소득이전을 말한다. 수직적 재분배는 부자에서 빈민으로의 소득이전인 긍정적 재분배와 빈민으로부터 부자로의 소득이전의 부정적 재분배로 구분된다.

둘째, 수평적 재분배이다. 유사한 총소득을 가진 가족 간의 소득이전이다. 사회적 요구의 차이가 있는 것으로 인정된 가족(소가족에서 대가족으로의) 간의 이전도 포함한다.

셋째, 우발적 재분배이다. 특정한 우발적 사고(재해, 질병 등)로 고통받는 자로의 소득이전을 말한다. 소득집단 간의 소득이전이 아니라 우발적인 사고를 당하지 않은 집단으로부터 우발적 사고를 당한 집단으로의 소득이전이다.

다른 한편 이와 관련하여 사회보장제도의 소득재분배효과에 대해 다음과 같이 설명하고 있다(박경일, 2017).

첫째, 급여지출이 국민소득에서 차지하는 비율이 높으면 높을수록 소득재분배효과는 크게 나타날 수 있다.

둘째, 사회보장제도에서 보호하고 있는 사회적 위험의 종류가 많을수록 소득재분배효과는 증가할 것이다.

셋째, 사회보장제도의 적용범위에 따라 수직적 소득재분배효과는 상이하게 나타날 것이다.

공공부조제도는 고소득계층에서 저소득계층으로 직접적인 재분배라는 점에서 수직적 재분배가 가장 크다고 할 수 있고, 사회복지서비스 역시 수직적 재분배가 크다고 할 수 있다. 그러나 사회보험의 경우에는 수직적 재분배보다 수평적 재분배가 크다고 할 수 있다.

3. 사회보장제도의 경제적 효과

사회보장제도의 경제적 효과로서는 거시적 효과와 미시적 효과로 구분할 수 있다. 거시적 효과에는 자동안정장치, 자본축적의 효과가 있고, 미시적 효과에는 저축행위에 미치는 효과, 노동공급에 미치는 효과 등이 있다(김학만, 2013; 박경일, 2017).

첫째, 사회보장제도의 거시적 효과이다. 여기에는 자동안정장치와 자본축적의 효과를 들 수 있다. 자동안정장치의 경우에는 사회보장제도가 불경기일 때 사회보장 비용을 확대하고, 호경기일 때 사회보장 재정을 축적하여 경제구조의 개편 내지 산업구조의 변화에 대한 사회적 안정장치의 역할을 수행하면서 안정화 기능을 수행한다는 것을 말한다. 자본축적의 효과는 사회보장제도의 본래의 기능은 아니나 사회보장제도 중 재정운영방식인 공적연금의 경우 자본축적의 효과가 발생한다는 것이다.

둘째, 사회보장제도의 미시적 효과이다. 여기에는 저축행위에 미치는 효과, 노동공급에 미치는 효과를 들 수 있다. 저축행위에 미치는 효과로서는 기여금 및 조세부담의 확대는 국민의 저축의욕을 감소시킨다고 한다. 일반적으로 공적연금이 저축행위에 미치는 효과로서는 공적연금의 대체효과, 퇴직효과, 상속효과, 은퇴준비 필요 인식효과 등을 말한다.

셋째, 노동공급에 미치는 효과로서 사회보장제도 급여의 관대성으로 근로동기를 저하시키는 형태이다. 여기에는 실업의 덫, 빈곤의 덫, 의존성의 덫이 있다. 우선 실업의 덫에는 공공부조 대상자들은 대체로 기술 숙련도가 낮고 고용기록을 갖고 있지 못하여 임금수준도 낮은 사람들이 대부분이다. 임금수준이 낮으면, 일을 통해 경제적 보상을 받기보다 실업급여나 실업부조를 통해 받는 것이 오히려 유리할 수 있다. 특히 실업급여나 실업부조의 수준이 높을 경우에는 오히려 일을 하지 않으려는 경향이 강할 수 있다. 이러한 현상을 실업의 덫이라고 하며, 이는 구직동기를 약화시키는 노동동기를 저하시킬 수 있다. 다음으로는 빈곤의 덫이다. 빈곤의 덫은 임금노동자가 근로활동을 통해 임금수입이 증가하면 자신에게 제공되던 선별주의적인 급여가 삭감 혹은 정지됨으로써 실질적인 순수입은 약간밖에 증가하지 않거나 혹은 감소하는 사태가 발생한다. 이로 인하여 노동의욕을 상실하고 빈곤에서 벗어나기가 어렵다는 것을 의미한다. 마지막으로는 의존성의 덫이다. 저소득자가 빈곤선 바로 위에 위치할 경우 근로활동을 포기하여 공공부조대상자로 남으려는 경향이 있는데 이것을 의존성의 덫이라고 한다.

제4절 정책평가

1. 정책평가의 개념과 필요성

1) 정책평가의 개념과 의미

정책평가란 정책의 내용이나 집행, 효과 등을 평가하고 측정하며 사정하는 것을 의미한다. 따라서 사회복지정책평가는 사회복지정책의 성과에 관한 분석으로서 사회복지정책의 계획적 결과를 기술하고 검토하는 것으로 규정되고 있다. 이와 같이 평가된 내용은 다시 정책과정에 영향을 주게 되므로 사회복지정책과정에서 매우 중요한 과정이라고 할 수 있다(김종명 외, 2015).

정책평가에는 좁은 의미의 정책평가와 넓은 의미의 정책평가 있다. 우선, 좁은 의미의 정책평가로서는 정책집행의 결과에 대한 평가 곧, 정책이 원래 의도한 문제해결에 얼마만큼 그 영향이 미쳤는가에 대한 평가활동으로 특정의 정책실시 후에 이루어진 평가이다. 즉 좁은 의미의 정책분석은 정책대안을 개발하고 선택하기 위한 분석활동으로 대안을 선택할 때 필요함으로 정책실시 전에 이루어진다. 또한 정책평가를 정책집행과정 속에 넣기도 하고, 평가의 집행을 분리하기도 한다. 넓은 의미의 정책평가에는 정책과정 전반에 걸친 평가활동 곧, 정책결정 이전부터 정책집행 이후까지 모든 정책과정 속에서 이루어지는 정책활동에 대한 평가활동을 말한다.

2) 정책평가의 필요성

정책을 만들고 정책에 따라 정책이 집행되고 실천현장에서 프로그램 시행된다고 해서 정책이 완료되는 것이 아니다. 모든 정책의 집행 및 프로그램 실시 후에는 다음과 같은 질문을 통하여 정책평가에 대해 확인할 필요가 있다(노병일, 2021).

① 정책이 목적을 달성하였는지를 따져본다.
② 정책의 효과는 무엇인지를 따져본다.
② 정책을 변화시킬 필요가 있는지를 따져본다.

이와 같은 질문을 통하여 정책을 평가하는 필요성을 좀 더 구체적으로 살펴보면 다음과 같다.

① 정책이 추구하려는 목적을 어느 정도 달성하였는지를 파악하기 위해서 정책 평가가 필요하다.
② 해당 정책을 실시할 경우에는 당초 설정한 급여 대상자가 실제로 어느 정도 서비스를 받고 있는지 파악하기 위한 정책평가가 필요하다.
③ 문제해결을 위한 정책을 결정하는데 필요한 정보를 얻기 위해서 정책평가가 필요할 수 있다.
④ 기존 정책을 개선하기 위한 정보를 얻기 위해서, 정책평가가 필요할 수 있다.
⑤ 사회복지정책 집행에서 나타난 실천과 프로그램이 정당한지를 따져보는 근거를 얻기 위해 평가가 필요하다.
⑥ 사회복지정책에 대한 이론을 형성하는 데 도움이 되기 위해서 정책평가가 필요하다.

2. 정책평가의 기준과 유형

정책의 시행에 따른 변화를 일정한 기준에 따라 견주어 보는 것이 평책평가이다. 평가기준은 그것을 설정하는 입장이나 관점에 따라서 다를 수 있을 까닭에 어떠한 것을 평가기준으로 삼느냐에 따라 판이하게 달라질 수 있다. 평가기준은 학자마다 그 내용이 다르나 일반적으로 사회복지정책의 평가기준으로 많이 쓰이는 것은 정책 프로그램의 목표나 클라이언트의 요구 또는 만족도와 관련된 기준들로서 효과성, 효율성(능률성), 적정성, 적절성, 형평성, 대응성(반응성) 등을 들 수 있다(김종명 외, 2015; 이정서, 2017; 노병일, 2018).

1) 효과성

효과성은 정책결과의 성취여부에 관한 것으로써 목표의 달성 정도, 의도했던 정책효과가 과연 그 정책 때문에 발생했는가를 살피는 것, 자원의 투입에 상관없이 최대의 목표를 달성했는가를 판단한다. 즉 효과성을 평가기준으로 삼을 경우, 사회복지정책의 목표와 비교해 볼 때에 사회복지서비스를 얼마나 실시하였는지를 평가하는 데 주목한다. 따라서 사회복지 전문가들은 효과성에 대해 크게 관심을 가지는 경우가 많다.

2) 효율성(능률성)

효율성은 정책결과를 달성하기 위한 비용에 관한 기준이다. 즉 투입에 대한 산출의 비율, 경제적 가치로 환산하여 평가하는 것이다. 사회복지정책에서 효율성을 평가기준으로 삼을 경우 제한된 자원을 가지고 사회복지서비스를 얼마나 실시하였는지를 평가하는 데 주목한다. 예를 들어 해당 정책이 단기적으로는 효율성이 높지만, 장기적으로는 효율성이 낮고 자원을 낭비하는 경우가 있을 수 있다. 따라서 효율성이라는 평가기준을 적용할 경우에는 투입과 산출이 이루어지는 기간을 분명하게 제시할 필요가 있다.

3) 적정성

정책결과가 실제로 가치가 있는가를 판단하는 기준이다. 즉 문제의 해결정도를 의미하며, 문제를 일으킨 욕구, 가치, 기회를 만족시키는 수준정도를 말한다. 따라서 어떤 정책이나 정책 대안이 문제해결과 관련되는 정도를 가리키며, 정책의 목표와 수단 사이의 관계가 타당한 정도와 관련된다고 할 수 있다.

4) 실현가능성

실현가능성은 정책을 실현할 수 있는 정도를 가리킨다. 따라서 실현가능성은 다른 평가 기준들보다 먼저 적용할 수 있는 매우 중요하고 기본적인 평가기준에 해당한다. 실현가능성을 구성하는 평가기준은 기술적 실현가능성, 재정적 실현가능성, 행정적 실현가능성, 법적・윤리적 실현가능성, 시간적 실현가능성 등을 기준으로 할 수 있다.

5) 형평성

각기 다른 집단 사이에 비용과 편익이 공정하게 배분되었는가에 대한 기준이며, 효과나 노력이 얼마나 공평하고 공정하게 배분되는지를 평가하는 것이다. 즉 형평성은 사회계층들 사이에 불평등이 줄어드는 정도를 말한다. 따라서 형평성은 소득수준이 낮은 계층에는 혜택을 더 많이 제공하고 소득수준이 높은 계층에는 혜택을 상대적으로 더 적게 제공함으로써 전체적으로 삶이 평등한 상태가 되게 하는 것을 말한다.

6) 반응성

정책결과가 특정 집단의 욕구, 선호, 가치를 만족시켰는가에 대한 기준이며, 정책이 수혜자집단의 욕구, 선호, 가치를 충족시키는 정도를 말한다. 즉 반응성은 특정한 정책대안이나 정책결과가 특정한 집단이 요구하는 것이나 좋아하는 것이나 특정한 집단의 가치 등을 반영하는 정도를 가리킨다.

정책평가를 진행함에 있어서 정책평가를 대상과 시간을 기준으로 평가 유형을 구분하면 세 가지로 분류할 수 있다(박경일, 2017).

(1) 총괄평가

총괄평가는 정책집행 후 정책이 사회에 미친 영향을 추정하는 판단활동으로 정책영향평가라고도 한다.

(2) 과정평가

정책집행과정에 나타난 활동을 분석하여 평가하는 방법이다. 과정평가의 한 방법인 모니터링은 정책의 대상집단에 대한 프로그램의 바이어스를 살펴야 한다. 즉 어떤 정책 프로그램에 대한 대상집단의 참여가 실제로 얼마나 이루어지고 있는가 하는 정도를 말한다.

(3) 형성평가

형성평가는 정책집행의 관리와 전략의 수정・보완이 목적으로 정책집행과정에서 이루어지는데 과정평가와 중복되기도 한다.

3. 정책평가의 절차

사회복지정책의 평가는 어떠한 과정을 거쳐 이루어지는가? 일반적으로 볼 때 정책평가는 정책평가의 목표 설정, 평가범위의 설정, 프로그램의 내용파악, 평가설계서 작성, 자료수집 및 측정, 분석 및 해석, 보고서 작성 및 제출이라는 과정을 거치면서 이루어진다(송근원 외, 2007).

1) 평가의 목표설정

사회복지정책의 평가를 위해 우선 먼저 해야 할 일은 평가목표를 설정하는 것이다. 정책평가의 목표를 어디에 두느냐에 따라서 정책평가자, 평가의 기준 및 범위가 결정된다. 따라서 정책평가이 목표를 분명하게 하는 것은 정책평가의 방향을 결정해 주는 역할을 하기 때문에 중요한 일이다.

2) 평가범위의 설정

사회복지정책의 평가목표가 결정되면 그 정책평가의 범위를 결정해야 한다. 정책평가의 범위는 정책 프로그램을 분석함으로써 이루어진다. 정책 프로그램을 분석함으로써 정책 프로그램이 의도하고 있는 다양한 목표를 찾아내어 평가목적에 비추어 이들 가운데서 어떤 것을 평가할 것인가를 결정하는 것이다. 그리고 사회복지정책의 평가가 이루어질 시간과 장소의 범위도 확정지어야 한다.

3) 정책 프로그램의 내용 파악

사회복지정책평가의 목표와 범위가 결정되면 그 정책 프로그램의 내용을 파악해야 한다. 즉, 정책평가의 대상이 되는 프로그램의 목표, 대상자, 이익단체 등에 관한 법적 내용과 정책결정과정 및 집행과정 등 정책평가와 관련된 일반적인 정보를 수집한다.

4) 평가설계

정책평가와 관련된 사회복지정책 프로그램의 내용이 결정되면 그 정책 프로그램이 영향을 미치는 평가모형을 분석한다. 이러한 평가 모형들이 각각 어떠한 결과가 나타났는지 그 결과가 바람직한지 그러한 결과가 나타나는데 영향을 미치는 요인이 무엇인지 등을 파악하기 위한 분석틀이다.

5) 자료수집

평가의 분석틀이 결정되면 그 평가에 필요한 자료를 수집해야 한다. 자료란 정책평가에 직·간접적으로 사용되는 일체의 정보를 말한다. 자료는 조사자가 조사를 통해서 직접 수집하는 1차적 자료와 다른 사람이 다른 목적을 위하여 작성하는 2차적 자료로 구분된다. 자료수집방법에는 설문지를 사용하는 질문지법, 면접법, 관찰법 등이 있다.

6) 분석 및 해석

자료의 수집이 끝나면 그 자료를 분석하고 해석함으로써 정책평가는 어느 정도 정리된다. 자료의 분석은 질적인 분석과 양적인 분석으로 구분된다. 질적인 평가분석은 객관적인 입장에서 행태론거 접근뿐만 아니라 정책 행위의 주관적인 의미를 찾아내는 해석적 접근이나 자연주의적 접근에 의한 평가이다. 반면에 양적이 평가분석은 통계적 기법이나 정책분석 기법을 사용하여 비용편익이나 효과분석 등을 하는 것이다.

7) 평가보고서의 작성 및 제출

평가의 마지막 단계는 평가결과를 행정기관 등에 보고하는 평가보고서를 작성하는 것이다. 바람직한 평가보고서는 평가의 긍정적인 측면과 부정적인 측면이 동등하게 취급하는 것이다. 여기서 측정될 수 있는 강점은 프로그램이 개선되고 수정될 수 있는 기초가 되고, 약점은 보완하거나 제거될 필요가 있다. 평가보고서는 그 형식에서 다음 내가지 내용이 포함되도록 하는 것이 좋다. 우선, 평가양식이 쉽게 눈에 띌 수 있어야 하고, 다음으로는 쉽고 간결해야 하며, 평가내용에 그림이나 도표 등을 활용하여 이해하기 쉽게 하여야 한다. 마지막으로는 평가의 내용은 맞춤법을 맞추어 써야 한다.

생각해 볼 문제

1. 정책분석을 과정분석, 산물분석, 성과분석으로 구분할 때, 이에 관한 설명으로 옳지 않은 것은?
   ① 과정분석은 사회정치적 변수에 대해 관심을 둔다.
   ② 산물분석은 기획 과정에서 어떠한 정책 선택을 했는가에 대해서 여러 가지 쟁점을 분석한다.
   ③ 성과분석은 실행된 프로그램이 낳은 결과를 기술하고 평가한다.
   ④ 정책분석틀을 할당, 급여, 재정, 전달체계로 구분하는 것은 산물분석에 적합하다.
   ⑤ 세 가지 분석 중 조사방법론의 이론적 지식에 가장 밀접하게 연관된 것은 과정분석이다.

2. 사회복지정책에 대한 분석적 접근방법 중 산물분석에 관한 예로 옳은 것을 모두 고른 것은?

㉠ 자활사업 참여자와 비참여자의 공공부조 탈수급률 비교분석 ㉡ 국민기초생활보장제도의 형성과정 분석 ㉢ 근로장려세제의 저소득층 근로유인효과 분석 ㉣ 기초노령연금과 국민연금의 대상자 선정기준 분석

   ① ㉠, ㉡, ㉢ ② ㉠, ㉢ ③ ㉡, ㉣
   ④ ㉣ ⑤ ㉠, ㉡, ㉢, ㉣

3. 길버트와 테렐(Gilbert & Terrell)이 제시한 정책분석 모형에서 네 가지 선택의 차원(할당, 급여, 전달체계, 재원)과 세 가지 축(가치, 이론, 대안)을 이용하여 정책설계의 중요한 구성요소들을 분석하였다. 이러한 정책분석 접근방법은?
   ① 과정분석 ② 성과분석 ③ 산물분석
   ④ 집행분석 ⑤ 사후분석

CHAPTER 06

사회복지정책의 할당

학습목표

1. 급여대상자 선정의 기본 원칙을 알 수 있다.
2. 급여대상자 선정에 쓰이는 기준을 알 수 있다.

CHAPTER 06 사회복지정책의 할당

제1절 사회복지정책의 할당

사회복지정책에 있어 '누가' 급여를 받느냐를 정하는 것은 매우 중요한 논의이다. 그리고 그러한 급여의 자격에 대한 논의를 할당(allocation)이라 한다.

할당은 누구에게 사회복지정책의 혜택을 줄 것인가를 정하는 것이며 이에 적용되는 원칙은 매우 다양하다. 그럼에도 이러한 다양한 기준에 몇 가지 원리가 있으며, 여기에서 할당의 기반이라는 것은 사회복지의 대상을 정하는 다양한 기준에 내재되어 있는 원리를 의미한다.

현재 우리 사회는 사회복지를 제공받아야 하는 대상에 관하여 격렬한 논의가 진행되고 있으며, 정치권에서 주장하는 '무상급식' 등 무상시리즈의 근본적 논의의 쟁점이 바로 할당이라고 할 수 있다. 할당의 원리를 규정하는 데는 보편주의와 선별주의라는 두 가지 원칙을 구분하는 것부터 시작한다고 할 수 있다.

1. 보편주의와 선별주의

대상자를 선정하는 할당의 원칙에는 고전적인 보편주의(universalism)와 선별주의(selectivism)를 들 수 있다.

보편주의란 급여는 사회적 권리(social right)로서 모든 사람에게 주어져야 한다고 주장하는 것이다. 보편주의적 원칙에 의해서 제공되는 급여의 예로는 아동수당, 노인수당, 무상보육 등을 들 수 있다. 선별주의란 급여는 개인의 욕구(indvidual needs)에 기초하여 주어져야 한다는 것이다. 이때 개인의 욕구는 주로 자산조사에 의해 판단된다. 선별주의 원칙에 의해서 제공되는 급여의 대표적 예는 공공부조이며 우리나라의 경우 국민기초생활보장제도를 들 수 있다.

1) 보편주의의 원칙

보편주의자들은 사회복지정책을 국민 모두가 대상자가 될 수 있다고 생각한다. 즉 사회문제는 사회구성원 모두가 당면한 문제이지 어느 특정한 계층(저소득 층이나 장애인 등) 사람들에게만 적용되는 것이 아니라고 규정한다. 따라서 사회복지적 욕구는 언젠가는 한번 직면하게 된다는 점에서 국민 모두가 "위험에 처해 있는 잠재적인 대상자"라는 것이다. 예를 들어 장애의 경우 질환이나 사고에 의한 후천적 원인으로 장애인이 되는 경우가 89%이며, 이는 장애의 선천적 원인에 의한 발생빈도 4.0% 및 출산의 원인 7% 등에 비하여 압도적으로 높다고 할 수 있다. 우리는 아동과 청소년의 보호와 교육을 더 이상 가정에서 할 수 있으리라 생각할 수 없다. 또한 아픈 사람을 집에서 스스로 치료하는 것을 상상하기 힘들다. 아픈 사람은 병원에서 의료서비스 혜택을 받아야 한다. 이는 당연한 권리이고, 사회적 권리이다. 그렇기 때문에 보편주의자들은 사회복지를 받을 수 있는 자격도 하나의 당연한 권리로서 모든 사람에 부여해야 한다고 주장하고 있다.

이러한 보편주의의 장점은 다음과 같다. 첫째, 사회구성원을 대상자와 비대상자로 구분하지 않게 되고 결국 인간의 존엄성과 사회적 통합이 유지될 수 있다고 생각한다. 이렇게 인간의 존엄성과 사회적 통합을 유지할 경우 사회적 효과성이 높아진다고 주장하고 있다. 사회복지실천현장과 정책결정과정에서 이러한 이분법적 결정에 의한 갈등은 서울시와 경기도의 '청년수당제도'에서도 볼 수 있다. 중앙일보의 "아동 · 청년 · 농민수당 폼잡기는 좋지만…."의 기사에서 보듯이 비판적인 주장과 한겨레의 "진로 못 찾은 청년의 76.6%, 청년수당 받자 목표 생겨…"가 주장하는 것처럼 청년수당의 효과성을 이야기하는 것 등이 대표적 사회적 분열의 예이다.

둘째, 선별주의자들이 주장하는 "경제적 기준에 따라 대상자를 구분하는 제도"는 사회구성원을 분열시키고 사회 내에 차별을 조장한다고 주장하고 있다. 이러한 선별주의적 급여대상자로 선정될 경우 급여를 받는 사람들은 급여에 대한 권리를 가지고 있다고 생각하는 것이 아닌 급여를 받음으로써 치욕감을 느끼게 된다. 이는 복지정책의 대다수가 소득과 연계되어 있어 가난한 사람이 받는 것이라는 인식이 광범위하게 퍼져 있기 때문이다. 보편주의자들은 이러한 사회적 낙인을 주지 않으려면 권리로서의 복지수급권 보장이 필요하다고 이야기한다.

셋째, 보편주의적 대상자 선정은 통합과 포용을 기본으로 하며 이러한 결정이 가져다줄 수 있는 정치적 이점이 크다는 것을 강조한다. 이러한 보편주의적인 정책들은 더 많은 예산을 필요로 한다. 그럼에도 불구하고 일부 특정 대상에게 제공되는 선별주의적 정책보다는 보편주의적 사회복지정책이 선호된다는 것은 우리나라의 '무상급식', '무상보육' 등의 정책에서 보듯이 정치적 결정에서 선호됨을 알 수 있다.

2) 선별주의의 원칙

선별주의자들은 사회복지정책 수급 대상의 범위를 보다 제한적으로 본다.

사회복지로부터 혜택을 받기 원하는 사람들은 그러한 혜택을 받을 욕구가 있음을 증명하여야 한다고 주장한다. 이렇듯 자활능력이 없는 소수의 사람들에게만 사회적 급여가 주어지게 하기 위한 방법은 '자산조사'이다. 자산조사는 소득·재산에 대한 조사를 통해 욕구를 확인하고 이를 통하여 서비스나 재화를 스스로 구매할 수 있는 능력이 없다는 것을 확인하는 것이다.

우리나라의 제도 중 선별주의자들이 주장하는 대표적인 제한적 사회복지정책은 것은 '국민기초생활보장제도'이다. 「국민기초생활보장법」 제2조(정의)에서는 수급자는 소득인정액이 기준이하의 자에게 급여를 제공한다고 하고 있으며 여기서 소득인정액을 자산조사로 정의할 수 있다. 국민기초생활보장법에서 정의하고 있는 소득인정액은 "보장기관이 급여의 결정 및 실시 등에 사용하기 위하여 산출한 개별가구의 소득평가액과 재산의 소득환산액을 합산한 금액을 말한다"(법 제2조 제9항)라고 규정하고 있다. 소득인정액을 산정하기 위해서는 1. 근로소득, 2. 사업소득, 3. 재산소득, 4. 이전소득을 합한 개별가구의 실제 소득에서 장애·질병·양육 등 가구 특성에 따른 지출요인 등을 감하여 산정한다(요약)라고 하고 있다. 이 법에서 보듯이 우리나라의 공공부조정책의 자산조사는 소득과 재산에 대한 조사를 하여 재화나 서비스를 구매할 수 없다는 것을 증명하여야 한다고 볼 수 있다. 선별주의자들이 이러한 주장을 하는 이면에는 사회복지정책은 스스로 욕구를 충족시킬 능력이 있는 사람은 정부로 부터의 급여를 지급받아서는 안 된다는 견해를 바탕으로 하고 있다.

선별주의자들은 자격을 제한적으로 부여하는 것이 사회복지급여의 재분배 효과에서 장점을 가지고 있으며, 또한 전체적 지출을 감소시키고 욕구가 가장 큰 사람에게 가용자원을 집중할 수 있다고 주장한다. 즉 사회가 평등을 사회적 가치로 가지고 있다면 모든 사람에게 수급자격을 부여하는 할당원리보다는 소득이 낮은 사람들에게 급여를 집중시키는 할당원리를 통해서만 달성될 수 있다고 주장한다.

보편주의적 사회복지정책의 장점은 여러 가지가 있지만 요약하면, 첫째, 국민 최저소득을 보장하여 빈곤을 예방할 수 있다. 둘째, 대상자에게 심리적·사회적 낙인을 가하지 않는다. 셋째, 사회복지정책 행정체계가 복잡하지 않다. 넷째, 사회복지정책 급여가 균일하게 제공된다. 다섯째, 모든 국민의 구매력을 일정 정도 유지시켜 줌으로써 경제적 안정과 성장에 기여할 수 있다.

단점으로 나타날 수 있는 것에는 선별주의적 정책에 비하여 정책적 효율성이 낮다는 점을 들 수 있다.

선별주의적 사회복지정책의 장점은 첫째, 도움이 필요한 사람들에게 복지서비스를 집중시킬 수 있다. 둘째, 자원의 낭비가 없고 비용이 적게 든다.

단점으로는 자산조사를 통한 낙인(stigma)이 부여된다고 볼 수 있다.

제2절 사회복지정책 할당의 선정 기준

보편주의와 선별주의의 이분법은 사회복지정책의 할당의 원리에 대한 개념을 수립하는 데 매우 유용한 도구이지만 사회적 할당의 기반은 훨씬 복잡한 성격을 가지고 있다고 할 수 있다. 길버트와 테렐(Gilbert & Terrell)은 대상자 선정을 보다 세분화하여 귀속적 욕구, 보상, 진단적 구분, 자산조사에 의한 욕구로 구분하였다.

1. 귀속적 욕구

귀속적 욕구(attributed need)는 시장에 존재하는 기존의 제도로는 충족되지 않는 욕구를 공통적으로 가진 집단에 소속될 조건으로 급여를 제공하는 할당 원리이며, 가장 광범위하게 귀속적 욕구를 적용하는 것은 욕구가 모든 국민에게 귀속되어 있다고 정의하는 것이다. 예를 들어 서울시 청년수당의 경우 기존의 취업 등의 정책으로는 충족되지 않는 사회적 문제에 대하여 만 19~34세의 미취업 청년들의 구직활동을 촉구하고자 매월 50만 원을 최소 3개월에서 6개월간 지급하는 정책으로, 이러한 제한된 욕구에 귀속될 경우 급여를 제공하는 것을 의미한다.

귀속적 욕구와 같은 의미로 데모그란트(demogrant)가 있으며 이는 인구학적 조건만으로 급여가 제공되는 것을 뜻한다. 즉 인구학적으로 일정한 조건이 되면 급여를 지급하는 것으로 '노령수당'과 '아동수당'이 있다. 우리나라는 두 가지 제도 모두 시행하고 있지 않다. '기초노령연금'의 경우 인구학적 조건에 부합하여야 하지만 '자산조사'도 시행하고 있어 데모그란트에 적용하기는 부족하다.

귀속적 욕구에 의한 대상자 선정에는 다음과 같은 장점이 있다.

첫째, 대상자와 국민 간의 갈등이 적으며 사회통합이 이루어지는 효과가 있다. 전통적으로 수급자와 납세자 간의 갈등은 납세자가 자신의 세금으로 수급자에게 급여가 제공된다고 생각하며 자신에게 제공되는 혜택은 적다고 느끼기 때문에 발생한다. 귀속적 욕구나 데모그란트의 경우 노인수당이나 아동수당처럼 자신에게 해택이 제공된다고 느끼기 때문에 조세저항이 적다.

둘째, 수급자에게 불필요한 낙인을 주지 않는다. 전통적으로 사회복지급여는 경제적으로 부족한 사람에게 제공된다는 부정적 인식을 가지고 있다. 그러나 인구학적 조건으로 제공되는 사회복지급여는 모든 사회구성원이 대상이 되기 때문에 급여를 받으면서 낙인감을 느낄 필요가 없다.

셋째, 수급자들의 근로동기가 저하되지 않는다. 많은 학자들이 사회복지정책은 대부분 수급자들의 복지의존성을 유발한다고 주장한다. 따라서 많은 나라에서 공공부조나 보편적 사회복지제도에 근로동기 저하효과를 줄이기 위한 제도적 장치를 도입하고 있으며, 우리나라에도 국민기초생활보장제도의 수급자 중 근로가능 수급자는 의무적으로 자활사업에 참여하도록 하고 있다. 그런데 귀속적 욕구에 의한 대상자 선정의 경우 근로로 인한 소득에 영향을 미치지 않기 때문에 근로의욕을 저하시키지 않는다. 오히려 근로소득과 사회복지급여가 자신에게 이익을 주기 때문에 더 열심히 일할 동기를 부여할 수 있다.

넷째, 가족구조를 인위적으로 변화시키는 일이 없다. 선별적 사회복지정책에서 대상자 선정의 기준을 충족하기 위하여 가족이 해체되는 경우가 귀속적 욕구의 할당원리에서는 나타나지 않는다. 우리나라의 경우 2000년대 이전의 공공부조제도인 생활보호법에서는 가구당 급여가 지급되어 노인들이 자녀와 세대를 분리하거나 가족해체가 나타나는 경우가 있었지만 2000년 10월 시행된 국민기초생활보장제도에서는 가구 수를 급여에 반영하여 가족의 수가 많을수록 급여가 유리하게 책정되어 가족해체 등의 불합리한 점이 개선되었다는 것이 귀속적 욕구의 장점이다.

다섯째, 사회복지정책을 집행하는 데 효율적이다. 귀속적 욕구의 경우 인구학적 조건만 충족하면 대상자로 선정되어 급여를 제공받을 수 있다. 따라서 자산조사 등 사회복지적 행정력에 불필요한 비용이 소요되지 않는다. 또한 사회복지통합전산망인 '행복e음'의 운영비용 및 자산조사 시스템 없이 바로 실행할 수 있다는 점에서 효율적이라 할 수 있다.

그러나 귀속적 욕구에는 다음과 같은 단점도 존재한다.

첫째, 재분배효과가 미비하다. 소득재분배는 소득이 높은 사람에게서 낮은 사람에게로 재화의 재분배가 일어난다는 것을 의미한다. 사회복지는 소득재분배를 통하여 사회통합에 기여하는 사회적 기재이다. 그러나 귀속적 욕구로 인한 대상선정으로 재화가 배분될 경우 소득재분배의 효과가 이루어지기 힘들다. 우리나라의 경우 출산율 저하로 인한 '무상급식'과 '무상보육' 등의 귀속적 욕구에 의한 사회복지정책의 경우 그 주된 혜택을 받는 사람들은 기존의 저소득층보다는 중산층 이상의 가정일 가능성이 높다. 이러한 경우 역진적인 소득재분배가 이루어지게 된다고 볼 수 있다.

둘째, 대상효율성이 떨어진다. 대상효율성이란 사회복지적 욕구가 높은 사람에게 집중적으로 급여가 제공될 때 사회복지제도가 효과적이라는 것을 의미한다. 사회복지적 욕구는 상대적으로 저소득층에서 높게 나타날 가능성이 높다. 그러나 인구학적인 욕구만으로 급여를 제공할 경우 사실상 사회복지적 욕구가 미비한 계층 및 사람에게도 급여가 제공되어 대상효율성이 낮아지게 된다.

셋째, 재정적 어려움이 있다. 인구학적 조건으로 급여 대상자를 선정할 경우 대상자의 수가 많을 수밖에 없다. 따라서 국가의 사회복지 재정적 부담은 증가할 수밖에 없으며 이는 증세로 이어져 조세저항을 불러올 수밖에 없다. 따라서 한정적 자원으로 수급 대상자가 증가하는 것에 대응을 해야 하며 이러한 재정적 어려움이 단점이다.

2. 보상

보상(compensation)에 근거한 할당 원리는 '사회적·경제적으로 일정한 공헌을 한 사람들의 집단' 혹은 '사회로부터 부당한 피해를 입은 사람'에 속하는 것을 조건으로 하는 할당원리이다. 국가유공자에 대한 급여 및 공무원, 군인 등의 특수한 계층의 연금이 국민연금보다 나은 급여를 제공하는 것은 국가발전에 사회적 기여를 하였다는 것을 인정하는 것이다. 사회로부터 부당한 피해를 입었다고 하는 것은 사회적 차별에 대한 불이익이나 도시재개발 등의 피해를 입은 것 등을 의미한다. 우리나라의 경우 「장애인복지법」이나 「장애인차별금지 및 권리구제 등에 관한 법률」 등에서 사회적 차별의 불이익에 반하는 보상을 제공하고 있다.

보상을 조건으로 하는 대표적인 사회복지제도는 '사회보험'이다.

사회보험의 대상자는 보험료를 갹출한다. 즉 수급을 받는 대상자가 자격을 갖추기 위해는 일정 부분의 보험료를 납부해야 한다. 특히 일시적 납부가 아니라 정기적으로 납부하여야 한다. 국민연금의 경우 20년 이상 납부하여야 수급 자격이 부여된다.

사회보험의 보상으로 인한 대상자 선정에 부정적인 시각도 존재한다. 실업급여를 예를 들어 근로동기를 약화시키는 제도라는 지적도 있고, 미래의 준비를 국가가 해주기 때문에 저축이나 투자의 동기가 약화된다는 의견도 있다. 그러나 이러한 부정적인 영향보다는 긍정적인 효과가 더 크기 때문에 크게 문제가 되는 경우는 없다. 우리나라의 경우 부정적인 의견보다는 국가가 운영주체로서의 신뢰성이 낮아 보험료 납부의 저항이 크다는 것이다. 따라서 국가가 책임지고 운영하는 사회보험의 운영이 투명하고 합리적으로 이루어지는 것이 과제라 할 것이다.

3. 진단적 구분

진단적 구분(diagnostic differentiation)에 의한 할당원리는 개별적인 사례에 대하여 전문가가 어떤 사회복지적 욕구를 필요로 하는가를 판단하는 것을 조건으로 하는 원리이다. 장애인의 경우 어떤 재화와 서비스를 필요로 할지 전문가가 판단하여야 한다. 진단적 구분의 원리는 첫째, 욕구에 대한 기술적·진단적 기준(techical diagnostic criteria of need)에 의한 근거, 둘째, 개인별 할당(individual allocations)이라는 두 가지 조건이 있다. 이 두 가지 조건에 대해 자세히 설명하면 기술적·진단적 기준이란 공인된 전문가에 의하여 수급자격이 주어진다는 것을 의미한다. 개인별 할당이라는 것은 수급자격이 집단적이 아닌 개인에게 부여된다는 것이다. 장애인등급이나 장기요양등급이 개인별로 주어지는 것을 예를 들 수 있다.

진단적 구분에 대한 단점으로는 어떤 장애가 존재하는지 밝히는 과정이 아직도 완벽하게 과학적이라 볼 수 없다는 점이다. 그렇기 때문에 전문가의 판단에 크게 의존한다. 그러나 이러한 진단에 의한 수급자격의 경우 "클라이언트의 임상적인 욕구나 실천 전달체계의 계획에 의해 결정되는 것이 아니라 서비스 전달을 관리하는 국가기관의 욕구에 따라 결정"되는 경우가 존재한다. 장기요양보험제도에서의 수급자 결정의 경우 실제 서비스대상 결정이 보수적으로 진행되는 경우가 존재하며, 국가의 재정에 의한 수급자 조정이 경계선에 있는 대상자를 결정하는 데 영향을 미칠 수도 있다. 또한 클라이언트의 경우 수급자격 요건을 갖추기 위해 "실제 증상보다 더 심각한 것처럼" 행동하거나, 반대로 장애나 치매 등 부정적 낙인을 피하려고 등록을 거부하거나 의도적으로 문제를 숨기려는 사례도 있다.

4. 자산조사에 의한 욕구

자산조사에 의한 욕구(means-tested need)에 기초한 자격조건은 개인이 필요한 재화나 서비스를 구입할 능력이 없음을 나타내는 증거를 기초로 하여 수급자격을 판단하는 것을 의미한다. 자산조사에 의한 욕구 원리는 첫째로 욕구에 대한 경제적 기준(economic criteria of need)과 둘째로 개인별 할당이다.

자산조사에 의한 욕구는 가장 선별적인 자격조건으로 주로 공공부조 프로그램에서 자격기준으로 사용한다. 우리나라에서는 국민기초생활보장제도나 의료급여제도에서 자산조사를 사용하며 보충적으로 장애인연금, 기초노령연금에서도 사용되고 있다.

자산조사에 의한 대상자 선정은 다음과 같은 장단점이 있다.

장점으로는 첫째, 비용효과성이 높다. 보편주의적 할당원리인 데모그란트나 귀속적 욕구는 급여의 혜택 중 아주 적은 부분만이 저소득층 또는 빈곤층에게 제공된다. 그러나 자산조사에 의한 표적화된 선별적 급여의 경우 혜택의 대부분을 대상자에게 집중할 수 있어 투입대비 효율이 좋다고 할 수 있다. 둘째, 수량적 평등에 유리하다. 자산조사에 의한 공공부조제도의 재정은 조세에 의존하고 있다. 따라서 대상자 선정과 급여를 제공하는 것은 결과적으로 수직적 재분배효과가 가장 크게 나타날 수 있다.

자산조사에 의한 욕구의 단점으로는 첫째, 대상자가 되기 위하여 낙인감을 경험하게 된다. 자산조사는 가난하여 재화나 서비스를 구입할 수 없다는 것을 공식적으로 증명하게 되며 이는 사회적으로 부족한 사람이라는 것을 의미한다. 그러기에 사회적 낙인효과를 대상자에게 부여하게 된다. 둘째, 자산조사를 하기 위한 인적·시스템적 자원이 필요하다. 귀속적 욕구에 의한 대상자 선정의 경우 간단한 인구조사로 충분한 것이 자산조사의 의한 욕구에서는 소득 및 자산을 파악하기 위하여 전담인력, 전산시스템 등이 필요하며 이런 시스템을 유지하기 위한 비용이 발생한다. 사회복지정책을 위한 예산이 오히려 운영하기 위한 예산으로 전용되며 실제 대상자에게 사용되는 예산은 기존보다 적은 부분이 사용되어 사회복지예산의 낭비를 가져올 수 있다. 셋째, 가족구조가 변형될 수 있다. 대상자가 되기 위하여 소득이 있는 배우자와 서류상의 이혼을 하는 등 가족이 해체되는 경우가 야기될 수 있다. 또한 소득이 있는 경우 대상자가 되기 위하여 의도적으로 실직을 하는 경우도 있을 수 있다.

소득이나 자산을 통한 대상자 선정은 사회복지정책이 시작된 이래 가장 중요한 선정방법으로 사용되고 있으며 향후에도 계속 사용될 것으로 보인다. 따라서 단점을 최소화할 수 있는 방향으로 보완될 필요성이 있다. 예를 들면 자산조사를 통한 대상자 선정이 기존에는 낙인으로 작용했으나 복지권에 관한 인식이 증가함에 따라 긍정적인 인식으로 변화되는 경우나 「국민기초생활보장법」의 개정으로 기존의 소득인정액에 변화를 주는 변화 등이 나타나고 있다.

제3절 선정 기준과 사회복지의 제도적·잔여적 개념

위에서 제시된 네 가지 할당에 관한 선정 기준과 사회복지의 제도적·잔여적 개념, 이 두 가지는 상호 밀접한 관계를 가지고 있다. 사회복지의 제도적 개념은 사회복지를 정상적이고 지속적이며 일차적인 사회기능으로 간주하고 있고, 잔여적 개념은 사회복지를 정상적인 욕구충족 기제가 적절히 작동하지 못할 경우 일시적으로 필요한 것이라 설명하였다.

[그림 6-1]은 그러한 할당원리와 그것이 사회복지의 제도적·잔여적 개념과 어떻게 상응하는지 연속선상에서 배열되어 나타나고 있다.

[그림 6-1] 사회복지정책 할당의 원리와 사회복지의 개념

귀속적 욕구의 원리에 근거한 할당은 사회복지의 욕구를 사회에서 흔히 일어나는 정상적인 일로 간주하고 욕구발생의 원인이 사회체계의 부적절성에 근거한다고 가정한다. 귀속적 욕구의 반대 방향에 있는 자산조사에 의한 욕구는 사회복지의 욕구가 개인적 결함에서 기인한 특수한 상황이라고 간주한다. 보상의 원리와 진단적 구분의 원리는 사회복지에 대한 제도적 개념과 잔여적 개념의 양극단 중간에 위치한 할당 원리이다. 이 두 가지 중에서 보상의 원리는 사회복지적 욕구가 사회체계의 책임이라 여겨지며, 이러한 점으로 볼 때 제도

적 개념에 더 가깝다. 진단적 구분에 의한 할당 원리는 사회복지적 욕구가 개인적 결함이라는 의미를 조금 더 함축하고 있어 잔여적 개념에 더 가깝다고 할 수 있다.

사회복지의 개념이 향후 제도적 개념으로 그 비중이 옮겨간다고 하더라도 잔여적 개념이 정책효율성에 대한 관심을 완전히 제외할 가능성은 없다. 그렇지만 잔여적 개념이 가지고 있는 부정적인 측면은 개선해야 할 것이 분명하다. 만약 잔여적 개념이 평균적인 욕구에 근거한 정책은 충족할 수 없는 특수하고 예외적인 사회복지적 욕구에 적합한 서비스로 변화할 경우 가장 효과적인 사회복지 할당의 개념이 될 수 있을 것이다.

1. 사회복지정책 할당의 선정 기준의 적용

현재 사회복지정책에서 할당의 원리는 각 선정기준이 명확하지 않다. 특히 사회복지적 욕구를 규범적으로 정의하는 것과 기술적으로 사정하는 것 간의 구분은 더욱 모호하다. 보상의 원리는 사회에 대한 공헌이나 사회에 의한 부당한 피해를 회복하기 위해 만들어졌지만 수급자들의 불공정성에 대한 논란을 일으킬 소지를 가지고 있다. 예를 들어 군대 가산점 문제의 경우 군복무로 인해 국가에 헌신한 공헌의 보상으로 제공된 급여가 공무원 시험 가산점제도라는 보상의 원리에 의한 불공정성에 대한 논의로 사회적 합의를 거치지 못하는 경우처럼 실제 이루어지지 않는 경우가 있다. 이는 보상의 원리에 대한 가치와 사회적 선택 사이에 복잡한 상호작용의 일면을 보여주는 것이다. 자산조사의 원리도 간단해 보이지만 여러 가치에 의해 변화되기도 한다. 사회복지적 욕구의 기준이 조작적으로 정의(자산조사)되는 것에 대한 이론에 대한 반론은 많지 않다. 하지만 어떻게 조작적 정의를 하는지에 대하여는 많은 논의가 필요하다. 특히 각 개인이 '정해진 욕구기준에 부합하는지 결정해야 하는 것'의 가장 큰 논점은 그 기준선이 상대적이라는 점이다. 빈곤선은 절대적 기준선이다. 하지만 사회에 적용할 경우 빈곤선 이하의 사람들과 빈곤선 경계에 있는 사람들은 항상 유동적이고 이는 '빈곤의 덫'이라는 문제가 나타날 수 있는 가능성을 가지고 있다.

마지막으로 사회적 할당의 선택 차원이 각각 독립적으로 구분되어 사용되는 것이 아니라는 것이다. 현대의 사회복지정책에서 대상자 할당 시에 귀속적 욕구의 원리와 자산조사의 원리가 함께 결합되어 사용될 수 있다. 사회복지정책에서 실제 모습은 할당의 원리가 상호 배척되는 것이 아니라 서로 다양하게 결합되는 것을 발견할 수 있다. 서로 모순되는 듯이 보이는 원리나 가치들이 역동적으로 상호작용하며 궁극적으로 타협점에 이르러 정책에 반영되는 것이다. 우리나라의 기초연금제도의 경우 기존의 보상의 원리와 자산조사의 원리 두 가지가 결합되어 있다. 또한 급여의 대상이 노인이라는 귀속적 욕구에도 근거하고 있다.

2. 사회복지정책 할당의 선정 기준의 자격조건 대 접근성

과거 사회복지정책의 할당의 관심사는 '누가 자격을 가지고 있는가'라고 할 수 있다. 하지만 현대 사회복지정책의 할당에 또 하나의 관심분야로는 '누가 실제로 혜택을 받을 수 있는가'이다. 사회적 할당의 기반을 선택할 때 자격요건을 가지고 있으면 당연히 혜택을 받을 수 있다고 생각하는 경향이 있다. 그러나 자격요건을 갖추었다는 것과 혜택을 받는 것이 동일하지 않은 사례가 많다. 대표적으로 2019년 발생한 '송파 세 모녀 사건'을 들 수 있다. 이처럼 복지 사각지대가 존재한다는 것은 사회복지정책의 할당 논리에서 다음과 같은 몇 가지를 고려해야 한다는 것을 의미한다.

첫째, 수급자격과 인지 사이의 격차이다. 이는 충분한 정책 홍보가 이루어지지 않았거나 의사소통이 제대로 되지 않는 경우 발생한다. 예를 들어 다문화 가정에 관한 정책은 홍보 방법에 언어적 특성으로 인한 접근가능성을 고려하여야 하고, 여러 국가 간의 문화 환경을 고려하여 기존과는 다른 접근법을 사용해야 한다.

둘째, 수급자들이 서비스가 있다는 것을 알고 있음에도 참여할 수 있는 능력이 없을 수도 있다. 정서적인 문제를 가지고 있거나 중독적인 행동을 보이는 문제, 반사회적인 태도를 가진 사람들은 욕구가 무엇이든 간에 사회복지정책의 수급자중 제공된 서비스를 충분히 활용하지 못하는 대상자군이다. 서비스를 제공하는 기관의 입장에서 이들은 회피가능성이 높은 클라이언트들이다. 결국 아무리 욕구가 높다고 하더라도 서비스에서 배제시키는 경향이 있고, 이는 기관들이 클라이언트를 선별(creaming)한다는 것을 의미한다. 이러한 선별 관행은 많은 비판을 받고 있으며, 따라서 사회복지정책의 정책효율성을 높일 수 있는 대상자별 접근법에 대한 고민이 필요할 것이다.

셋째, 수급자격이 있으나 접근성이 낮아 혜택을 받지 못하는 경우도 있다. 우리나라의 사회복지기관의 배치는 클라이언트의 접근성보다는 기관 설립에 유리한 점이 우선 고려된다. 이는 도움이 필요한 모든 사람들이 서비스를 받기 힘들다는 것을 의미한다.

생각해 볼 문제

1. 보편주의(universalism)에 대한 설명이 아닌 것은?
   ① 모든 사람에게 권리로서 제공된다.
   ② 비용이 많이 드는 단점이 있다.
   ③ 공공부조, 의료급여 등의 사회복지제도가 이에 해당한다.
   ④ 제도적 개념과 같은 맥락에서 사용된다.
   ⑤ 사회연대 및 사회통합의 목적을 달성할 수 있다.

2. 할당의 원리에 관한 설명으로 옳지 않은 것은?
   ① 귀속적 욕구의 원리에서 욕구는 규범적 기준에 의해 정해진다.
   ② 공헌 혹은 피해집단에 속하는가에 따른 할당은 보상의 원리에 해당한다.
   ③ 진단적 구분은 재화 혹은 서비스의 필요성에 대한 전문가의 판단에 의존한다.
   ④ 귀속적 욕구의 원리는 보편주의보다는 선별주의 할당원리에 가깝다.
   ⑤ 자산조사 원리는 욕구에 대한 경제적 기준과 개인별 할당이라는 두 가지 조건에 근거한다.

3. 사회복지정책의 할당 원칙에 관한 설명으로 옳지 않은 것은?
   ① 시장을 통해 충족되지 않은 어떤 욕구를 공통적으로 가진 집단에 속하는지 여부에 근거하는 원칙을 '귀속적 욕구'라고 한다.
   ② '보상'이란 사회·경제적으로 특별한 공헌을 했는지 또는 사회로부터 부당한 피해를 입었는지 여부에 근거하는 원칙이다.
   ③ '역량'은 보유하고 있거나 동원가능한 자원의 종류와 양에 근거하여 대상 여부를 판단하는 것이다.
   ④ '진단적 구분'은 개별 사례에 대해 전문가가 어떤 재화 또는 서비스를 특별히 필요로 하는지를 판단하는 것이다.
   ⑤ '자산조사욕구'는 필요한 재화나 서비스를 구입할 능력이 없음을 나타내는 증거에 기초한다.

CHAPTER 07

사회복지정책의 급여

학습목표

1. 사회복지정책의 급여 형태에 대해 알 수 있다.
2. 사회복지정책의 급여가 실제로 어떤 형태를 가지는지 알 수 있다.

CHAPTER 07 사회복지정책의 급여

제1절 급여의 개념

1. 사회복지정책 급여의 개념

사회복지정책을 통해 제공되는 자원을 급여라고 한다. 급여는 “무엇을 제공하는가”에 해당하며 사회복지정책의 최종 산출물이라고 할 수 있다. 사회복지정책의 급여는 전통적으로 현금급여와 현물급여 두 가지 형태가 있다. 어떠한 형태의 급여를 제공하는가는 어떤 정치적 또는 이데올로기적인 시각으로 사회복지를 보는가에 따라 달라진다. 사회복지의 정책효과성에 주목하는 경우 현물급여를 선호한다. 대상자의 자기결정권이나 사회복지의 권리성을 옹호하는 입장에서는 현금급여를 선택하는 경향이 있다. 이러한 논의는 사회의 환경과 여러 요인들을 고려하여 결정하여야 한다. 이 두 가지 급여의 형태는 각각 장점과 단점을 가지고 있으며, 전통적인 형태 이외에 바우처, 기회, 권력 등의 형태도 존재한다.

1) 현물급여

현물급여(inkind benefits)는 급여 대상자에게 필요한 물품(product) 또는 서비스(service)를 직접 제공하는 것을 의미한다.

미르달(Alva Mydal)은 '현물급여는 현금급여보다 정책의 효과성 면에서 우수하다'라고 하였다. 아동의 복지를 향상시키는 것이 목적이라면 사회복지급여가 아동복지 향상의 목적에 직접적인 기여를 하였는지를 평가해야 하며, 이 기준일 때 현금급여는 소비시점에서의 소비행위를 통제할 수가 없다는 것이 그가 현물급여를 옹호하는 이유이다.

수급자들의 선택권을 보장해 준다는 이유로 현금급여를 주게 되면 수급자들은 급여로 받은 돈을 가지고 분유나 식료품 등을 구입하지 않고 술을 마실 수 있으며, 유행하는 휴대폰을 구입할 수도 있다. 하지만 현물급여로 제공하면 이와 같은 '부적절한' 선택은 제한되며 이로 인한 바람직한 소비행위에 관한 사회적 요구가 급여에도 반영될 수 있기 때문이다.

현물급여의 장점은 다음과 같다.

첫째, 목표대상효율성이 높다는 점이다. 목표대상 효율성이란 정부의 자원이 목적한 분야에 사용되는 비율을 의미한다.

둘째, 현물급여는 복지재정을 절감할 수 있는 효과가 있다. 현금급여의 경우 소비행위가 시장에서 이루어지며 기존의 시장소비가격을 지불할 수밖에 없다. 하지만 현물급여의 단체소비행위는 가격을 절감하는 효과(규모의 경제 효과, 공동구매 효과)로 인하여 개별적으로 처리하는 비용보다 낮은 가격에 구매할 수 있다. 저소득층의 주식인 쌀을 구입할 경우 현금급여로 주면 인근 시장이나 마트에서 구입해야 하며 이는 부자에게나 가난한 사람에게나 가격이 동일하다. 하지만 정부에서 현물급여, 즉 쌀을 공동으로 구매하게 되면 시중가보다 많이 저렴한 가격으로 구입하여 배분하게 되고 이는 부자보다 가난한 사람이 더 많은 쌀을 가질 수 있다는 효과가 있는 것을 알 수 있다. 여기에 쌀을 구입하기 위해 교통비 등 부대비용과 구입을 위한 노력 등을 절감할 수 있다는 효과도 있다.

셋째, 현물급여는 정치적으로 선호되는 급여이다. 사회복지급여는 국민의 세금으로 이루어진다. 정부는 세금을 필요한 곳에 사용할 수 있도록 감시와 통제를 하여야 한다. 이러한 경우 현금급여보다는 통제와 권력을 행사할 수 있는 현물급여를 선호하는 경향이 있다.

넷째, 현물급여는 필요한 대상에서 집중적으로 사용할 수 있다. 현물급여는 낭비를 할 수 없다. 특히 보건, 의료서비스의 경우 현금급여는 의료서비스를 이용하기보다 다른 용도로 사용할 가능성이 있으나, 현물급여는 질병이 있는 대상자만 의료서비스를 사용할 수 있어 불필요한 사람들의 사용을 억제할 수 있는 효과가 있다.

현물급여는 사회통제 기제라는 비판에 직면하고 있다. 사회통제라는 용어는 부정적인 의미의 용어이다. 현물급여를 비판하는 사람들은 수급자에게 최대의 선택을 보장해 주어야 하며 선택의 자유를 제공해 주는 것이 그들의 행복을 극대화 할 수 있다고 주장한다. 그러나 미르달은 적어도 아동을 위한 급여는 현물급여가 대상자주권이나 자기결정권에 제약을 가하지 않는다고 주장하였다. 그는 "아동은 가족이 소득을 지출하는 것에 대하여 아무 발언권도 가지지 못하기 때문"이라고 하였다. 그리고 현물급여는 급여를 받는 가족이 '책임성'이 있어야 하고 적절한 소득을 가지고 있을 경우에 좋은 효과를 볼 수 있다고 하였다.

현물급여의 단점은 다음과 같다.

첫째, 현물급여는 운영효율성이 낮다. 운영효율성은 사회복지급여에 들어가는 총비용 대비 운영에 사용되는 비용을 의미한다. 즉 관리비용이 낮을수록 운영효율성이 낮아지는 것을 의미한다. 이는 현물급여를 운영할 때는 정부가 부담해야 하는 비용이 증가한다는 것을 알 수 있으며, 국민기초생활보장제도 수급자들에게 주식인 쌀을 제공할 경우 전국적으로 모든 주민센터에 쌀을 저장하고 제공할 수 있는 공간 및 시설을 설치해야 되고 이를 제공할 인력을 채용해야 되며 배분을 위한 시스템을 구축해야 한다는 것을 의미한다. 이러한 비용이 오히려 쌀 구입비보다 더 많이 지출될 수도 있다.

둘째, 현물급여는 급여대상자들의 다양한 욕구를 충족하기에 역부족하다. 현물급여의 가장 일반적인 형태는 비용을 절감하려고 하는 측면에서 가장 저렴한 제품을 준비하여 대상자에게 제공하게 된다. 대상자들은 자신이 원하는 비용을 사용하는 것이 같은 금액의 재화와 서비스를 제공받는 것보다 항상 더 높은 수준의 만족을 가져다준다는 것이다. 따라서 현물급여를 제공받을 때 자신이 원하는 것을 받지 못하는 것에서 오는 박탈감으로 인하여 대상자들의 욕구를 충족시키지 못한다는 것을 뜻한다.

셋째, 현물급여의 가장 큰 단점은 대상자에게 낙인감을 준다는 것이다. 사회복지급여가 대상자들의 권리로 자리매김을 하고 있다고는 하지만 여전히 정부의 급여를 제공받는다는 것을 부정적으로 보는 시각이 존재한다. 따라서 급여를 현물이나 서비스로 제공받을 때 대상자들이 받을 수 있는 수치감이나 사회적 낙인은 현물급여가 아무리 효율성이 있는 급여 형태라고 하더라도 대상자들의 감정을 고려하지 않는 공급자 위주의 정책이라는 단점을 가지고 있다.

2) 현금급여

현금급여(cash benefits)는 급여대상자들이 필요한 재화나 서비스를 시장에서 구입하도록 현금으로 지급하여, 대상자들이 경제적 능력을 갖출 수 있도록 소득의 형태로 급여를 제공하는 형태이다. 현금의 범주에 속하는 급여는 주로 공공부조, 아동수당, 사회보험 등의 제도에서 주로 볼 수 있으며 전이가능성에 제한이 없다. 현금을 직접적인 급여로 제공하지는 않지만 세금을 덜 내게 하여 더 많은 가처분소득을 증가하게 할 수 있는 각종 세제보전제도들도 간접적인 현금급여로 인정하고 있다. 이러한 제도로는 세금공제제도와 세금크레디트가 있다. 세금크레디트는 노동자들의 근로유인을 하기 위한 제도로서 근로를 통한 소득활동에 근거하여 지급급여액의 차등을 두는 제도로 미국의 EITC, 영국의 CTC, WTC 제도가 있다.

우리나라에서는 현재 국민기초생활보장제도에서 제공하는 생계급여 등 7가지 급여와 산재보험 및 고용보험의 사회보험급여 그리고 기초노령연금, 장애인연금 등이 현금급여의 형태로 지급되고 있다. 이중 공공부조인 국민기초생활보장제도와 비갹출 급여인 기초연금, 장애인연금은 조세를 재원으로 하여 지급하고 있으며, 사회보험급여인 산재보험, 고용보험은 자신이 기여한 보험료를 재원으로 하여 서비스를 이용하거나 급여를 제공받을 수 있다. 또한 우리나라도 세제보전제도로 근로장려제도를 시행하고 있으며, 소득이 적어 생활이 어려운 근로자 또는 사업자(전문직 제외)가구에 대하여 가구원 구성과 총급여액 등에 따라 산정된 근로장려금을 지급함으로써 근로를 장려하고 실질소득을 지원하는 근로연계형 소득지원제도이다.

현금급여의 장점은 다음과 같다.

첫째, 현금급여는 개인의 존엄성을 보장해 줄 수 있다. 현금급여는 급여를 받는 대상자들이 자신의 삶을 스스로 결정할 수 있는 권리를 보장해 주며, 현물급여로 인한 낙인을 부여받지 않는다. 둘째, 현금급여는 운영효율성이 높다. 급여를 현금으로 지급할 경우 현물급여로 지급할 때 들어가는 운영비용 및 인건비 등이 지출되지 않아 대상자에게 보다 많은 자원을 배분할 수 있다. 셋째, 현금급여는 급여대상자들의 소비자주권을 부여한다. 소비자주권은 대상자들의 자기결정권에 의하여 자신의 자원을 사용해 심리적 이익이나 물질적 이득을 가져올 수 있는 권리를 의미한다. 자신의 권리를 쓰지 않거나 마음대로 쓰거나 모든 것이 개인이 가지고 있는 권리라고 주장한다.

마지막으로 현금급여는 소득보장적인 측면에서 가장 효율적인 수단이다. 급여대상자들에게 지급되는 재화를 현금급여로 제공하는 경우가 현금과 현물이 혼합되거나 현물급여로만 지급되는 경우보다 “보다 적은 비용으로 빈곤을 완화시킬 수 있다”라고 많은 학자들이 주장한다. 이러한 주장은 현금급여가 급여를 받는 대상자들의 소득 수준을 직접적으로 증가시키는 기능을 하고 있다고 한다. 현물급여의 경우 재화의 가치를 가계예산에 직접적으로 포함시키지 않는 것과 많은 차이가 있다.

현금급여의 단점도 있다. 첫째, 목표효율성이 낮아질 수 있다. 급여를 현금으로 지급받는다는 것은 대상자 문제해결에 관한 결정을 자율적으로 해결할 수 있도록 하고 있으며, 이는 대상자들의 자기결정권에 관한 문제라고 할 것이다. 그러나 이러한 시장의 원리는 소비를 하는 대상자들이 '합리적인 소비'를 한다는 전제조건을 가지고 있는 것이다. 현대의 소비자들은 광고와 모방의 힘에 종속되어 있으며 이러한 현상을 '의존효과'라고 하고 있다. 특히 저소득층이나 교육 수준이 낮은 대상자들은 자신들이 소비할 재화나 서비스에 관하여 객관적인 정보를 제공받는 데 제한적이다. 이러한 의존효과로 인하여 사회복지급여대상자들은 자신의 재화를 문제해결을 하기 위한 방법에 사용하지 않고, 생산자들인 기업들을 위한 소비를 하는 경향이 있고 이는 정부에서 의도하는 '사회복지적 목표'를 달성하는 것과는 거리가 있다고 할 것이다.

둘째, 현금급여는 급여대상자들에게 '상대적 빈곤감'을 더해 줄 수 있다. 현금을 소득으로 제공하는 경우 제공된 금액의 증가율에 비하여 대상자들의 효용감이 비례한다. 즉 현금급여가 너무 적게 제공된 경우 실제 시장에서 구입할 수 있는 재화가 적고 만족감 또한 낮아지게 된다. 그렇듯이 현금급여가 대상자들을 상대적인 박탈감을 가져올 수 있고 이러한 점은 최저생계비를 제공하는 것으로 대상자들에 대한 의무를 다했다는 정부의 입장이 옳은 것이라 할 수 없다는 것이다. 최저생계비가 곧 최저생활 이상을 보장해 준다는 것은 어디에도 없다. 즉 '복지'라는 것은 단순히 빈곤선, 혹은 최저생계비만 보장해 주어야 한다는 것이 아니기 때문이다. 예를 들어 현금급여를 주고 현물급여 및 서비스인 의료보장을 해주지 않을 경우 대상자는 아파도 병원에 가지 않을 것이고 그들의 건강이 악화되어 중산층 이상의 건강과 저소득층의 건강상태는 양극화될 것이다. 과연 현금급여를 제공하고 국가는 의무를 다했다고 국민의 복지에 관한 책임이 없다고 할 수 있는가?

현금급여는 현물급여만큼 폭넓은 보호를 해줄 수 없다는 것이 현금급여를 반대하는 사람들의 주장이다. 특히 건강서비스와 보건의료서비스 등에서는 현물급여가 현금급여보다 좋은 대안이라고 주장하고 있다. 현금급여를 지지하는 사람들은 대상자들의 소비자 주권과 복지권을 위하여 '사례관리' 등의 프로그램 및 제도를 도입하여 해결할 수 있다고 주장한다.

제2절 사회적 급여의 형태

현금급여와 현물급여는 많은 논의거리를 제공하며 어느 하나의 형태가 옳은 것이라고 주장하기 어렵다. 또한 이러한 이분법적인 사고는 사회복지실천현장과의 괴리감을 보여줄 수 있다. 그리고 사회복지정책결정에서 사회문제의 대안을 지나치게 단순화하는 오류를 범할 수 있다. 사회복지정책의 급여 형태는 세분화하여 발전하였고, 이렇게 발전된 형태의 분류가 분석적인 면에서도 정확성을 가질 수 있게 한다. 이러한 새로운 급여 형태의 분류는 전이가능성(transferability)의 정도에 의하여 구분되고 여기서 전이가능성이란 사회복지 수급자에게 얼마나 많은 선택의 자유를 부여할 수 있느냐를 의미한다. 이와 같이 형태와 전이가능성의 측면에서 볼 때 크게 기회, 서비스, 재화, 증서, 현금, 권력의 여섯 가지의 관점을 가진 대안들로 분류할 수 있다.

1. 기회

기회(opportunity)는 바람직한 어떤 목적을 성취하기 위해 활용되는 유인기제를 의미한다. 기회는 구체적인 형태가 없는 급여이다. 취약계층에게 의도적으로 그동안 접근하지 못했던 부분에 참여를 가능하게 하는 것으로서 급여 형태로는 가장 모호한 형태이지만 중요성은 결코 작지 않다. 그 이유로는 사회복지정책의 많은 부분은 기회의 창출과 분배에 관련되어 있기 때문이다.

기회는 그동안 소외되었던 여성, 장애인, 다문화계층 등 취약한 위치의 계층이나 불평등한 처우를 받는 집단에게 사회에 참여할 수 있는 기회를 제공함으로써 사회적 모순을 완화하기 위한 정책이다. 사회복지정책의 많은 부분은 기회의 창출과 분배에 관련되어 있기 때문에 기득권계층에게 독점되어 있는 재화를 분배하며 '예외적인 기회'를 제공하는 것이다. 예를 들어 공무원시험에 군가산점제도를 도입하는 것이나 사회에서 불이익을 받는 집단들에게 대학교 특례입학을 허용하는 것 등이다.

기회가 중요한 급여 형태이긴 하지만 최약계층의 문제는 단순히 기회를 제공하는 것만으로는 해결되기 어려운 구조적인 문제라는 것이 맹점이다. 예를 들어 노인빈곤을 해결하기 위해 노인에게 일자리를 제공한다고 하더라도, 일자리를 제공하는 것만으로는 노인빈곤이 해결되지 않는다. 기존 노인일자리의 질적 수준은 소득이 낮은 일자리와 비정규직 등이 주된 제공 형태이다. 이처럼 노인에게 제공되는 일자리의 질적 수준이 향상되지 않을 경우 결국 근로빈곤 노인의 수만 증가하게 되며 실질적인 소득 향상이 일어나지 않는다. 이러한 노인빈곤은 결국 일자리의 문제가 아니라 공적연금 및 질 높은 일자리 등과 연계되었을 때, 즉 위에서 이야기한 "기득권계층의 기회의 분배에 참여할 수 있는 기회"를 제공했을 때 가치가 있는 급여 형태로 제공되는 것이며, 여타의 다른 문제를 외면한 채 단순한 명목상의 기회만 제공했을 경우 사회복지서비스나 정책이 제대로 제공되었다고 할 수 없다.

1) 기회의 장점

기회는 재원을 직접적으로 사용하지 않는 급여로서 조세저항이나 재정적 부담이 적다. 따라서 사회복지정책 대상자의 낙인 등을 부여하지 않는다. 또한 기회의 급여는 타 급여도 중복적으로 수혜가 가능하다.

2) 기회의 단점

사회복지급여에서 기회는 대부분 일정한 소득기준을 근거로 대상을 규범적으로 정하고 있다. 그러나 특정집단에 속한 사람들에게 기회의 급여를 제공할 경우 기회를 제공받지 못하는 집단에 불평등을 불러올 수 있다. 또한 사회구성원 모두를 대상으로 하는 제도적인 개념에서의 사회복지정책적 대안을 만드는 것이 불가능하다.

기회는 주어진 맥락 내에서만 사용되어야 한다는 점에서 직접적인 전이가 불가능한 급여이다. 기회의 급여를 받는 수급자는 타 수급자와의 교환이 불가능하고 재화나 서비스 또는 그 밖의 다른 타 급여와도 교환을 할 수 없다.

2. 서비스

서비스(services)란 클라이언트를 위해 제공되는 활동을 의미한다. 일반적인 의미에서 사회서비스는 개인 또는 사회 전체의 복지증진 및 삶의 질 향상을 위해 제공되는 것을 말하며, 공공행정, 사회복지, 보건의료, 교육, 문화 등을 포괄하는 개념이다. 여기서 서비스란 사회서비스의 하위 개념으로서 가정봉사서비스, 상담, 사례관리, 훈련, 교육 등이 서비스의 범주에 속한다(그림 7-1 참조).

「사회보장기본법」 제9조에서는 국민은 사회보장관계 법령에서 정하는 바에 따라 사회보장급여를 받을 권리(이하 "사회보장 수급권"이라 한다)를 가진다고 정하고 있다. 이처럼 사회보장 수급권을 복지급여라고 한다면 여기서 현물급여, 현금급여와 다른 사회서비스도 급여에 포함된다. 서비스급여는 가변성이 큰 급여로서 서비스제공 법률, 제공자 등에 따라 서비스의 내용도 다르다.

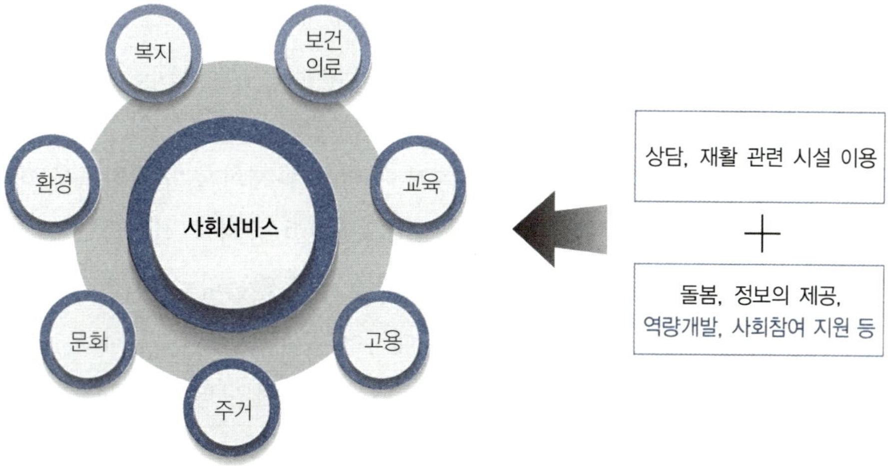

[그림 7-1] 서비스의 범주

출처: 사회서비스 전자바우처 홈페이지(https://www.socialservice.or.kr).

3. 상품

상품(재화, goods)는 식품, 의류, 주택 등과 같이 물질적인 상품을 의미한다. 재화의 범주에 속하는 급여는 제한된 범위에서 교환가치를 가지며 대개 그 교환은 2차 시장의 경로로 제한되어 있다. 급여대상자의 욕구를 직접적으로 해결할 수 있는 급여 형태이지만 사회적 통제기제를 가지고 있으며 사회복지적 정책 목적을 달성할 수 있는 가능성이 높다. 물질적 상품이나 재화는 정책입안자나 행정관료들의 선호도가 높아 채택가능성이 높은 형태의 급여이다.

4. 증서

현금급여와 현물급여의 장점으로 나타난 증서(voucher)는 소비자의 선택을 보장해 주는 것과 동시에 소비형태를 통제할 수 있다는 점을 가지고 있다. 또한 정부입장에서는 세금을 납부하는 국민들에게 사회복지급여에 대한 비난을 감소시킬 수 있어 정치적으로도 유리하다. 그리고 증서는 현금급여의 단점인 오남용의 문제를 줄일 수 있는 장점이 있다. 정부는 증서를 급여대상자에게 지급하여 대상자로 하여금 증서로 시장에서 서비스나 재화를 구입하도록 하는 전달체계를 가지고 있다. 증서는 다른 소비자들처럼 증서나 전자카드 등으로 사회복지서비스를 구입하기 때문에 낙인효과를 주지 않는다. 서비스 공급기관은 추후에 정부로부터 비용을 결재받기 때문에 증서는 급여대상자로 하여금 자신의 의사에 의하여 서비스를 구매하는 동시에 급여의 남용을 막고 지정된 서비스만 받게 하는 효과를 가지고 있다.

1) 바우처의 특징

- 상품을 이용할 수 있는 구매력을 제공
- 정책 목적이나 취지에 따라 선택권을 조정하고 통제가 가능
  - 구매하는 상품의 종류, 양, 범위 등 제한 가능
  - 이용의 합리성 제고를 위한 자부담(본인부담금) 도입
- 수요자와 공급자에게 별도 자격기준 설정 가능
  - 수요 측면: 소득기준, 장애인, 외국인, 연령 등
  - 공급 측면: 자격이나 면허, 품질인증 등

그러나 증서에도 문제가 없지는 않다. 증서로 인해 나타나는 문제는 서비스 공급자가 특정 소비자를 선호, 회피하는 현상(크리밍 현상)이 발생할 수 있다.

예를 들어 언어치료서비스 제공을 위하여 기존의 현금급여, 현물급여 대신 증서제도를 도입한다고 할 경우 증서형태의 급여를 찬성하는 사람들은 시장기재에 의하여 '보이지 않는 손'이 언어치료센터들 간의 경쟁을 통해서 양질의 치료서비스가 제공될 것이라 주장한다. 그러나 언어치료센터의 양질의 서비스는 객관화된 정보로 제공되기 힘들고, 언어치료센터 대부분이 양질의 치료서비스보다는 홍보와 대외관계에 치중하여 소비자의 선택을 외곡하게 될 것이라 하였다.

언어치료 등 사회적 서비스도 문제지만 만약 조금 더 큰 급여, 즉 공공급여나 공공보건의료, 공교육 등에 적용될 경우 사회적 양극화 등 많은 문제점이 나타날 수 있어 제한적으로 사용해야 한다는 단점도 존재한다. 또한 증서는 시장경쟁을 전달체계로 가지고 있어 수요자 중심의 공급방식이라고 할 수 있다. 이는 정부의 역할이 작아지는 것을 의미하여 국가의 사회복지정책에 대한 책임성을 약화시킬 수 있다. 결국 시장에서 구입할 수 있는 재화가 없거나 서비스의 질이 약화되면 급여대상자들은 낮은 서비스에 만족하며 생활해야 한다는 것을 의미한다.

2) 우리나라 사회서비스 전자바우처제도를 도입한 배경

- 기존 사회복지서비스는 공급자 지원방식으로 이루어져 수요자의 선택권이 제한되어 시장 창출에 한계가 있다.
- 수요자 중심의 직접 지원방식으로 바우처(서비스이용권)제도를 도입하였다.
- 수요자 직접지원방식으로 공급기관의 허위·부당청구 등 도덕적 해이를 최소화한다.
- 자금 흐름의 투명성, 업무 효율성 확보, 정보 직접관리를 통한 사회서비스 발전 기반 마련을 위한 금융기관 시스템을 활용한 '전자식 바우처' 추진이 필요하다.

3) 전자바우처제도와 기존 제도의 차이점

- 바우처제도는 기존 공급자 지원방식에서 수급자 등 저소득층이 기존 제도의 대상이었다면 서민, 중산층까지 대상자를 확대하는 의미가 있으며 이를 능동적 구매자라 표현할 수 있다.
- 기존 제도의 서비스 비용이 전액 국가지원이었다면 바우처제도는 일부 본인부담을 적용함으로써 이용 시 도덕적 해이 등을 예방할 수 있다.
- 기존 제도가 이용시간을 정할 때 공급기관의 재량에 의존하였다면, 바우처제도는 대상자의 욕구에 근거한 이용시간을 부여하여 제공하고 있다.
- 기존 제도가 단일기관 독점제도라면, 바우처제도는 다수기관의 경쟁을 유도하여 서비스의 질적 향상을 도모하고 있다.

이러한 점을 통해 바우처제도는 기존의 획일적이고 고정화된 서비스를 공급자 간의 경쟁을 통해 다양한 서비스를 제공하고 서비스의 질적 향상을 도모한다고 할 수 있다. 자세한 내용은 〈표 7-1〉과 같다.

〈표 7-1〉 전자바우처제도와 기존 제도의 차이점

구분	공급기관 지원방식	수요자 지원방식
대상	수급자 등 저소득층(수동적 보호대상)	서민, 중산층까지 확대(능동적 구매자)
서비스 비용	전액 국가지원	일부 본인부담
서비스 시간	공급기관 재량	대상자 욕구별 표준화
공급기관	단일기관 독점	다수기관 경쟁
특징	획일적이고 정형화된 서비스 제공	공급자 간 경쟁을 통한 다양한 서비스 제공

출처: 사회서비스 전자바우처 홈페이지(www.socialservice.or.kr).

4) 우리나라의 전자바우처 형태

전자바우처는 두 가지 형태가 있다. 하나는 쿠폰형 바우처, 다른 하나는 포인트형 바우처이다. 이 두 가지의 서비스 내용은 [그림 7-2] 바우처의 형태와 같다.

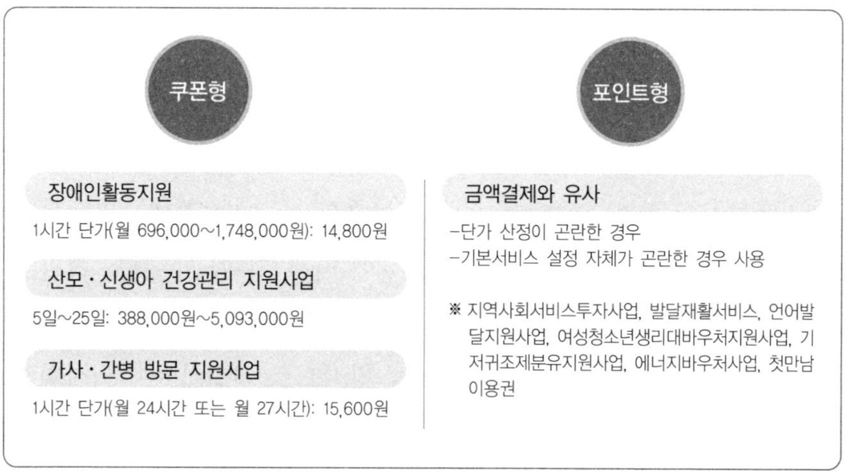

[그림 7-2] 바우처의 형태(2022년 기준)

출처: 사회서비스 전자바우처 홈페이지(www.socialservice.or.kr).

쿠폰형 바우처는 특정기간이나 서비스 이용량에 대해 정해진 금액을 지원하는 방식으로 주로 시간당 단가 산정이 가능한 사회서비스 사업에 사용된다. 쿠폰형 바우처에는 장애활동지원사업이 있는데, 장애인 활동지원서비스의 이용가능 시간은 활동지원급여 구간에 따라 다르게 부여되며, 서비스에는 신체활동, 가사활동 및 이동보조 등의 활동보조, 방문목욕, 방문간호 등이 있다. 산모·신생아 건강관리지원사업도 출산가정의 경제적 부담을 경감하기 위해 지원하고 있다. 또한 가사·간병 방문 지원사업도 가사·간병 방문 제공인력의 사회적 일자리 창출을 목적으로 사업이 진행되고 있다. 발달장애인 지원사업의 내용으로는 발달장애인 부모상담지원사업, 발달장애인 주간활동서비스, 청소년 발달장애학생 방과후 활동 서비스가 있다. 임신출산 진료비지원사업과 청소년 산모 임신출산 의료비지원사업도 운영하고 있으며 기저귀・조제분유 지원사업 및 에너지 바우처제도도 생계급여 대상자 등이 이용가능하다. 노인을 대상으로 과거에는 노인돌봄종합서비스사업이 있었는데 이 중 방문요양, 주간보호서비스와 노인단기가사서비스를 제공할 수 있었다. 현재는 노인맞춤돌봄서비스라는 이름으로 지속되며, 쿠폰형 바우처 형태로 운영된다.

포인트형 바우처는 이용자가 원하는 서비스를 자유롭게 선택하여 사용할 수 있도록 일정 금액의 포인트를 지급하는 방식으로 현금과 유사한 포인트가 지급되는 방식이다. 이 유형에는 문화누리카드, 첫만남 이용권 지원사업, 지역사회서비스투자사업 등이 있으며, 첫만남 이용권은 국민행복카드로 이용할 수 있는 서비스인데, 이는 생애초기 아동양육에 따른 경제적 부담을 경감시키고자 하는 목적을 가진다. 지역사회서비스 투자사업은 지역특성과 주민수요에 따라 지자체가 기획 발굴한 사업을 바우처 방식으로 지원하여 지역사회서비스 확충 및 일자리 창출을 도모하는데 있다. 포인트형 바우처의 주요 목적은 다양한 서비스에 대한 선택권 확대이다.

5. 현금

현금(cash)의 범주에 속하는 급여 형태는 아동수당, 공공부조, 사회보험에서 주로 사용되며, 전이가능성에 제한이 없다. 특히 급여대상자의 선택의 자유를 적극적으로 보장한다. 이 형태의 급여는 구매력 행사에 아무 제한이 없으며 교환가치가 크고 소비자의 선택의 측면에서 가장 폭넓은 기회를 제공하는 급여 형태이다. 특히 현금은 사회복지급여의 수치심이나 낙인효과를 가장 적게 느끼게 하는 급여 형태이다.

현금에는 그 지급 내용에 따라 정기적 현금지급과 일시적 현금지급으로 구분할 수 있으며 급여의 형태는 국가와 사회적 여건에 따라 달라진다. 현금의 범주에는 개인과 가족에게 세금을 감면해 주는 간접적인 조치들도 포함된다.

6. 권력

권력(power)은 사회복지정책결정과정에 대상자들을 참여시켜 자원배분 및 급여에 대한 결정을 하게 하는 것이다. 권력은 현금이나 증서처럼 직접적인 활용이 불가능하지만 기회보다는 더 많은 선택의 여지를 제공할 수 있다. 권력의 가장 일반적인 형태는 정책이나 의사결정에 영향을 미치는 위원회에 이해당사자를 직접 참여시키는 방법이 있다.

우리나라에서는 「사회복지사업법」 제7조에 사회복지사업에 관한 중요사항과 지역사회복지계획을 심의 또는 건의하기 위하여 사회복지위원회를 두고 위원회의 위원 중 "사회복지를 필요로 하는 사람의 이익 등을 대표하는 자"로 권력을 부여하고 있고, 동법 제7조의2에 시 · 군 · 구에 지역사회복지계획을 심의 또는 건의하고자 지역사회복지협의체를 두어야 하며 협의체 위원 중 "공익단체에서 추천한 자"를 선임하도록 하고 있어 사회복지정책의 운영 및 심의 등의 중요한 결정에 정책 대상자들이 참여하여 그들의 의사가 개입되도록 권한을 부여하고 있다.

권력은 분명 사회적 약자에게 대표권 및 의사결정권을 부여한다는 점에서 사회복지정책의 급여의 한 형태로서 많이 발전한 유형이다. 하지만 권력에도 단점이 있다.

사회제도적으로 급여대상자에게 권력을 부여하는 것은 커다란 의미를 가지고 있지만 실질적으로 권력을 행사할 수 있는가라는 의문을 가지고 있다. 즉 대상자에게 아무런 이익이나 급여가 전달되지 않을 수 있다는 것이다.

위의 여러 가지 위원회의 경우 구성원 전체에서 급여대상자가 차지하는 비중은 매우 적다. 이마저도 장애인이나 노인, 여성 등 대상자별로 균등하게 참여시켜야 하기에 실질적인 정책결정에서 소외될 가능성이 높다. 또한 위원회 내에서도 의사결정권을 가지기 힘들다. 일반적으로 이러한 위원회의 경우 정부결정에 당위성을 부여하는 정책결정을 하는 경우가 많다. 원래 취지대로 정부결정에 급여대상자들의 의견을 부여하려면 권한위임과 같이 위원회에 참여하는 "사회복지를 필요로 하는 사람들의 이익을 대표하는 위원"들의 전문성을 향상시키고 시민단체들과 연계하여 실질적인 효과를 발휘할 수 있도록 하여야 한다.

이러한 단점에도 불구하고 권력이 가진 의미가 큰 것은 장기적인 관점에서 볼 때 권력은 급여 당사자가 의사결정에 참여하고 그 내용을 공유할 수 있다는 것에서 점진적인 변화를 가져오며, 사회복지실천현장의 결정과정이 공급자주의에서 대상자주의로 변화된다는 것을 나타내고 있기 때문이다.

생각해 볼 문제

1. 사회복지급여의 대상자 선택기준으로 옳지 않은 것은?
   ① 귀속적 욕구　② 보상　③ 교육수준
   ④ 진단적 차별　⑤ 자산조사

2. 다음 중 현물급여의 특성으로 적합하지 않은 것은?
   ① 운영비용 저렴　② 목표효율성　③ 정치적 선호
   ④ 규모의 경제　⑤ 물품평등주의

3. 정해진 일정한 용도 내에서 원하는 재화나 서비스를 자유롭게 선택할 수 있도록 하는 식료품권, 상품권, 경로버스표와 같은 사회적 급여 유형은?
   ① 현금　② 현물　③ 기회
   ④ 권력　⑤ 증서

4. 농어촌지역의 학생이나 장애인에게 특례입학을 허가하는 것과 같은 사회복지급여의 형태는?
   ① 권력　② 증서　③ 현물
   ④ 기회　⑤ 현금

CHAPTER 08

사회복지정책의 전달체계

학습목표

1. 사회복지정책의 주요 전달체계 주체를 알 수 있다.
2. 사회복지분야의 국공립기관과 민간기관의 개념에 대하여 알 수 있다.

CHAPTER 08 사회복지정책의 전달체계

제1절 사회복지 전달체계의 특성과 개념

1. 전달체계의 개념

사회복지정책에 있어 '누구에게'와 '무엇을'이라는 선택을 결정하게 되면 그 다음에는 결정된 사회복지급여를 수급자격을 가진 대상자에게 전달하기 위한 조치가 마련되어야 한다. 즉 '어떻게(how)'라는 질문에 관련된 것이다. 이러한 의미에서 사회복지 전달체계란 지역사회 내에 존재하는 사회복지서비스의 공급자와 수요자(클라이언트, 수급자, 소비자)의 상호 간을 연결시키기 위한 '조직적 장치'라고 설명할 수 있다. 여기서 조직적 장치라는 것은 사회복지서비스 공급자와 수요자 사이를 연결시키는 조직과 인력의 구조를 의미한다. 즉, 사회복지서비스 전달체계란 지역사회적인 맥락에서 사회복지급여를 공급하는 자들 간에 조직적 연계 및 공급자와 소비자들 간의 조직적 연결을 의미한다. 여기에서의 초점은 사회복지서비스의 전달은 다수의 조직적 행위자들과 서로 맞물려 있다는 것이다. 단일한 조직에 의한 활동이 아니라 조직과 조직들이 혹은 조직과 클라이언트들이 상호 연관되어 서비스가 창출되거나 공급되는 체계를 이루는 것이 사회복지서비스 전달체계 속성이다.

사회복지 공급자로는 공공행정조직인 정부와 지방자치단체 그리고 민간부문인 개인, 기업, 종교단체, 사회복지법인, 시설 등이 있으며 사회복지 수요자는 클라이언트로 사회복지 욕구를 지닌 모든 국민과 지역사회가 해당된다고 할 수 있다. 이러한 사회복지 전달체계에 대한 정의로 길버트와 테럴(Gilbert & Terrell, 1988)은 "사회복지서비스 전달체계란 지역사회체계 속에서 사회복지서비스의 공급자와 클라이언트 간을 연결시키기 위한 조직적 장치"라고 다소 협의적으로 정의하였으며, 프리드랜더와 앱트(Freedlander & Apte, 1974)는 "클라이언트 측면에서 이를 둘러싼 일체의 공·사적 복지조직 환경을 포함한 공·사적 기관과 이들 기관 사이의 서비스 전달망"이라고 광의적으로 정의하고 있다. 최성재·남기민(2001)은 "사회복지서비스 전달체계란 지역사회 내에 존재하는 사회복지서비스의 공급자 상호 간과 공급자와 클라이언트 사이를 연결시키기 위하여 만들어진 조직적 체계"라고 정의하였다(우종모 외, 2007). 한편, 길버트와 스펙트(Gilbert & Specht, 1974)는 사회복지서비스 전달체계는 "할당(allocation), 급여(provision), 전달체계(delivery), 재정(finance)" 등 네 가지 요소로 구성된다고 주장하였다.

2. 국가주도 사회복지 전달의 당위성

1) 사회복지 재화의 공공재적 성격

사회복지서비스는 사적 시장으로서는 제공할 수 없는 성격을 가지고 있다. 이는 사회복지 재화를 소비하는 데 비경합적이고 비배제적인 성격을 지니고 있기 때문에 시장에만 맡겨두었을 경우 효율적으로 제공되지 않는 특징이 있다는 것을 의미한다. 즉 어떤 재화에 대한 시장이 이루어지면 그 재화에 대한 비용을 지불하지 않은 사람들은 그 재화의 사용으로부터 배제될 수 있어야 한다. 만약 그렇지 않을 경우 합리적 개인이라면 누구라도 그 재화에 대한 비용을 지불하지 않고 무임승차하려고 할 것이기 때문이다. 공공재적 성격으로서의 비배제성은 어떤 재화나 서비스가 공급되면 비용을 지불하지 않은 사람일지라도 그 재화나 서비스의 사용을 금지할 수 없는 상황도 발생할 수 있는데 이러한 상황을 비배제성이라고 한다. 비경합성은 어떤 재화나 서비스에 대한 소비가 다른 사람의 소비를 방해하지 않는 것을 의미한다(박경일, 2016).

이에 대해 등대를 예로 들 수 있다. 바닷가에 등대가 설치되면 그 주위를 지나가는 모든 배가 동등하게 이익을 받는다. 즉 등대 서비스의 이용료를 지불하지 않아도 똑같은 서비스를 받을 수 있고, 이용료를 지불하지 않는 배를 그 서비스로부터 배제할 수도 없다. 따라서는 국가는 공공재에 관한 규칙을 집행하여 문제를 해결하고자 한다. 즉 국가는 생산에 기여하기를 꺼리는 무임승차자들을 처벌하거나 공공재를 직접 공급함으로써 문제를 해결할 수 있다. 예를 들어 국가는 국방, 학교, 공원 등과 같은 공공재를 생산하기 위하여 국민들에게 세금을 부과하여 그 재원으로 필요한 공공재를 공급하는 것이다(오세영, 2017).

2) 외부효과

사회복지의 재화나 서비스를 국가가 제공해야 하는 이유는 바로 이러한 재화들이 긍정적인 외부효과를 많이 만들어 낼 수 있기 때문이다. 예를 들어 한 지역의 복지 인프라를 확충한다면 이는 그 지역뿐 아니라 지역 외 사람들도 혜택을 누릴 수 있게 되므로 결과적으로 긍정적인 외부효과를 만들어 내는 것이 된다. 즉, 예를 들어 한 지역에 과수원이 만들어지면 과수원 외부의 양봉업자가 이득을 보는 효과를 말한다. 이처럼 주변 지역에 미치는 파급효과가 큰 부문은 국가가 주도하는 것이 바람직하다(박경일, 2016).

3) 불완전한 정보

일반적으로 어떤 재화가 시장매커니즘에서 공정한 배분이 이루어지기 위해서는 수요자나 공급자 둘 다 그 재화의 질과 가격에 대한 충분한 정보를 갖고 효용을 극대화하는 합리적 선택이 있어야 한다. 따라서 어떤 재화에 대한 충분한 정보가 없는 경우에는 시장에서 비록 소비자가 요구하는 형태의 재화가 배분되더라도 이러한 배분은 소비자가 진정으로 원하는 것이 아닌 경우가 있고 이러한 경우 비효율적인 배분이 될 가능성이 높다. 이러한 상황에서 재화의 소비자들보다 국가가 이러한 재화에 대한 정보를 더 많이 갖고 있다면 국가가 주도하여 이러한 재화를 제공하는 것이 더 효율적인 배분이 될 수 있다. 즉 사회복지의 재화나 서비스 가운데 정보의 문제가 가장 심각한 것은 의료서비스부문이다. 의료서비스는 고도로 전문적인 성격을 가지고, 환자가 공급된 서비스의 내용을 정확히 판단하는 것은 거의 불가능하다. 환자가 의료시설에 도착한 후에 받는 진료의 프로세스에는 다양한 서비스가 포함되어 있고, 그 프로세스에는 이른바 많은 거래가 포함되어 있기 때문이다. 이 때문에 의료서비스의 수급조정을 시장 매커니즘에 맡겨 버리면 시장의 실패가 발생하기 쉽다(오세영, 2017). 따라서 이러한 정보의 불완전성이 심할수록 자원배분의 효율성도 크게 손상된다고 할 수 있는데, 이러한 정보의 불완전 현상은 역의 선택과 도덕적 해이를 초래하게 된다.

4) 역의 선택

국가공급의 강제적 보험을 정당화하는 논리적 근거로서 역선택을 들 수 있다. 역선택은 비대칭성으로 인해 발생하는 것으로 높은 사람들이 보험에 집중적으로 가입하게 되어 평균적인 위험 확률과 보험료가 높아지는 악순환이 생겨서 시장의 실패를 가져오는 문제를 말한다. 즉 민간보험시장에서는 질병이나 실업 등의 사회적 위험에 많이 노출되어 있는 이른바 고위험집단이 보험에 가입하고자 하는 경향이 강하기 때문이다. 그런데 보험회사에서는 사전에 그 사람들에 대한 정보를 알지 못하기 때문에 매우 불안정한 시장이 형성되어 잠재적으로 엄청나게 높은 보험료가 책정될 수밖에 없다. 그렇게 되면 보험료가 비싸지면 위험발생 확률이 낮은 보험가입자들은 도중에 해약하거나 좀 더 싼 보험료를 찾게 된다. 그렇게 되면 위험발생 확률이 높은 고위험 피보험자만 남게 되고 보험자는 또 다시 보험료를 인상할 수밖에 없다. 이러한 악순환이 반복되어 결국에는 시장의 실패를 가져오게 되는 것이다(오세영, 2017). 즉 역의 선택은 보험분야에서 도입된 것으로서 보험회사가 보험금 지급과 관련된 사건의 발생 확률에 영향을 미치는 보험가입자의 특성을 알 수 없을 때 발생한다.

5) 도덕적 해이

불완전한 정보 때문에 민간시장에서 미래에 발생할 위험에 대비한 보험이 제공되기 어려운 또 하나의 이유는 이른바 도덕적 해이(moral hazard) 현상 때문이다. 일반적으로 도덕적 해이는 개인의 의도적인 행위가 보험이 대상으로 하는 위험의 발생가능성에 영향을 줄 수 있다는 데에서 비롯된다. 즉, 도덕적 해이는 보험가입자가 위험발생을 예방하고 회피하는 행위를 적게 하여 위험발생이 높아지는 현상을 말한다. 이러한 도덕적 해이를 막기 위하여 민간보험에서는 여러 가지의 위험발생을 적게 하거나 예방 노력을 한 것에 대해 보상하거나 보험료 삭감 등을 행한다. 도덕적 해이의 문제가 심각한 대표적인 사례로 건강보험과 실업보험을 들 수 있다. 따라서 건강보험에서 도덕적 해이를 방지하는 하나의 방법으로 자기부담금을 도입한다든지, 산업재해보험에서 재해발생을 줄이기 위한 보험료 부담의 개별실적요율주의를 채택하는 것 등이 있다(박경일, 2016).

6) 규모의 경제

규모의 경제란 경제학 용어로서 생산량이 늘어감에 따라 평균생산비용이 더 줄어드는 현상을 말한다. 다시 말해서 일반적으로 어떤 기업이 생산설비를 확대해서 대규모 설비를 갖추게 되면 경제성 신기술의 도입 등으로 생산비용을 낮출 수 있고, 생산원료의 대량구입에 따른 운임이나 원료비의 저하로 생산비가 낮춰지기 때문에 평균 생산비용도 낮아진다는 것이다. 한마디로 경제가 크면 클수록 좋다는 뜻이다(오세영, 2017).

사회복지의 재화나 서비스는 규모의 경제적 속성을 많이 가지고 있다. 예를 들면 대중교육, 대량의 공공주택 건설, 전 국민 의료서비스, 전 국민 대상의 사회보험 등이 이에 해당된다. 이러한 재화나 서비스들은 국가가 직접 제공하는 것이 단위당 비용이 적게 들고 또한 이러한 재화나 서비스가 민간부문의 여러 공급자들에 의하여 제공되는 것보다 필요한 거래비용도 줄일 수 있다. 따라서 사회보험제도 전체의 통합화를 추진하려고 하는 이유도 규모의 경제에 의한 전달체계상 운영비용을 줄이기 위한 하나의 방편이라고 할 수 있다(박경일, 2016).

제2절 사회복지 전달체계의 분류

사회복지 전달체계를 분류할 때 관점에 따라 다양하게 구분할 수 있는데, 일반적으로 '운영주체적 분류, 구조·기능적 분류' 등의 방식이 많이 논의되고 있다.

1. 운영주체적 분류

이 방법은 운영주체에 따라 서비스 전달체계를 구분하는 것으로서 공공복지 전달체계(공공전달체계)와 민간복지 전달체계(민간전달체계)로 구분한다. 전자는 정부나 지방자치단체 등 공공기관이 중심이 되어 일정한 요건을 갖춘 대상자들에게 일정한 급여나 서비스를 제공하는 것을 의미하며, 후자는 개인, 민간기관·시설, 기업 등 민간부문에서 복지수급자들에게 일정한 급여나 서비스를 제공하는 조직체계를 의미한다. 공공전달체계는 정부(중앙 및 지방)나 공공기관이 직접 관리·운영하는 것으로서 정부를 중심으로 한 정부조직 관련부서들의 위계적인 체계망을 의미하며, 궁극적으로 관과 관의 협력체계를 의미한다고 할 수 있다. 특히 공공부조와 사회복지서비스를 전달하는 과정에서 중앙정부와 지방정부 그리고 일선행정기관들의 조직과 인력의 배열이나 관계를 의미하는 것이다. 민간전달체계는 민간이 직접 관리·운영하거나 정부 또는 지방자치단체로부터 위탁하여 운영하는 것을 의미한다. 예를 들면, 복지재단, 자원봉사단체, 사회복지협의회, 이용 및 생활시설, 단체, 개인 등의 수평적인 체계망이라 할 수 있다. 공공과 민간전달체계는 서비스 전달을 위한 재원에서도 구분되는데, 공공전달체계는 국가의 세금에 의해서 유지되며, 민간전달체계는 기부금품, 정부보조금, 자원봉사 등과 같은 자원들에 의해 유지된다. 따라서 공공전달체계는 세금 형태의 고정적인 자원들에 의해 유지되고 관료제적 조직구조에 의해 운영됨에 따라 안정성은 유지되지만, 급격하게 변화하는 외부환경에 능동적으로 민감하게 대응할 수 있는 탄력성이 부족하다. 반면 민간전달체계의 경우 자발적이고 다양한 주체들에 의해 재원이나 운영되기 때문에 환경변화에 탄력적으로 적응할 수 있는 장점이 있으나 안정성과 일관성을 유지하기 어려운 한계가 있다.

우리나라 사회복지 전달체계는 크게 두 가지로 구분할 수 있다. 첫째, 공공부조의 집행 및 사회복지서비스 제공을 중심으로 하는 지방자치단체의 사회복지행정부서와 둘째, 각종 사회복지사업과 사회복지서비스를 담당하는 분야별 민간 사회복지기관 및 시설로 구분할 수 있다. 그러나 민간부문에 속해 있는 사회복지 관련기관이나 프로그램들이 「사회복지사업법」 제34조 제5항 "사회복지법인이나 비영리법인에 위탁하여 운영하는" 경우가 많아 민간의 순수한 재원보다는 공공부문에서 비롯되는 국가보조금 등의 재정지원으로 이루어지고 있다. 이러한 현실에서 공공과 민간을 엄격하게 분리하여 각기 다른 서비스 전달체계를 구성하고 있다고 보기는 어려울 것이다.

최근의 사회복지서비스분야의 전달과정을 보면, 운영주체가 공공부문 혹은 민간부문 등으로 명확하게 구분되어 있지 않으며, 오히려 민간부문과 공공부문이 유기적으로 네트워크를 구축하여 다양한 복지서비스를 제공하는 혼합전달체계의 형태를 나타내는 경우가 급격하게 증가하고 있는 추세이다.

〈표 8-1〉 사회복지서비스 전달체계의 운영주체적 분류

구분	구성
공공전달체계	보건복지부 → 광역자치단체(특별시, 광역시, 도) → 기초자치단체(시·군·구) → 읍·면·동 → 수급자
민간전달체계	개인, 기업, 민간사회복지기관(시설), 복지재단, 자원봉사단체, 사회복지협의회 등과 수급자

출처: 우종모 외 (2004).

2. 구조 · 기능적 분류

사회복지 전달체계의 구조·기능적 분류란 사회복지서비스를 공급하는 주체들(정부, 기관, 시설, 단체, 개인 등) 간에 구조와 기능이 어떻게 분류되어 있는지를 바탕으로 분류하는 것이다. 구조·기능적 관점에서 전달체계를 분류하면 행정체계와 집행체계로 구분할 수 있다(우종모 외, 2004). 행정체계는 서비스 전달을 기획, 지휘, 지원, 관리하는 등 주로 기획과 관리기능들을 수행하는 조

직이나 인력을 의미하며, 집행체계는 서비스 공급자와 수급자가 직접 상호접촉을 가지면서 일정한 장소에서 서비스를 전달하는 업무를 실제 수행하는 조직이나 인력을 의미한다. 이러한 집행체계는 행정체계로부터 일정하게 규제, 지원 및 감독 등 통제와 지원을 받으며 운영되며 주로 사회복지전담공무원이 이에 해당된다. 행정체계는 기획, 관리 등 주로 행정기능만 담당하지만 집행체계는 서비스 전달기능을 하면서도 행정기능도 수행한다. 즉, 일선 현장의 사회복지전담공무원 혹은 사회복지사는 수급자와 직접 면하여 상담하거나 금품을 제공하는 직접적 전달 업무 외에 수급자와의 상담계획 수립, 슈퍼비전, 행정상 필요한 회의 참석 등 행정기능도 함께 수행하고 있다. 국민기초생활보장사업의 경우, 보건복지부→광역자치단체→기초자치단체→일선행정기관(읍·면·동)→수급자 등의 전달체계를 갖고 있다. 이때 보건복지부에서 기초자치단체인 시·군·자치구에 이르는 단계는 행정체계에 해당하며, 일선행정기관인 읍·면·동에서 수급자에게 서비스를 제공하는 과정은 집행체계에 해당한다.

3. 사회복지 전달체계의 구성요인

사회복지 전달체계의 구성요인으로 볼 수 있는 것은 크게 ① 중앙정부, ② 지방정부, ③ 중앙정부와 지방정부의 혼합체, ④ 정부와 민간부분 간의 혼합체, ⑤ 순수 민간부분으로 나눌 수 있다(오세영, 2017).

1) 중앙정부

현재 복지국가에서의 중앙정부 책임성은 매우 높다고 할 수 있다. 특히 재원의 부담, 조정, 급여방법 등 사회복지서비스 및 정책의 대부분은 중앙정부에서 모든 것을 결정한다. 대표적으로 사회보험, 공공부조 등이 그러하다. 우리나라의 경우 5대 사회보험과 국민기초생활보장제도가 중앙정부에 의해 제공된다.

사회복지 전달체계에서 중앙정부 위주의 전달체계 구성의 장점으로는 첫째, 사회복지정책의 가치인 평등을 실현하는 데 중앙정부 위주의 정책이 가장 유리하다는 것이다. 이는 중앙정부에 의한 접근법이 모든 국민을 대상으로 사회복지정책에 대한 소득재분배효과를 극대화할 수 있기 때문이다. 예를 들면 고소득층에 대한 누진율을 적용하여 그 재원으로 사회복지서비스를 제공하게 되면 국가의 소득재분배효과는 가장 바람직하게 나타날 수 있다. 또한 지방정부에서 할 수 없거나 제한적인 소득재분배를 통한 사회복지 전달체계를 중앙정부가 할 경우 정치적 저항이나 조세저항을 가장 적게 받을 수 있다.

둘째, 사회복지의 재화나 서비스 중 공공재의 성격을 띠는 것, 교육·의료·복지서비스 등 이러한 재화공급을 중앙정부에서 담당하는 것이 유리하다. 이러한 공공재적 정책들은 사람의 수가 많을수록 유리하며 재원조달에 강제성이 동원되는 경우가 많다. 이 경우 현실적으로 중앙정부만이 가능하다 할 것이다.

셋째, 사회복지서비스의 재화나 정책에 대한 결정은 중앙정부가 하는 것이 다양한 복지욕구들을 통합, 조장할 수 있으며, 재정적인 안정성이 매우 중요한 사회복지정책은 중앙정부에서 운영하는 것이 어떤 전달체계보다 지속적이고 안정적인 운영이 가능하기 때문이다.

이러한 중앙정부의 전달체계에는 단점도 존재한다. 첫째, 중앙정부에서 제공하는 재화들은 일반적으로 공급량이나 형태 등에 수급자의 욕구가 반영되기 어렵다. 그렇기 때문에 수급자들의 효과성을 극대화하는 데 어려움이 있다.

둘째, 중앙정부에 의해 독점적으로 제공되는 재화나 서비스는 공급자가 독점적이기 때문에 다수의 경쟁적인 체계에 비하여 수급자들에게 불리할 수 있다. 특히 선택이 반영되지 않기 때문에 서비스나 재화의 질이 매우 낮으며 수급자들의 만족도도 높지 않을 가능성이 매우 높다.

셋째, 중앙정부를 통하여 제공되는 재화나 서비스는 정부조직의 관료주의적 성향으로 수급자의 욕구에 대한 대응이 느리고 책임성이 약하며, 복지환경의 변화에 대한 즉각적인 대책 마련이 어렵다. 이와 같이 중앙정부의 전달체계는 장점과 단점을 가지고 있다. 그럼에도 중앙정부에서 제공되는 사회복지서비스나 재화는 그 속성에 따라 중앙정부에서 제공해야 되는 경우가 있고, 이에 대한 단점을 해결할 수 있는 접근이 필요하다.

2) 지방정부

사회복지정책 중 사회복지서비스, 공공부조 등의 최종 전달체계는 지방정부에 의해 제공된다고 할 수 있다. 지방정부 전달체계가 중요한 이유로는 첫째, 지방정부가 사회복지정책의 재화나 서비스를 제공하는 것이 지역주민들, 특히 복지서비스 대상자들의 욕구를 보다 효과적으로 해결할 수 있다는 점이다. 중앙정부는 모든 국민의 일반적인 사회복지적 욕구에 대응을 해야 되기 때문에 지역적 특성을 가지고 있는 선별적인 욕구에 대응할 수 없다.

둘째, 지방정부 단위로 사회복지서비스와 재화를 제공하게 되면 지방정부들 간의 경쟁을 유발시켜 경쟁원리에 의한 재화의 질과 가격하락이 발생하게 되어 수급자 선택의 폭이 넓어질 수 있다는 것이다.

셋째, 지방정부 전달체계는 중앙정부보다 비교적 창의적이고 실험적인 사회복지서비스 개발이 용이하여 수급자들이 변화되는 욕구에 적극적으로 대처해 나갈 수 있다.

넷째, 지방정부의 전달체계는 지역적으로나 정서적으로 주민들에게 접근할 수가 있고 대상자들의 접근성 또한 용이하다. 그리고 지방정부의 정책결정에 수급자들의 욕구가 반영될 가능성이 중앙정부 전달체계보다 높다.

이러한 지방정부 전달체계의 단점으로는 첫째, 지역 간 불평등으로 인해 사회통합이 저하된다. 둘째, 중앙정부 전달체계에 비해 '규모의 경제효과'가 적다. 셋째, 지방정부 전달체계는 재정적인 안정성이 불안정하기 때문에 지속성의 측면에서 문제가 있을 수 있다.

3) 중앙정부와 지방정부 혼합체계

현재의 복지국가의 특성상 완전히 중앙정부 혹은 지방정부 위주의 서비스 전달체계를 운영하고 있는 경우는 거의 없다. 대개 지방정부가 중앙정부로부터 재정지원을 받고, 중앙정부정책에 협조한다. 이러한 중앙정부의 재정지원 방식은 크게 항목별 보조금, 기능별 보조금, 특별 보조금 등 세 가지로 구분할 수 있다(오세영, 2017).

첫째, 항목별 보조금(categorical grants)은 중앙정부가 사회복지서비스와 재화의 세부적인 항목을 지정해서 지원하는 것이다. 지방정부의 자율성은 거의 없고 중앙정부가 지정한 정책과 절차를 엄격하게 이행해야 한다.

둘째, 기능별 보조금(block grants)은 보조금예산지원이 항목별로 구분되는 것이 아니라 사회복지보조금을 포괄적으로 지원하면 지방정부에서 프로그램의 기능별로 구분하여 사용하는 것이다. 항목별 보조금이 아동복지서비스, 노인복지서비스, 장애인복지서비스 등에 대한 예산을 규정하여 지급한다면, 항목별 보조금은 사회복지서비스의 포괄적인 보조금하에서 지방정부별로 아동복지, 노인복지, 장애인복지의 예산을 자율적으로 정책을 수립하고 집행하는 역할을 하게 된다.

셋째, 특별 보조금(special revenue shaving)은 중앙정부의 예산 중에서 일정 부분을 지방정부에 이관해 주는 것이다. 이러하면 지방정부는 중앙정부로부터 받은 재원으로 사회복지서비스 재화, 수급자의 자격, 급여 내용, 세부적 전달체계 등 모든 것을 독자적으로 결정할 수 있으며 지방정부의 독립성이 가장 높게 보장된다. 따라서 지방정부 전달체계의 장점을 가장 잘 살릴 수 있는 보조금 지급방식이다.

4) 정부와 민간부분 혼합체계

우리나라 사회복지 전달체계에서 완전 독립적인 민간부분은 존재하지 않는다고 할 수 있다. 대부분 민간부분 전달체계와 공공부분 전달체계의 혼합이 일반화되어 있다. 정부와 민간부분의 혼합 전달체계가 중요한 점으로는 이른바 '정부의 실패'가 해결되면서 민간부분에서의 효율성, 선택의 자유, 신속대응성, 융통성 등 시장원리의 장점들을 살릴 수 있기 때문이다. 이러한 정부와 민간부분 혼합체계의 형태는 다음과 같다.

① 정부가 민간의 사회복지기관들과 계약하여 구입하는 형식으로 소비자들에게 제공해 주는 형태이다. 정부가 재원을 부담하고 사회복지 프로그램은 민간기관에서 운영하도록 하면서 급여자격조건, 급여액 등에 일정한 규제를 하는 것이다. 우리나라의 보육서비스가 대표적으로 여기에 해당된다.

② 정부가 민간의 사회복지기관에 재정적으로 보조를 해주는 방법이다. ①의 계약형태는 정부가 특정 서비스를 지정하여 민간기관에 재정을 지원하는 것이라면 이 방식은 민간 사회복지기관에 국고보조금지원을 통한 재정지원을 하여 다양한 서비스를 융통성 있게 제공하도록 하는 것이다. 예를 들어 우리나라 종합사회복지관 등 복지기관들이 정부 또는 지방자치단체 등과 위탁운영계약을 통한 재정지원을 받아 다양한 복지서비스 등을 제공하고 있다.

③ 정부가 특정의 사회복지 재화나 서비스를 구입할 수 있는 바우처(voucher)를 소비자에게 제공하여 소비자들이 민간부문에서 서비스를 이용하게 하는 것이다. 이 형태는 정부가 소비자에게 직접 재정보조를 해주며, 이러한 형태는 소비자들의 선택의 폭을 넓힐 수 있고, 서비스 공급자들 사이의 경쟁을 통한 서비스의 질 향상을 기대할 수 있다. 우리나라는 사회보장정보원(www.ssis.or.kr) 사회서비스 전자바우처포털을 통한 바우처사업을 진행하

고 있다.

④ 정부가 소비자들이 민간부분에서 사회복지서비스를 구입할 때 지출한 비용의 일부를 소비자들에게 상환(reimbursement)해 주는 형태이다. 이것은 정부와 민간전달체계의 혼합형태 중 민간의 역할을 강조하는 것이며, 바우처보다 더 소비자 선택의 자유를 높일 수 있다. 그러나 소비자들이 불완전한 정보를 습득하여 재화나 서비스를 잘못 선택할 수 있고, 소비자들의 오용과 남용에 대한 문제가 발생할 수 있다. 우리나라에서는 이러한 형태의 전달체계를 보기 어렵고 미국 등 일부 국가에서 부분적으로 시행하고 있다.

⑤ 소비자들이 민간부분에서 사회복지 재화나 서비스를 구입할 때 드는 비용의 일부분을 나중에 세금감면의 형태로 보조해 주는 것이다. 이를 흔히 조세비용이라 하는데 대표적인 예가 의료, 교육, 복지서비스 등에 지출한 비용의 일부를 세금을 낼 때 감면해 주는 제도이다.

⑥ 기업복지라고 하는 것으로 민간기업으로 하여금 사회복지 재화나 서비스를 피고용자나 그 가족에게 의무적으로 제공하게 하는 형태이다. 퇴직금제도나 임산부 산전·산후 유급휴가제도 등이 있다.

⑦ 정부의 재정지원 없이 사회복지기관들에 대한 서비스의 가격, 대상, 종류 등에 대한 규제를 하는 방법이다. 이러한 형태는 정부와 민간부분의 혼합형태 중 정부의 역할이 가장 소극적인 방법이다. 장기요양분야의 요양기관들 중 정부가 재정지원은 하지 않고 각종 규제를 하는 것을 예로 들 수 있다.

4. 사회복지 전달체계의 원칙

사회복지 전달체계의 개선은 사회복지서비스의 효과적이고 효율적인 전달을 목적으로 하는 사회복지행정을 전제로 한다. 사회복지행정은 추상적인 사회복지정책을 구체적인 사회복지서비스로 전환하여 서비스를 필요로 하는 사람에게 전달하는 과정 중의 활동이라 할 수 있으며(Skidmore, 1990), 효과적이고 효율적인 사회복지서비스 전달을 위해서는 재화나 서비스 속성의 측면과 전달방법의 측면에서 고려되어야 할 원칙과 전략이 있어야 할 것이다(송근원·김태성, 1995).

1) 재화나 서비스 속성의 측면

행정적 측면이란 소비자들에게 적절한 서비스를 제공하기 위해 모든 사회복지공급자가 수행하고 있는 다양한 기능들의 효과성과 효율성을 극대화시키는 데 필요한 원칙을 말한다.

(1) 기능분담체계성의 원칙

행정의 효과성을 고려할 때, 복지기관의 행정상 위치에 따라 각기 중요한 기능은 달라진다. 따라서 전달체계의 상위체계인 중앙정부는 정책결정과 관련된 계획 및 통제기능이 주 기능이 되고, 중간체계인 지방정부는 책임기능과 서비스 제공기능에 초점을 두며, 하부체계인 기초자치단체와 읍·면·동 기관에서는 복지수급자와 직접 접촉을 하게 되므로 서비스 제공기능을 주로 맡게 된다. 따라서 이상적인 전달체계는 상부에서 하부로, 하부에서 상부로 연결되는 기능적 분담이 일관성과 체계성을 유지해야 한다.

(2) 전문성에 따른 업무분담의 원칙

사회복지서비스 제공과 관련하여 업무 특성이 전문성을 띠는 것과 그렇지 않은 것으로 구별하는 업무분담이 필요하며, 전문가의 전문성이 발휘될 수 있는 행정구조를 마련하여 전문가의 권위와 자율성을 보장해 주는 것이 필요하다. 업무의 성질상 전문성을 조금 적게 필요로 하는 것은 준전문가가 담당하고, 비숙련업무 및 일반행정업무는 비전문가 또는 경우에 따라서는 자원봉사자가 담당하도록 하여야 한다.

(3) 책임성의 원칙

공공복지조직은 복지국가가 시민의 권리로 인정한 공공복지서비스를 전달하도록 위임받은 조직이므로 공공복지서비스의 전달에 책임을 져야 한다. 즉, 사회복지와 관련된 모든 절차를 규정에 따라서 수행할 책임이 사회복지 공급자에게 있다는 것을 의미한다. 책임성의 원칙에 의해 책임을 져야 할 주요 내용은 서비스가 수급자의 욕구에 적절히 응하는 것인지, 서비스 전달 절차가 적합한지, 서비스가 효과적이고 효율적인지, 서비스 전달과정에서의 불평과 불만의 수렴 장치는 적합한지 등에 관한 것이다. 공공복지조직이 구체적으로 책임을 져야 하는 대상자는 중앙정부와 지방자치단체의 구체적인 서비스 수급자인 취약계층을 비롯하여 우리 전체 사회라고 할 수 있다.

(4) 접근용이성의 원칙

복지서비스는 그것을 필요로 하는 사람들이면 누구나 쉽게 이용하거나 받을 수 있어야 하기 때문에 대상자가 접근하기에 용이하여야 한다는 것이다. 즉, 다양한 복지조직에서 제공하는 서비스에 수급자들이 얼마나 쉽게 접근할 수 있는가의 문제로서, 수급자들이 실제로 서비스를 이용하기 어렵다면 그 서비스의 실효성은 크게 떨어진다고 볼 수 있다. 따라서 서비스 전달체계는 공간적·시간적 측면에서 수급자가 서비스를 쉽게 이용할 수 있어야 한다. 수급자가 서비스에 접근하는 데는 여러 장애요인이 있을 수 있는데 주요 장애요인으로는 서비스에 관한 정보의 결여 또는 부족, 지리적 장애, 심리적 장애, 선정 절차성의 장애, 자원부족 등이 있다. 따라서 복지조직 간에 긴밀한 네트워크나 소통관계를 형성하여 이러한 요인들을 제거하면, 수급자는 좀 더 용이하게 서비스를 수급받거나 이용할 수 있을 것이다.

(5) 통합조정의 원칙

일부분의 클라이언트는 단편적인 한두 가지의 문제나 욕구를 안고 있는 것이 아니라 매우 복잡하고 다양한 문제나 욕구에 노출되어 있다. 따라서 이러한 복잡한 문제를 효과적으로 해결하기 위해서는 다양한 서비스가 조직적 혹은 체계적으로 동시에 투입되어야 하며, 자원배분 그리고 업무수행 시 관계기관 및 관계자들 간의 협조 조정이 원활하게 이루어질 수 있는 전달체계가 구축되어야 한다. 이처럼 복잡 다양한 클라이언트의 문제를 효과적으로 해결하기 위해서는 다양한 서비스를 통합하여 조정·관리할 수 있는 책임기관의 선정 혹은 책임전문가의 선정이 필요하다. 이울러 복지서비스 제공 계획 및 자원의 배분 그리고 업무수행 시에 관계기관과 관계자들 간의 협조와 조정이 원활하게 이루어질 수 있는 전달체계를 구축해야 할 것이다. 이와 같이 둘 이상의 서비스 공급자들을 함께 묶고 복지조직들 간에 서비스 누락과 중복을 방지할 수 있도록 적절히 조정하고, 적절한 자원배분 등을 통하여 복지서비스가 체계적으로 제공되어 복잡하고 다양한 클라이언트의 문제를 해결하고 욕구충족을 충분히 달성할 수 있도록 지원하는 것을 통합조정의 원칙이라고 한다.

(6) 지역참여의 원칙

현 사회의 제반 문제는 공식적 사회복지 전달체계만으로 해결하기에는 양과 질이 부족하다. 따라서 복잡한 현 사회의 문제를 효과적으로 해결하기 위해서는 공식적인 조직체계가 비공식적인 조직체계를 최대한 수용하거나 활용해야 한다. 이를 위해 지역사회 범위 내에서 다양한 자원들이 동원되고 참여하는 것이 전적으로 필요하다. 최근 우리나라의 경우, 복지분야에 대한 업무가 광범위하게 지방자치단체에 이양되면서 효과적으로 복지를 공급하고 지역사회복지를 실천하기 위해서는 지역사회의 의지와 능력 그리고 자원의 존재와 동원 여부 등이 사회복지 발전에 결정적인 영향을 미치고 있다. 뿐만 아니라 지역의 다양한 문제와 욕구 등에 관하여 지역사회가 가장 바로 알고 있고, 또 그 해결 자원 등도 지역사회가 가장 잘 알고 있는 만큼 지역사회와 지역의 다양한 자원들의 참여 여부는 지역사회복지의 성패를 좌우할 것이다.

(7) 조사 및 연구의 원칙

효과적으로 복지서비스를 제공하기 위해서는 공급자 입장보다도 수요자 중심에서 공급하는 것이 가장 중요한 일이다. 수요자 중심의 복지서비스를 공급하기 위해서는 수요자의 욕구나 문제를 정기적으로 조사하고 분석하는 것이 우선적으로 필요하다. 수요자의 욕구와 문제에 관하여 정기적으로 조사하고 분석하여 사업 우선순위를 조정하고 이에 따라 사업이 수행되도록 운용 관리해야 할 것이다. 뿐만 아니라 지역 내에 동원가능한 자원을 자세하게 조사하는 것 역시 효과적인 서비스 공급을 위하여 매우 필요한 기능 중의 하나이다. 따라서 사회복지의 공급과 수요를 적절하게 계획하고 통제하기 위해 적절한 조사와 연구의 필요성은 매우 중요한 기능이다.

2) 전달체계의 측면에서의 원칙

서비스 제공 측면관 관련된 전달체계의 기본 원칙은 일정 시점에서 정해진 가용자원, 즉 현존 서비스와 소비자 욕구를 연결시키는 데 서비스의 효과성과 효율성을 제고시키기 위한 원칙을 의미하는 것이다.

(1) 평등성의 원칙

모든 사회구성원은 성, 연령, 지역, 종교, 지위, 소득에 관계없이 필요한 서비스를 신청 또는 이용할 수 있는 권리를 가진다. 즉, 복지서비스는 기본적으로 개인의 경제적·사회적·지역적 조건에 관계없이 모든 소비자에게 평등하게 제공되어야 한다. 현 사회에서는 급속한 사회적 변화에 의하여 개인의 경제적·사회적 형평에 관계없이 많은 위험과 문제들이 발생할 수 있다.

(2) 재활 및 자활 목표의 원칙

클라이언트의 재활이나 자활을 통하여 정상적인 사회복귀 내지는 사회생활을 유지할 수 있도록 복지서비스가 제공되어야 한다는 것이다. 사회복지는 자립성 유지를 기본적인 목표로 하고 있다. 따라서 모든 사회복지서비스는 수급자가 타인의 의존에서 벗어나 스스로 자신의 삶을 영위하면서 사회에 적응하여 정상적으로 생활할 수 있도록 지원해야 한다.

(3) 적절성의 원칙

사회복지의 다양한 목표를 달성하기 위해서 사회복지서비스는 그 양과 질, 기간 등의 측면에서 대상자의 문제나 욕구를 충족할 수 있을 만큼 충분히 공급해야 한다는 원칙이다. 물론 이러한 적절성 원칙은 재정 형편 혹은 자원의 한정성 문제로 인하여 적용하기 어려운 경우가 많고, 그 적절성의 수준에 대해서도 판정이 매우 어려운 것이 사실이다. 또한 대상자가 원하는 인지된 욕구와 규범적 욕구 또는 전문가 욕구 간에 불일치 현상이 나타날 수도 있기 때문에 적절성과 필요성에 대한 판정은 매우 논란이 되고 있다. 그러나 복지서비스 양과 질에 대한 최종적인 판단은 전문가의 권한이므로 양자를 조화시킬 수 있는 전달체계의 구축이 요청된다.

(4) 포괄성의 원칙

복잡하고 다양한 문제를 안고 있는 클라이언트에게 효과적으로 복지서비스를 제공하기 위해서는 여러 가지 유형의 서비스를 동시에 고려해야 그 효과를 극화할 수 있다. 일반적으로 클라이언트가 가지고 있는 문제나 욕구결핍 대상은 클라이언트의 또 다른 문제와 서로 유기적인 연관성을 가지고 전개되기 때문에 각각의 문제는 여러 요소가 결합된 복합적인 양상을 나타낸다. 따라서 다양하고 복잡한 욕구나 문제를 동시에 또는 순차적, 효과적으로 해결하기 위해서는 다양한 서비스를 포괄적으로 제공해야 한다. 이처럼 관련 분야 간의 상호 유기적인 이해와 협조는 복지서비스의 효과성과 효율성을 높이는 데 매우 중요한 영향을 미친다. 서비스의 포괄성을 달성하기 위해서는 한 사람의 전문가가 여러 문제를 다루거나 아니면 각각 다른 전문가가 한 사람의 문제를 다룰 수도 있고, 여러 전문가들이 한 팀이 되어 문제를 해결할 수도 있다.

(5) 지속성의 원칙

사회복지가 추구하는 자활 및 재활의 목표를 달성하기 위한 전문적 과정은 오랜 기간을 요구하며, 정상화로 접근하는 과정에 따라 필요한 사회복지의 종류와 양이 달라져야 한다. 즉, 한 개인의 문제나 욕구를 해결하는 과정에서 필요한 서비스의 종류와 질이 달라져야 하는 경우가 많은데 한 개인이 필요로 하는 다른 종류의 서비스와 질적으로 다른 서비스를 지역사회 내에서 계속적으로 받을 수 있도록 지속적으로 이루어져야 하며, 그러한 서비스들이 상호 연계되어야 한다는 것을 의미한다. 지속성의 원칙이 잘 적용되기 위해서는 같은 조직 내의 서비스 프로그램 간의 상호협력이 잘 이루어져야 할 뿐만 아니라 지역사회 내의 사회복지서비스 조직 간 유기적인 연계도 잘 이루어져야 한다.

(6) 가족중심의 원칙

사회복지의 문제는 개인에게서 발견되는 것이 부분이라고 볼 수 있으나, 실제 개인이 갖고 있는 문제는 그가 속해 있는 가족, 집단, 지역사회 또는 전체 사회의 구조적 결함으로까지 확대될 수 있다고 본다. 따라서 문제해결의 요구 대상이 개인일지라도 문제해결을 위한 서비스 제공의 기본단위는 가족 또는 가정이 되어야 한다. 즉, 가족을 하나의 서비스 단위로 하여 지역주민의 삶의 문제에 접근함으로써 개인·가족의 기능 강화 및 삶의 질 향상을 위해 다양한 서비스를 제공할 수 있어야 한다는 것이다.

5. 우리나라 사회복지 전달체계의 바람직한 개편방안

사회복지전달체계의 최종적인 목적으로 서비스와 재화를 효과적이고 효율적으로 전달하는 것이라 할 수 있다. 길버트와 테렐(Gilbert & Terrell)은 서비스의 효과성과 효율성을 떨어뜨리는 사회복지 전달체계의 문제점을 서비스의 분열성, 비접근성, 불연속성, 무책임성의 네 가지로 요약하고 있다(남찬섭・유태균 역, 2007).

서비스의 단편성(fragmentation)은 서비스가 한 장소에서 모두 이루어지지 않고 사회복지기관들이 그들의 활동을 조화시키기 위해 노력하고 있지 않는 문제를 말한다. 아동보육시설, 재활치료기관, 직업재활시설 등이 모두 다른 지역에 위치해 있으며, 서로 다른 사업내용으로 운영되어 중복되는 서비스를 제공하는 상황을 예로 들 수 있다.

비연속성(discontinuity)의 문제는 사회복지기관들 사이에 사례관리를 통한 대상자의 정보공유나 네트워크가 되어 있지 않거나, 의사소통이 원활하지 않은 상황을 의미한다.

비접근성(inaccessibility)은 사회복지기관의 지리적 위치, 클라이언트의 소득, 이용료 부담, 종교 등에 따라 서비스 이용에 제한을 두는 것을 의미한다.

비책임성(unaccountability)은 사회복지서비스가 위에서 나열한 문제들을 가지고 있으며, 클라이언트가 이러한 문제를 해결할 구조적인 방법을 가지지 못할 경우를 의미한다.

위에서처럼 이상적인 사회복지 전달체계는 통합적이고, 연속적이며, 접근가능성이 높고, 책임성이 명백한 방향으로 이루어진 체계를 의미한다. 그러나 현실에서 사회복지 전달체계는 이러한 네 가지 문제를 해결하기 쉽지 않다. 이러한 사회복지 전달체계의 문제를 해결하고자 하는 방향으로 사회보장제도별 전달체계의 문제점과 대응책을 제시하였고, 공공복지체계의 전달체계의 대응방안 및 개선전략을 다음과 같이 제시하였다.

1) 정책결정에 관련된 권한과 통제력을 재구조화하는 전략

이 전략은 정책결정의 권한과 통제의 소재를 어디에 둘 것인가에 대한 전략이다. 이 전략에는 조정과 시민참여를 통해 문제를 해결할 수 있다고 본다. 조정(coordination)은 통합적이고 포괄적인 사회복지서비스 체계를 개발하려는 전략이다. 조정을 통한 개선전략은 중앙집중화, 연합회, 사례수준의 협력 세 가지의 접근법이 대표적이다.

첫 번째 전략은 중앙화 혹은 중앙집중화(centralization)이다. 중앙화는 사회복지서비스와 관련된 복잡한 업무부서나 관련기관들을 통합하여 새로운 부서로 만드는 전략이다. 이러한 전략은 사회복지서비스의 단편성을 감소시킬 수 있는 대안이다. 하지만 사회복지서비스의 접근성을 제한할 수 있는 단점이 있다. 예를 들어 '보건복지부 보건복지상담센터 129' 원스톱서비스창구로 인해 사회복지서비스의 모든 정보를 기존의 사회복지전담공무원에 의해 단편적으로 제공되던 정보를 통합적으로 제공해 줄 수 있지만 상담센터 개원 전에 비하여 직접적인 대면상담을 통한 서비스 정보제공이 감소하였거나 전화 상담에 부담을 느끼는 대상자들의 접근성이 떨어지는 결과가 나타나게 되었다.

두 번째 전략은 연합화(federation)이다. 연합화는 서비스 조직 간 기술, 인력, 자원 등을 협조체제로 활용하는 것이다. 서로 다른 관련기관들의 자원을 지리적으로 집중화하되 기관을 행정적으로 통합하지는 않는 것이 중앙집중화와는 다른 개념이다. 미국의 경우 1960년대와 1970년대 연방정부의 지원 아래, 빈곤과의 전쟁에서 지역사회행동 프로그램하의 기관들, 노인복지법에 의해 설립된 지역복지센터 등에서 연합화 전략이 추진되었다. 예를 들어 노인복지기관의 인력과 정신보건기관의 인력이 공동으로 프로젝트를 구성하고, 동일한 클라이언트에게는 재정지원도 조정하며, 전문인력의 훈련도 공동으로 추진하였다. 이러한 전략은 사회복지서비스 제공기관들에게 재정적 측면에서 유리해지며, 이전에 비해 복합적인 문제를 가진 클라이언트를 원조하기 위한 각 기관이 가진 역할과 책임을 구체화함으로써 클라이언트에게 집중적인 서비스 제공이 가능하다는 장점이 있다. 하지만 대개 사회복지서비스기관들의 업무를 연합화하는 전략은 매우 어렵다. 각 기관들은 그들이 가진 자율성을 희생하려 하지 않고 느슨한 협력을 유지하려 할 것이며 이는 연합화가 기관 간 협력적 노력이 결여된 느슨한 연립조직으로 변화될 가능성이 높다.

세 번째 전략은 사례별 협력(case-level collaboration)이다. 이것은 공식적이고 구조화된 서비스의 통합이나 연합화와는 달리 사회복지기관이나 사회복지사들 간의 분권화된 상호작용에 의해 발생한다. 상위 사회복지관에서 조정체계가 작동하지 않을 경우 최일선의 사회복지사들이 다양한 구성요소들을 연결시키는 네트워크를 만들 필요가 발생한다. 이를 아래로부터의 조정, 낮은 수준의 조정이라고 할 수 있다. 이러한 낮은 수준의 개입은 사례관리(case management)가 대표적인 방법이다. 사례관리자는 클라이언트의 욕구사정을 통한 적절한 서비스 개발을 계획하고, 서비스에 대한 접근을 원활하게 하며, 서비스 전달상황을 점검하고, 서비스의 결과와 클라이언트의 만족도를 평가하는 업무를 수행한다.

네 번째 전략은 시민참여(citizen participation)이다. 이것은 사회복지 관련기관과 클라이언트 사이의 정책결정권한을 재분배하려는 목적을 가진 전략이다. 시민참여전략은 클라이언트가 영향력을 행사할 수 있는 지위에 있을 경우 그들의 욕구에 반응하고 효과적인 서비스를 제공할 수 있다는 것을 전제로 하고 있다. 시민참여전략에는 비분배적 참여, 명목적인 참여, 재분배적 참여로 분류된다.

비분배적 참여(non-distributive participation) 혹은 유사참여(pseudo participation)라고도 하는데 교육이나 치료의 형태로 참여하는 것을 말하며 기존 권위구조를 변화하지 않아 사실상 참여라 보기 어렵다.

명목적 참여(normal participation)는 의사결정과정에 시민의 영향력이 존재하지만 의사결정과정을 변화시키지는 못하는 것을 말한다.

재분배적 참여(distributive participation)는 사회복지서비스 전달체계와 관련된 의사결정에 시민들이 실질적인 영향력을 행사할 수 있도록 의사결정구조가 변화되는 것을 의미한다.

시민참여전략은 사회복지서비스 의사결정이 전문가들의 손에서 클라이언트의 욕구를 반영한 민주적인 의사결정으로 변화한다는 것에 의의가 있지만 현실적으로 클라이언트의 대표성을 담보할 만한 대표성의 문제, 어떤 방식으로 선출할 것인가의 문제 등이 남는다.

2) 과업할당을 재구조화하려는 전략

과업할당을 재구조화하는 전략은 사회복지의 업무를 누가 담당할 것인가에 대한 전략이다. 이는 비전문가에게 전문가의 역할 중 일부를 부여하는 전문가 역할 부여(role attachment)와 전문가 역할의 자율성을 확보하기 위해 전문가를 조직적 상황으로부터 분리시키는 전문적 이탈(professional disengagement)이 있다.

전문가의 역할 부여는 클라이언트와 전문가 사이에 상호 이해나 접근이 용이할 수 있도록 둘 사이의 관계를 조정할 수 있는 인간적 매개체(human link)를 의미한다. 특히 저소득층이나 지역적인 문제의 경우 전문가의 전문적 내용을 지역주민들이 이해할 수 있도록 전달하는 것이 중요하다. 그리고 장기요양서비스의 경우 사회복지사의 역할의 일부를 요양보호사에게 제공하는 것 등이 대표적이다. 그러나 이러한 전략은 클라이언트들이 비전문적인 서비스를 받게 된다는 의미이며, 전문가들의 반발에 부딪힐 수 있다.

전문적 이탈의 경우 정부는 관료제로 인해 사회복지전문가의 효과적인 기능 수행을 방해할 수 있다. 이렇기 때문에 서비스 전달을 향상시키기 위해서 관료적 구조로부터 이탈하는 것이 보다 효과적일 수 있다는 것이다. 기관의 정책상 제약을 극복하기 위한 전문가들의 '개인개업'은 전문가 자신의 역량을 발휘하고 클라이언트들의 선택권도 보장할 수 있는 전략이다. 하지만 클라이언트들은 재정적 자원이 부족하기 때문에 정부는 바우처제도 등을 통해 서비스 선택권을 보장해야 한다고 주장한다. 이러한 전략은 '사회서비스 전자바우처사업'에서의 지역사회서비스 투자, 발달재활서비스, 언어발달지원사업 등을 예로 들 수 있다.

3) 전달체계의 구성을 변화시키기 위한 전략

이 전략은 사회복지 전달체계 조직의 단위 및 수를 어떻게 할 것인가에 대한 것이다. 이는 수급자로 하여금 서비스에 쉽게 접근할 수 있도록 접근가능성을 높이기 위한 전략이다. 여기에는 전문화된 접근구조, 의도적 중복 등이 있다.

첫째, 전문화된 접근구조(specialized access structures)는 전달체계 내에서의 역할 등을 변화시키는 대신 전달체계의 접근성을 높이는 요소를 추가함으로써 전달체계의 구조를 변화시키려 한다. 여기서 말하는 새로운 요소는 클라이언트들이 서비스 제공기관에 좀 더 쉽게 접근할 수 있도록 기관의 '문턱'을 낮추고 기관과 클라이언트들 간의 연결망을 좀 더 가깝게 하는 요소를 의미한다. 쉽게 말하면 사회복지서비스에 접근하는 것 자체를 하나의 독립된 서비스로 제공해야 한다는 것이다. 이를 위해 전문성을 유지하면서도 서비스에 대한 클라이언트의 접근성을 높이기 위해 전문적인 접수창구를 신설하는 방안이 제기되어 왔다. 하지만 클라이언트의 관점에서 보면 이 전략은 서비스의 분열성과 복잡성이 증가할 수 있다. 클라이언트들에게 전문적인 접수창구는 또 다른 하나의 관문으로 인식될 수 있으며, 다른 전달체계에 존재하는 사회복지기관들에게도 영향을 줄 수 있다.

둘째, 의도적 중복(purposive duplication)은 기존 전달체계 내에서 이미 제공되고 있는 서비스의 일부 또는 전부를 새로운 기관으로 하여금 또다시 제공하도록 하는 방법이다. 이 의도적 중복 전략은 경쟁과 분리라는 두 가지의 형태를 지닌다. 이 두 가지는 겉으로 보기에는 유사하지만 여러 가지 차이점을 가지고 있다.

① 경쟁은 전달체계 내에서 클라이언트와 지원을 놓고 기존 기관과 경쟁관계에 놓일 새로운 기관을 만드는 전략이다. 이 전략은 선택의 폭을 넓혀주며, 더 중요하게는 기관과 전문가들을 클라이언트의 욕구에 좀 더 민감하도록 하고, 좀 더 창의적이고 개발적으로 임하게 함으로써 사회복지기관에 활력을 불어넣는 역할을 하게 된다. 그러나 이 전략은 잘못될 경우 이미 기득권을 확보하고 있는 기관과 새로이 기반을 다져야 하는 기관과의 "생사를 건 투쟁"을 유발할 수 있다.

② 분리전략은 새로운 기관이 기존의 전달체계 외부에 만들어지며 기존 전달체계 내로 진입을 시도하지 않는다. 분리전략을 적용함으로써 의도하지 않은 경쟁이라는 결과가 나타날 수 있다. 분리전략의 목적은 인종차별이나 성차별, 사회경제적 지위 등의 문제로 기존의 전달체계 내에서는 적절하게 서비스를 제공받을 수 없는 소외계층을 위한 새로운 서비스 네트워크를 구축하려는 것이다.

의도적 중복전략은 어떤 형태로 실행되는 매우 비용이 많이 드는 전략이다. 새로운 기관이 기존의 전달체계 내에서 바람직한 변화를 일으키는 역동적인 요인으로 작용하고, 기존의 서비스에 소외되었던 클라이언트에게 서비스를 제공한다면 그 비용은 충분히 지불될 가치가 있다. 하지만 이러한 전략을 통해 새로운 기관에서 서비스를 도입했음에도 불구하고 아무런 결실이 없이 갈등을 야기하거나 전달체계의 단편성을 더욱 증가시키는 부정적 결과를 초래할 수 있다.

6. 우리나라 사회복지 전달체계 개편

최근 정부는 수요자 중심의 공공복지 전달체계를 효율적으로 구축하고 지방자치단체의 복지역량을 강화하여 지역주민이 체감할 수 있는 복지서비스 제공과 지역복지 공동체의 활성화에 주력하고 있다. 그리하여 보건복지부와 행정안전부는 수요자 중심의 통합적 서비스 제공을 위해 주민생활지원서비스 전달체계로 조직을 전면 개편('07. 7.)하였다. 주민생활지원서비스란 취약계층에게 제공되는 복지・보건서비스 이외에 주민생활의 질 향상을 위해 제공되는 고용・주거・평생교육・생활체육・문화・관광서비스를 포괄하는 개념이다. 이를 위해서 보건복지부는 업무수행의 효율성 및 효과성 제고를 위해 전문 인력에 대한 인력진단과 단계적인 인력확충, 주민서비스 혁신 통합시스템과 국가복지 정보포털의 통합 구축을 추진하였다(박경일, 2023).

2007년 주민생활지원서비스체계로의 개편과 함께 2005년에는 보건복지콜센터(희망의 전화 129)가 개통되었다. 희망의 전화 129는 2004년 12월 대구 불로동에서 4살짜리 남자 아이가 장롱에서 숨진 후 며칠이 지나서 발견된 "대구 불로동 사건"을 계기로 만들어진 것이다. 즉 국민이 도움을 필요로 할 때 언제든지 도움을 요청할 수 있는 체계를 만들겠다는 사회복지 전달체계 개선대책 중 하나로 희망의 전화 129가 개통되었다. 희망의 전화 129는 경제적인 어려움에 처하여 소득 지원을 받기 원하거나, 장애인・노인・아동 등을 위해 마련된 각종 사회복지서비스에 대해 안내를 받고 싶은 경우, 그리고 암이나 희귀난치성 질환의 치료비 지원과 같은 의료 관련 문의를 원하는 경우 등 보건복지에 관련한 상담 및 안내 서비스를 한 곳에서 받을 수 있는 보건복지부의 통합형 원스톱서비스 대표번호라고 볼 수 있다(박경일, 2023).

그리고 국가복지 정보포털시스템으로서 2010년 사회복지통합관리망(행복e음)이 1단계로 구축되었다. 사회복지통합관리망(사통망으로 줄임)은 ① 복지서비스의 통합신청과 찾아가는 복지서비스를 확대 시행하여 대상자의 편의를 증진하고, ② 신속하고 정확한 소득·재산 조사와 업무처리 간소화를 통하여 행정효율화를 꾀하였으며, ③ 부정·중복 수급 차단을 통한 복지재정 효율화를 추구하였다는 점에서 복지전달체계의 선진화를 위한 기반을 마련하였다고 볼 수 있다.

또한 보건복지부는 2012년 사회복지통합관리망(행복e음)의 2단계 도약을 위해 전부처 복지사업 통합관리체계 시동을 하였다. 즉 사회복지통합관리망을 중심으로 타부처·지자체·민간복지 자원까지 단계적으로 연계 확대하고자 하였는데, 2012년까지 중앙의 모든 부처의 복지급여, 서비스의 자격·이력정보 통합관리 추진을 하였고 지방자치단체의 경우, 지자체 개별복지서비스 신규 통합관리, 민간의 경우 주요 민간나눔기관까지 연계범위를 확대하고자 하였다. 또한 보건복지부 사업을 중심으로 추진된 각 부처에서 추진 중인 유사·중복 사업의 통합조정을 위해 전부처 복지사업 통합관리 체계 시동이 있었다. 이는 지방자치단체·민간나눔기관으로 확대하여 서비스의 누락과 중복 방지라는 정책효과를 배가하고자 한 것이다. 그리고 사회복지통합관리망(행복e음)의 2단계 도약을 위해 원스톱, On-line 복지서비스 확대가 있었다. 이는 모든 부처의 복지급여, 복지서비스의 원스톱 신청시스템 단계적 구축, 인터넷을 통해 복지급여 및 서비스를 신청할 수 있는 On-line 서비스 제공(우선 보육료 및 유치원비→수요가 큰 사업으로 확대)을 추진하였다.

그후, 보건복지부는 중앙에 복지사업의 총괄조정 및 통합관리를 위해 사통망을 구축하였으며, 2013년부터 지방에 다양한 복지서비스를 맞춤형으로 통합 제공하는 희망복지지원단을 중심으로 지역별 통합사례관리체계를 강화하였다.

희망복지지원단은 복지담당공무원과 통합서비스전문요원 등으로 구성되며, 이를 통해 지역별 통합 사례관리체계를 강화시켜 나가고자 하였다. 희망복지지원단은 복합적 욕구를 가진 대상자에게 통합사례관리를 제공하고, 지역 내 자원 및 방문형서비스 사업 등을 총괄·관리함으로써 지역단위 통합서비스 제공의 중추적 역할을 수행하는 전담조직이다. 희망복지지원단의 목표는 민관협력을 통한 지역단위 통합적 서비스제공 체계를 구축·운영함으로써 찾아가는 보건·복지서비스 제공 및 지역주민의 복지체감도를 향상시키고자 함이다.

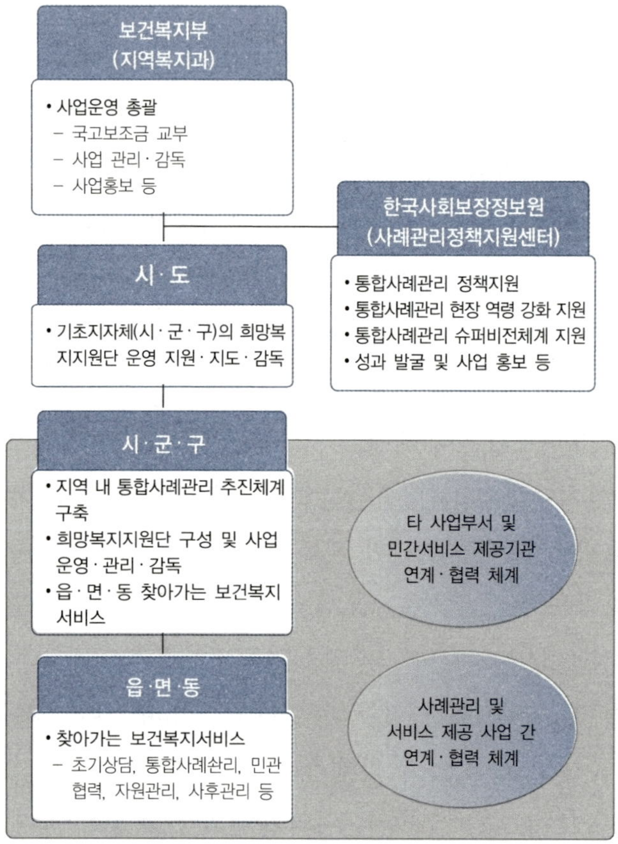

[그림 8-1] 희망복지지원단 추진 체계

최근 우리나라의 사회복지전달체계의 개편방향은 읍, 면, 동 단위의 복지전달 체계를 구축하려고 노력하고 있는데, 이것은 동네 거버넌스의 개념을 잘 반영하고 있는 실례라고 볼 수 있을 것이다. 보건복지부(2014)의 읍면동 복지기능보강의 목적은 다음 네 가지로 정리할 수 있다.

첫째, One-Stop 서비스 실현이다. 현재 읍면동에서 상담·신청 수행 중인

복지서비스에 대한 내실화 및 단계적 서비스 확대 추진(장애인·아동·노인 등 대상별 복지서비스 종합안내)하고 있다.

둘째, 찾아가는 서비스 활성화이다. 노인, 장애인 등 지동 제약 계층에 대한 방문상담·신청 등 취약가구에 대한 관리 체계화가 형성된다.

셋째, 통합서비스 제공이다. 복합 욕구를 가지고 있는 저소득 가구에 대한 복지·보건·고용·교육·주거 등 맞춤서비스 제공을 한다.

넷째, 주민주도의 지역 내 문제해결이다. 공공과 민간 복지 간 연계협력 활성화를 통해 복잡해지고 다양해지는 국민의 복지욕구에 탄력적으로 대응한다.

7. 찾아가는 복지서비스 : 맞춤형 복지팀-맞춤형 복지전달체계 구축

그간의 정부는 복지사각지대 최소화, 국민의 복지체감도 제고를 위해 사회복지공무원을 확충하고, 찾아가는 복지서비스 도입 및 민관 협력을 강화하는 등 복지전달체계를 개편하고 발전시키기 위한 노력을 지속해 왔다. 그럼에도 불구하고 서울 석촌등 세 모녀 동반자살사건(2014) 등의 복지사각지대는 해소되지 않았고 빈곤형태의 위기가족은 늘 상존하였다. 이는 찾아가는 복지서비스의 절실한 필요성을 보여주는 사건이다. 또한 복지사업은 중앙부처와 지방자치단체에서 읍면동으로 전달되어 복지업무의 심각한 복지깔때기 문제 심화로 복지수요에 대한 능동적 대응이 어려운 상황이 나타나고 있으며, 복지수혜자도 복지급여를 체감하지 못하거나 만족하지 못하는 현실에 마주하게 되었다. 이에 찾아가는 상담, 통합 서비스 연계, 민관협력 활성화 등을 통해 국민의 복지 체감도를 높일 수 있도록 읍면동 전달체계 개편이 추진되었다.

그러므로 보건복지부(2017)는 찾아가는 복지서비스의 추진배경과 필요성을 다음과 같이 제기하였다.

① 사회문제의 복잡·다양화 : 최근 저출산·고령화, 여성취업 증대, 일·가

정의 양립 어려움 등으로 발생하고 있는 사회문제가 점자 복잡・다양화 됨에 따라서 생애 주기별 맞춤형 복지의 성공적 실현을 위한 복지전달체계 개편의 필요성이 제기되었다.

② 국민의 낮은 복지 체감도 : 사회보장 영역 확대 및 지속적인 복지예산 확대가 있음에도 불구하고 국민의 복지체감도 제고에 한계가 드러나고 있다.

③ 복지 사각지대 문제 상존 : 정부의 복지정책의 확대에도 불구하고 노인 등의 고독사, 장애인 인권침해, 노인 등의 학대, 경제적 어려움으로 인한 자살 사건 등 복지사각지대 문제가 여전히 존재하고 있다.

④ 민관 협력・자원 공유 중요성 증대 : 복지사각지대 발굴을 위한 지역 내 복지 관련 공공 및 민간기관・법인・단체・시설이 함께 참여하는 촘촘한 인적안전망 구축, 복지자원 공유를 통한 지역 내 가용 복지자원의 총량 확대 등 공공복지의 한계 보완이 필요하다.

이때 찾아가는 복지서비스 개편에 따른 추진 목표는 ① 국민의 복지체감도 제고를 위한 통합서비스 지원, ② 찾아가는 보건복지팀 운영 및 복지업무 역량 강화, ③ 민관협업을 통한 지역사회 복지자원 총량 극대화이다. 그리고 주요내용에는 ① 찾아가는 보건복지팀 운영, ② 찾아가는 보건・복지서비스 강화, ③ 복지담당 인력 전문성 강화 및 처우개선, ④ 지역주민・복지기관과 협력하여 지역 복지자원 발굴 확대, ⑤ 시군구 희망복지지원단의 총괄-조정 역할 강화가 있다.

이를 위해 찾아가는 맞춤형 복지 전담팀을 전국적으로 확대하고 역량강화를 추진해 나가면서 찾아가는 복지전담팀에 복지뿐만 아니라 건강관리 기능을 추가하여 보건과 복지서비스가 함께 제공될 수 있는 기반을 마련하고자 하였다. 읍면동 복지허브화를 위해서 현재 시행되고 있는 맞춤형 복지팀의 기능과 역할은 크게 다섯 가지로 살펴볼 수 있다. ① out-reach와 같은 찾아가는 복지상담, ② 복지 사각지대 발굴・지원, ③ 통합사례관리, ④ 민관협력 및 인적안전망 구축 · 운영, ⑤지역자원 발굴 및 연계 등으로 맞춤형 복지사업을 수행한다.

찾아가는 복지상담은 사회복지 업무 등의 행정처리 위주가 아닌 지역복지중심기관으로 재정립하여 국민의 삶의 질 향상 및 삶의 만족도 향상과 복지체감도를 제고하기 위해 이루어진다. 이에 찾아가는 복지상담의 목적은 다음과 같다. ① 맞춤형 복지팀은 복지사각지대 발굴을 통한 예방적 복지실현하고, ② 복지대상자 상황 변화에 대한 지속적인 모니터링 및 사후관리를 하며, ③ 노인 및 장애인과 같은 이동취약계층에 대한 방문상담 등의 방문서비스 지원을 돕고, ④ 대상자들이 처해있는 문제 및 문제해결을 위해 적절히 대응할 수 있는 개별적인 복지서비스 탐색 및 지원계획 수립과 서비스 연계를 한다.

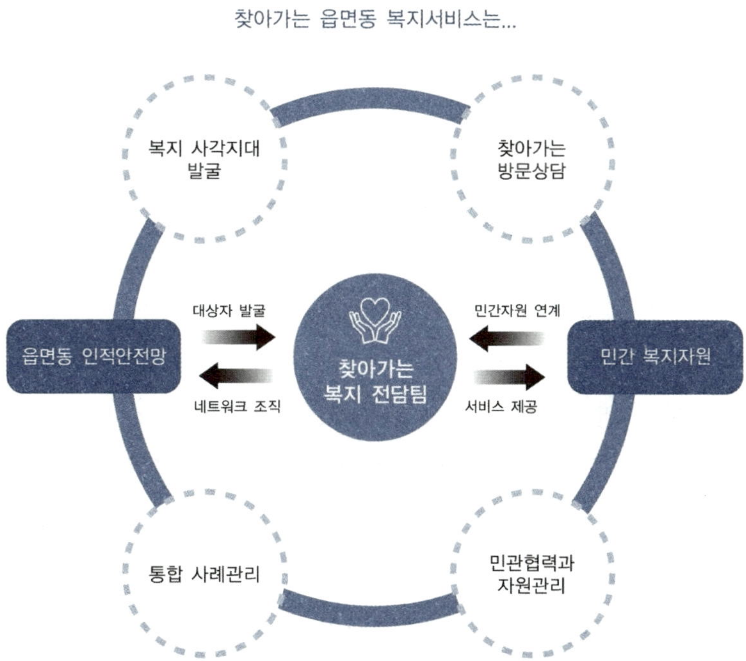

[그림 8-2] 맞춤형 복지팀의 기능과 역할

단계	대상자 발굴	초기상담	모니터 상담 (점검 / 사후관리)
수행 주체	- 맞춤형 복지팀	- 맞춤형 복지팀(복지행정팀공동수행)	- 맞춤형 복지팀
대상	- 국민기초생활수급대상자 - 차상위계층 - 기타 복지사각지대	- 단순정보제공자 - 사례관리 후보자	- 단순정보제공자 - 서비스연계대상자 등 - 사례관리 대상자 등
주요 역할	- 대상자 발굴 - 발굴체계 간 협력관계 유지	- 대상자의 관계형성 - 대상자와 기초상담(생활실태 및 욕구 파악)	(점검) - 서비스연계 현황, 대상자 변화확인(사후관리) - 대상자 변화 유지 모니터링
기록	- 사회보장정보시스템(공무원 및 상담사례관리 권한 부여자)	- 사회보장정보시스템(공무원 및 상담사례 관리 권한 부여자)	- 사회보장정보시스템(공무원 및 상담사례 관리 권한 부여자)

※ 읍면동 지역사회복지협의체 위원, 복지동(이)장, 복지위원, 방문형서비스는 제공인력 등은 복지대상자 상담 및 모니터 상담 시 가구 공동방문 등의 원조적 역할 수행.

[그림 8-3] 맞춤형 복지팀 업무 단계

복지사각지대 발굴 및 지원에서 그 대상자는 사회복지 욕구가 존재함에도 불구하고 다양한 사유로 복지 서비스를 제공받지 못하여 생활상의 어려움을 겪고 있는 복지 소외계층을 말하는데, 즉 탈 수급대상(사회보장급여 수혜 자격기준에 의해 배제된 대상자), 차상위계층(욕구 대비 복지서비스의 내용 및 수준이 불충분한 대상), 신규 발굴대상(공공부조 및 서비스 수혜대상이나 발굴되지 못한 대상자)이다. 이와 같이 다양한 경로를 통해서 발굴된 복지사각지대 대상자 지원 및 관리는 읍면동 맞춤형 복지팀의 주도하에서 체계적으로 관리하고, 특히 통합사례관리 업무의 연속성을 고려해 체계적인 사후관리를 실시하며, 주민참여 지원체계를 마련함으로 체계적인 발굴 대상자 관리는 중요하다.

기존		추가
• 대상: 취약계층 위주 발굴	+	• 대상: 지역사회 내 모든 주민
• 방법: 찾아가는 보건복지팀 중심으로 수행		• 방법: 공공·민간기관, 협의회 및 주민 등으로 확대

[그림 8-4] 위기가구 발굴 및 지원

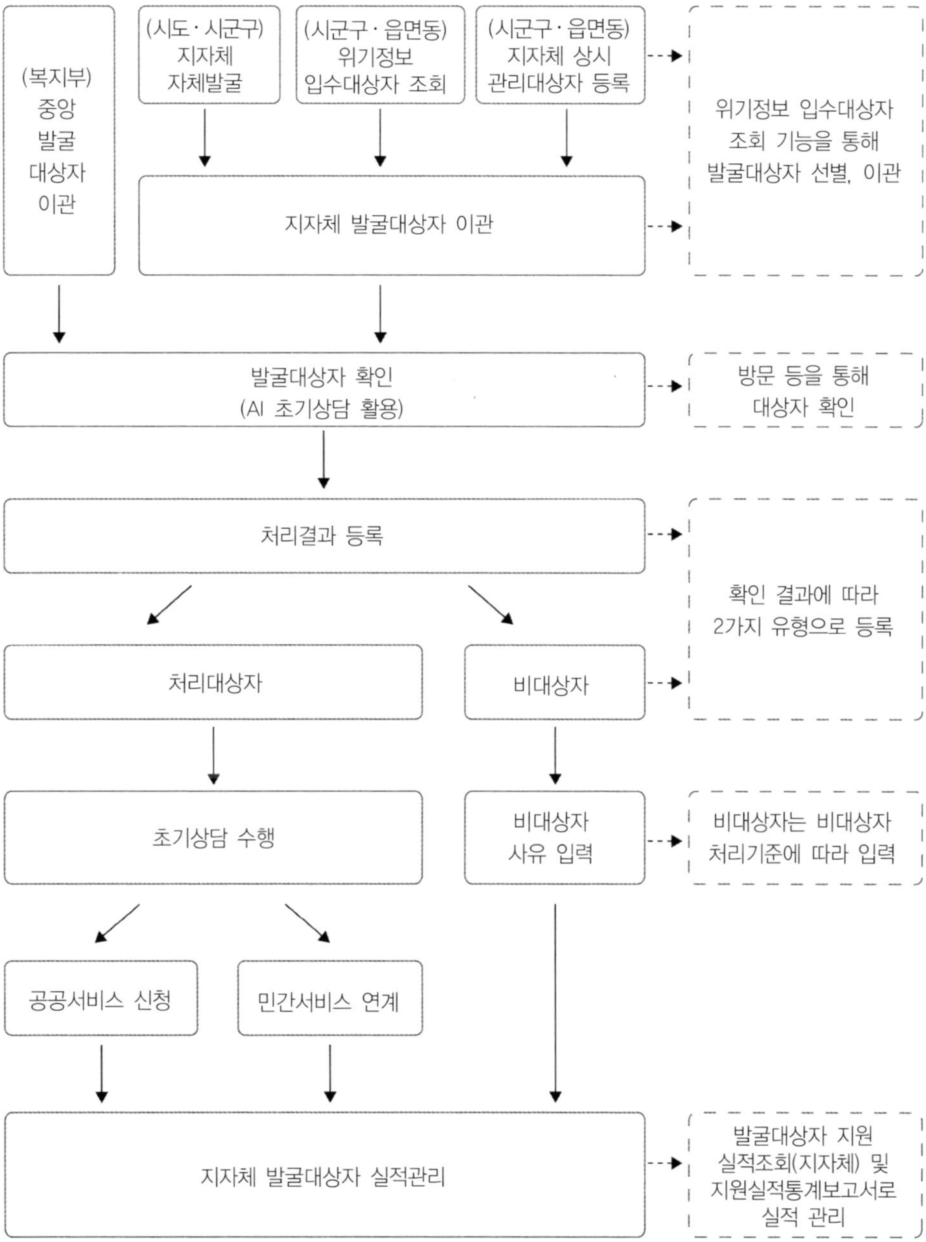

[그림 8-5] 발굴대상자 이관 · 처리 흐름

통합사례관리의 개념은 읍면동 단위에서 복합적인 욕구를 가진 대상자의 욕구를 파악하여, 다양한 지역사회 자원을 연계하고 문제해결에 나설 수 있도록 지원하고 이를 지속적으로 상담·모니터링해 나가는 사업을 말한다. 즉, 통합사례관리는 ① 복합적인 욕구가 있으나 ② 스스로 해결방법을 찾기 어려운 대상에게 ③ 지속적인 상담과 다양한 공공·민간자원 연계를 통해 ④ 문제해결과 주체적인 사회적응을 지원(서비스연계+사례관리)하는 것이다.

통합사례관리의 목표는 ① 지역주민의 다양한 욕구에 맞춤형 통합서비스를 연계·제공함으로써 지역주민의 삶을 안정적으로 지원·지지하고, 복지제도의 효과성·효율성을 향상하고, ② 일반적으로 지역주민을 대상으로 하나, 복지욕구 및 경제적 여건을 고려하여 빈곤계층의 탈빈곤·빈곤예방을 중점 목표로 설정한다(고용–복지연계에 중점).

이때 중점 통합사례관리 대상은 ① 통합사례관리를 통해 탈빈곤·자활 지원 가능 기구(기초생활수급자 중 특히 신규수급자, 기초수급 탈락자 등), ② 차상위 빈곤가구, 특히, 긴급지원 대상가구 및 국민기초생활수급자 탈락 가구 중 통합사례관리를 통해 빈곤예방 지원 가능 가구이다. ③ 지자체 복지사각지대 조사를 통해 발굴된 위기 가구 중 통합사례관리가 필요한 가구인데, 청중장년 1인가구, 돌봄위기가구, 저소득 한부모 및 청소년 한부모 가구, 휴·폐업자, 실직자, 자살 고위험군 등이 있다.

통합사례관리의 절차는 대상자발굴, 초기상담, 대상자 접수, 욕구 및 위기도 조사, 사례회의, 대상자 구분·선정, 서비스제공계획 수립, 서비스 제공 및 점검, 종결, 사후관리 총 10단계로 구성되어 있으며, 희망복지지원단은 읍면동에서 초기 상담 후 의뢰된 사례관리 가구에 대해 대상자 접수부터 종결까지의 사례관리를 수행한다.

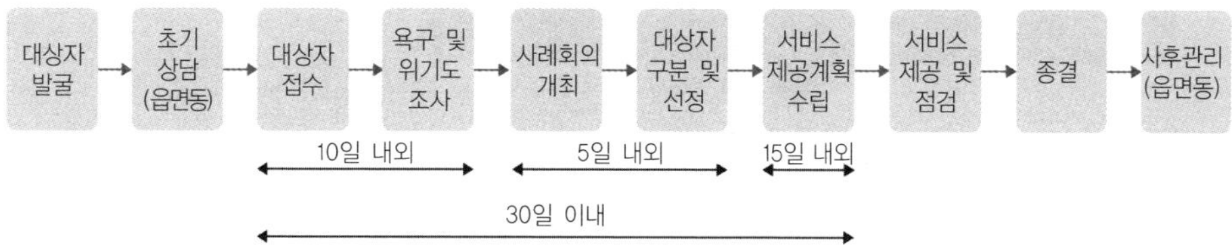

※ 대상자 접수부터 서비스 제공계획 수립 단계까지의 세부 일정(10일, 5일, 15일)은 업무 수행 시 통상적으로 소요되는 기간으로 상황에 따라 조정 가능

[그림 8-6] 통합사례관리 업무절차

읍면동 맞춤형 복지팀은 대상자 발굴, 초기상담, 통합사례관리(서비스 연계)를 기본적으로 수행하는데, 고난이도 사례는 시군구 희망복지지원단으로 사례관리 의뢰, 솔루션 회의 요청, 사후관리, 자원관리 및 지역보호체계 운영 업무를 수행한다. 이때 읍면동 복지상담 기술에는 경청하기와 질문하기, 간접정보와 관찰로 주변 환경 파악하기, 관심 기울이기와 공감적 이해 및 긍정적 지지, 조언 또는 의견제시 방법 등이 있는데, 대상자의 주 호소 문제를 해결할 수 있도록 상담 기술을 적극 활용하도록 한다.

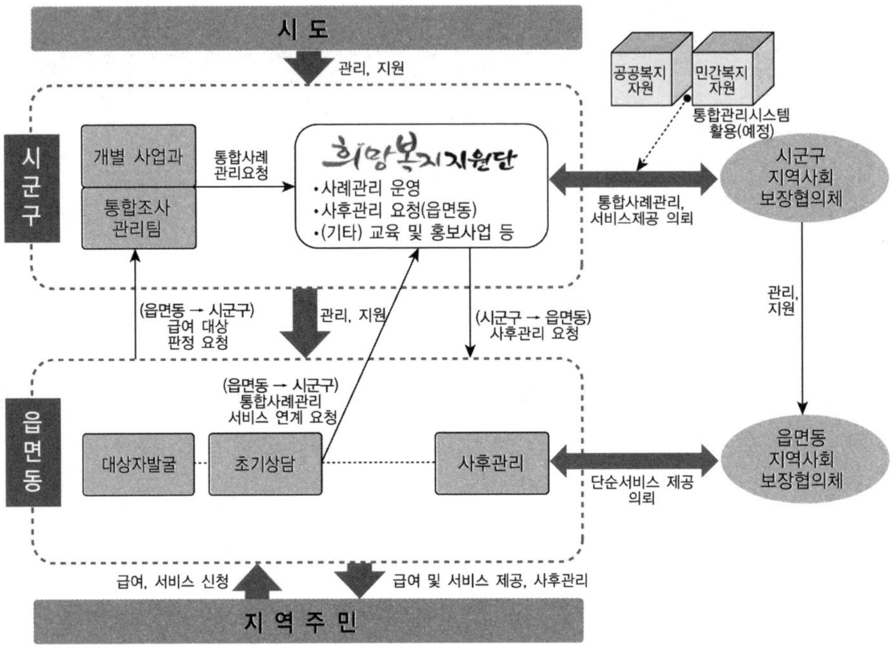

[그림 8-7] 읍면동 맞춤형 복지체계

생각해 볼 문제

1. 사회복지서비스 전달체계의 구성원칙에 관한 설명이다. 가장 적절하지 못한 것은?
   ① 기능분담체계성의 원칙이란 효과성과 효율성을 극대화하기 위해서는 중앙정부, 광역정부, 기초자치단체, 읍·면·동 등 행정상의 위치에 따라 각각 기능을 달리 해야 한다고 보는 것이다.
   ② 전문성에 따른 업무분담의 원칙이란 업무의 성질상 전문성을 덜 요하는 것은 준전문가가 담당하고, 비숙련업무 및 일반행정 업무는 비전문가 또는 자원봉사가가 담당하도록 하는 것을 의미한다.
   ③ 적절성의 원칙이란 서비스가 수급자의 욕구에 적절히 대응하는 것인지, 서비스 전달자가 적합한지, 서비스가 효과적이고 효율적인 것인지 등을 파악하여 공공복지서비스 전달에 책임을 지는 것이다.
   ④ 접근용이성의 원칙이란 필요한 사람이면 누구나 쉽게 이용하거나 제공받을 수 있어야 하기 때문에 수급자가 접근하기에 용이하여야 한다는 것이다.
   ⑤ 통합조정의 원칙이란 복합적인 문제나 욕구를 안고 있는 클라이언트의 문제를 효과적으로 해결하기 위해서는 다양한 서비스를 조직적 혹은 체계적으로 공급하는 등 통합조정 관리해야 한다는 것이다.

2. 우리나라 공공복지 전달체계의 한계점을 설명하고 있다. 가장 적절하지 못한 것은?
   ① 중앙부처 및 관련 기관 간의 수평적 연계
   ② 정책결정과 집행과정 등에서의 행정조직 이원화
   ③ 중앙집권적 상의하달식 수직적 전달체계
   ④ 지역단위별 사회복지서비스 전담기관의 부재
   ⑤ 공공복지 담당자의 비전문성의 문제

3. 민간사회복지서비스 전달체계의 필요성으로 옳은 것은?

가. 동일 종류의 서비스에 대한 선택의 기회 제공 나. 사회복지서비스의 선도적 개발 및 보급 다. 민간의 사회복지 참여욕구 수렴 라. 정부의 사회복지활동에 대한 관변단체의 역할

① 가, 나, 다　② 가, 다　③ 나, 라
④ 라　⑤ 가, 나, 다, 라

4. 다음은 사회복지서비스 전달체계의 원칙 중 어떤 원칙을 설명하고 있는가?

> 보건복지가족부의 희망스타트 프로그램은 저소득층 아동의 신체적·정서적·사회적 능력 등 전인적 발달을 지원하기 위한 서비스이다.

① 적절성의 원칙 ② 지속성의 원칙 ③ 평등성의 원칙
④ 통합성의 원칙 ⑤ 접근성의 원칙

5. 공공복지 전달체계의 필요성 중 맞는 것은?
① 사회복지서비스의 선도적 개발 및 보급
② 동일 종류의 서비스에 대한 선택기회 제공
③ 민간의 사회복지 참여욕구 수렴
④ 욕구와 환경변화에 민감
⑤ 지속적이고 안정적인 공급

CHAPTER 09

사회복지정책의 재원

학습목표

1. 사회복지 재원의 개념과 특성 및 재원의 현황과 실태를 살펴봄으로써 사회복지 재원에 대하여 이해한다.
2. 사회복지 정책의 재원 중 공공재원과 민간재원의 특징을 이해하고 차이를 설명할 수 있다.
3. 직접세와 간접세 그리고 누진세와 역진세의 특성 차이를 설명할 수 있다.

CHAPTER 09 사회복지정책의 재원

제1절 재원의 개념과 종류 및 특성

1. 공공재원

사회복지가 발달한 국가에서 사회복지 재원의 많은 비중을 차지하고 있는 사회복지의 재원 가운데 공공부문의 비중이 커진다. 공공부문 재원은 조세, 사회보험료, 조세지출로 구분된다. 공공재원의 경우 재원의 주요 원천이 일반세인가 목적세인가에 따라서도 성격이 달라진다. 일반세는 조세의 지출 용도를 정하지 않고 세금을 징수하는 것으로 소득세와 소비세, 재산세로 나눌 수 있다.

1) 조세

조세는 공공재원에서 가장 중요한 부분을 차지한다. 조세는 국가가 공적인 일을 하기 위하여 국민으로부터 강제적으로 부담하게 하는 재원을 말한다. 조세는 복지선진국의 경우 보편주의적 사회복지 프로그램이 발달하거나 공공부조제도의 비중이 높은 국가들일수록 공공부문 재원 중 가장 큰 비중을 차지하고 있다. 조세는 정부 예산에서 가장 많은 비중을 차지하고 있으며 가장 중요한 재원으로 목적에 따라 직접세와 간접세로 분류된다. 직접세는 세금을 내는 사람과 세금을 부담하는 사람이 일치하는 것으로 소득세, 재산세, 법인세 등이 속하며 간접세는 세금을 물품이나 서비스 가격 등에 세금을 포함시키는 방식으로 소비세와 부가가치세 등이 포함된다. 특히, 직접세인 소득세는 재산이나 소득에 부과하는 세금이고 간접세인 소비세는 재산이나 소득에 상관없이 소비에 부과하는 세금이다. 사회복지재원으로 가장 안정적이고 지속적인 조세를 재원으로 하는 프로그램은 공공부조, 사회수당, 사회복지서비스가 있다. 또한, 사회복지 재원 중 조세의 중요성은 우선 소득재분배의 효과가 다른 재원보다 크다는 점이다. 사회복지를 통한 결과의 평등 가치 실현에 가장 효과적인 재원이 조세라고 할 수 있다. 조세는 다양한 분류방식에 따라 직접세와 간접세, 누진세와 역진세, 보통세와 목적세로 분류된다.

일반조세는 복지재원조달이라는 측면에서 몇 가지 특징을 가지고 있다(김태성, 2007 재인용). 첫째, 조세는 일반적으로 누진적인 방식으로 부과되어서 평등 및 소득재분배기능이 상대적으로 높다. 둘째, 일반 조세를 통해 조달되는 복지재원은 대체로 적용 대상의 범위가 넓어 대상자의 보편적 확대나 보편적 급여의 제공이 용이하다. 셋째, 조세는 재원의 안정성이나 지속성이라는 측면에서 다른 사회복지 재원보다 우월하다.

〈표 9-1〉 OECD 조세 분류체계에 따른 한국의 국세 분류

구분	종류
소득과세 (income and profits)	소득세, 법인세, 농어촌특별세(소득세 · 법인세 감면분)
재산과세 (property)	상속세, 증여세, 증권거래세, 인지세, 종합부동산세, 농어촌특별세(증권거래세 · 종합부동산세분)
소비과세 (consumption)	부가가치세, 주세, 교통 · 에너지 · 환경세, 개별소비세, 관세, 교육세, 농어촌특별세(개별소비세 · 관세감면분)
기타 (other taxes)	과년도 수입

출처: 기획재정부 (2025). 2024 조세개요.

(1) 직접세와 간접세

직접세와 간접세를 둘러싼 재원에 대한 논쟁은 개인소득세와 법인소득세 등과 같은 직접세 중심의 세금구조가 소비세와 사회보장세와 같은 간접세로 변화하였다는 주장과 조세체계가 직접세에서 간접세로 이전되어야 한다는 주장들에서 시작되었다.

직접세 대 간접세를 둘러싼 논란은 소득재분배의 효과에서 크게 나타난다. 직접세는 개인의 사회경제적 상황을 고려하여 부과하기 때문에 조세의 공평성을 확립하고 소득재분배효과를 높이는 데 도움을 주지만 직접세는 조세저항을 유발할 가능성이 크다는 것이다.

간접세는 조세저항은 적으나 소득재분배에 나쁜 영향을 주고 물가상승요인이 되기도 한다. 김승래 외(2008: 104)는 세금부담을 직접세(소득과세)에서 간접세(소비세)로 이전하는 것이 경제에 긍정적이라는 OECD(2008) 보고서를 인용하면서 소비에 대한 세금은 현재 근로계층에게만 세금 부담을 지우는 것이 아니라 비근로소득으로 생활하는 사람들에게도 세금 부담을 지움으로써 복지에 대한 왜곡이 가장 낮은 세원이라고 주장한다. 높은 소비세는 사회적 이전급여(실업급여 등)로 생활하는 사람들의 도덕적 해이와 비자발적 실업을 낮출 수 있다는 것이다. 직접세와 간접세의 개념과 종류를 살펴보면 다음과 같다.

① 소득세

직접세의 대표적인 소득세는 개인소득에 부과되는 개인소득세와 법인 수익에 부과되는 법인소득세가 있다. 일반세 중에서 소득세는 소득재분배효과가 가장 높으며 개인소득세가 많을수록 소득재분배효과가 높고, 개인소득세는 다른 조세에 비하여 저소득층에 대한 조세감면의 혜택이 상대적으로 크다. 직접세는 보통 누진세를 적용하여 재산이나 소득에 비례하여 과세하는 것이다. 개인소득세는 조세 가운데 누진성이 가장 크기 때문에 소득계층 간 소득재분배효과가 높다. 서구 선진복지국가는 개인소득세율의 비중이 커서 소득재분배의 효과가 높은 편이다.

소득세의 특징은 일반적으로 누진적으로 부과되기 때문에 소득재분배효과가 높다는 점이다. 우리나라의 경우 소득이 높을수록 높은 세율이 적용되기 때문에 고소득층일수록 조세부담이 많아져 누진적 소득재분배효과가 나타난다. 또한, 소득세는 조세감면제도를 통해 저소득층의 조세부담을 면제해 주거나 감면해 줌으로써 소득재분배효과를 높일 수 있다.

기업에 같은 법인에 부과되는 법인세의 경우는 누진적 소득재분배효과는 크지 않다고 할 수 있지만 누진적 재분배효과가 큰 소득세는 전체 조세 중 비중이 클수록, 특히 개인소득세의 비중이 클수록 소득재분배효과가 커진다. 우리나라의 경우 소득세의 비중이 OECD 평균보다 낮고, 특히 개인소득세의 비중이 더 낮게 나타나고 있어 복지선진국들에 비하여 전체 조세에서 누진적인 효과가 가장 큰 개인소득세의 비중이 크게 낮다는 점에서 조세의 소득재분배효과는 떨어진다고 볼 수 있다.

〈표 9-2〉 OECD 주요국의 소득세 최고세율 비교 (단위: %)

한국	OECD 평균	스웨덴	오스트리아	네덜란드	벨기에	캐나다	슬로베니아	포르투갈	프랑스	그리스
49.5	42.5	57.2	55.0	51.8	52.9	53.5	50.0	53.0	55.4	55

비고: 소득세율은 국세와 지방세를 합친 세율을 의미함(2022년 기준치 비교).
출처: 기획재정부 홈페이지(2022년 기준)를 참조하여 작성.

② 소비세

대표적인 간접세인 소비세는 소득에 무관하게 상품을 소비할 때 일정하게 세율이 부과된다. 소비세는 최종 소비단계에서 소비자에게 부과되는 경우와 생산단계부터 최종 소비단계까지 단계별로 부과되는 경우 두 가지가 있다. 최종 소비가가 부담하는 경우에 소비세는 일반소비세(부가가치세)와 특별소비세로 구분되며 일반소비세는 모든 상품의 소비에 단일 세율을 부과하는 것이다. 일반소비세의 경우 소득에 관계없이 단일 세율을 적용하므로 역진성의 정도가 기본적으로 매우 크며, 저소득자인 경우 고소득자에 비해 수입 대비 세금비율이 높아 소득재분배효과가 거의 없다. 특별소비세는 특정한 상품에 대해 다른 세율을 부과하는 것으로 상품에 따라 세율을 달리 적용할 수 있으므로 소득재분배효과가 일반소비세와는 다르게 나타날 수 있다. 예를 들면 생활필수품에 대한 세율을 낮게 하는 대신에 사치품에 대한 세율을 높게 하는 경우 특별소비세를 부과하여 부가가치세의 역진성을 극복가능하게 하며 소득재분배효과를 낼 수 있다.

생산단계에서 최종 소비단계까지 단계별로 소비세가 부과되는 경우에는 단계별 세율의 조정으로 일반 소비세에 비하여 소득재분배효과를 높일 수 있다. 부가가치세가 대표적인 예로 생산과 소비단계에서 발생한 요소 소득에 따라서 세율을 달리 하면 고소득층의 조세부담률을 상대적으로 높일 수 있다는 것이다. 유럽 복지국가들은 부가가치세를 적절히 운영하여 소득재분배효과를 높이고 있다. 한국의 부가가치세 세율은 1977년 최초 도입된 이래 40년간 변함없이 10%를 유지하고 있다. OECD 평균의 절반 수준에 불과한 수준으로 영국, 핀란드, 스페인 등 주요 유럽 국가들 대부분이 20%를 넘고 있다.

〈표 9-3〉 주요국 부가가치세 (표준)세율 비교 (단위: %)

한국	OECD 평균	덴마크	독일	프랑스	일본	영국	캐나다
10.0	19.3	25	19	20	10	20	5

출처: 주오이시디 대한민국 대표부. 2022년 OECD 조세정책 동향. https://overseas.mofa.go.kr

글로벌 금융위기 이후 주요 선진국들은 재정적자 해소를 위해 부가가치세 표준세율을 인상하는 등 주요 세수를 줄줄이 인상하는 추세를 보였다. 그러나 한국은 국민적 저항과 역진적 조세 도입이라는 큰 리스크를 감당해야 하는 부담으로 인해 현재 상태를 유지하고 있다

③ 재산세(부세)

재산세는 지방정부의 주요 재원으로서 개인이 소유하는 부에 세금을 부과하는 것으로 재산세와 상속세 그리고 증여세가 대표적이다. 그러나 단일 세율을 부과하고 재산세의 대상이 되는 재산의 가치를 시가로 평가하기도 쉽지 않고 많은 재산들을 포괄적으로 과세부과 대상에 포함시키는 것이 어렵기 때문에 일반적으로 재산이 많은 사람들이 없는 사람들에 비하여 재산세의 실질 부담률이 적다고 볼 수 있다. 상속세와 증여세의 경우에는 일하지 않고 얻은 소득이라 하여 누진세율이 적용되나 그 비중은 경미하다.

(2) 누진세와 역진세

소득재분배효과를 기준으로 조세를 누진세와 역진세 그리고 비례세로 나누는 방식도 있다. 가토(Kato, 2003)와 같은 다수의 학자들은 사회적 평등을 추구하는 보편주의 복지국가의 재원이 소득세와 같은 누진세에서 소비세와 같은 역진적 재원방식으로 변화하고 있다고 주장하고 있다.

보편주의적 복지국가에서 소득재분배의 효과가 소득에 대한 누진적 과세로부터 저소득계층의 사회적 불평등을 약화시킬 수 있다는 믿음과 대립되는 재원조달방식이라 할 수 있다. 1970년대 이후 스웨덴이 보편주의 복지국가의 전형으로 등장했던 시기 영국의 조세제도를 살펴보면 스웨덴보다 영국의 조세제도가 더 누진적이었다. 스웨덴의 경우 역진적 세금을 통해 사회적 평등을 확대한 대표적 사례라 할 수 있는데 불평등을 확대할 수 있는 역진적 소비세의 도입을 지지하면서 역진적 세금을 통해 재원을 확대해도 정부지출이 불평등을 완화하기 위해 쓰인다면 역진적 세원은 크게 우려할 바가 되지 못한다고 주장한 사민당과 지지자들의 믿음이 이루어졌기 때문이다.

영국과 미국 등 자유주의 복지국가의 경우 역진적 조세의 도입(확대)은 보편적 복지급여를 확대하기 위한 것이 아니라 재정적자를 메우거나 경제적 효율성을 높이기 위해 검토되었다. 그 예로 영국 보수당 정부는 직접세를 경감하기 위한 목적에서 간접세를 인상하거나 인두세 폐지로 인한 재정공백을 메우기 위해 소비세를 인상했다. 미국도 경제학자들이 소비세 도입을 지지한 이유는 사회지출을 확대하기 위해서가 아니라 소비세가 재정적자를 낮추는 유용한 도구라고 인식했기 때문이었다. 보편주의 복지국가의 조세체계가 점점 역진적 특성을 갖고 있다는 주장이 제기되면서 조세체계의 누진성과 역진성에 관한 논란은 지속되고 있다. 이와 같이 역진세와 누진세와 관련된 논란은 아직도 이어지고 있으며 스웨덴의 사례에도 보듯 역진세의 확대가 보편주의 복지국가에 무조건 적합하지 않다는 것은 아니다.

영국의 경우 누진세 비중의 증가율보다 역진세 비중의 증가율이 훨씬 컸지만 보편주의 복지실현과는 거리가 있다. 또한, 스웨덴과 달리 누진세의 확대를 통해 복지국가의 보편성을 지속한 사례도 있다. 덴마크의 조세구조를 보면 1965년부터 2008년까지 GDP 대비 누진세 비중의 증가율은 85.5%인데 반해 역진세 비중의 증가율은 22.5%에 그쳤다. 따라서 누진세의 확대 또한 보편주의 복지국가를 담보한다고 볼 수 없다. 한국의 경우에도 GDP 대비 누진세의 증가율은 OECD 평균을 넘고 역진세 대비 누진세의 비중이 높은 국가이다.

이는 보편주의 복지국가의 재원문제는 단순히 세출구조 효율화와 누진적 조세제도를 통해 정부재정의 총량을 확대하는 문제가 아니라 보편주의 복지국가에 적합한 조세체계를 만드는 것이라 할 것이다.

① 누진세

누진세는 고소득자가 저소득자에 비해 상대적으로 많은 세금을 내도록 되어 있는 조세방식으로 소득세가 대표적인 누진세라고 할 수 있다.

② 역진세

역진세는 저소득자에게 고소득자보다 상대적으로 많은 세금을 물린다. 현실적으로 역진세는 찾아보기 어렵다.

③ 비례세

비례세는 소득 수준에 상관없이 모든 납세자에게 동일한 세율을 적용하는 것으로 소비세가 포함된다. 비례세가 역진적이라는 지적을 받고 있는 것은 모든 소비자에게 동일한 세금을 부과하는 소비세의 경우 소득 수준이 낮은 사람에게 상대적으로 더 많은 세금이 부과되는 셈이 되기 때문이다.

(3) 보통세와 목적세

조세는 목적의 유무에 따라 보통세와 목적세로 나뉜다. 보통세는 소득세, 법인세 등의 직접세와 부가세, 소비세 등의 간접세가 모두 포함되는 것으로 세입과 세출이 직접적으로 연계되어 있지 않는 모든 세금을 말한다. 목적세는 세입과 세출이 직접적으로 연결되어 있는 세금으로 세금이 쓰일 목적이 미리 정해져 있는 세금을 말한다. 대표적인 목적세로는 교통세, 교육세, 농어촌 특별세 등의 국세와 도시계획세와 같은 지방세가 있다. 사회복지분야에서 대표적인 목적세가 사회보험료이다.

2) 사회보험료

사회보험료는 사회보험 가입자가 급여를 받기 위한 전제조건으로 납부하는 세금으로 사회보장성 조세이며 일종의 목적세라고 할 수 있다. 목적세는 특별한 목적을 위해 징수하는 세금으로 현재 우리나라의 사회보험료는 사회적 위험에 대비하기 위한 국민연금, 건강보험, 산재보험, 고용보험료, 노인장기요양보험이 있다. 사회보험료는 강제성을 띠고 있어 세금과 같은 성격을 가지고 있기는 하나 사용처가 명확하게 특정화되어 있는 점에서 일반 조세와는 다르다. 또한, 사회보험료는 권리성이 강하기 때문에 조세보다 징수에 대한 저항이 적다. 즉, 사회보험은 기여(보험료 납부)에 따른 보상이 존재한다는 인식이 상대적으로 강하기 때문이다. 사회보험료는 일반 조세에 비해 쓰이는 용도가 상대적으로 덜 명확하기에 저항이 덜한 측면이 있다.

사회보험료는 특별한 지출 용도를 지니고 있고 보험가입자가 일정 기간 동안 정기적으로 일정한 금액을 내는 것으로써 특정 목적을 위해 재원의 안정성을 가진다. 개인의 갹출금으로부터 급여가 생성되기 때문에 권리 개념으로 인식되어 보편적으로 적용되고 있다. 사회복지 재원을 구성하는 여러 형태 중 큰 비중을 차지하고 있는 재원으로 선진국의 경우 사회보장세가 차지하는 비중에 비하여 일반세인 조세만큼 소득재분배의 효과는 크지 않다.

사회보험의 보험료 부담방식은 사회보험의 종류에 따라 국가에 따라 조금씩 차이가 있으나 대부분 보험료는 사용자, 피용자가 공동으로 부담하는 형태이며, 국가에 따라 사용자와 피용자의 보험료 부담 비율은 다양하다. 스웨덴의 경우 사회보험 보험료의 대부분을 사용자가 부담하고 있으며 네덜란드는 반대로 피용자가 보험료의 약 75% 정도를 부담하고 있다. 우리나라는 국민연금과 국민건강보험, 고용보험은 사용자와 피용자가 절반씩 부담하고 산업재해보상보험은 사용자가 보험료 전액을 부담하고 있다.

사회복지 재원으로서 사회보험의 보험료가 갖는 특징은 다음과 같다.

① 사회보장기여금은 일반적으로 보험금을 납부하는 자와 수혜를 받는 사람을 일치시키기 때문에 일반 조세에 비해 저항이 적다. 즉, 보험료를 납부해야만 급여 권리가 주어진다.

② 일반세입과 달리 독립적으로 활용가능하다는 측면에서 재정운영의 안정성과 신뢰를 확보할 수 있다. 즉, 사회복지 재원으로서 조세보다 사회복지제도 확대에 유리하다.

③ 자본주의사회에서 보험료를 재원으로 하는 사회복지제도의 정당화가 용이하다.

④ 보험료와 같은 목적세는 정치가와 정책담당자의 개입을 최소화할 수 있다.

그러나 사회보험료는 사회복지 재원으로서 많은 장점에도 불구하고 다음과 같은 한계가 있다.

① 보험수리 원칙으로 인해 경제적 능력에 상관없이 동일한 비율로 부과되기 때문에 소득재분배기능은 약하여 소득재분배라는 측면에서 역진적 성격을 가진다.

② 목적세의 성격을 가지고 있어 일반조세에 비하여 유연성이 전무하다.

③ 포괄적이며 통합적인 기획이나 예산편성이 어렵다.

④ 사업의 지출규모와 성격이 욕구의 변화에 대응하지 못하고 사업규모, 즉 정해진 보험료에 의해 결정될 가능성이 크다.

이와 같이 사회보험료는 사회보장 성격으로 인하여 개인소득세인 경우 가족수나 욕구에 따른 지출을 인정하여 여러 가지 조세감면을 해주는 데 비해 가족의 수나 욕구를 고려하지 않고 근로소득만을 고려하기 때문에 저소득층의 부담률이 상대적으로 높아 역진성을 가진다.

이는 사회보장세를 사용자와 피고용자가 분담할 수 있고 사용자가 대부분을 부담할 수도 있기 때문에 사용자가 부담하는 몫이 실질적으로 전가된다면 소득재분배효과가 줄어 들 수 있다. 사용자가 부담하는 사회보장세가 상품 가격의 인상에 의해 소비자에게 전가될 수 있고 저임금에 의해 피고용자에게 전가될 수도 있기 때문이다(Gillbert & Terrell, 1998).

3) 조세지출

조세지출(tax expenditure)은 일반조세를 재원으로 하는 재정지출에 대응하는 조세 보조금으로서 조세의 정상적인 과세체계에서 벗어난 특례 규정에 의하여 납세자의 세 부담을 경감시킴으로써 발생하는 국가 세입의 감소로 정의된다.

조세지출은 내어야 할 세금을 면제해 주거나 감면해 주는 것을 의미한다.

즉, 특정 집단에 조세를 감면, 공제, 면제해 주어 납세자의 구매력이나 소득을 실질적으로 증가시켜 주는 역할을 한다.

조세지출의 장점은 조세를 부과하고, 부과된 조세를 다시 대상자를 선별하여 급여를 제공하는 데 드는 많은 인적, 시간적, 물리적 비용을 줄임으로써 운영의 효율성을 높이는 데 있다. 그러나 일반적으로 고소득층일수록 누진세율이 높아 조세지출 혜택의 대부분은 고소득층에게 돌아간다. 세금을 내지 않는 저소득층의 경우 조세지출 제도를 통해 받는 혜택은 없다. 따라서 소득재분배의 역진성을 일으키는 조세지출을 대폭 줄이거나 없애 과세 대상을 넓히게 된다면 정부의 일반예산이 증가할 것이다. 늘어난 예산으로 사회복지 정책을 확대하는 것이 소득재분배의 효과를 크게 하는 것이 더 나은 방법이라 하겠다.

조세지출은 티트머스가 사회복지의 3가지 형태 중 하나로 분류하였듯이 세금감면이나 세금면제를 해주는 구체적인 항목들을 보면 일정 부분은 사회복지에 대한 욕구가 있는 사람들을 대상으로 하고 있다. 교육비에 대한 근로소득 특별공제, 의료비에 대한 근로소득 특별공제, 무주택 근로자에 대한 주택보조금 근로소득 비과세 등과 같이 세금환급금을 통해 보전해 준다. 이는 사회복지 욕구와 관련한 조세지출은 사회복지 프로그램을 통해 현물이나 현금으로 급여를 주는 것과 유사한 기능을 한다. 조세지출의 유형을 보면 직접세에 대한 조세지출과 간접세에 대한 조세지출로 구분할 수 있다.

(1) 직접세에 대한 조세지출

① 소득공제: 소득공제는 소득의 일부를 과세해야 할 소득으로 산정하지 않는 것을 의미한다.

② 비과세: 비과세는 특정 소득을 과세대상이 되는 소득에서 제외시켜 주는 것을 의미한다.

③ 세액공제: 세액공제는 납부해야 할 세액에서 투자금액이나 지출금액의 일정 비율 또는 전액을 빼주는 것을 의미한다.

④ 세액감면: 세액감면은 납부해야 할 세액에서 일정 비율을 감면해 주는 것을 의미한다.

⑤ 저율과세: 저율과세는 적용해야 할 일반세율보다 낮은 세율을 적용하는 것을 의미한다.

(2) 간접세에 대한 조세지출

① 부가가치세 면제

② 영세율 적용

③ 특별소비세나 교통세 등의 면제

④ 장애인 보장구에 대한 부가가치세 영세율 적용

⑤ 희귀병 치료제에 대한 부가가치세 면제 등

조세지출은 보통 수혜자가 제한적이며 조세를 재원으로 하는 예산지출과 대체가능하다는 특징이 있다. 일반조세를 재원으로 하는 예산지출은 세금을 낸 사람이든 내지 않은 사람이든 모두 대상이 되지만 조세지출은 세금을 내지 않은 사람은 혜택을 받을 수 없다는 점에서 일반조세와 차별된다. 사회복지 관점에서 조세지출의 성격은 수혜대상이 서로 다를 수 있어 정책적 효과가 상이할 수 있으며 일반조세에 의한 합리적 자원배분을 왜곡시킬 수 있다. 조세지출은 세금을 지불하고 조세감면을 받을 수 있는 대다수의 대상이 저소득층이 아니라 중상위계층이란 점에서 역진적인 재분배효과를 보이기 때문이다. 소득이 많을수록 혜택을 받을 수 있는 항목과 액수가 커지고 소득이 적은 사람들보다는 소득이 높을수록 조세감면 혜택이 커지게 된다.

2. 민간재원

민간 사회복지 재원은 기부금, 이용자 부담금, 기업복지 재원, 비공식복지의 재원 등이 있다.

1) 기부금

자발적으로 이루어지는 민간의 기부금은 자선, 박애의 동기를 기초로 사회복지정책의 영역에 따라 중요한 역할을 하고 있다. 기부금은 개인이나 기업과 같은 법인이 사회복지를 위해 자발적으로 기부한 재원을 의미하며, 기부금은 세금공제 또는 면제를 통해 강화되고 조세감면의 혜택이 없으면 줄어드는 경향을 보이기 때문에 정부의 조세감면정책과 연관이 있다. 자발적 기여의 형태는 개인, 재단, 법인, 유산으로 나누어지며 개인의 자발적인 행위에서 나오는 것이기도 하지만 정부의 정책을 반영하기도 한다. 사회복지 재원으로서 기부금은 복지국가 이전에는 중요한 사회복지 재원으로서 중요한 비중을 차지하고 있었으나 복지국가가 형성된 이후로 약세를 보이고 있다. 기부금이 중요한 사회복지 재원으로 기능하는 영역은 주로 사회복지서비스 분야로 민간 사회복지기관의 재원구성에 있어 큰 비중을 차지하고 있지는 못하다. 자발적 기여는 경제상황에 따라 개인이나 기업의 재정여건에 따라 편향적이거나 유동적이어서 안정적인 사회복지재원 확보에 어려운 점이 있다.

사회복지 재원으로서 기부금의 특징을 살펴보면 다음과 같다.

① 기부금을 재원으로 사용하는 민간 사회복지기관의 입장에서 다른 재원보다도 자원운용에서 융통성이 높다. 따라서 기관의 자율성을 높일 수 있다.

② 기부금의 재원 성격은 완전한 의미의 민간 사회복지 재원은 아니라고 할 수 있다. 기부금에는 세제혜택 제공이 따르기 때문에 정부의 조세지출이 기부금 제공에 영향을 주기 때문이다.

③ 기부금은 국가의 사회복지 재정 부담을 보완해 주는 기능을 한다. 기부금 활성화는 국가의 사회복지재원 부담을 줄일 수 있기 때문이다.

④ 기부금은 예측가능성이 떨어지기 때문에 재원으로서의 안정성이 약하다. 자발적 의사에 의존해야 하는 기부금의 액수가 경제적 상황 요인의 영향을 받을 수 있는 단점으로 인해 주된 자원의 역할이 어렵다.

⑤ 기부금은 모집 관련하여 많은 행정비용이 수반되기 때문에 비용 대비 효율성의 문제가 야기된다.

⑥ 기부금은 공공 사회복지 재원과 비교하여 소득재분배효과가 낮다. 기부자의 소득수준이 기부에 미치는 영향이 명확하지 않고 기부금으로 형성된 급여가 반드시 소득이 낮은 사람에게 주어지는 것은 아니다.

2) 이용자 부담금

이용자 부담금은 공공기관이나 민간기관이 제공하는 사회복지서비스를 사용하는 사람들이 그 서비스 이용비용의 일부나 전부를 지불하는 것이다. 대표적인 예로는 건강보험료의 본인부담금이나 사회복지서비스의 이용자 부담금이 속한다. 사회복지서비스에 대한 이용자 부담금은 서비스의 남용을 억제하여 자원이용의 효율성을 높여 불필요한 서비스 낭비를 막고 이용자 부담을 통하여 사회복지 재원의 부담을 줄이는 데 도움이 된다.

사회복지 재원으로서 이용자 부담금은 복지국가 위기 이후 신보수주의 정권이 등장한 1980년대 이후 사회복지의 민영화가 진행됨에 따라 점차 확대되었다. 사회복지 재원 중 이용자 부담금은 서비스 이용자로 하여금 자존감과 자조의 가치를 강화하게 해주며 서비스의 질을 향상시킬 수 있게 해준다. 이용료 부담금을 통해 서비스 이용자가 권리의식을 가지고 서비스의 질이나 개선요구를 용이하게 해주기 때문이다. 또한 서비스 이용자가 서비스를 남용하는 것을 억제하여 도덕적 해이를 방지하는 효과가 있으며 정부의 재정부담을 완화하는 효과가 있다.

이처럼 사회복지 재원으로서 이용자 부담금은 여러 가지 장점과 특징을 가지고 있으나 몇몇 한계를 가지고 있다. 이용자 부담금은 소비세와 같이 이용자의 소득수준과 무관하게 일반적으로 동일한 금액이 부과되기 때문에 총소득 대비 이용자 부담금을 보면 소득수준이 낮은 사람일수록 이용자 부담금이 소득에서 차지하는 비중이 높을 수 있다. 따라서 역진적 소득재분배효과를 가져올 수 있으며 서비스 접근성에서도 저소득층의 서비스 이용을 제한할 수 있다.

이는 사회복지서비스를 무료로 제공하는 경우 이용자나 제공자 모두 서비스 질에 대한 관심이 저조해지는 경우가 발생하기 때문에 이용자 부담을 통해 서비스의 질을 향상시킬 수 있으나 이용자 부담금이 없어서 서비스를 받지 못하는 사회계층은 서비스 접근의 제한을 받는 단점과 저소득층이 상대적으로 부담이 커 소득재분배에서 역진적 성격을 가지게 된다.

한편 사회복지 정책의 재화나 서비스를 받을 때 이용료 부담의 필요성을 살펴보면 아래와 같다.

- 서비스 이용자 부담을 통해 사회복지서비스의 남용을 막을 수 있다.
- 과도한 정부 부담의 한계를 극복하는 방법으로 이용자 부담이 필요하다.
- 서비스 이용 시 일부 본인부담금을 부담한다면 치욕을 줄이고 자기 존중을 높일 수 있다.
- 사회복지서비스 질에 대한 관심을 높일 수 있으며, 특히 서비스 제공자의 역할이 상대적으로 중요한 개별 사회복지 서비스 분야에서 중요하다.

한편, 사회복지가 발달한 국가에서도 어떤 사회복지 정책이 제공하는 재화나 서비스를 받을 때 이용자에게 일정한 액수의 이용료를 부담하게 된다. 이용료 부과방식은 〈표 9-4〉와 같이 정액재, 정률제, 연동제로 구분할 수 있다.

〈표 9-4〉 이용자 부담금 부과방식

부과방식	내용
정액제	소득수준에 관계없이 서비스 이용에 대한 일정액을 본인이 부담
정률제	소득수준에 관계없이 서비스 비용의 일정 비율을 본인이 부담
연동제(Sliding scale)	소득수준에 연동하여 본인 부담을 차등적으로 적용 저소득층에게는 본인부담금을 물리지 않거나 낮게, 소득이 높은 사람일수록 본인부담을 크게 함.

3) 기업복지

기업복지는 기본적으로 공공부문의 사회복지를 보충하는 기능을 한다. 따라서 공공부문의 사회복지가 발전하게 되면 기업복지의 역할은 상대적으로 적어진다고 할 수 있다. 또한, 기업복지는 기업에 종사하는 노동자와 그 가족을 대상으로 사회복지성 급여와 혜택을 제공함으로써 이루어지는 복지를 의미한다. 기업복지 대상에게 주어지는 급여에는 기업연금과 유급휴가, 주택자금 대부, 학자금 지원, 휴양시설, 보육시설 등과 같은 기업체 복지후생제도가 있다. 기업복지는 사회보험, 장애인고용촉진부담금과 같은 법정 복지비용은 포함되지 않고 임금형태의 급여도 포함되지 않는다.

기업복지는 매우 다양한 형태로 제공되는데 소득보장 형태의 기업복지로는 기업연금이나 퇴직금이 있으며 의료보장 형태로는 민간 의료보험의 보험료 지원 및 의료비 지원이 있다. 주거보장 형태로는 사내근로자주택 제공이 있으며 교육보장 형태로는 피고용자 또는 자녀의 학비 지원이 있으며 그 외 서비스 형태로는 통근버스 운영이나 보육시설 운영, 보육비 지원, 식사 제공, 자기개발 비용 지급 등이 있다.

기업복지의 급여는 임금과 함께 증가하는 것이 통상적이며 관리직이나 전문직 종사자들이 육체노동자나 임시직 노동자에 비해 보다 많은 혜택이 있으며 무직인 경우 직업복지 혜택이 전혀 없기 때문에 소득재분배상으로 역진적 성격을 가진다. 그럼에도 불구하고 기업은 직업복지를 통해 우수인력 확보와 유지, 노사관계의 안정, 기업에 대한 자긍심 향상 등을 도모할 수 있을 뿐만 아니라 국가복지의 역할을 기업이 대신해 줌으로써 국가의 사회보장 수요를 감소시킬 수 있다(원석조, 2006).

사회복지 재원으로서 기업복지의 특징을 살펴보면 다음과 같다(김태성, 2007).

① 기업의 입장에서 기업복지는 피고용자에게 임금을 높여주는 것보다 기업복지 형태로 지급하는 것이 조세부담의 측면에서 유리하다. 노동비용이라는 측면에서 기업복지와 임금은 상호대체적 관계이다.
② 기업복지는 노동력의 안정적 확보와 유지에 기여한다. 동일한 노동조건에서 기업복지에 따라 기업의 노무관리 차원에서 활용되어 우수한 인력의 이직을 줄이는 기능을 수행할 수 있다. 즉, 기업복지는 노사관계의 안정화 기능을 수행하는 등 노무관리적인 역할을 한다.
③ 기업복지는 근로자로 하여금 근로의욕을 고취하여 생산성을 향상시키는 효과를 기대할 수 있다.
④ 기업복지는 기업에 대한 사회적 이미지를 제고하는 기능을 한다.
⑤ 기업복지는 공공복지를 보완하는 기능을 수행한다.

그러나 직업복지는 여러 가지 장점을 가지고 있으나 소득재분배에 역진적이라는 큰 한계가 있다. 대부분 정규직을 대상으로 복지급여가 제공되고 비정규직은 복지급여에서 배제되거나 임의적, 선별적으로 제공되어 기업 내 노동자 간의 차별이 조성된다. 또한 직업복지는 소득을 기준으로 비례적으로 제공되기 때문에 계층 간의 소득역진성을 증대시킨다.

4) 비공식복지

비공식복지는 가족이나 이웃, 친구 등 주로 비공식적인 형태로 이루어지는 복지활동을 의미한다. 그 중 가장 대표적인 비공식복지에 해당하는 가족 간 이전은 민간사회복지 영역에서 매우 중요한 부분을 차지하며 일정한 형식을 갖추지 않는 비조직적 형태인 가족, 이웃, 친구 등이 해당된다. 우리 사회에서 가족은 경제적, 정서적 안정을 구성원들에게 제공하는 중요한 역할을 한다. 가족 간 이전은 크게 비공식적인 소득이전과 비경제적인 측면에서의 서비스제공으로 나눌 수 있는데 부모가 결혼하는 자식에게 집을 사주거나 자식이 부모를 부양하는 것 등은 비공식적인 소득이전에 해당한다(Gillbert & Terrell, 1998; 구인회 외, 2017 재인용).

공공복지가 발달하지 못한 국가나 가족주의 문화가 강한 동아시아 사회의 경우 비공식복지는 그 사회에서 매우 중요한 사회복지 자원이 된다. 가족은 위급한 문제가 발생했을 경우에 지지서비스를 제공받을 수 있고 조언과 도움 등 즉각적인 원조가 가능하기 때문이다.

사회복지 재원으로서 비공식복지는 공공복지 재원에서 나타나는 여러 가지 부작용들이 나타나지 않는다. 조세는 강제로 재분배를 하기 때문에 노동 동기의 저하나 지하경제의 확대 등과 같은 여러 가지 왜곡된 형태가 나타나며 과잉공급의 가능성이 있지만 비공식복지는 자발적 재분배로 조세부과에서 나타나는 부작용 발생이 되지 않을 뿐만 아니라 대상자의 욕구를 정확히 파악하고 있기 때문에 과잉공급의 우려도 없다. 또한, 대상자 선별과 프로그램 관리 및 감독 등에 관련한 많은 행정비용이 수반되는 다른 사회복지 재원과는 달리 비공식복지는 잘 아는 사람들끼리 이루어지기 때문에 심리적, 정서적 지지 효과도 거둘 수 있고 특별한 행정비용이나 모니터링을 필요로 하지 않는다.

그러나 빈곤한 사람들의 경우 친밀한 사람들이나 가족구성원의 욕구가 발생하더라도 원조가 불가능한 경우가 많기 때문에 한계가 있어 비공식복지의 혜택을 거의 받지 못하게 된다. 또한, 비공식복지는 지속성과 안정성이 떨어지는 한계가 있다. 주로 제공자의 자발적 의사와 경제적 상황에 따라 축소 또는 중단될 가능성을 포함하고 있기 때문이다. 비공식복지는 사회복지영역에서 개인의 책임으로 인식될 때 사회에서 그 비중이 커질 수 있기 때문에 경제적, 물리적 부담이 커질 수 있어 공정에 대한 의문이 제기되기도 한다.

제2절 재원과 재정지출 현황과 실태

사회복지가 점점 발달하고 사회안전망이 확충되는 상황에서 저출산 및 초고령화 등 전반적인 사회문제로 인해 복지지출이 계속 증가함에 따라 한국의 조세부담률이 꾸준히 높아지고 있다. 그러나 아직까지도 조세부담률은 경제협력

〈표 9-5〉 복지국가 유형별 주요 재정지표 (단위: GDP 대비 %)

구분	국민부담률			일반정부 총지출	공공사회 복지지출
		조세부담률	사회보험기여금		
미국	27.7	21.6	6.1	47.8	23.0
일본	34.1	27.7	6.4	42.5	24.8
프랑스	46.1	20.7	25.4	61.6	31.6
독일	39.3	34.1	5.2	50.4	26.7
이탈리아	42.9	29.8	13.1	56.1	30.1
영국	35.3	28.2	7.1	46.2	22.7
한국	29.7	22.1	7.6	37.1	14.8
OECD 평균	34.0	25.3	8.7	42.7	21.1

출처: 기획재정부, 2024년 조세 개요, 국가회계재정통계 Brief(2024), OECD공공사회지출데이터(2023) 참조하여 작성.

개발기구(OECD) 회원국 중에서 여전히 하위권인 것으로 보고되고 있으며 OECD 주요국의 GDP 대비 사회복지지출 비중 또한 2022년을 기준으로 OECD 평균에 못 미치는 것으로 보고되고 있다.

1. 조세부담률

조세부담률이란 경상 GDP(국내총생산) 대비 국세와 지방세를 합한 세금의 비를 의미하는 것으로 한 국가 재정의 상대적 규모를 제시하는 지표가 된다. 법인을 포함하여 1년 동안 국민들이 납부한 세금의 총액을 국민총생산(GNP)으로 나눈 비율로 국민들이 소득 중에서 세금으로 부담하는 부분이 얼마만큼 되는지 나타내주는 지표다. 따라서 각 개인의 조세부담률은 각자의 소득수준, 소비행태, 재산보유상황 등에 따라 달라진다.

조세부담률＝조세(국세＋지방세) / 경상 GDP

기재부에 의하면 노태우·김영삼·김대중 정부 시절 조세부담률은 16.1~17.9% 수준에 머물렀다가 노무현 정부 때 조세부담률 상승세가 본격화되었다. 노무현 정부가 복지정책을 확대하면서 종합부동산세 도입, 재산세 과세 강화 등을 추진하면서 2007년엔 19.6%까지 올랐다. 이후 이명박 정부 때 법인세 최고세율 인하 등 영향으로 조세부담률은 2010년 17.9%까지 떨어졌고, 증세 없는 복지를 내세운 박근혜 정부에서는 2016년 19.4%까지 모순된 상승 곡선이 그려졌는데 소득세 최고세율 과세표준 구간 조정, 담뱃세 인상 등의 영향으로 풀이됐었으며, 2022년까지 22.1%로 상승되고 있다.

문재인 정부는 소득주도성장과 혁신성장으로 경제 패러다임 전환을 주장하며 과감한 재정확대 기조에 따른 세제개편에서 고소득층과 대기업의 세 부담

인상에 따른 증세효과가 나타나고 있다. 2017년 대비 세수 증가율이 8.2%로 경상 GDP 증가율(4.0%)의 두 배를 웃도는 상황이다. 그러나 윤석열 정부 들어 2024년 17.7%로 2017년 이후 처음으로 18% 이하로 떨어졌다. 이는 대규모 감세로 인해 세수 기반이 흔들렸음을 알 수 있다.

우리나라 조세부담률은 대규모 감세 정책을 폈던 이명박 정부 직후인 2013년에 저점을 찍었다. 이후, 조세부담률은 꾸준히 상승하여 2022년 22.1%로 정점을 찍은 후 박근혜 정부에서 소득공제를 크게 줄이는 소득 세제 개편에 나서고 문재인 정부에서도 그 바통을 이어받아 최고세율 조정 등 법인세 증세 조처를 단행하였다. 2022년 정점을 찍은 조세부담률은 2023년 19.0%로 뚝 떨어진 뒤 2년 연속 큰 폭을 하락하고 있다.

2018년 조세부담률 첫 20% 돌파한 한국은 3년 전 기준으로 OECD 회원국 중 33위를 기록했다. 2019년 기획재정부와 행정안전부의 전망을 바탕으로 추산한 결과, 국세(287조1000억 원)와 지방세(77조9000억 원) 수입 전망치를 더한 총 조세수입이 올해 GDP에서 차지하는 비율을 뜻하는 조세부담률은 20.28%에 달할 것으로 추산됐다. 조세부담률이 20%를 돌파하는 것은 사상 처음이 된다(업다운뉴스, 2018. 8. 5.). 이와 같이 문재인 정부의 재정확대 기조는 지속될 것으로 보이고 있으나 우리나라의 조세부담률이 20%를 돌파한다 해도 경제협력개발기구(OECD) 국가들과 비교해 보면 여전히 최하위 수준에 머물러 있다.

〈표 9-6〉에서 보듯이 조세부담률이 높은 국가들은 덴마크(43.4%) 스웨덴(36.3%) 등 주로 북유럽 국가들이었으며 프랑스(31.1%)도 조세부담률도 높은 편이다. 조세부담률은 GDP 증가 속도보다 세수 증가 속도가 빠를 때 상승하는데 한국의 조세부담률은 정부의 감세정책과 글로벌 금융위기의 여파로 2008년 20.8%에서 2009년 18.2%로 내려간 뒤 소폭 등락을 거듭하다 2013년(17.9%) 이후 꾸준히 오르고 있다. 한국의 조세부담률은 2022년 22.1%를 넘어섰지만 2022년 기준 OECD 평균인 25.3%와는 아직 차이가 크다. 2024년 우리나라 조세부담률은 2022년 대비 3.0%p 하락한 19.1%를 보였다.

〈표 9-6〉 OECD 주요국의 조세부담률 비교 (단위: %)

구분	2008	2009	2010	2011	2012	2013	2014	2015	2022	2024
한국	19.3	18.2	17.9	18.4	18.7	17.9	18.0	18.5	22.1	19.1
OECD 평균	24.6	23.6	23.7	24.1	24.5	24.7	25.1	25.0	25.3	–
덴마크	44.8	45.1	45.0	45.0	45.7	46.7	49.5	46.6	43.4	–
스웨덴	33.0	33.2	32.3	32.6	32.4	32.9	32.9	33.6	36.3	–
프랑스	26.4	25.1	25.9	26.9	27.8	28.5	28.5	28.6	31.1	–
영국	26.7	25.3	26.3	27.2	26.5	26.4	26.1	26.5	28.2	–
독일	22.5	22.2	21.3	21.9	22.4	22.6	22.6	22.9	24.7	–
미국	19.4	16.8	17.4	18.4	18.6	19.5	19.7	20.1	21.6	–
일본	17.4	15.9	16.2	16.7	17.2	18.0	19.3	18.6	20.7	–
슬로바키아	17.5	16.5	16.1	16.6	16.1	17.0	17.9	18.5	29.5	–
멕시코	11.2	10.7	11.3	11.2	11.0	11.6	12.0	17.4	15.3	–

출처: 기획재정부, 경제협력개발기구(OECD) Revenue Statistics (2016), 주오이시디대한민국대표부, 2022년 OECD 조세정책 동향 참조하여 작성.

2. 국민부담률

경제협력개발기구(OECD)는 매년 국가별 국민부담수준을 비교하기 위한 통계로서 조세부담률과 국민부담률을 작성하여 발표한다. 국민부담률은 경상 GDP에서 조세와 사회보장기여금이 차지하는 비중을 의미한다. 국민부담률은 한해 국민들이 내는 세금(국세+지방세)에 사회보장기여금(국민연금보험료·건강보험료·고용보험료 등)을 더한 뒤 이를 그해 국내총생산(GDP)으로 나눈 값으로 2014년부터 5년 연속 상승하고 있다.

26일 국회예산정책처의 '2019 조세수첩'에 따르면 지난해 우리나라 국민부담률은 26.8%이다.

국민부담률은 한해 국민들이 내는 세금(국세+지방세)에 사회보장기여금(국민연금보험료·건강보험료·고용보험료 등)을 더한 뒤 이를 그해 국내총생산(GDP)으로 나눈 값으로, 2014년부터 5년 연속 상승하고 있다.

국민부담률 = 조세부담률(조세/GDP) + 사회보장부담률(사회보장기여금/GDP)

2018 우리나라의 국민부담률이 26.8%로 집계되는 등 전년(25.4%) 대비 1.4%p 오르면서 최근 10년 중 최대 상승폭을 기록했다. 국회예산정책처의 '2019 조세수첩'에 따르면 지난해 우리나라 국민부담률은 26.8%이다. 실제로 2008년 23.6%에서 2009년 22.7%, 2010년 22.4%로 낮아지다가 2011년 23.2%, 2012년 23.7%로 소폭 오른 뒤 2013년 23.1%로 다시 떨어졌다. 그러다가 2014년 23.4%, 2015년 23.7%, 2016년 24.7%로 올랐고 문재인 정부 출범 첫해인 2017년에 25.4%, 2018년 26.8%로 계속 상승하는 추세다. 그러나 윤석열 정부가 들어서면서 국민부담률은 2024년 26.8%로 2021년 대비 2.9%p 감소하였다.

문재인 정부에 들어선 후 증가 속도가 빨라져 진 반면, 윤석열 정부의 감세정책에 따라 국민부담률은 감소한 것을 알 수 있다.

각종 복지제도 확대도 건강보험료 인상 등으로 이어지면서 국민부담률 상승에 반영된 것으로 분석된다. 우리나라 국민부담률은 경제협력개발기구(OECD) 회원국 평균보다는 여전히 낮은 편이다.

OECD 평균 국민부담률은 2011년부터 2013년까지 33%대를 기록하다가 2014년 34.2%, 2015년 34.3%, 2021년 34.0% 등 34%대로 올라 우리보다 4.3%p 높은 상태이다. 우리나라 정부가 아직은 OECD 국가들에 비해 적게 걷어서 적게 쓰고 있다는 의미이다. 하지만 증가 속도는 OECD 국가들에 비해 빠르다. 우리나라는 2015년에서 2021년 사이 4.5%p 뛰어올랐다. OECD 회원국은 같은 기간 34.3%에서 34.0%로 0.3%포인트 내렸음을 알 수 있다.

2025년 기재부 재정보고서에 의하면 우리나라 조세부담률은 2024년 기준으로 22.1%이고, 국민부담률은 29.7%로서 OECD 회원국 36개국의 평균 조세부담률 및 국민부담률에 비해 낮은 수준이다. 〈표 9-7〉에 나타났듯이 OECD 회원국의 국민부담률을 비교해 보면 2021년 한국의 국민부담률은 29.7%로 가장 높은 수준을 보였으나, 2024년 26.8%로 하락하여 여전히 낮은 수준이다.

〈표 9-7〉 OECD 주요국의 국민부담률 비교 (단위: %)

구분	2008	2009	2010	2011	2012	2013	2014	2015	2021	2024
한국	24.6	23.8	23.4	24.2	24.8	24.3	24.6	25.2	29.7	26.8
OECD 평균	33.2	32.4	32.6	33.0	33.4	33.8	34.2	34.3	34.0	–
프랑스	42.2	41.3	42.0	43.2	44.3	45.2	45.5	45.5	46.1	–
영국	33.0	31.5	32.5	33.4	32.7	32.5	32.1	32.5	35.3	–
독일	35.4	36.1	35.0	35.7	36.3	36.4	36.6	36.9	39.3	–
미국	25.7	23.0	23.5	23.9	24.1	25.7	25.9	26.4	27.7	–
일본	28.5	27.0	27.6	28.6	29.4	30.3	32.0	31.6	34.1	–

출처: 기획재정부, 경제협력개발기구(OECD) Revenue Statistics (2024).

〈표 9-8〉 OECD 주요국의 국제 간 비교 (단위: %)

구분	OECD 평균	한국	미국	일본	프랑스	독일	이탈리아	영국
조세부담률	25.3	22.1	21.6	20.7	31.1	24.7	29.8	28.2
국민부담률	34.0	29.7	27.7	34.1	46.1	39.3	35.3	35.3

출처: 기획재정부 (2025). 2024 조세개요.

3. 사회복지지출

OECD 주요국의 GDP 대비 사회복지지출 비중을 살펴보면 2021년을 기준으로 한국이 14.8%로 OECD평균인 21.1%에 비해 매우 낮게 나타나고 있다. 한국은 경제 규모에 비하여 사회복지지출 규모가 매우 낮은 수준으로 평가되고 있다.

한국은 낮은 출산율과 빠른 고령화 사회 진입으로 인해 노인빈곤률의 증가폭이 점점 커지고 있어 연금 등 사회보험의 자연증가를 고려하더라도 향후 복지재정은 크게 증가할 것으로 예상되어 추가적인 복지재정이 필요하게 되었다.

〈표 9-9〉 OECD 주요국의 GDP 대비 사회복지지출 비교 (단위: %)

구분	2010	2011	2012	2013	2014	2015	2016	2021	2024
한국	8.3	8.2	8.8	9.3	9.7	10.1	10.4	14.8	15.5
OECD 평균	21.1	20.7	21.0	21.1	21.1	21.0	21.0	21.1	–
프랑스	30.7	30.5	31.0	31.5	31.9	31.7	31.5	31.6	–
이탈리아	27.6	27.3	28.1	28.6	29.0	28.9	28.9	30.1	–
스웨덴	26.3	25.8	26.7	27.4	27.1	26.7	27.1	23.7	–
그리스	23.8	25.9	28.0	26.0	26.1	26.4	27.0	24.1	–
독일	25.9	24.7	24.6	24.8	24.9	25.0	25.3	26.7	–
스페인	25.8	26.3	26.1	26.3	26.1	25.4	24.6	28.1	–
영국	22.8	22.4	22.5	21.9	21.6	21.5	21.5	22.7	–
미국	19.3	19.1	18.8	18.8	18.8	19.0	19.3	23.0	–
일본	22.1	23.1	22.9	23.1	–	–	–	24.8	–

출처: 기획재정부, 경제협력개발기구(OECD) STAT(2021년 기준), http://stats.oecd.org

〈표 9-10〉 복지분야 지출액 추이 (단위: 조 원, %)

구분	2010	2011	2012	2013	2014	2015	2016	2017	2020	2024
총지출(A)	292.8	309.1	325.4	342.0	355.8	375.4	386.4	400.5	430.0	470.0
복지분야(B)	81.2	86.4	92.6	97.4	106.4	115.7	123.4	129.5	140.0	160.0
점유비(B/A)	27.7	28.0	28.5	28.5	29.9	30.8	31.9	32.3	32.6	34.0
경제분야	71.2	72.1	72.3	75.1	75.5	79.4	78.5	77.2	80.0	85.0
교육분야	38.3	41.2	45.5	49.8	50.7	52.9	53.2	57.4	60.0	65.0
국방분야	29.6	31.4	33.0	34.3	35.7	37.5	38.8	40.3	42.0	45.0

출처: 기획재정부, 디지털예산회계시스템을 참조하여 작성.

4. 조세정책의 소득재분배효과

정부는 소득불평등을 줄이기 위하여 조세제도와 정부지출, 사회보험 등의 수단을 이용하여 소득분배를 조정한다. 소득격차 심화는 사회통합력을 약화시킬 뿐만 아니라 경제성장률을 저해할 수 있기 때문에 조세재정정책의 소득재분배 역할은 매우 중요하다. 현대경제연구원(2018)의 조세재정정책의 소득재분배효과 국제비교와 시사점 보고서에 의하면 OECD 회원국을 대상으로 조세재정정책 전 후의 저소득층 인구 비중 차이와 소득 차이를 비교분석한 결과는 다음과 같다. 한국의 조세재정정책을 통한 저소득층 탈출, 즉 빈곤탈출률은 OECD 회원국에 비해 매우 낮아 분석대상국 28개국 중 최하위 수준으로 분석되었다. 소득재분배를 위한 정부의 조세재정정책 후 OECD 회원국의 저소득층은 평균 35.9%만 저소득층에 남아 있고 64.1%가 저소득층을 벗어난 반면, 한국의 저소득층은 조세재정정책 시행 후에도 80.5%가 저소득층에 남아 빈곤탈출률은 19.5%에 불과했다.

또한, 저소득층의 소득개선효과 측면에서도 한국은 OECD 회원국 평균보다 훨씬 낮은 수준이다. OECD 회원국은 정부의 조세재정정책을 통한 저소득층의 소득개선효과가 62.1%로 소득이 크게 증가한 반면 한국의 소득재분배를 통한 저소득층의 소득개선효과는 11.5% 수준에 불과하였다. 연령층별로 분석한 결과 60세 이상 고령층에서 한국의 빈곤탈출률과 저소득층의 소득개선효과는 OECD 회원국 분석 대상 국가 평균과의 격차가 크게 발생하였다. 모든 연령층에서 한국의 빈곤탈출률은 낮은 편이며, 60세 이상 고령층에서 특히 더 두드러지게 나타났다. 이는 OECD 회원국의 국가들의 만 60세 이상 고령층의 빈곤탈출률은 평균 80.8%로 매우 높은 편으로 연금정책을 포함한 조세재정정책으로 인한 소득재분배가 잘 이루어지고 있다는 것을 의미하는 데 비해 한국 저소득 고령층의 빈곤탈출률은 24.1%로 소득재분배효과가 미미한 수준임을 보여준다. 한국 조세재정정책의 소득재분배효과가 OECD 회원국에 비해 낮게 나타나는 배경으로 다음과 같이 보고하고 있다.

첫째, 경제규모 대비 사회복지지출 규모가 다른 OECD 회원국에 비해 작기 때문이다. OECD 회원국의 공공사회복지지출 비중 평균치는 21.1%로 한국 10.4%의 약 두 배 수준이다. 연금지출을 중심으로 한 노령부문뿐 아니라 근로 무능력 관련 급여, 보건, 가족 등 거의 모든 부문에서 한국과 OECD의 공공사회복지지출 비중 차이가 큰 편이다.

둘째, 한국의 경우 연금제도 시행기간이 짧아 성숙도가 상대적으로 낮기 때문이다. 한국의 연금도입기간은 약 20년 정도에 불과해, 수급자들의 평균 가입기간도 짧다.

셋째, 국민의 노후소득보장의 척도로 볼 수 있는 공적연금의 소득대체율이 OECD 국가에 비해 낮기 때문이다. OECD 회원국의 평균 연금의 소득대체율은 58.7%이나 한국은 39.3%에 불과하다.

넷째, 한국은 상대적으로 경제규모 대비 조세부담률이 낮은 수준이며, 이로 인해 정부의 재원이 부족하기 때문이다. OECD 회원국 평균 조세부담률은 25.3%인데 반해 한국의 조세부담률은 22.1%에 불과하다.

다섯째, 한국은 개인소득세 비중이 낮아 소득세의 조세수입 확충기능이 미흡하다. GDP 대비 개인소득세 비중은 OECD 회원국 평균 8.4%에 비해 한국은 4.6%로 낮은 수준이다.

따라서 다른 OECD 회원국에 비해서 상대적으로 낮은 한국의 조세재정정책의 소득재분배기능은 향후 국민들의 전반적인 복지수준의 향상과 더불어 경제사회 시스템의 안정을 위해 필수적으로 개선되어야 할 사항으로 조세재정정책의 소득재분배기능 강화를 위해서는 다음과 같은 노력이 있어야 한다.

첫째, 소득불균형 문제를 해결하기 위해서는 정부의 노력만으로는 역부족이기 때문에 개인의 사회적 부담과 복지 등 다양한 이슈들이 존재하기 때문에 국민의 공감대 형성을 통한 사회적 합의가 반드시 필요하다.

둘째, 인구고령화에 대비하여 노후소득보장체계 등을 통해서 노후소득절벽에 대비해야 한다.

셋째, 저소득 고령층과 같은 취약계층의 특성에 따른 맞춤형 정책을 통해 저소득층의 빈곤탈출률을 높여야 한다.

넷째, 재정정책 추진과정에서 재정건전성이 훼손되지 않도록 엄격한 재원대책 마련, 세원의 투명성 강화 등이 이루어져야 한다.

이와 같이 사회복지재원 공공부조와 사회서비스는 조세수입에 의해 조달되고 사회보험은 보험료에 의해 조달된다. 이는 대부분의 나라에서 공통적인 재원조달의 방식으로 사회보험료의 노사분담비율과 저소득층에 대한 사회보험의 조세수입을 통한 국가부담 여부 그리고 지방정부의 사회서비스 공급 책임 여부와 사회보장 목적세의 활용 여부 등은 각국의 정치, 경제, 사회, 문화적 상황에 따라 조금씩 다른 양상을 보인다. 우리나라의 경우도 큰 틀에서의 사회복지재원 조달 방식은 유사하다. 아직까지 한국의 복지재정 규모가 선진국들에 비해 낮은 형편이기는 하지만 기존 제도가 성숙화되고 새로운 복지프로그램들의 도입이 늘어남에 따라 그 규모가 급속히 팽창할 전망이다. 따라서 향후 과제는 늘어가는 복지지출의 재원을 어떻게 조달할 것인가이다.

생각해 볼 문제

1. 사회복지정책의 재원 중 이용자 부담에 대한 설명으로 옳지 않은 것은?
   ① 소득재분배효과를 높일 수 있다.
   ② 역진성이 나타날 수 있다.
   ③ 불필요한 서비스 이용을 억제할 수 있다.
   ④ 자기존중감을 높일 수 있다.
   ⑤ 저소득층에게 부담이 될 수 있다.

2. 우리나라 사회복지정책 중 소득세와 사회보험료에 대한 설명으로 옳은 것은?

가. 소득세는 강제로 징수하지만, 사회보험료는 강제로 징수하지 않는다. 나. 소득세는 용도가 정해져 있지 않지만, 사회보험료는 용도가 정해져 있다. 다. 소득세는 국가에서 징수하며, 사회보험료는 민간에서 징수한다. 라. 소득세는 누진적으로 부과되고, 사회보험료는 비례적으로 부과된다.

   ① 가, 나, 다　　② 가, 다　　③ 나, 라
   ④ 라　　⑤ 가, 나, 다, 라

3. 사회복지정책의 재원에 대한 설명으로 옳지 않은 것은?
   ① 일반예산은 소득재분배효과가 크다.
   ② 조세 중 소득세가 소비세보다 소득재분배효과가 크다.
   ③ 사회보장성 조세는 소득재분배효과가 제한적이다.
   ④ 조세지출은 공공부문 재원에 속한다.
   ⑤ 이전소득은 모두 공공부문 재원에 속한다.

CHAPTER 10

사회복지정책과 사회보험

학습목표

1. 사회보험의 특성과 원리를 설명할 수 있다.
2. 우리나라 5대 사회보험의 특성을 설명할 수 있다.

CHAPTER 10 사회복지정책과 사회보험

제1절 사회보험의 의의와 특성

1. 사회보험의 의의

사회보험은 사회구성원의 경제적 활동을 보장하기 위하여 그들의 생활에 위험과 위협이 발생한 경우, 보험의 일반적 원리를 통하여 일정 기준의 급여를 행함으로써 그들의 생활보장을 목적으로 하는 사회보장정책이다.

우리나라의 사회보험제도는 1960년대 공무원 및 군인연금, 산업재해보상보험의 도입에서 시작되었다. 1970년대에는 사립학교교직원연금, 공무원 및 사립학교 교직원 의료보험제도가 도입·시행되었으며, 1980년대에는 국민연금제도의 시작과 더불어 농어촌지역 의료보험이 도입되었다. 그 후 지역의료보험제도는 1989년 7월부터 도시지역까지 확대 시행되어 전 국민적 건강보험제도를 확립하게 되었다. 그리고 1990년대에 들어와서는 고용보험제도를 도입하여 1995년 7월 1일부터 시행하였고, 1997년 3월에는 「근로기준법」을 대폭 개정하여 퇴직금을 기업연금보험제도로 전환할 수 있는 근거를 마련하는 등 그 역사가 짧음에도 불구하고 괄목할 만한 제도적 성과를 가져왔다.

사회보험은 연혁적으로 볼 때 근로자, 특히 임금근로자를 적용대상으로 하였으나 그 대상을 점차 확대시켜 일반적으로 전 국민을 대상으로 하고 있다. 오늘날 ① 노동능력의 일시적 상실의 전형은 질병 및 재해에 원인하는 것이고, ② 노동능력의 장기적 상실은 폐질, 노령이 원인이 되는 경우가 대부분이며, ③ 노동력을 소유하면서도 노동기회를 얻지 못하는 노동생활의 중단은 실업의 경우이고, ④ 근로기피는 근로조건 및 노사 쌍방 간에 양해가 성립하지 못한 채 파업, 기타 수단으로 노동력 제공을 거부한다든가 고용주 측에서 먼저 직장을 폐쇄하는 경우이다. 이와 같이 실업, 질병, 부상, 폐질, 사망, 노령 등의 보험사고가 개인에게 발생한 경우 저소득자의 지출 비용이 과중하게 되고 노동력의 상실로 본인과 가족의 생활이 궁핍하게 될 것이다.

따라서 사회보험의 사명은 이러한 재해를 사회적 책임으로서 방지하고 자본주의체제하의 사회적 병폐인 소득불균형을 시정하여, 근로자의 소득체제와 소득체계의 균형을 실현하고 나아가 국민경제의 발전을 유도할 수 있는 사회경제의 체계적 기반을 조성하는 데 그 의의가 있다고 하겠다(신섭중 외, 1999).

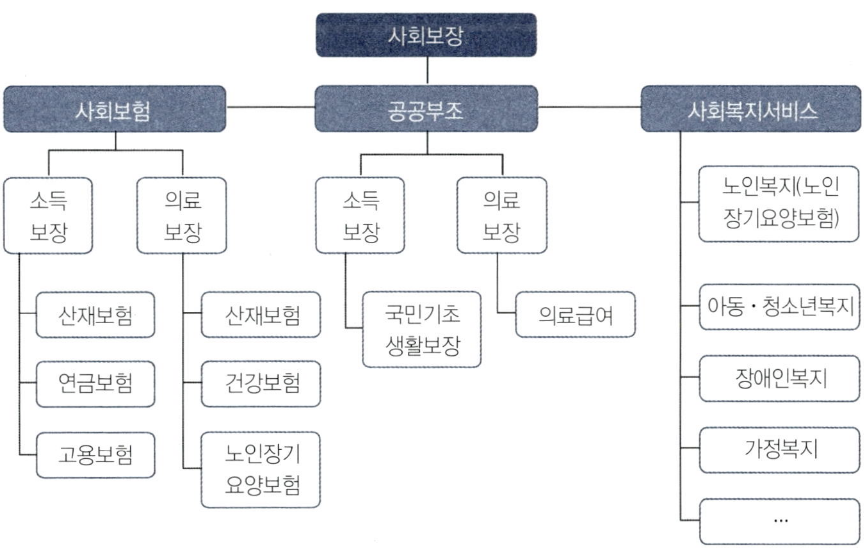

[그림 10-1] 사회보장체계

2. 사회보험의 특성

사회복지정책의 일환으로서 사회보험의 특성을 요약하면 다음과 같다.

① 정부가 피보험자의 급여액 지급을 위하여 재원조달을 할 때에는 사용자나 피용자가 지불하는 특수한 갹출금을 근거로 하고 있다.

② 사회보험은 빈곤 예방적 수단이다. 사회보험은 국민 생활의 안정과 복지향상의 도모를 목적으로 하는 보험이다.

③ 사회보험은 강제가입을 특색으로 한다. 불균형한 생활수준의 격차, 소득의 격차, 지역 간의 격차를 해소하기 위하여 국가가 그 대상자에게 강제적 가입을 하게 하는 것을 의미한다. 이는 각국에서 국가가 법률을 제정하여 그 대상과 급여 내용을 강제적으로 규정하고 있으면서 사회보험을 관리 운영하고 있다는 것을 의미한다.

④ 사회보험은 비영리적 국가사업이다. 사회보험은 사회정책상의 동기로 운영하기 때문에 국가가 운영비의 부담, 갹출금의 일부 부담, 적자액의 보조 등을 하고 모두 국가책임하에서 운영되기 때문에 비영리적 강제보험이다.

⑤ 사회보험은 정부 프로그램이기 때문에 입법으로만 그 규정을 변경시킬 수 있다.

⑥ 사회보험은 소득재분배기능을 한다. 즉, 고소득자로부터 저소득자에게로 소득을 재분배하여 국민 간의 생활격차를 축소시키는 기능을 한다.

⑦ 사회보험에 있어서 보험사고는 사람에 관하여 발생하는 사고에 한정되어 있으므로 보험 분류에 따라 사회보험은 인보험에 속한다.

⑧ 이외에도 사회보험은 근로자를 위한 보험이다. 또한 일반적으로 의료보험, 재해보험, 노령보험, 고용보험 등의 어느 한 종류만을 지칭하는 것이 아니라 수 개의 보험 종류를 포함하는 집합 개념이다.

⑨ 주요 국가의 사회보험은 산재보험 → 의료보험 → 연금제도 → 고용보험 순으로 도입되었다. 그러나 전 세계에서 가장 많이 도입·시행되고 있는

것은 연금제도, 산재보험, 의료보험, 가족수당, 고용보험 순이다.

〈표 10-1〉 사회보험과 민영보험의 비교

구분	사회보험	민영보험
책임	국가	민간
가입	강제적	자발적
목적	최저소득(생활)보장	개인적 필요에 따른 보장(영리추구)
성격	사회적 타당성에 의한 집단보험	개인적 공평에 의한 개별보험
수급권	급여는 법적으로 결정(법적 권리)	보험금은 계약으로 결정(계약적 권리)
경쟁체제	정부 독점	자유경쟁
미래의 비용	비용예측 곤란	비용예측 전제
보험사고대상	인보험	인·물보험
기여금	완전 적립 불필요	완전 적립
급여수준	균등급여	기여비례
부담	공동부담	개인부담
위험선택관리	불필요	필요
옵션	목적과 결과를 감안 다양한 옵션 부여	목적과 결과를 감안 단일한 옵션 부여
투자	중앙정부의 통제하에 투자	사적 경로를 통한 투자
인플레이션 대책	국가조세권으로 인플레이션 극복	인플레이션 대책 취약

3. 사회보험의 원리

1) 최저생활보장의 원리

사회보험법에서 소득보장의 수준은 최저생활수준을 원칙으로 하며, 그 이상의 수준은 개인의 노력에 맡기는 것이 자본주의사회의 기본 이념이다.

사회보험법에서 보장하려는 소득보장수준은 그 하한이 최저생활보장에 있고 그 상한은 퇴직 전의 생활과 비슷한 생활수준의 보장을 이상으로 하고 있는

데 반하여, 공공부조에서 규정한 소득보장수준은 생활이 어려운 국민의 최저 생활을 공공인 국가 및 지방자치단체에서 세금으로 보장하는 제도이다.

따라서 사회보험은 보편주의 관점에서 보장하는 제도이지만 공공부조는 대부분 선별주의로 보장하는 제도이다.

2) 소득재분배의 원리

사회보험에 의한 소득보장은 그 내용에 반드시 재분배효과가 일어나야 하며, 소득재분배 원리는 기여와 급여의 과정에서 고소득층과 저소득층 간, 선세대와 후 세대 간의 수직적·수평적 소득재분배효과가 나타남으로써 소득재분배가 전혀 없는 민간보험과는 구별된다.

3) 보편주의원리

사회보험법의 적용범위는 모든 국민을 대상으로 하며, 특정한 신분·지위·성별·종교 등에 관계없이 모든 국민에게 평등하게 국가가 복지증진 노력을 기울여야 한다는 헌법상의 기본 원리를 토대로 사회보험법의 목적 달성을 위해 모든 사회적 위험의 분산과 예방에 보편주의 원리가 적용되어야 한다.

4) 보험료 부담의 원리

사회보험법의 운영에 필요한 재원은 사용자·피용자·국가가 분담하여 조달하는 것을 원칙으로 하되, 국가가 전액 부담하는 공공부조법의 원리와 구별된다.

피용자의 보험료 부담은 자본주의사회 원리에 입각하며, 사용자인 국가는 생존권적 기본권 사상의 발달과 자본주의사회 자체의 모순으로 발생하는 모든 사회적 사고에 대한 국가책임의 원리에 의해 보험료를 부담한다. 현재 시행되고 있는 사회보험의 종류로는 산업재해보상보험, 국민건강보험, 국민연금, 고용보험, 노인장기요양보험 등이 있다.

제2절 국민연금정책

1. 국민연금 전개과정

국민연금제도는 국민의 노령, 장애, 사망에 대하여 연금급여를 실시함으로써 국민의 생활 안정과 복지 증진에 기여함을 목적으로 하는 사회보장제도이다. 독일에서 1889년 노령이나 폐질로 인해 소득이 상실되는 위험을 대비하기 위해 사회보험으로 처음 도입한 이후 대부분의 국가들이 공적 연금제도를 도입하였다.

우리나라는 1970년대 급속한 경제성장을 배경으로 근로자에 대한 노후생활을 보장할 수 있는 연금제도의 필요성이 제기되었다. 이에 1973년 12월 「국민복지연금법」을 제정하였다. 그러나 오일쇼크 등의 국제적인 경제 대공황으로 시행이 무기한 연기되었다. 이후 1980년대 들어서면서 평균수명의 증가와 인구 고령화 속도가 급속하게 증가하면서 국민연금제도의 시행을 다시 논의하게 되었고 1986년 12월 「국민연금법」을 제정하고 1988년 1월 1일부터 국민연금제도로 명칭을 수정하여 최초 실시하였다. 이 제도는 10인 이상 사업장을 당연적용 대상으로 하여 처음 시행한 후 그 대상을 점차 확대해 나갔다. 1995년 7월 1일부터 농어촌을 대상으로 지역가입자를 확대하였으며, 1999년 4월 1일부터 도시 자영업자를 가입 대상으로 포함시켜 전 국민을 대상으로 하는 연금제도를 갖추게 되었다.

〈표 10-2〉 국민연금제도의 전개과정

일시	내용
1973. 12. 24	국민복지연금법 제정, 시행은 계속 연기됨.
1986. 12. 31	국민연금법 제정
1988. 01. 01	10인 이상 사업장 당연 적용 대상으로 국민연금제도 최초 실시
1995. 07.01	농어촌을 대상으로 지역 가입자 확대
1999. 04. 01	지역 가입자 도시지역 자영업자 가입 대상 포함 확대로 전 국민 연금제도 확립
2006. 01. 01	당연적용사업장 범위를 근로자 1인 이상 사업장 전체로 확대
2009. 08. 07	국민연금과 4개 직역연금 가입기간 연계사업 시행
2016. 08. 01	구직급여 수급자 대상 실업크레딧 시행

2. 국민연금정책의 특성

① 모든 국민이 가입대상

국민연금은 혼자서 대비하기 어려운 생활의 위험을 모든 국민이 연대하여 공동으로 대처하기 위한 제도로서 모든 국민이 가입대상자이며 강제가입이 원칙이다.

② 소득재분배로 사회통합에 기여

국민연금은 동일한 세대 내의 고소득계층에서 저소득계층으로 소득이 재분배되는 세대 내 소득재분배기능과 미래세대가 현재의 노인세대를 지원하는 세대 간 소득재분배기능이 동시에 포함되어 있다.

③ 가장 안정적이고 효율적인 사회보험

국민연금은 국가가 최종적으로 지급을 보장하기 때문에 국가가 존속하는 한 반드시 지급된다. 설령 적립된 기금이 모두 소진된다 하더라도 그 해 연금지급에 필요한 재원을 그 해에 걷어 지급하는 이른바 부과방식으로 전환해서라도 연금을 지급함을 원칙으로 한다.

④ 물가상승률을 반영하여 연금액의 실질가치 보장

국민연금은 물가가 오르더라도 실질가치가 항상 보장된다. 처음 연금을 지급할 때는 과거 보험료 납부소득에 연도별 재평가율을 적용하여 현재가치로 재평가하여 계산하며, 연금지급 중에도 전국 소비자물가 변동률에 따라 금액이 조정된다.

⑤ 기초연금 외에도 장애·유족연금 등 다양한 연금혜택

장애연금은 가입 중에 발생한 질병이나 부상으로 완치 후에도 장애가 남았을 경우 장애 정도(1~4급)에 따라 자신과 가족의 생활을 보장하기 위해 장애가 존속하는 한 지급한다. 또한 유족연금은 국민연금에 가입하고 있거나 연금을 받고 있던 사람이 사망하면 그 사람에 의해 생계를 유지하던 유족에게 가입기간에 따라 기본 연금액의 일정률을 지급하여 유족들의 생활을 돕는다.

따라서 국민연금제도의 기본적 성격을 다섯 가지로 나누어 고찰해 보면 다음과 같다(박경일, 2018).

① 긍지를 높이는 제도이다

연금제도는 개개인의 피보험자 또는 조합원으로서 장기간 보험료 또는 요금을 불입한 것에 의해, 제도에 공헌한 그의 공헌도에 따라 수급권을 획득하는 제도이다. 따라서 국민기초생활제도와 같이 본인이 그 제도에 대한 공헌도와는 관계없이 급부를 받는 수급권과는 달리 공적연금은 자신의 공헌도에 대한 급여를 받음으로써 긍지를 높여줄 수 있다.

② 공헌도에 따른 수급권을 획득하는 제도이다

연금제도는 은혜로서 받는 것이 아니라 개개 피보험자의 공헌 정도에 주목한, 동세대 간 및 다른 세대 간의 사회부조의 보험제도로서 국가적 차원에서 제도가 형성되어 있으므로 피보험자가 당당한 권리로 받을 수 있다.

③ 연금보험사고에 대한 보험제도이다

공적연금도 보험제도이기 때문에 민간보험과 마찬가지로 계약에 의한 보험사고에 대해서만 미리 정해진 급여를 행한다고 하는 성격을 갖고 있다. 연금보험사고(노령, 장애, 유족)는 구체적으로 각 법률에 의해 명확히 규정되어 있다. 우리나라의 경우는 뒤에서 자세히 설명될 것이다.

④ 실질적으로 노후생활설계의 기초가 될 수 있는 제도이다

공적연금제도는 연금수급연령이 되는 35~40년 후에 실질적으로 노후생활을 유지할 수 있는 금액이 지급될 수 있도록 물가나 임금상승에 따라 급여수준을 인상한다는 것이다. 따라서 공적연금제도는 긍지를 높여주는 노후생활설계의 기초가 될 수 있는 제도로서 그 기능을 다하여야 할 것이다.

⑤ 국가가 책임을 지고 운영하는 강제가입의 제도이다

공적연금은 법률에 의해 강제가입이 정해져 있다. 따라서 궁극적으로는 국가가 그 운영의 책임을 지고 어떠한 사회 변동에서도 약속한 급여를 받을 수 있으며 신뢰할 수 있는 제도가 되어야 할 것이다.

3. 연금정책의 분류

연금제도는 운영주체에 따라 공적연금, 사적연금, 개인연금으로 나누어 볼

수 있는데 공적연금(public pension)이란 국가나 지방자치단체 또는 법령에 의하여 설립된 특별법인으로 운영되고 있는 제도로서 국민연금이 여기에 속한다. 그리고 기여의 유무에 따라 급여지출에 필요한 재원을 가입자들이 별도로 기여하여 그 재정으로부터 연금을 수급하는 기여연금과 국가가 별도로 보험료를 거두지 않고 일반재정을 사용하여 급여를 지급하는 무기여연금이 있다.

〈표 10-3〉 공적연금과 사적연금의 구별에 관한 기준

구 분	공적연금	사적연금
목 적	공공목적	사적목적
가입방법	강제가입	임의가입
슬라이드	슬라이드제 적용	슬라이드제 비적용
급여원칙	급여 균등의 원칙의 비적용	급여 균등의 원칙의 적용
소득재분배	소득재분배효과 있음	소득재분배효과 없음
재원운용	부과방식	적립방식

한편 연금수급액 결정에 있어 이전의 소득은 고려하지 않고 동일한 금액을 지급하는 정액연금과 과거소득을 기준으로 일정 기간 또는 가입 전 기간의 소득을 기준으로 급여를 차등지급하는 소득비례연금이 있다. 확정기여방식은 사전에 확정된 보험료를 부과하되 그에 상응하는 연금급여는 확정하지 않고 가입자 개인이 결정한 투자의 적립수익금을 월 정액연금이나 일시금으로 되돌려주는 방식이다.

또한 최근의 연금수급 결정방식으로 확정기여(갹출)형 연금과 확정급여형 연금이 있다. 확정급여방식은 개인이 부담한 보험료의 크기에 관계없이 과거의 소득과 가입기간 등에 의해 달라지는 급여계산 공식에 의해 나중에 받을 연금액이 사전에 확정된 연금급여를 지급하는 방식이다.

확정급여방식은 연금액이 미리 정해져 있어 연금운용에 대한 위험을 기업이 부담하는 방식이다. 확정기여방식은 연금액을 미리 정하지 않는 대신 매년 적립한 금액을 운용실적에 따라 퇴직할 때 돌려받는 방식으로 투자위험을 노동

자가 부담한다.

4. 국민연금 가입 대상

국민연금 가입 대상은 국내에 거주하는 18세 이상 60세 미만의 모든 국민이다. 다만 특수직역연금법의 적용을 받는 사람들과 이미 노령연금을 수급하고 있는 사람들은 적용 제외된다. 또한, 국민기초생활보장제도의 생계급여와 의료급여 수급자와 1년 이상 행방불명자, 납부 이력이 없는 18세 이상 27세 미만으로 학생이거나 군복무 등의 이류로 소득이 없는 사람, 연금 가입자의 배우자이면서 소득이 없는 사람도 의무가입 대상에서 제외된다.

※ 참고 : 특수직역 연금법 적용을 받는 자
- 공무원 연금법, 군인연금법, 사립학교 교직원연금법 및 별정우체국법의 적용을 받는 공무원, 군인, 사립학교 교직원 및 별정우체국 직원

가입자는 사업장가입자, 지역가입자, 임의가입자, 임의계속가입자로 구분한다. 〈표 10-4〉와 같다.

〈표 10-4〉 국민연금 가입자

구분		내용
가입자의 종류	사업장 가입자	- 당연적용사업자의 18세 이상 60세 미만인 근로자
	지역가입자	- 사업장가입자가 아닌 18세 이상 60세 미만인 자
	임의가입자	- 사업장가입자나 지역 가입자가 아닌 18세 이상 60세 미만인 자가 국민연금공단에 가입을 신청한 경우
	임의계속가입자	- 국민연금 가입자 또는 가입자였던 자가 60세가 되어서 신청한 경우 65세까지 임의계속가입자가 될 수 있음. - 임의계속가입자는 신청하여 달퇴할 수 없음.
가입대상 제외자		- 공무원연급법, 군인연금법, 사립학교교직원 연금법 및 별정우체국의 적용을 받는 공무원, 군인, 사립학교교직원 및 별정우체국 직원 - 노령연금 수급권자 및 퇴직연금 등 수급자 - 국민기초생활보장법의 생계급여·의료급여 수급자 - 1년 이상 행방불명자 - 납부 이력이 없는 18세 이상 27세 미만으로 학생이거나 군 복무 등의 이유로 소득이 없는 사람 - 연금 가입자의 배우자이면서 소득이 없는 사람

5. 연금재원의 운용방식

연금의 재원운용방법은 크게 적립방식과 부과방식으로 구분해 볼 수 있고, 보다 세분화하여 수정적립방식과 수정부과방식 등으로 살펴볼 수 있다.

1) 적립방식

근로기간 동안 가입자가 납부하는 갹출료를 자본시장 등에 운용하여 적립된 기금을 토대로 하여 은퇴기간 동안 연금급여를 지급하는 방법이다. 즉 국민연금 적립방식은 가입자의 보험료 등을 적립하여 장래에 급여를 지급하게 될 연금급여를 가입자가 보험료를 납부하는 기간 동안 보험료, 국고출연금, 누적기금 등을 재원으로 적립하여 지급하는 방식을 말한다. 적립방식의 장점은 ① 현

세대와 미래세대의 공평한 보험료 부담과, ② 적립금으로부터 이익금이 재원으로 충당될 수 있으므로 제도 초기에는 보험료 부담이 낮다. ③ 정부는 막대한 적립금으로 재정을 통제하거나 활용할 수 있으며, ④ 저축 증강효과가 있다. 그러나 적립방식의 단점으로는 ① 서류상으로만 존재하고 실질기금이 없는 경우가 많고, ② 재정수지에 미치는 인구통계적 변수와 경제적 변수를 정확히 예측하기가 어렵다는 점이며, ③ 관리운영 비용이 비교적 높다는 점이다.

2) 부과방식

일정한 짧은 기간 동안에 지출해야 하는 급여비를 그 기간 내에 보험료 수입에서 충당하도록 하는 방식이다. 즉 국민연금 부과방식은 당해 연금보험료 수입으로 당해 급여를 지출하는 방식이므로 한 해의 지출액 정도에 해당하는 미미한 보유잔고만을 남겨두고 그해 연금보험료 수입을 그해 급여의 지출로 써버리는 방식이다. 이는 일정 기간에 지출된 급여비를 동일기간의 보험료 수입으로 충당하는 재정운영방식을 의미한다. 갹출료 수입이 해당 연도의 연금으로 바로 지출되기 때문에 약간의 지불준비금을 제외하고는 적립금이 존재하지 않는다. 경과년도에 따라 보험료의 금액은 높아지며, 부과방식은 매년 급여비용을 매년 조달하는 방식을 취하는 1년을 수지단위로 하는 특성을 가진다.

부과방식의 장점은 ① 생산연령세대의 노령세대에 대한 부양이라는 사회적 책임이 강하고, ② 연금의 수지 차이가 없어 기금관리 부족으로 인한 위험부담이 없으며, ③ 장기추계가 불필요하며, ④ 안전망 효과가 크다는 점이다. 그러나 부과방식의 단점은 ① 세대 간의 부담 배분이 불공정하게 되고, ② 노후를 대비한 저축유인이 없고, ③ 정치적 위험이 따른다는 점이다.

〈표 10-5〉 적립방식과 부과방식의 비교

구분	적립방식	부과방식
재분배	수평적 재분배, 시간적 재분배	수평적 재분배, 세대 간(동일세대 간) 재분배
급여 확실성	시장수익률에 의존	정치과정에 의존
성장촉진효과	저축 증강 효과	안전망 효과
대노동시장	중립적	영향이 큼
운영비용	비교적 높음	비교적 안정

3) 수정적립방식

발족 당시에는 평균보험요율보다 낮으나 사회 경제적인 사정(인플레이션, 임금 상승, 슬라이드제)으로 인해 단계적으로 보험요율을 인상한다. 현재 우리나라는 수정적립방식을 채택하고 있고, 보험요율은 노사가 절반씩 부담하는 9%이다.

4) 수정부과방식

수지균형을 꾀하는 원칙적인 생각은 부과방식과 같고 10~20년을 기간으로 수지균형이 이루어지도록 어느 정도의 적립금을 보유하여 그 기간 내에 충당하는 방식이다.

6. 국민연금의 급여

1) 국민연금의 종류

국민연금의 종류는 「국민연급법」에서 규정하고 있다. 급여의 종류는 노령연금, 장애연금, 유족연금, 반환일시금이다.

(1) 노령연금

노령연금은 국민연금의 기초가 되는 급여이다. 국민연금 가입자가 나이가 들어 소득활동에 종사하지 못할 경우 생활 안정과 복지 증진을 위하여 지급되는 급여이다. 연금보험료 납부 기간이 10년 이상이면 수급 연령 이후부터 기본연금액과 부양가족 연금액을 합산하여 평생 동안 매월 지급받는다. 단, 소득이 있는 업무에 종사하지 않는 경우 수급 연령 5년 전부터 지급 받을 수 있다.

1952년 이전 출생자는 60세부터 노령연금을 받고 있지만 2013년부터 수급 연령이 4년에 1년씩 수급 개시 연령이 늦춰졌다. 노령연금은 가입기간, 연령, 소득활동 유무에 따라 노령연금, 조기노령연금으로 구분되며, 이혼한 배우자에게 지급될 수 있는 분할연금이 있다. 또한 연금 수급 연령이 되어서도 소득이 있는 경우 65세까지는 감액된 급여를 받는다. 한편, 노령연금 수급 개시 연령은 〈표 10-6〉과 같다.

〈표 10-6〉 노령연금 수급 연령

출생연도	수급개시연령	
	노령연금·분할연금	조기노령연금
1952년 이전 출생	60세	55세
1953년~1956년	61세	56세
1957년~1960년	62세	57세
1961년~1964년	63세	58세
1965년~1968년	64세	59세
1969년생 이후	65세	60세

노령연금의 종류는 노령연금, 조기노령연금, 분할연금으로 구분되는데 노령연금의 수급 요건과 급여수준은 〈표 10-7〉과 같다.

〈표 10-7〉 노령연금 수급 요건과 급여수준

종류	수급 요건	급여수준
노령연금	- 가입기간 10년이상으로 60세에 도달한 자 - 65세 미만이면 소득이 없는 경우	기본 연금액 × 가입 기간별 지급률* + 부양가족연금액 * 가입 기간 10년 기준 50%에 가입기간 10년을 초과하는 1년마다 5%를 가산
	- 노령연금 수급권자가 65세 이전에 소득이 있는 업무에 종사하는 기간	노령연금액(월)=[(기본연금액 × 가입기반별 지급률) ÷ 12] - 월 감액 금액* * A값을 초과하는 소득월액에 따라 감액지급(최대 50%까지 감액) * A값이란 : 연금수급 전 3년간 전체 가입자의 평균소득월액의 평균액
조기 노령 연금	- 가입기간 10년 이상 - 연령 55세 이상인 자가 소득이 있는 업무에 종사하지 않고 60세 도달전에 청구한 경우(소득이 있는 업무에 종사하면 지급 정지)	[노령연금액 - 부양가족 연금액] × 연령별 지급률* + 부양가족 연금액 * 55세 70%, 56세 76%, 57세 82%, 58세 88%, 59세 94% 지급(55세 수급연령 개시 기준)
분할연금	- 배우자의 가입기간 중 혼인기간이 5년 이상인자가 다음 요건을 모두 갖춘 자 1. 배우자와 이혼했을 것 2. 배우자였던 사람이 노령연금 수급권자일 것 3. 분할연금 수급권자 본인이 60세가 되었을 것	배우자였던 자의 노령 연금액(부양가족연금액 제외) 중 혼인기간에 해당하는 연금액의 1/2

(2) 장애연금

장애연금은 가입자의 가입 중에 발생한 질병 또는 부상이 완치되었으나 신체적 · 정신적 장애가 남았을 때 이에 다른 소득 감소 부분을 보전함으로써 자신과 가족의 안정된 생활을 보장하기 위한 급여로서 장애 정도에 따라 일정한 급여를 지급한다.

국민연금에서 장애연금의 장애등급은 1급에서 4등급을 구분하는데 이 등급은 장애인복지법상의 장애등급과 다르다. 장애등급은 질병이나 부상의 완치일을 기준으로 노동력 손실이나 감소 정도에 따라 1등급에서부터 4등급까지 결정된다. 완치하지 않은 경우는 초진일로부터 1년 6개월이 경과된 날을 기준으로 장애등급을 결정한다.

만일 1년 6개월 경과 시점에서 장애가 경미하여 장애등급에 해당되진 않고 그 장애가 악화되어 노령연금 수급 개시 연령이 되기 전에 장애등급에 해당 되면 청구한 날과 완치한 날 중 빠른 날을 기준으로 장애등급을 결정한다. 장애연금 수급 요건과 급여수준을 〈표 10-8〉과 같다.

〈표 10-8〉 장애연금 수급 요건과 급여수준

<table>
<tr><th>장애등급</th><th>수급 요건</th><th>급여수준</th></tr>
<tr><td>1급</td><td rowspan="4">초진 일이 18세 생일부터 노령연금 지급연령 생일의 전날까지 있어야 함. 다음의 연금 보험료 납부 요건에 해당하는 세 가지 중 하나를 충족해야 함.
1. 초진일 당시 연금보험료를 낸 기간이 가입대상 기간의 1/3 이상
2. 초진일 5년 전부터 초진 일까지의 기간 중 연금보험료를 낸 기간이 3년 이상
3. 초진일 당시 가입 기간이 10년 이상</td><td>기본 연금액 100% + 부양가족 연금액</td></tr>
<tr><td>2급</td><td>기본 연금액 80% + 부양가족 연금액</td></tr>
<tr><td>3급</td><td>기본 연금액 60% + 부양가족 연금액</td></tr>
<tr><td>4급</td><td>기본 연금액의 225%(일시보상금)</td></tr>
</table>

(3) 유족연금

유족연금은 국민연금에 일정한 가입기간이 있는 사람 또는 노령연금이나 장애등급 2급 이상 장애연금을 받던 사람이 사망하면 그에 의하여 생계를 유지하던 유족에게 가입 기간에 따라 기본 연금액의 일정률(40~60%)에 부양가족 연금액을 합한 금액을 지급하여 남아 있는 가족들이 안정된 삶을 살아갈 수 있도록 하기 위한 연금 급여이다.

국민연금법에서 제시된 유족이란 사망자에 의하여 생계를 유지하고 있던 가족이다. 유족은 배우자, 25세 미만 또는 장애등급 2급 이상 자녀, 19세 미만 또는 장애등급 2급 이상인 손자녀, 노령연금 수급 개시 연령 이상 또는 장애등급 2급 이상 부모 및 조부모 중 최우선 순위자에게 유족연금을 지급하며 수급 요건과 급여수준은 〈표 10-9〉와 같다.

〈표 10-9〉 유족연금 수급 요건과 급여수준

<table>
<tr><th>가입기간</th><th>수급 요건(사망일이 2016. 11.30 이후 기준)</th><th>급여수준</th></tr>
<tr><td>10년 미만</td><td rowspan="3">다음의 자가 사망한 때
1. 노령연금수급권자
2. 장애등급 2급이상의 장애연금 수급권자
3. 가입 기간 10년 이상인 가입자(였던 자)
4. 연금보험료를 낸 기간이 가입 대상 기간의 1/3 이상인 가입자(였던 자)
5. 사망일 5년 전부터 사망일까지의 기간 중 3년 이상 연금보험료를 낸 가입자(였던 자) 단, 전체 가입 대상 기간 중 체납 기간이 3년 이상인 경우는 유족연금을 지급하지 않음.</td><td>기본 연금액 40% + 부양가족 연금액</td></tr>
<tr><td>10년 이상
20년 미만</td><td>기본 연금액 50% + 부양가족 연금액</td></tr>
<tr><td>20년 이상</td><td>기본 연금액 60% + 부양가족 연금액</td></tr>
</table>

(4) 반환일시금

반환일시금은 60세 도달되거나 사망, 국외 이주 등으로 국민연금에 더 이상 가입할 수 없게 되었으나 연금 수급 요건을 채우지 못한 경우 그동안 납부한 보험료에 이자를 더해 일시금으로 지급하는 급여로 반환일시금을 받는 경우는 아래와 같다

- 가입 기간 10년 미만인 자가 60세가 된 경우(단, 특례노령연금 수급권자는 제외)
- 가입자 또는 가입자였던 자가 사망하였으나 유족연금에 해당되지 않는 경우
- 국적을 상실하거나 국외로 이주한 경우

7. 기초연금

1) 기초연금의 특징

기초연금제도는 기여 여부와는 관계없이 제공되는 무기여 연금이다. 재원은 국가의 일반재정으로 마련되는데 자산조사를 실시함으로써 공공부조제도로서

의 성격이 크다고 볼 수 있다.

2) 지급 대상

기초연금 지급 대상은 65세 이상인 자로서 소득인정액이 선정 기준액 이하인 자에게 연금을 지급한다. 2025년 기초연금 선정기준액이 전년 대비 7% 인상되었다. 선정기준액은 노인 단독 가구 2024년 월 213만 원에서 월 228만 원으로 상향 되었으며, 부부 가구는 월 340.8만 원에서 월 364.8만 원으로 상향되었다. 이러한 조정은 65세 이상 노인근로소득(11.4% 증가)과 공적연금 소득(12.5% 증가) 증가를 반영한 결과이다. 기초연금은 소득인정액을 기준으로 하여 65새 이상의 70%가 받도록 선정 기준을 정한다.

국민연금 수급자는 가입 기간과 급여액 등에 따라 기초연금을 함께 받을 수 있지만, 공무원 연금, 사립학교 교직원 연금, 군인연금, 별정우체국 연금 수급권자 및 그 배우자는 원칙적으로 기초연금 수급 대상에서 제외된다.

3) 기초연금액

기초연금의 급여액은 최대한 받을 수 있는 기준 연금액을 매년 정한다. 이를 바탕으로 대상 유형에 따라 일부 금액을 감액하여 최종 급여액을 정한 후, 가구 유형과 소득에 따라 일부 금액을 감액하여 최종 급여액을 결정한다. 기초연금액은 2025년 기준 342,510원이다.

기초연금액 산정은 국민연금을 받지 않는 자, 국민연금 월급여액 등이 기준연금액의 150% 이하인 자, 국민연금의 유족연금이자 장애연금을 받고 있는 자, 장애인 연금을 받고 있는 자, 기초생활 수급자 등은 기준 연금액을 기초연금액으로 산정한다.

4) 기초연금액의 감액

산정된 기초연금액은 가구 유형, 소득인정액 수준에 따라 감액될 수 있는데 부부 감액과 소득역전방지 감액이 있다.

부부 감액은 단독가구와 부부가구 간의 생활비 차이를 감안하여 부부가 모두 기초연금을 받는 경우에는 각각에 대하여 산정된 기초연금액의 20%를 감액한다. 소득역전방지 감액은 만약 소득인정액이 만약 220만 원 인 노인이 30만원의 기초연금을 받는다면 기초연금을 못 받는 소득인정액 230만 원 노인보다 오히려 소득이 많아지게 된다. 이렇게 기초연금 수급으로 인해 발생할 수 있는 불공평성의 문제를 해결하기 위해 소득인정액과 기초연금 산정액을 합한 금액이 선정 기준액 이상인 경우 기초연금액의 일부를 감액한다.

제3절 국민건강보험정책

1. 국민건강보험 전개 과정

우리나라는 1963년 12월 16일 의료보험법이 제정되었으나 강제 적용을 전제로 하지 않았기 때문에 큰 성과를 거두지 못하였다. 1976년 의료보험법 개정을 통해 1977년 7월 1일부터 500인 이상 사업장에 대한 강제가입이 도입되었다. 1977년 12월 31일에는 공무원 및 사립학교교직원 의료보험법이 제정되었으며 1989년 7월 1일부터는 도시 자영업자에게까지 의료보험의 적용이 확대되어 전국민 의료보험의 시대에 들어섰다.

그동안 조합주의 방식이던 의료보험을 통합해 가는 과정으로 1997년 12월 31일에는 공무원 및 사립학교 교직원 의료보험과 지역 의료보험을 통합한 국민의료보험법이 제정되었다. 1999년 1월 6일에는 모든 국민을 하나의 제도로 통합하는 국민건강보험법이 제정되었고, 2000년 7월 1일부터 시행되었다. 국민건강보험은 조직통합을 선행한 후 재정까지 통합하였다.

〈표 10-10〉 국민건강보험 통합

<table>
<tr><th rowspan="2">종류</th><th rowspan="2" colspan="2">통합 전</th><th rowspan="2">1단계 통합
(1998. 10. 1.)</th><th colspan="2">2단계 통합(2000. 7. 1.)</th><th rowspan="2">3단계 통합
(2003. 7. 1.)</th></tr>
<tr><th>조직</th><th>재정</th></tr>
<tr><td rowspan="3">조직</td><td>지역가입자</td><td>지역 의보 조합</td><td rowspan="2">국민의료보험
관리공단</td><td rowspan="3">국민건강보
험공단</td><td rowspan="2">지역
건보재정</td><td rowspan="3">국민건강보
험공단
(단일재정)</td></tr>
<tr><td>공무원·사립
학교 교직원</td><td>공무원교직원
의보공단</td></tr>
<tr><td>직장가입자</td><td>직장 의보 조합</td><td>직장 의보 조합</td><td>직장
건보재정</td></tr>
</table>

2. 건강보험의 개요

1) 건강보험제도의 목적과 의의

건강보험은 국민의 질병・부상에 대한 예방・진단・치료・재활과 출산・사망 및 건강증진에 대하여 보험급여를 실시함으로써 국민 보건 향상과 사회보장 증진에 이바지함을 목적으로 하는 사회보장제도로 건강보험은 사회보험의 원리를 기초로 한다. 따라서 모든 사람이 건강보험에 강제로 가입하도록 하고, 피보험자에게 질병, 부상 등의 사고가 발생한 경우 요양 또는 요양비를 제공하는 사회보험 방식이다.

한편, 건강보험제도의 의의를 살펴보면 첫째, 국민건강보험 정책은 선별적인 정책이라기보다는 보편적인 정책이다. 둘째, 수평적 소득재분배 기능이 상대적으로 강한 사회보험 정책이다. 마지막으로 강제성을 기반으로 하여 국민 전체를 대상으로 위험을 분산하는 제도라는 점이다.

2) 국민건강보험 정책의 특성

국민건강보험은 질병이나 부상이라는 불확실한 사회적 위험의 발생과 분만이나 사망 등으로 인해 일시에 과다한 의료비 지출에 따른 가계의 경제적 부담 등 동질의 위험에 처해 있는 다수의 위험집단을 결합하여 사회적 사고가 발생한 사람의 어려움을 덜어주기 위해 국가가 법으로 정하여 실시하는 상부상조제도이다.

또한 강제가입방식에 따라 가입한 보험가입자의 소득과 재산에 따라 보험료를 산출하고 이를 주된 재원으로 하여 보험급여를 제공함으로써 국민보건을 향상시키고 사회보장을 증진하기 위한 사회적 의료보장제도이다.

국민건강보험의 기본 원칙은 다음과 같다.

첫째, 보험급여의 '포괄성'을 보장한다. 질병의 치료뿐만 아니라 예방·재활 및 건강증진에 대하여 적극적이고 포괄적인 급여를 제공함으로써 국민건강수준의 향상을 도모하였다.

둘째, 보험료 부담의 '형평성'을 보장한다. 모든 국민에게 단일 부과기준을 적용함으로써 계층 간·지역 간 보험료 부담의 형평성을 제고하였다.

셋째, 제도 운영의 '효율성'과 '투명성'을 확보한다. 조직기구의 경량화, 보험업무의 혁신, 전산정보공유시스템화 등을 통해 작고도 효율적인 관리운영체계의 구축과 주요 정책결정에서 가입자·의료공급자·보험자·정부의 참여에 의한 4자 간 견제와 균형을 유지하였다.

넷째, 의료자원의 효율적 활용과 의료서비스의 '질적 향상'을 기한다.

다섯째, 보험재정의 '건전성'을 확보한다. 재정운영시스템을 현행 '저부담 저급여' 구조에서 '적정부담 적정급여' 구조로 전환하였다.

3. 국민건강보험정책의 주요 내용

1) 국민건강보험의 가입자

(1) 대상

국내에 거주하며 의료급여·의료보호를 받지 않는 모든 국민은 건강보험의 가입자 또는 피부양자가 되는데, 가입자는 직장가입자와 지역가입자로 구분한다.

모든 사업장의 근로자 및 사용자와 공무원 및 교직원은 직장가입자가 되며, 사업장의 사용자는 직장가입자가 된 때 휴업·폐업 등의 사유가 생기면 14일 이내에 보험자에게 신고하여야 한다.

(2) 특례

① 장애인에 대한 특례

공단은 등록한 장애인인 가입자 및 피부양자에게는 보조기기에 대하여 보험급여를 할 수 있다. 보조기, 휠체어, 지팡이, 목발, 보청기, 자세보조용구 등 지정된 보험급여 품목에 대해 급여를 지급한다.

② 실업자에 대한 특례

사용관계가 종료된 직장가입자가 지역가입자가 된 경우, 이후 최초로 고지받은 지역가입자 보험료의 납부기한 이내에 공단에 직장가입자로서의 자격을 유지할 것을 신청한 경우에는 일정 기간 동안 직장가입자의 자격을 유지한다.

③ 외국인 등에 대한 특례

정부는 외국정부가 사용자인 사업장 근로자의 건강보험에 관하여 외국정부와의 합의에 의하여 이를 따로 정할 수 있다. 국내에 체류하고 있는 재외국민 또는 외국인은 가입자 또는 피부양자가 된다.

④ 현역병 등에 대한 요양급여비용 등의 지급

현역병 등에 대한 요양급여비용 등의 지급은 법무부장관·국방부장관·경찰청장·해양경찰청장 또는 소방청장으로부터 예탁받아 지급할 수 있다.

이 경우 법무부장관·국방부장관·경찰청장·해양경찰청장 또는 소방청장은 예산상 불가피한 경우 외에는 연간 들어갈 것으로 예상되는 요양급여비용과 요양비를 대통령령으로 정하는 바에 따라 미리 공단에 예탁하여야 한다.

(3) 건강보험의 보험료

우리나라의 건강보험은 사회보험 방식에 의하여 재원을 조달함을 원칙으로 하고 있다. 직장가입자는 일정기간동안 지급받는 보수를 기준으로 하여 소득비례정률제가 적용되고 있지만, 지역가입자는 세대의 소득, 재산(자동차 포함) 요소에 따라 점수화하여 부과하고 있다.

① 직장가입자

직장가입자 보험료 산정을 보수월액(직장가입자가 당해 연도에 받은 보수총액을 근무 월수로 나눈 금액)에 보험료율을 곱해서 구한다. 또한, 전년도에 신고한 보수월액으로 보험료를 부과한 후 당해 연도 보수총액을 신고받아 정산하는 방식을 사용한다. 그러나 직장가입자가 직장에서 받는 보수 이외의 소득(이자소득, 배당소득, 사업소득, 보사에 포함되지 않은 다른 근로소득, 연금 소득 등)이 연간 기준 금액(3,400만 원)을 넘을 경우 보수 외 소득을 기준으로 소득월액 보험료를 부과한다.

2025년 기준 건강보험료 부과 기준은 직장가입자는 7.09%(사용자 3.545%, 근로자 3.545%)이며, 장기요양보험료는 건강보험료의 12.95%가 부과된다.

② 지역가입자

지역가입자의 보험료 부과는 가입자의 소득, 재산(전월세 포함), 자동차 등을 참작하여 정한 부과 요소별 점수를 합산한 보험료를 부과 점수에 점수당 금액을 곱하여 보험료 산정 후 경감률 등을 적용하여 세대 단위로 부과한다.

2025년 기준 지역가입자의 보험료 부과점수당 금액은 208.4원이며, 장기요양보험료는 건강보험료의 12.95%가 부과된다.

한편 직장가입자는 보수에만 연동되어 매월 자동 공제되는데 지역가입자는 소득+재산+자동차 점수 합산 방식이라 재산 변동 시 보험료 변동 폭이 더 크다.

〈표 10-11〉 건강보험료 부과 기준(2025년 기준)

구분	보험료율	장기요양보험료율	부과방식
직장가입자	7.09%	12.95%	보수월액 기준
지역가입자	점수당 208.4원	12.95%	소득, 재산, 자동차 점수
장기요양보험료율 12.95%는 건강보험료 × 12.95%로 산정			

2) 운영조직

(1) 보건복지부

보건복지부는 건강보험제도 관련 정책을 결정하는데 보험료율 및 요양급여의 범위 등을 결정하며 관리 운영 주체인 건강보험공단의 예산 및 규정 등을 승인하는 역할을 한다.

세부적으로 급여결정에 있어 신의료기술 평가, 급여의 기준(방법, 절차, 범위, 상한 등), 약제, 치료, 재료의 상한 금액을 결정하고 급여의 상대가치를 결정하고 고시한다.

(2) 국민건강보험공단

국민건강보험공단은 가입자 및 피부양자의 자격관리, 보험료, 기타 이 법에 의한 징수금의 부과·징수, 보험급여의 관리, 가입자 및 피부양자의 건강의 유지·증진을 위한 필요한 예방사업, 보험급여비용의 지급, 자산의 관리·운영 및 증식사업, 의료시설의 운영, 건강보험에 관한 교육훈련 및 홍보, 건강보험에 관한 조사연구 및 국제협력 등의 업무를 한다. 또한 기타 건강보험과 관련하여 보건복지부 장관이 필요하다고 인정한 업무를 한다.

(3) 건강보험심사평가원

건강보험심사평가원은 요양급여비용을 심사하고 요양급여의 적정성 평가, 심사기준 및 평가기준의 개발, 업무에 관련된 조사연구 및 국제협력, 위탁받은 업무, 건강보험과 관련하여 보건복지부 장관이 필요하다고 인정한 업무, 그 밖에 보험급여비용의 심사와 보험급여의 적정성 평가와 관련하여 대통령령으로 정하는 업무 등을 관장한다. 요양급여 등의 적정성 평가의 기준·절차·방법 등에 필요한 사항은 보건복지부 장관이 정하여 고시한다.

(4) 건강보험정책심의위원회

건강보험정책심의위원회는 보건복지부 장관 소속 위원회로 국민건강보험 종합계획 및 연도별 시행 계획과 요양급여의 기준, 요양급여비용에 관한 사항, 직장가입자의 보험료율, 지역가입자의 보험료 부과 점수당 금액, 그 밖에 건강보험에 관한 주요 사항을 심의·의결하고 있다.

(5) 건강보험분쟁조정위원회

심판청구를 심리·의결하기 위하여 보건복지부에 분쟁조정위원회를 둔다. 분쟁조정위원회를 실무적으로 지원하기 위하여 분쟁조정위원회에 사무국을 둔다.

3) 급여의 종류

국민건강보험법에 따라 제공되는 급여는 현물급여(의료서비스)로 제공되는 요양급여와 건강검진과 현금 급여인 요양비가 있다. 또한, 부가급여로 대통령령으로 정하는 바에 따라 임신·출산 진료비, 요양비, 장제비와 상병수당 그 밖의 급여를 실시할 수 있다. 다만, 현재 장제비와 상병수당을 실시하지 않고 있으며 2017년 3월 23일부터 선별급여를 신설하여 시행하였다.

(1) 요양급여

요양급여에는 진찰·검사, 약제 등 치료재료의 지급, 처치·수술 등 그 밖의 치료, 예방·재활, 입원, 간호, 이송 등이 있다. 요양급여를 결정함에 있어 경제성 또는 치료효과성 등이 불확실하여 그 검증을 위하여 추가적인 근거가 필요하거나 경제성이 낮아도 가입자와 피부양자의 건강회복에 잠재적 이득이 있는 등 대통령령으로 정하는 경우에는 예비적인 요양급여인 선별급여로 지정하여 실시할 수 있다.

가입자 또는 피부양자가 질병이나 부상으로 거동이 불편한 경우 등 보건복지부령으로 정하는 사유에 해당하는 경우에는 가입자 또는 피부양자를 직접 방문하여 요양급여를 실시할 수 있다.

(2) 요양비

공단은 가입자 및 피부양자가 긴급 또는 기타 부득이한 사유로 인하여 요양기관과 유사한 기능을 수행하는 기관으로서 보건복지부령이 정하는 기관에서 질병·부상·출산 등에 대하여 요양을 받거나 요양기관 외의 장소에서 출산을 할 경우에는 그 요양급여에 상당하는 금액을 가입자 또는 피부양자에게 요양비로 지급한다.

요양급여를 받는 자는 대통령령으로 정하는 바에 따라 비용의 일부(본인일부부담금)를 본인이 부담한다. 이 경우 선별급여에 대해서는 다른 요양급여에 비하여 본인일부부담금을 상향 조정할 수 있다. 또한 공단은 이 법에 따라 지급의무가 있는 요양비 또는 부가급여의 청구를 받으면 지체 없이 이를 지급하여야 한다.

(3) 건강검진

공단은 가입자 및 피부양자에 대하여 질병의 조기발견과 그에 따른 요양급여를 하기 위하여 건강검진을 실시한다. 건강검진에는 일반건강검진, 암검진, 영유아건강검진으로 구분하며, 건강검진은 2년마다 1회 이상 실시하되, 사무직에 종사하지 아니하는 직장가입자에 대하여 1년에 1회 실시한다.

(4) 부가급여

공단은 법이 규정한 요양급여 외에 임신·출산 진료비, 장제비, 상병수당 그 밖의 급여를 실시할 수 있다고 규정함으로써 강행이 아닌 임의에 의한 급여가 가능하도록 하고 있다. 과거에는 이에 근거하여 장제비가 지급되었으나 2008년부터 폐지되었다. 건강보험 임신·출산 진료비 지원제도가 전자바우처를 제공하는 방식으로 시행되고 있다. 한편 상병수당(질병수당)은 건강보험 가입자가 부상 또는 질병으로 인해 소득이 중단 또는 상실될 경우 이를 보상하기 위해 지급하는 현금 급여이다. 많은 복지국가에서 실시하고는 있지만 우리나라는 아직 실시하고 있지 않다.

(5) 장애인에 대한 특례

장애인복지법에 따라 등록한 장애인인 가입자 및 피부양자가 장애인 보조기기를 구입할 때 구입금액 일부를 국민건강보험공단에서 보험급여비로 지급하는 제도이다. 의지, 보조기, 휠체어, 지팡이, 목발, 보청기, 자세보조용구 등 지정된 보험급여 품목에 대하여 급여를 지급한다. 기준액, 고시금액 및 구입금액 중 최저금액(지급기준 금액)의 100분의 90에 해당하는 금액을 공단이 부담한다.

(6) 선별급여

비용대비 치료효과는 낮으나 사회적 수요가 높은 최신 의료에 선별급여를 도입함으로써 건강보험에서 일부 비용을 지원한다. 즉, 의학적 필요성을 상대적으로 낮으나 환자부담이 높은 고가의 의료, 임상근거의 부족으로 비용효과 검증이 어려운 최신 의료, 치료 효과 개선보다는 의료진 및 환자의 편의 증진 목적의 의료 등에 대해 건강보험의 필수 급여 항목까지는 아니어도 이른바 '선별급여' 대상으로 지정하여 건강보험에서 비용의 일부를 지원하는 것이다. 이는 예비적 요양급여의 성격을 가진다.

4) 국민건강보험료 및 국고보조

(1) 의미

국민건강보험급여와 관련 사업에 사용되는 재원은 사회보험의 기능적 특수성에서 정기적 기여금인 보험료와 보험재정에 대한 국민건강증진기금이다.

(2) 보험료

공단은 건강보험사업에 소요되는 비용을 충당하기 위하여 보험료 납부의무자로부터 보험료를 징수한다. 보험료는 가입자의 자격을 취득한 날이 속하는 달의 다음 달부터 가입자의 자격을 상실한 날의 전날이 속하는 달까지 징수한다. 다만, 가입자의 자격을 매월 1일에 취득한 경우에는 그 달부터 징수한다.

(3) 진료비 지불 방식

진료비 지불 방식이란 의료서비스에 대한 비용을 국가 또는 보험공단이 지불할 때 적절한 가격을 어떻게 결정할 것인지, 필요 없는 서비스가 공급된 것은 아닌지 등에 관한 별도의 기준을 말한다. 진료비 지불방식에는 행위별 수가제, 포괄수가제, 인두제, 총액계약제 등이 있다. 즉 수가란 의료기관이 건강보험 적용 의료서비스를 제공하고 환자와 건강보험공단으로부터 받는 총액이다.

① 행위별 수가제(기본적용 방식, fee-for-service)

행위별 수가제는 의료기관에서 의료인이 제공한 의료서비스에 대해 서비스별로 가격을 정하여 사용량과 가계에 의해 진료비를 지불하는 제도이다. 즉, 개별 의료서비스 행위마다 가격이 지불되는 방식을 말한다. 우리나라는 이 행위별 수가제로 운영되고 있는데, 이러한 특성 때문에 각 의료공급자들이 필요 이상의 의료서비스를 제공하는 문제가 있다. 또한 개별 의료서비스 행위마다 가격이 지불되어 일일이 심사해야 하기 때문에 관리가 어렵다.

② 포괄수가제(DRG방식 : Diagnosis-Related Group)

포괄수가제는 한 사례당 정액의 진료비를 지급하는 방식과 질병군에 따라 정액의 수가를 지급하는 방식이 있다. 발생빈도가 높은 질병군에 대해 미리 정해진 진료비를 의료기관에 지급하는 방식으로, 비용절감효과가 있고 행위별 수가제보다 관리하기 쉽다. 포괄수가제는 환자가 병원에 입원해서 퇴원할 때까지 진료받은 진찰, 검사, 수술, 주사, 투약 등 진료의 종류나 양에 관계없이 미리 정해진 일정액의 진료비를 부담(정액수가제)하는 제도로 건강보험 혜택의 범위가 확대되어 환자의 부담이 줄어들고 진료 비용이 정해져 있어 계산이 간편한 장점이 있다. 그러나 서비스 제공을 최소화하려는 경향이 있어 환자와의 마찰이 예상되고 의료의 질적 수준이 저하될 우려가 있다는 것이 단점이다. 우리나라는 2012년 7월부터 백내장 등 7개 질병군(백내장수술, 편도수술, 맹장수술, 항문수술, 탈장수술, 자궁수술, 제왕절개분만)에 대해 당연 적용되고 있다. 포괄수가제의 장점에는 동일한 질병에 대해 동일한 급여 보장, 행정절차의 간소화, 비용절감을 통한 본인부담금 감소가 있다.

〈표 10-12〉 포괄수가제 대상 질병

구분	내용
안과	백내장 수술(수정체 수술)
이비인후과	편도수술 및 아데노이드 수술
외과	항문수술(치질 등), 탈장 수술(서혜 및 대퇴부), 맹장 수술(충수 절제술)
산부인과	제왕절개분만, 자궁 및 자궁 부속기(난소, 난관 등) 수술

③ 인두제(capitation fee)

인두제는 의사가 담당하는 환자의 수에 비례하여 일정 금액을 지급하는 방식으로, 주로 주치의 등록제도를 실시하는 국가에서 자신을 주치의로 등록한 환자 수에 따라 비용을 지급하는 방식을 말한다.

④ 총액계약제(global contract)

총액계약제는 일괄총액제라 지칭하기도 하며, 의료보험조직이 의사단체와 총액으로 계약을 맺는 것으로 계약액수 범위 내에서 조합원의 의료비와 약제비를 지불하는 방식을 말한다. 이 제도는 현재 후불 방식에 비해 보험료 지출액을 과잉진료나 청구시비 감소 등으로부터 효과적으로 관리할 수 있다는 장점이 있으며, 단점으로는 의료의 질 관리가 어렵고 과소 진료의 가능성을 높일 수 있다는 점이다.

5) 본인일부부담금

건강보험에 적용될 때 상당 부분의 의료비용은 건강보험 재정에서 지불되지만 일부 비용은 이용자가 직접 부담해야 한다. 이 부분을 본인일부부담금이라 한다. 본인일부부담금은 작은 비율이지만 의료서비스를 많이 이용할 경우 부담이 될 수 있어 연간 환자가 부담한 본인일부부담금이 연도별 상한액 기준을 초과할 경우 초과분을 가입자에게 환급하는 본인부담상한제(소득수준에 따라 7

단계 차등 적용)를 실시하고 있다.

① 입원

입원 시에는 총진료비의 20%를 본인이 부담한다. 단, 5세 이하 아동의 경우 입원 시 요양급여비용 총액의 5%만 부담한다.

② 외래

외래 진료 시 의료기관 수준에 따라 부담 비율이 차등 적용된다.

〈표 10-13〉 외래 진료시 본인일부부담금

구분	부담금액 기준
상급종합병원	진찰료 총액 + 나머지 진료비의 60%(임신부 외래 진료의 경우 요양급여 비용 총액의 40/100)
종합병원	요양급여 비용 총액의 45%(읍·면지역, 임산부 외래 진료의 경우 30/100), 50%(동지역, 임신부 외래 진료의 경우 30/100)
병원	요양급여 비용 총액의 35%(읍·면지역, 임산부 외래 진료의 경우 20/100), 40%(동지역, 임신부 외래 진료의 경우 20/100)
의원	요양급여 비용 총액의 30%(읍·면지역, 임산부 외래 진료의 경우 10/100) 단, 65세 이상 요양급여 비용 총액이 15,000이하이면 1,500원
보건소, 보건지소, 보건진료소	요양급여비용이 12,000원 초과 시 총액의 30%, 요양급여 비용이 12,000원 이하 시 정액제 적용
약국	요양급여 비용 총액의 30% 단, 65세 이상 요양급여 비용 총액이 10,000 이하이면 1,000원
경증질환으로 대형병원 외래 진료 시 처방 약제비 본인부담률 차등 적용(2018. 11. 1.)	감기 등 경증질환(100개)으로 외래 진료 후 약국 요양급여비용 본인부담률은 상급종합병원 30% → 50%, 종합병원 30% → 40%
6세 미만 아동	외래 진료 시 성인 본인부담률의 70% 적용 단, 보건소·보건지소·보건진료소 정액제 및 약국 직접 조제는 경감 대상이 아님.

③ 산정 특약 대상자

암·희귀·중증난치 질환 등록자는 등록일로부터 5년간 암은 총진료비의

5%, 희귀・중증난치질환은 총진료비의 10%를 부담한다. 또한, 뇌혈관질환자 및 심장질환자 중 산정특례 적용 기준에 해당하는 경우 최대 30일 동안 총진료비의 5%를 결핵 등록자는 결핵 치료 기간 동안 총진료비의 0%, 중증화상 등록자는 등록일로부터 1년간 총진료비의 5%를 부담한다. 중중외상 환자 중 손사중증도 점수(ISS) 15점 이상에 해당하는 중증외상환자가 「응급의료에 관한 법률」 제30조의2에 따른 권역외상센터에 입원하여 진료를 받은 경우 최대 30일 동안 총진료비의 5%를 부담한다.

④ 본인부담 상한제

본인부담상한제란 연간 환자가 부담한 본인일부부담금이 개인별 상한금액을 초과할 경우 초과분을 건강보험공단이 부담하는 제도이다. 상한액 기준은 소득수준에 따라 〈표 10-14〉와 같이 7단계로 차등 적용된다.

〈표 10-14〉 본인부담 상한제 적용기준

<table>
<tr><th rowspan="3">연도</th><th rowspan="3">요양병원 입원일수</th><th colspan="7">연평균 보험료 분위</th></tr>
<tr><th colspan="5">저소득</th><th colspan="2">고소득</th></tr>
<tr><th>1분위</th><th>2~3분위</th><th>4~5분위</th><th>6~7분위</th><th>8분위</th><th>9분위</th><th>10분위</th></tr>
<tr><td rowspan="2">2025년</td><td>120일 이하</td><td>89만 원</td><td>110만 원</td><td>170만 원</td><td>320만 원</td><td>437만 원</td><td>525만 원</td><td>826만 원</td></tr>
<tr><td>120일 초과</td><td>141만 원</td><td>178만 원</td><td>240만 원</td><td>396만 원</td><td>569만 원</td><td>684만 원</td><td>1,074만 원</td></tr>
</table>

제4절 산업재해보상보험정책

1. 산업재해보상보험의 전개과정

자본주의적 생산관계의 성립과 함께 발생하기 시작한 산업재해에 대한 인류 초기의 대응은 다른 손해배상과 같이 보통법이나 민법에 따라 과실이 있는 사람에게 책임을 부과하는 것이다. 그러나 산업재해의 특수성에 대한 인식은 고용주책임법을 제정의 필요성을 제기시켰다. 이러한 고용주책임에 대한 부담을 사용주 사이에 분산하려는 사회보험이 산재보험제도이라 할 수 있다.

(1) 민법에 의한 산재보상

산재보험제도가 도입되기 이전 산업재해를 당한 노동자들은 소송을 통해 보상을 받을 수밖에 없었다. 일반적으로 유럽 대륙권 국가들의 겨우 민법에 의해 영국과 미국의 경우는 보통법에 의해 소송이 제기되었다. 그러나 재해노동자가 고용주의 부주의나 과실을 증명하지 못하면 보상을 받기 어려웠다.

(2) 고용주책임법

보통법과 민법상의 문제에 대응하여 나타난 고용주책임법들은 보통법이나 민법상의 노동자 무과실의 원칙이나 동료 노동자 책임의 원칙, 위험 전제의 원칙들을 완화함으로써 고용주의 책임 범위를 넓히고 재해 노동자의 재해청구를 유리하게 하였다. 즉, 산업재해의 책임을 일차적으로 고용주에게 부과하였지만, 몇 가지의 개선을 이루었음에도 불구하고 이 법들 역시 보통법이나 민법체계의 근본적인 문제를 공유하고 있었다.

(3) 산업보상제도의 성립

산업보상 제도를 처음 도입한 국가는 독일이다. 독일은 1884년 제조업과 광업만을 대상으로 재해보상법을 도입하였으나 이후 다른 산업으로 빠르게 확장되었다. 다른 유럽의 대륙권 국가들도 독일 방식에 따라 국가사회보험으로 산업재해에 대응하였다. 영어권 국가들은 영국의 노동자보상법을 원형으로 산재보상제도를 도입하였다.

산재보험 제도는 산업재해 문제를 대응하는 보통법 또는 민법상의 문제를 해결하기 위해 특수한 원리, 즉 무과실책임주의에 의거한 고용주 책임의 원리를 강제보험화시킨 것으로 볼 수 있다. 이전의 민법이나 고용주책임법과 같이 고용주의 과실이 있을 경우에만 보상하는 것이 아니라 모든 산업재해에 대해 고용주가 책임지도록 한 것이다. 이때 고용주 역시 산재에 대한 책임을 수행하는데 부담이 발생하기 때문에 고용주들 간에 보상책임을 분산하고자 사회보험 방식을 도입하였다. 따라서 산재보험은 다른 사회보험과 달리 고용주가 보험료 전액을 부담한다. 보험 가입자는 사용주이고 보험 관리도 사업장 단위로 이루어진다.

2. 산업재해보상보험의 특성

① 산업재해보험은 기본적으로 업무상 자유로 재해를 입은 재해근로자에 대하여 무과실책임주의에 입각하여 사업주의 보상책임을 담보하여 주는 사업주책임보험으로서의 특성을 가지고 있다.

② 산업재해보험의 보험관리상의 주요 특징은 사업장 중심으로 관리한다는 것이다. 즉, 타 사회보험제도와 달리 사업장 단위로만 가입이 이루어지고 개별근로자의 관리는 별도로 이루어지지 않고 있다.

③ 산업재해보험은 보험관계 성립 등 제반 행정이 자진신고 및 보험료의 자

진납부를 원칙으로 하고 있다.

④ 산업재해보험은 타 사회보험제도에 비해 일선 업무담당자의 재량에 의하여 판단, 처리되는 부분이 많은 특징을 가지고 있다.

⑤ 산업재해보험은 현금급여로 제공되는 국민연금이나 현물급여를 위주로 제공되는 의료보험과 달리 현금급여와 현물급여가 모두 제공되는 종합적인 보상제도로서의 특성을 가진다.

⑥ 산업재해보험에 의한 재해보상은 일반 법원을 통한 권리구제와 달리 산업재해로부터 입은 피해를 시급히 복구하여 보호하며, 행정행위에 의한 재량 또는 담당직원의 자의에 따라 좌우되지 않은 공정한 보상이 이루어지고, 업무상 재해를 당한 근로자를 적기에 확실히 보상해 준다.

⑦ 개별실적요율주의를 채택하고 있다. 즉, 개별실적에 따라 산재발생이 높은 사업장은 보험료 부담을 높이고, 산재발생이 낮은 사업장은 보험료 부담을 낮추는 방식으로 보험요율을 결정한다.

산재보험료율은 매년 6월 30일 현재, 과거 3년간의 임금 총액에 대한 보험급여 총액의 비율을 기초로 재해 발생의 위험성에 따라 분류된 업종별 보험료율을 세분화하여(보통 매년 12월 31일경 고시) 적용한다.

- 개별실적요율 = 해당 사업종류의 일반요율±(해당 사업종류의 일반요율×수지율에 의한 증감비율)
- 수지율 = 3년간의 보험급여 총액/3년간의 보험료 총액×100

3. 산업재해보상의 원칙

산업재해보상의 원칙을 논할 경우 우선 산업재해의 기본적 원인을 어떠한 입장(노동자와 사용자)에서 볼 것인가 또는 어떠한 각도에서 이해할 것인가에 따라 근본적으로 달라진다.

첫째, 산업재해보상의 인정의 문제이다. 산재보상에 있어서는 무엇보다도 피재해근로자와 그 가족의 구제에 기본을 두어야 한다. 그렇게 하기 위해서는 우선 당면하고 있는 업무상 재해업무 외의 재해를 결정할 때, 거증책임의 전가, 의사선택의 자유보장, 업무 외 상병에 대한 기업보상의 확립 등이 필요하다.

둘째, 산업재해의 치료 및 보상에 관한 것으로서 다음의 네 가지 문제가 있다. ① 장기요양 중 또는 상병치료 후에도 장애가 남아 있어 근로능력이 저하된 경우에 해고 또는 불이익 취급을 받아서는 안 되며, 또한 직장복귀의 권리가 보장되어야 한다. ② 휴업 또는 취업제한 시 임금의 감소는 완전히 보장되지 않으면 안 된다. ③ 요양에 필요한 비용 및 치료행위 그리고 재활은 모두 보상되지 않으면 안 된다 등의 산업재해에 의하여 구체적으로 입은 손해에 대한 '보상의 원칙'이다. 나아가서는 ④ 요양 중 또는 요양 후의 후유장애에 수반하는 정신적 고통에 대한 보상(위자료)도 이루어지지 않으면 안 된다.

셋째, 유족보상의 문제로서 유족에 대한 보상은 먼저 유족이 안심하고 생활할 수 있는 임금보상이 이루어지지 않으면 안 되며, 이에 덧붙여 단지 정신적 고통에 그치지 않는 인간생활 총체로서 가정의 파괴에 대한 위자료로서의 보상(사망일시금)이 이루어지지 않으면 안 된다. 이것이 '유족보상의 원칙'이다.

4. 산업재해보상보험체계

〈표 10-15〉 산업재해보상보험체계

<table>
<tr><td>구성체계</td><td colspan="2">산업재해보상보험제도</td></tr>
<tr><td>근거법</td><td colspan="2">우리나라는 1953년에 제정된 「근로기준법」 제6장에서 안전과 보건에 관한 조항을 규정한 것이 처음이며, 이후 1963년 「산업재해보상보험」이 제정되었다.</td></tr>
<tr><td>적용대상</td><td colspan="2">근로자를 사용하는 모든 사업에 적용한다. 다만, 사업의 위험률·규모 및 사업장소 등을 참작하여 대통령령이 정하는 사업은 그러하지 아니하다.
• 국외의 사업에 대한 특례 - 우리나라가 당사국이 된 사회보장에 관한 조약이나 협정으로 정하는 국가나 지역에서의 사업에 대하여서는 근로자가 아닌 사람도 산재보험법에서 특별히 정한 사람은 산재보험의 혜택을 받을 수 있다. 현재 산재보험법에 특별히 정하고 있는 사람은 현장실습생, 산업연수생, 해외에 근무를 하는 근로자와 중소기업의 사업주(제121조, 개정 2010. 6. 4.)이다.
• 「예술인복지법」(2012. 11. 18. 시행)에 따라 보수를 목적으로 창작, 실연, 기술지원 등의 예술활동을 제공하는 예술인 임의가입 허용
• 2012. 5. 1.부터 특수형태근로종사자[1])로서 택배업 및 퀵서비스업 종사자도 산재보험에 가입</td></tr>
<tr><td>산재인정범위</td><td colspan="2">산업재해보상보험법상의 업무로 인한 부상, 질병, 장애, 신체장애, 사망 등을 말한다. 법에서 정의하는 산업재해라 함은 "근로자가 업무에 관계되는 건설물, 설비, 원재료, 가스, 증기, 분진 등에 의하거나 작업, 기타 업무에 기인하여 사망 또는 부상하거나 질병에 이환되는 것"을 의미한다-업무수행성과 업무기인성</td></tr>
<tr><td rowspan="5">급여 종류</td><td>요양급여</td><td>요양비 전액을 지급하며, 근로복지공단이 설치하거나 지정한 보험시설 또는 의료기관에서 하도록 한다.</td></tr>
<tr><td>휴업급여</td><td>요양으로 인하여 취업하지 못한 기간에 대하여 부상 또는 질병이 3일 이내의 요양으로 치유될 수 있으면 요양급여를 지급하지 아니한다.</td></tr>
<tr><td>장해급여</td><td>장해급여는 치유 후 신체 등에 장해가 있는 경우에 지급한다.</td></tr>
<tr><td>간병급여</td><td>치유 후 간병이 필요하여 실제로 간병을 받는 자에게 지급한다.</td></tr>
<tr><td>유족급여</td><td>유족에게 지급. 수급권자의 선택에 따라 유족보상연금 또는 유족보상일시금으로 한다.</td></tr>
<tr><td rowspan="3">급여 종류</td><td>상병보상연금</td><td>요양 개시 후 2년 이후에 폐질 등의 상태가 계속되면 휴업급여 대신 상병보상연금을 당해 근로자에게 지급한다.</td></tr>
<tr><td>장의비</td><td>근로자가 업무상의 사유로 사망한 경우에 지급하되, 평균임금의 120일 분에 상당하는 금액을 그 장제(葬祭)를 지낸 유족에게 지급한다.</td></tr>
<tr><td>직업재활급여</td><td>산재근로자의 재취업촉진을 위한 직업훈련비용 및 직업훈련수당, 원직장복귀 촉진을 위한 직장복귀지원금, 직장적응훈련비, 재활운동비 등 지급한다.</td></tr>
<tr><td>재원조달
(보험료율)</td><td colspan="2">보험료는 근로복지공단이 보험가입자로부터 징수함. 전액 사용자가 부담한다.</td></tr>
</table>

<table>
<tr><td>재정방식</td><td colspan="2">보험료율은 사업 종류별로 구분・결정된다. 산업재해보상보험 기금은 보험료・기금운용수익금・적립금 등을 재원으로 고용노동부장관이 조성한다. 업종별 차등요율체계를 기반으로 개별 실적요율주의를 채택(산재 발생을 줄이기 위하여)한다.</td></tr>
<tr><td>관리운영기구</td><td colspan="2">근로복지공단</td></tr>
<tr><td>슬라이드</td><td colspan="2">임금변동순응률제도: 통상임금이 변동되거나 사업의 폐지・휴업・기타 부득이한 사유가 있을 때 평균임금을 증감 가능(사업의 폐지・도산 등으로 임금을 산정 확인하기 곤란한 경우에는 기준임금을 임금으로 함)</td></tr>
<tr><td>최저보상기준</td><td colspan="2">최저보상기준금액은 최저임금법에 의한 최저임금의 전년대비 조정률 등을 기준으로 하여 매년 고용노동부장관이 고시한 금액으로 한다.</td></tr>
<tr><td>직업병</td><td colspan="2">과거에는 인정하지 않았지만 오늘날에는 인정하고 있다.</td></tr>
<tr><td>유형</td><td colspan="2">국가 강제사회보험의 형식이다.</td></tr>
<tr><td rowspan="3">이슈, 동향</td><td>산재보상수준은 산재예방동기에 어떠한 영향을 미치는가?</td><td>높은 산재보상 수준이 고용주들에게는 재해예방 동기를 높이는 반면, 노동자들에게는 재해예방 노력의 감소(근로자들의 도덕적 해이)로 나타날 수 있다는 지적이 많다.
• 노동자들의 도덕적 해이
① 산업재해에 대한 노동자 스스로의 자기예방 노력이 감소된다.
② 산업재해 신고율을 높이거나 산재보험의 보상기간을 늘림으로써 산업재해율이 높아지는 것이다.</td></tr>
<tr><td>어떤 산재보험제도 유형이 바람직한가?</td><td>현재 우리나라는 국가 강제산재보험 유형을 채택하고 있으나 미래를 생각한다면 일반사회보험으로의 전환이 심각하게 고려될 수 있다.</td></tr>
<tr><td>산재보험비용은 누가 부담을 하는가?</td><td>우리나라는 고용주가 부담하기로 되어 있으나 고용주가 부담하는 산재보험료는 상품가격을 통해 소비자에게 전가되거나(이른바 부담의 전전), 노동자의 임금으로 전가(이른바 부담의 후전)될 수 있으므로 반드시 사용자가 전액 부담한다고 장담할 수 없다.</td></tr>
</table>

1) 특수형태근로종사자란 계약의 형식에 관계없이 근로자와 유사하게 노무를 제공함에도 「근로기준법」 등이 적용되지 않아 업무상의 재해로부터 보호할 필요가 있는 사람으로서 다음의 조건을 만족하는 사람 - 주로 하나의 사업에 그 운영에 필요한 노무를 상시적으로 제공하고 보수를 받아 생활할 것, 노무를 제공함에 있어서 타인을 사용하지 않을 것, 보험설계사, 우체국보험모집인, 학습지교사, 골프장 캐디, 택배업 및 퀵서비스업 종사자 등 특정 직종에 종사할 것(「산업재해보상보험법」 시행령 제125조).

제5절 고용보험정책

1. 고용보험 의의와 전개 과정

고용보험은 실업의 예방, 고용 촉진 및 근로자 등의 직업능력 개발과 향상을 꾀하고, 국가의 직업지도와 직업소개 기능을 강화한다. 또한, 근로자 등이 실업한 경우 생활에 필요한 급여를 실시하여 근로자 등의 생활안정과 구직활동을 촉진함으로써 경제·사회발전에 이바지하는 것을 목적으로 하는 사회보험이다.

우리나라의 고용보험은 실직한 근로자 등에게 실업급여를 지급하는 전통적인 의미의 실업보험에 적극적인 직업능력 개발을 통하여 재취업을 촉진하고 실업의 예방, 고용의 촉진 등을 목적으로 하는 적극적 노동 시장정책을 결합한 형태이다.

고용보험제도는 1993년 12월 27일에 고용보험법이 제정된 후 1995년 7월 1일 30인 이상 사업장을 대상으로 한 실업급여 사업과 70인 이상 사업장을 대상으로 한 고용안전 사업 및 직업능력개발사업으로 출발하였다. 이후 IMF 경제난 등을 겪으면서 빠른 속도로 적용 범위를 확대하면서 1998년 10월 1일부터는 상시근로자 4인 이하의 농업·임업·수렵업 등 일부 업종을 제외하고는 근로자 1인 이상을 고용하는 전 사업장으로 확대하였다. 이는 고용보험 제도 도입 4년 만에 전체 근로자를 대상으로 하는 사회보험으로 자리하였다.

2. 고용보험정책의 특성

실업대책 중 가장 핵심적인 고용보험정책은 실업자를 통계적으로 파악하기가 용이하고, 비자발적인 실업자만을 대상으로 하기 때문에 사회보험 성격을 가지고 있다.

또한 고용보험정책을 통하여 운영비용의 예측이 가능하고, 고용증대를 도모할 수 있다는 정책적 대비가 가능하고, 산업구조조정에 따른 잉여인력이 새로운 산업으로 신속히 이동할 수 있도록 지원이 가능하고, 국가의 직업안정기능이 체계화되고, 고용정보가 정확히 파악됨으로써 구조적인 인력수급의 불균형에 대응할 수 있으며, 원활한 인력수급을 기대할 수 있다.

또한 기업의 필요에 따른 자율적인 훈련실시를 유도하여 산업수요에 부응하는 근로자의 직업능력개발을 활성화함으로써 기업의 경쟁력을 강화할 수 있다.

따라서 고용보험정책은 실업자에 대하여 필요한 급여를 행함으로써 생활이 안정되도록 지원하고, 동시에 구직활동을 용이하게 하는 등 재취업을 촉진하는 것과 근로자의 직업안정에 기여하기 위해 실업예방, 고용기회의 증대, 고용구조의 개선, 직업능력개발, 기타 근로자의 복지증진을 목적으로 하는 강제 가입형태의 사회보험제도이다.

3. 고용보험제도의 내용

1) 적용범위

(1) 적용대상 사업장

고용보험법은 근로자를 사용하는 모든 사업 또는 사업장에 적용한다.

(2) 보험가입자

① 피보험자와 고용보험의 가입방식

고용보험법의 적용을 받는 보험가입자는 사업주와 근로자이다. 그러나 실제로 다양한 보험급여를 받는 자는 피보험자이다. 피보험자라 함은 당연가입자,

임의가입자, 의제가입자, 일괄적용대상 사업의 규정에 따라 보험에 가입하거나 가입된 것으로 보는 근로자를 말하고, 피보험자는 고용보험법이 적용되는 사업에 고용된 날에 피보험자격을 취득한다.

② 당연가입자

고용보험법의 적용대상이 되는 사업의 사업주와 근로자는 당연히 보험가입자가 된다.

③ 임의가입자

사업주가 근로자 과반수의 동의 및 근로복지공단의 승인을 얻어 그 사업의 사업주와 근로자가 보험에 가입하는 것을 임의가입자라 한다.

④ 의제가입

고용보험의 당연가입자가 되는 적용사업이 사업규모의 변동 등으로 인하여 당연가입의 범위에 속하지 아니하게 된 때에는 그 사업주 및 근로자는 그 해당하게 된 날부터 임의가입한 것으로 본다. 그리고 당연가입이 되는 사업의 사업주가 당해 사업 중에 피보험자인 근로자를 고용하지 않은 때에는 그 날부터 1년의 범위 안에서 피보험자인 근로자를 고용하지 아니한 기간 동안에도 보험에 가입한 것으로 본다. 이러한 경우를 의제가입이라 부른다.

2) 고용보험의 보험료

고용보험의 보험료는 고용안정·직업능력개발사업과 실업급여의 보험료로 나누어 부과한다. 고용보험료율은 보험수지의 동향과 경제상황을 고려하여 3%의 범위에서 고용안정·직업능력개발사업의 보험료율 및 실업급여의 보험료율을 구분하여 대통령령으로 정한다. 이때 근로자는 실업급여의 보험료의

1/2을 부담하며, 사업주는 고용안정 · 직업능력개발사업의 보험료 전부와 실업급여 보험료의 1/2을 근로자 개인별 보수총액을 기준으로 계산하여 부담한다.

〈표 10-16〉 2025년 고용보험요율

구분		근로자	사업자
실업급여		0.9%	0.9%
고용안정 · 직업능력개발 사업	150인 미만 기업	해당 사항 없음	0.25%
	150인 이상(우선지원대상기업)		0.48%
	150인 이상 ~ 1,000인 미만 기업		0.65%
	1,000인 이상 기업, 국가 · 지방자치단체		0.85%

3) 고용보험사업

고용보험사업은 크게 소극적 노동시장정책이라 할 수 있는 실업급여와 적극적 노동시장정책이라 할 수 있는 고용안정, 직업능력개발사업, 모성보호사업으로 나눌 수 있다.

(1) 고용안정

고용노동부장관은 피보험자 및 피보험자이었던 자 등의 실업의 예방, 취업의 촉진, 고용기회의 확대, 직업능력개발 · 향상의 기회제공 및 지원, 그 밖에 고용안정과 사업주에 대한 인력확보의 지원을 할 수 있다.

고용안정사업의 내용 중 중요한 몇 가지를 보면 다음과 같다.

① 고용창출의 지원

고용노동부장관은 고용환경 개선, 근무형태 변경 등을 통하여 고용의 기회를 확대한 사업에 대하여 필요한 지원을 할 수 있다.

② 고용조정의 지원

고용노동부장관은 경기의 변동, 산업구조의 변화 등에 따른 사업규모의 축소, 사업의 폐지 또는 전환으로 인하여 고용조정이 불가피하게 된 사업주가 근로자에 대한 휴업, 근로자의 직업 전환에 필요한 직업능력개발훈련, 인력의 재배치를 실시하는 등 기타 근로자의 고용안정을 위한 조치를 위해 지원한다.

③ 지역고용의 촉진

고용노동부장관은 고용 기회가 현저히 부족하거나 산업구조의 변화 등으로 고용사정이 급속하게 악화되고 있는 지역으로 사업을 이전하거나 그러한 지역에서 사업을 신설 또는 증설함으로써 당해 지역의 실업예방, 재취업의 촉진에 기여한 사업주, 기타 당해 지역의 고용기회 확대에 필요한 조치를 취한다.

④ 고령자 등의 고용촉진의 지원

고용노동부장관은 고령자 등이 노동시장의 통상적 조건하에서는 취업이 특히 곤란한 자의 고용을 촉진하기 위하여 고령자 등을 새로이 고용하거나 기타 이들의 고용안정에 필요한 조치를 지원할 수 있다.

(2) 직업능력개발사업

직업능력개발사업의 종류로는 사업주 지원과 근로자 지원으로 구분할 수 있다. 지방자치단체나 비영리법인·단체의 경우에도 그 지역에서 피보험자 등의 고용안정·고용촉진 및 직업능력 개발을 위한 사업을 실시할 경우 지원할 수도 있다.

① 사업주 지원

고용노동부장관은 피보험자 등의 직업능력을 개발·향상시키기 위하여 직업능력개발훈련을 실시하는 사업주에 대하여 훈련에 필요한 비용을 지원할 수 있다.

② 근로자 지원

고용노동부장관은 피보험자 등이 직업능력개발훈련을 받거나 직업능력의 개발·향상을 위하여 노력하는 경우에 필요한 비용을 지원할 수 있다.

(3) 실업급여

실업급여 사업은 근로자가 실직하였을 경우 일정 기간 동안 실직자와 그 가족이 생활 안정 그리고 원활한 구직활동을 위하여 급여를 지급하는 사업이다. 고용보험법상의 실업급여는 구직급여와 취업촉진수당으로 구분하며, 취업촉진수당은 다시 조기재취업수당, 직업능력개발수당, 광역구직활동비, 이주비로 나누어진다.

① 구직급여

구직급여는 이직한 근로자인 피보험자가 이직일 이전 18개월(초단시간 그로자의 경우 24개월) 동안 고용보험이 적용되는 사업장에서 피보험 단위 기간이 180일 이상이면서 근로의 의사와 능력이 있음에도 불구하고 취업하지 못한 경우에 지급한다. 이때 재취업 노력을 적극적으로 해야 하고, 이직 사유가 비자발적이어야 한다. 중대한 귀책사유로 해고되거나 자기 사정으로 이직한 경우에는 수급자격이 없는 것으로 본다.

구직급여는 이직 전 직장에서 지급받던 3개월 임금총액을 총일수로 나눈 기초일액을 기준으로 해당 일수만큼 지급한다. 일반적으로 기초일액의 60%를 지급한다. 만일 기초일액이 최저임금에 이직 전 1일 소정근로시간을 곱한 최저기초일액보다 낮을 경우 최저기초일액의 80%를 구직급여일액으로 한다. 이를 최저구직급여일액이라 한다. 즉, 구직급여의 하한액은 퇴직 당시 시간급 최저임금의 80%에 1일 소정근로시간을 곱한 금액이다.

실업의 신고일로부터 계산해서 7일간은 대기기간으로 급여를 지급하지 않는다. 구직급여를 받을 수 있는 기간을 보험의 가압한 기간과 연령에 따라 최소

120일부터 최대 270일까지이며, 필요한 경우 연장급여를 수급할 수 있다.

〈표 10-17〉 구직급여 소정급여일수

구분		피보험 기간(보험 가입 기간)				
		1년 미만	1년 이상 3년 미만	3년 이상 5년 미만	5년 이상 10년 미만	10년 이상
연령 (퇴사 당시의 만 나이)	50세 미만	120일	150일	180일	210일	240일
	50세 이상 및 장애인	120일	180일	210일	240일	270일

② 취업촉진수당

취업촉진수당은 구직급여와는 별도로 실업자들이 좀 더 빨리 재취업할 수 있도록 유인하기 위한 추가 급여의 성격이다. 취업촉진수당은 조기재취업수당, 직업능력개발수당, 광역구직활동비, 이주비로 구분된다.

- 조기재취업 수당 : 실업급여를 지급받던 수급자격자가 빠른 시일 내 안정된 직장에 재취업하는 경우 지급되는 보너스 성격의 수당이다. 대기기간이 지난 후 재취업한 날의 전날을 기준으로 법 제50조에 다른 소정급여일수를 2분1 이상 남기고 재취업한 경위 지급한다. 지급액은 남은 기간 동안 받을 수 있는 구직 급여액의 2/1을 일시금으로 지급한다.
- 직업능력개발수당 : 직업안정기관의 장이 지시한 직업능력개발훈련을 받은 경우 훈련 받는데 필요한 교통비·식대 등의 비용을 지원하기 위하여 구직급여 외에 지급하는 일정액의 수당이다.
- 광역구직활동비 : 수급자격자가 자신이 살고 있는 지역에 재취직하기 어려워 직업안정기관에서 소개하는 먼 지방에 출장하여 직장을 구하는 경우 소요된 비용을 지급하는 수당이다. 숙박비와 교통비에 준하는 금액을 지급한다.

- 이주비 : 수급자격자가 취직하거나 직업안정기관의 장이 지시한 직업능력개발 훈련 등을 받기 위해 이사를 해야 하는 경우 이사 비용을 지급하는 수당이다.

③ 모성보호 육아지원

출산으로 인한 여성근로자의 이직을 방지하고 사업주의 여성고영 기피요인을 해소하기 위한 모성보호의 사회 분담을 통해 근로자의 일·가정 양립을 도모하도록 지원하는 제도이다. 「근로기준법」에 의하면 임신 중인 여성에 대해 고용주는 총 90일(다태아 120일, 미숙아 100일)의 출산전후 휴가를 주어야 한다. 이는 출산 전후 여성 근로자의 근로 의무를 면제하고 임금 상실이 없이 휴식이 보장받도록 하는 것으로 고용보험 가입자는 월 통상임금의 100%의 급여를 지원받는다.

〈표 10-18〉 출산전후 휴가 및 급여(2025년 기준)

구분	최초 60일(다태아 75일)	마지막 3일(미숙아 40일, 다태아 45일)
우선지원 대상기업	정부가 최대 월 210만 원의 출산전후 휴가 급여를 지급하고 통상임금과 정부지원 상한액(월 210만 원)과의 차액분은 사업주가 지급	정부가 통상입금 지급(최대 월 210만 원)
대규모 기업	사업주가 통상임금 지급	정부가 통상입금 지급(최대 월 210만 원)

또한, 출산이 후 영유아의 양육을 할 수 있도록 육아휴직을 보장하여야 하는데 육아휴직은 2025년 크게 개선되었는데 휴직 기간이 확대와 급연 인상, 간소화된 신청절차 등 많은 변화가 있다. 육아휴직의 자격조건은 임신 중인 여성 근로자 또는 만 8세 이하 또는 초등학교 6학년(12세) 이하의 자녀를 양육하기 위한 근로자는 육아휴직을 신청할 수 있다. 단, 육아휴직을 시작하는 날 기준으로 고용보험에 가입된 기간(피보험 단위기간)이 180일 이상이어야 한다. 육아

휴직의 급여는 첫 3개월은 통상임금의 100%(월 상한 250만 원), 4~6개월은 통상임금의 100%(월 상한 200만 원), 7개월 이후 통상임금의 80%(월 상한 1600만 원)의 급여를 지급한다. 2025년 2월 23일 모성보호제도 주요 변경 내용은 〈표 10-19〉와 같다.

〈표 10-19〉 모성보호제도 개정 내용(2025년 2월 23일)

구분	변경 전	변경 후
육아휴직	- 사용기간 : 1년	- 사용기간 : 최대 1년 6개월 * 부모 모두 각 3개월 이상 육아휴직을 사용하거나 한부모 또는 중증 장애아동 부모에 해당할 경우 추가 6개월 부여
	- 분할사용: 2회 * 임신 중 사용횟수 제외	- 분할사용: 3회 * 임신 중 사용횟수 제외
육아기 근로 시간 단축	- 대상 자녀: 8세(초등학교 2학년)	- 대상 자녀: 12세(초등학교 6학년)
	- 사용기간 : 최대 2년 * 1년+육아휴직 미사용 기간	- 사용기간 : 최대 3년 *1년+육아휴직 미사용 기간의 두배
	- 최소 사용기간 : 3개월 단위	- 최소 사용기간 : 1개월 단위
난임 치료 휴가	- 연간 3일(최조 1일 유급)	- 연간 6일(최초 2일 유급) - 비밀유지의무 신설
배우자 출산 휴가	- 휴가기간 : 10일(유급)	- 휴가기간 : 20일(유급)
	- 청구기한 : 출산 후 90일 이내	- 사용기한 : 출산 후 120일 이내
	- 분할 사용 : 1회	- 분할 사용 : 3회

제6절 노인장기요양보험정책

1. 노인장기요양보험정책의 특성

노인장기요양보험제도의 목적은 고령이나 노인성 질병 등으로 인하여 일상생활을 혼자서 수행하기 어려운 노인 등에게 신체활동 또는 가사지원 등의 장기요양급여에 관한 사항을 규정하여 노후의 건강증진 및 생활안정을 도모하고 그 가족의 부담을 덜어줌으로써 국민의 삶의 질을 향상하도록 함을 목적으로 한다.

정부(2007. 4.)는 국회에서 2008년 7월부터 치매·중풍 등으로 일상생활을 혼자서 수행하기 어려운 노인에게 간병·요양과 시설입소 등의 공적 요양서비스를 제공하는 것을 주요 내용으로 하는 「노인장기요양보험법」(2006, 국무회의에서는 노인수발보험법) 제정안을 통과시켰다. 동 법안이 시행됨으로써 그간 가족 책임으로 남겨져 있던 노인장기요양보호 문제를 정부와 사회가 공동으로 부담하게 됨으로써 노인을 모시고 있는 가족의 부담을 경감할 수 있는 전기를 마련하였다.

우리나라 장기요양급여 제공의 기본 원칙(동법 제3조)은 ① 장기요양급여는 노인 등의 심신상태·생활환경과 노인 등 및 그 가족의 욕구·선택을 종합적으로 고려하여 필요한 범위 안에서 이를 걱정하게 제공하여야 한다. ② 장기요양급여는 노인 등이 가족과 함께 생활하면서 가정에서 장기요양을 받는 재가급여를 우선적으로 제공하여야 한다. ③ 장기요양급여는 노인 등의 심신상태나 건강 등이 악화되지 아니하도록 의료서비스와 연계하여 이를 제공하여야 한다.

2. 노인장기요양보호 서비스의 유형

노인장기요양보호서비스의 유형은 공급주체와 비용부담에 따라 크게 네 가지로 구분하여 유형화할 수 있다. 즉, 장기요양보호(개호서비스)의 제공을 공식보호(국가와 시장)와 비공식보호(가족)로 구분하고 비용부담을 사적 부담과 공적 부담으로 구분하여 석재은(2005)은 다음 〈표 10-20〉에서 같이 장기요양보호 복지공급 유형을 네 가지 유형, 즉 시장의존형, 국가의존형, 가족의존형, 가족지원활용형으로 나누었다.

〈표 10-20〉 장기요양보호 복지공급 유형

구분		비용부담	
		사적 부담	공적 부담
보호제공	공식보호 (국가, 시장)	• 시장(market)의존형 • 낮은 공적 비용 부담 • 높은 공식적 보호 제공	• 국가(state)의존형 • 높은 공적 비용 부담 • 높은 공식적 보호 제공
	비공식보호 (가족)	• 가족(family)의존형 • 낮은 공적 비용 부담 • 낮은 공식적 보호 제공	• 가족지원활용형 • 높은 공적 비용 부담 • 낮은 공식적 보호 제공

첫째, '국가의존형'은 비용부담 및 보호제공의 양 측면에서 국가의 적극적 개입으로 장기요양보호에 대한 공적·사회적 책임을 극대화한 공급체계 유형이다.

둘째, '시장의존형'은 장기요양보호서비스를 상품화하여 시장에서 판매하고 장기요양보호수요자가 사적 비용 부담으로 이를 구매하는 공급체계가 지배적인 유형을 일컫는다.

셋째, '가족의존형'은 장기요양보호 욕구를 당사자 및 가족이 모두 알아서 처리하라는 것을 기대하는 유형이다.

넷째, '가족지원활용형'은 보호제공의 측면에서 가족보호 등 비공식 보호 등에 의존한다는 점에서는 가족의존형과 유사하지만, 가족보호 제공으로 인하여 희생되는 노동시장 참여 시 임금에 대한 기회 손실을 고려하여 가족보호제공자에 대한 보상적 급여를 제공하거나 가족보호제공자에게 잠시나마 편의를 제공하는 임시보호 등의 공식적인 서비스 지원을 포함한다. 이 유형은 국가와 가족의 동반자적 관계(partnership)를 강조하는 복지혼합(welfare mix) 형태로서 현재 장기적인 경제 침체와 신자유주의 정부가 주류를 이루는 선진국에서 미래의 대안으로 여겨지고 있기도 하다(석재은, 2005).

3. 노인장기요양보험제도

1) 노인장기요양보험의 적용 대상과 재원구조

노인장기요양보험의 적용은 전 국민을 대상으로 하고 있으며, 급여신청대상자는 65세 이상의 노인과 노인성 질병을 가진 65세 미만의 국민으로 종전의 국민기초생활보장수급권자만을 대상으로 하던 방식과는 그 범위와 대상이 확대된다.

노인장기요양보험제도의 재원구조는 과거 노인수발보험에서는 연간 운영비를 국가가 지원하는 방식에서 보험재정의 근간이 되는 형태로 바뀐다.

노인장기요양보험의 재원조달은 기본적으로 사회보험방식의 보험료로 조달된다. 장기요양급여에 소요되는 비용은 국민이 납부하는 장기요양보험료와 국가부담(정부지원), 장기요양급여 이용자가 부담하는 본인일부부담금으로 충당한다. 이때 노인장기요양보호사업은 보건복지부장관이 관장하며, 국민건강보험공단이 보험자이다. 가입자는 국민건강보험 가입자로서, 건강보험료와 통합하여 장기요양보험료를 징수한다.

정부의 재정부담은 우선 보험료 예상 수입액의 20%를 국고가 부담하고 있으며, 관리운영비도 국고에서 부담한다. 이때 국민기초생활수급권자에 대해서는 급여비의 총액을 국고와 지방세에서 부담하도록 하였다.

또한 장기요양서비스에 소요되는 비용의 일부는 이용자가 부담하고 있는데, 이 부담률은 시설급여 20%, 재가급여 15%이다. 다만, 의료급여수급권자 등 저소득층은 각각 1/2로 경감하여 시설급여 10%, 재가급여 7.5%로 하고 있으며, 국민기초생활수급권자는 무료이다.

〈표 10-21〉 노인장기요양보험제도의 재원구조

장기요양보험료	국가부담	본인일부부담금
60~65%	20%	재가급여: 15% 시설급여: 20%

2) 장기요양 인정의 신청자격과 급여 종류, 관리운영기관

장기요양 인정을 신청할 수 있는 자는 노인장기요양보험 가입자 또는 그 피부양자, 「의료급여법」에 따른 수급권자 중 65세 이상의 노인 및 64세 미만으로 노인성 질병(치매, 뇌혈관성질환 등)을 가진 자로 한다. 신청자에 대해서는 국민건강보험공단이 1차로 방문하여 심신상태 등을 조사하고, 지역별 장기요양등급판정위원회에서 최종적으로 장기요양대상자(수급자) 여부를 판정토록 한다. 이때 신청자 모두 수급자가 될 수 없다. 장기요양등급판정위원회에서 6개월 이상 혼자서 일상생활(신체활동, 가사활동 등)을 수행하기 어렵다고 인정되어야 한다.

등급판정기준은 기능상태에 따라 급여대상자의 인정 여부를 결정하고, 그 인정자 중에서 1~5등급(인지지원 등급 포함)으로 분류함으로써 각 신청자마다 급여를 이용하기 전에 사전 Screen System이 도입되게 된다.

〈표 10-22〉 노인장기요양보험 등급판정기준

1등급	2등급	3등급	4등급	5등급	인지지원등급
장기요양인정점수 95점 이상	75점 이상~ 95점 미만	60점 이상~ 75점 미만	51점 이상~ 60점 미만	45점 이상~ 51점 미만인 자	45점 미만 경증치매

'장기요양급여'란 6개월 이상 혼자서 일상생활을 수행하기 어렵다고 인정되는 자에게 신체활동·가사활동의 지원 또는 간병 등의 서비스나 이에 갈음하여 지급하는 현금 등을 말한다. 급여의 종류는 크게 재가급여, 시설급여, 특별현금급여의 3종류로서 〈표 10-23〉과 같다.

〈표 10-23〉 장기요양급여의 종류

<table>
<tr><th>종류</th><th colspan="2">내용</th><th colspan="2">운영기관</th></tr>
<tr><td>재가급여</td><td>• 방문요양
• 인지활동형 방문요양
• 방문간호
• 단기보호</td><td>• 방문목욕
• 주·야간보호
• 기타 재가급여</td><td>• 재가방문요양기관
• 방문간호기관
• 단기보호시설</td><td>• 재가방문요양기관
• 주·야간보호시설
• 복지용구센터</td></tr>
<tr><td>시설급여</td><td colspan="2">• 노인요양시설
• 노인요양공동생활가정</td><td colspan="2">• 노인요양시설(10인 이상 요양보호사 2.5명당 1인 배치)
• 노인요양공동생활가정(5인 이상 9인 이하 요양보호사 3명당 1인 배치)</td></tr>
<tr><td>특별현금급여</td><td colspan="4">• 가족요양비: 장기요양기관이 부족한 지역이나 여러 가지 이유로 가족이 방문요양을 할 때 지급
• 특례요양비: 노인요양시설 등에서 재가나 시설 급여에 상당한 급여를 받은 경우 지급
• 요양병원간병비: 노인전문병원이나 요양병원에 입원할 때 지급</td></tr>
</table>

이때 인지활동형 방문요양은 1~5등급 치매수급자에게 인지자극 활동 및 잔존기능 유지 향상을 위한 일상생활 함께하기 훈련을 제공하는 급여인데, 기존의 방문요양과는 달리 빨래, 식사준비 등의 가사지원은 제공할 수 없으나 잔존기능 유지 향상을 위해 수급자와 함께 옷 개기, 요리하기 등은 가능하다.

그리고 가족요양보호를 하게 될 경우, 가족요양보호 지원조건이 필요한데, 요양보호사 자격증 소지, 돌보고자 하는 가족이 1~5등급, 4대 사회보험 납부

직장인이 아니어야하고 재가방문요양센터에 요양보호사로 등록되어 있어야 한다.

장기요양보험제도의 관리운영주체는 국민건강보험공단이고, 국민건강보험공단과 시・군・구 기초자치단체로 하는데, 국민건강보험공단은 장기요양보험제도의 보험자의 역할을 수행한다. 공단은 장기요양사업을 수행하기 위하여 두는 조직과 건강보험사업을 수행하는 조직 등과 구분하여 따로 두도록 한다. 다만, 자격관리와 보험료 부과・징수업무는 국민건강보험공단이 맡고 있다.

생각해 볼 문제

1. 다음 중 사회보험의 특성은?

㉠ 갹출금은 근거로 한다. ㉡ 빈곤의 예방적 수단이다. ㉢ 강제가입을 원칙으로 한다. ㉣ 비영리적 국가산업이다.

① ㉠, ㉡, ㉢ ② ㉠, ㉢ ③ ㉡, ㉣
④ ㉣ ⑤ ㉠, ㉡, ㉢, ㉣

2. 다음의 내용은 사회보험의 어떤 원리에 대한 설명인가?

사회보험법의 적용범위는 모든 국민을 대상으로 하며, 특정한 신분・지위・성별・종교 등에 관계없이 모든 국민에게 평등하게 국가가 복지증진 노력을 기울여야 한다.

① 최저생활보장의 원리
② 소득재분배의 원리
③ 보편주의원리
④ 보험료 부담의 원리
⑤ 최적생활의 보장 원리

3. 다음 중 국민연금제도의 기본적 성격이 아닌 것은?

① 긍지를 높이는 제도
② 공헌도에 따른 수급권을 획득하는 제도
③ 연금보험사고에 대한 보험제도
④ 실질적으로 노후생활설계의 기초가 될 수 있는 제도
⑤ 국민이 책임을 지고 운영하는 강제가입의 제도

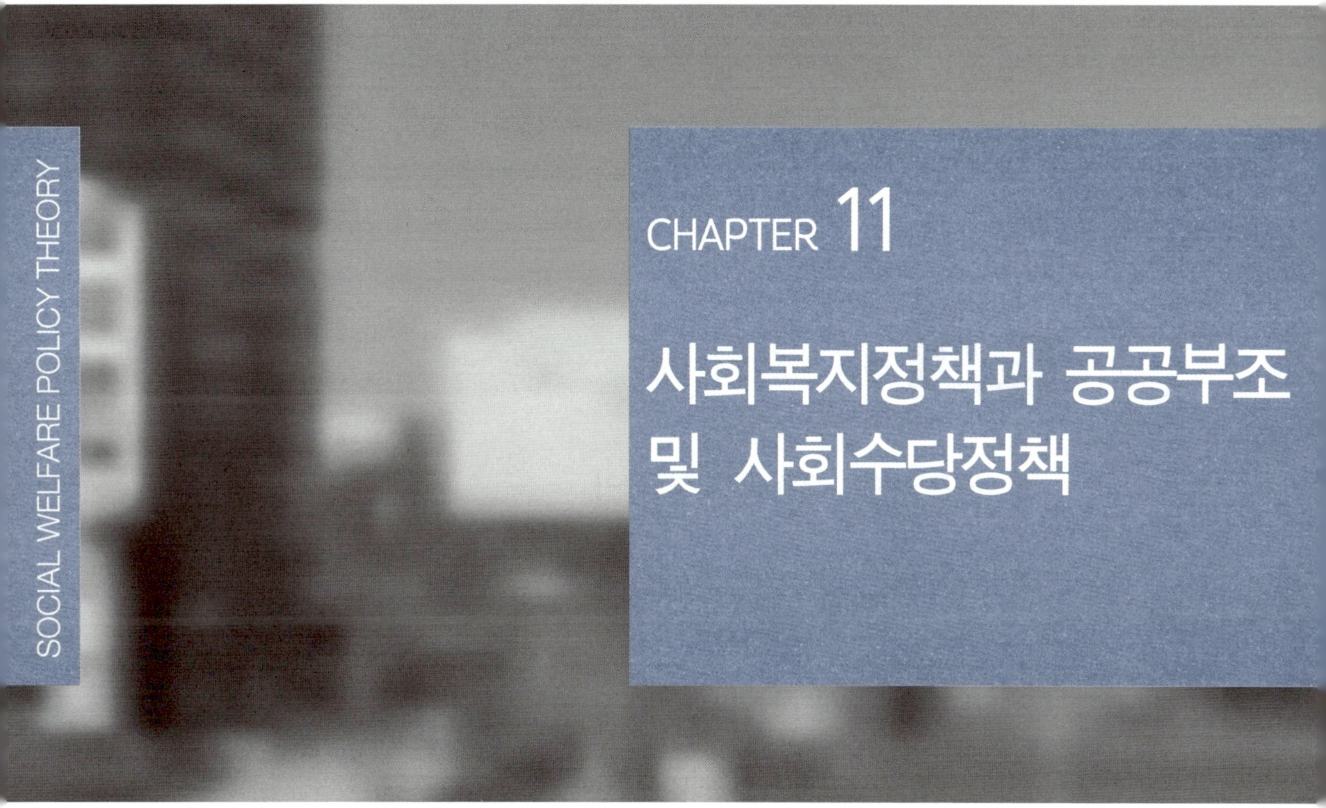

SOCIAL WELFARE POLICY THEORY

CHAPTER 11

사회복지정책과 공공부조 및 사회수당정책

학습목표

1. 공공부조의 특성과 원리 · 원칙을 설명할 수 있다
2. 사회수당정책의 목적과 유형을 이해할 수 있다.

CHAPTER 11 사회복지정책과 공공부조 및 사회수당정책

제1절 공공부조정책

1. 공공부조의 목적과 기본 원리

공공부조제도는 사회보험, 사회복지서비스와 더불어 대표적인 사회보장제도 중 하나이다. 공공부조제도는 최후의 사회적 안전망 역할을 하는 것으로 일반조세를 재원으로 한다. 또한, 일정 소득(자산) 이하의 사람에게만 최저 수준의 급여를 제공하는 것이다.

공공부조는 누진세가 반영된 조세를 기본 재원으로 하고 가장 소득이 낮은 계층을 대상으로 집중적으로 급여를 제공하게 때문에 소득재분배효과가 가장 프로그램 유형이다. 공공부조 제도의 장점은 한정된 예산을 저소득층에 집중적으로 사용할 수 있다는 점에서 비용효율성을 가지며, 소득재분배와 결과의 평등을 가장 효율적으로 달성할 수 있다. 반면에 공공부조제도의 단점으로는 수급 자격을 결정하는 데 있어 자산조사를 실시하기 때문에 이를 위한 행정비용이 많이 소요되며, 근로의욕 저하나 낙인감을 발생할 수 있다.

2. 공공부조의 특성

공공부조는 사회보험과 더불어 국민의 최저생활 보장을 목적으로 하며, 특히 생활능력을 상실한 자들에 대해서 국가가 최저생활 보장의 원리로서 자립 촉진을 목적으로 하는 이른바 빈곤에 대한 최후의 제도적인 대처, 즉 1차적 사회안전망으로서 공공부조의 의의를 찾을 수 있다.

우리나라의 공공부조는 국민기초생활보장제도가 시행되기 전까지 생활보호제도를 근간으로 하였다. 근로능력이 없는 빈곤층만을 대상으로 하는 제한부조주의에 기반한 것이며, 인구학적 기준을 적용함으로써 범주적 공공부조의 성격을 지닌 것이다. 또한 보호대상자 소득 및 재산기준을 적용하여 소득과 재산이 모두 일정 수준 이하인 빈곤층을 보호대상으로 하였다.

그러나 이러한 생활보호제도는 사회안전망으로 기능하는 데 있어서 많은 한계를 지닌 것으로 비판받았으며, 이에 정부는 생계유지가 어려운 저소득층의 생활안정을 위하여 국가가 제공하는 최후의 사회적 안전망으로서 「국민기초생활보장법」을 제정하고, 2000년 10월부터 시행하고 있다.

따라서 공공부조는 사회보장제도의 하나로서 국가와 지방자치단체의 책임하에 생활유지능력이 없거나 생활이 어려운 국민의 최저생활을 보장하고 자립을 지원하는 제도이다.

다른 명칭으로는 공적부조(public assistance), 국가부조(national assistance: 영국), 사회부조(social assistance: 독일, 프랑스)라고도 한다. 사회보험과 공공부조의 차이점을 살펴보면 다름 〈표 11-1〉과 같다.

〈표 11-1〉 공공부조와 사회보험의 차이

구 분	공공부조	사회보험
주체	국가(지방자치단체)	국가(관리운영기구)
목적	구빈, 사후적 대책	방빈, 사전적 대책
이념	선별주의	보편주의
원리	평등주의	형평주의(비례원리 강조)
객체	저소득층	모든 국민
자격요건	자산조사, 소득조사	기여금, 사회적 위험에 처한 자
재원	일반조세	보험료
급여수준	국민적 최소한(national minimum)	적정선
수급권의 성격	권리성 약함	권리성 강함

3. 공공부조 정책의 목적

우리나라의 공공부조제도는 헌법상 국민의 생존권 보장 이념에 근거를 둔다. 또한, 생활유지 능력이 없거나 생활이 어려운 자에게 필요한 급여를 행하여 이들의 최저생활을 보장하고 자활을 조성하는 것을 목적으로 한다.

1) 최저생활의 보장

공공부조제도는 스스로 생활이 어려운 개인과 가구에 대한 가장 마지막 안전망으로서 '최저생활'을 보장하는 데 1차적인 목적이 있다.

공공부조제도를 통해 헌법 제34조 '인간다운 생활', 사회보장기본법의 '건강하고 문화적인' 생활을 보장하는 것을 지향한다.

2) 자활의 조성(자립의 보장)

공공부조제도는 수동적으로 국가에 의해 최저생활을 유지하는 것을 목표로 삼는 것이 아닌 궁극적으로 생활이 어려운 자의 자립을 촉진하는 것을 목적으로 한다. 자활조성을 위해 공공의 지원을 통해 자력으로 생활할 수 있도록 여러 가지 지원을 제공한다.

자활조성 지원을 위한 대표적인 프로그램은 자활사업이다. 자활사업은 자활에 필요한 금품의 지급 또는 대여, 자활에 필요한 기능 습득의 지원, 취업 알선 등 정보제공, 공공근로 등 자활을 위한 근로기회의 제공, 자활에 필요한 시설 및 장비의 대여 등을 제공함으로써 개별적으로 또는 공동의 사업이나 취업을 통해 스스로 자신의 생활을 꾸려나갈 수 있도록 지원한다.

4. 공공부조정책의 원리와 원칙

1) 공공부조정책의 원리

공공부조정책의 원리에는 생존권 보장의 원리, 국가책임의 원리, 최저생활 보장의 원리, 무차별평등의 원리, 보충성의 원리, 자립조장의 원리가 있다.

(1) 생존권 보장의 원리

생존권 보장의 원리란 모든 국민은 인간다운 생활을 할 권리를 가지며, 건강하고 쾌적한 환경에서 생활할 권리와 환경보전을 위하여 국가가 국민의 생존권을 보장해야 한다는 것을 말한다.

(2) 국가책임의 원리

국가책임의 원리란 생활유지의 능력이 없거나 생활이 어려운 국민의 최저생활을 보장하고 자립을 지원하기 위한 국가 및 지방자치단체의 책임을 말하며 우리나라 「사회보장기본법」에서도 그 책임을 규정하고 있다.

(3) 최저생활보장의 원리

최저생활보장의 원리란 수급자에게 지급하는 수급품은 건강하고 문화적인 최저생활을 유지할 수 있어야 한다는 것이다. 이때 최저한의 생활이란 생존수준을 말하는 것이 아니라 건강하고 문화적인 생활을 유지하기에 충분한 정도를 말한다.

(4) 무차별평등의 원리

무차별평등의 원리란 모든 국민은 법 앞에 평등하며, 인종, 종교, 성별 또는 사회적 신분에 의하여 정치적·경제적·사회적·문화적 생활의 모든 영역에 있어 차별대우 없이 평등한 보호를 받을 권리가 있음을 말한다.

(5) 보충성의 원리

보충성의 원리란 수급자에 대한 급여는 수급자가 자신의 생활유지 및 향상을 위하여 소득, 재산, 근로능력 등을 활용하여 최대한 노력하는 것을 전제로 보충·발전시켜야 한다는 원리를 말한다.

(6) 자립조장의 원리

자립조장의 원리란 급여를 받는 국민이 가지고 있는 가능성을 최대한 끌어내어 육성함으로써 수급자 혼자 힘으로 사회생활에 적응해 나갈 수 있도록 하는 원리를 말한다.

2) 공공부조정책의 원칙

공공부조정책의 원칙에는 신청보장의 원칙, 필요즉응의 원칙, 세대단위의 원칙, 금전보장의 원칙, 주거보장의 원칙, 타법우선보장의 원칙이 있다.

(1) 신청보장의 원칙

신청보장의 원칙이란 수급자와 그 친족 및 기타 관계인은 관할 시장·군수·구청장에게 수급의 권리를 신청할 수 있음을 의미하며, 관련 사회복지공무원은 급여가 필요한 사람이 누락되지 않도록 수급권자에 대한 급여를 직권으로 신청할 수 있다는 원칙을 말한다. 이 경우 수급권자의 동의를 얻어야 하며, 동의한 경우에는 수급권자가 신청한 것으로 간주한다. 이것은 권리적 차원의 선신청보호와 보충적 차원의 후직권보호를 의미한다.

(2) 필요즉응의 원칙

필요즉응의 원칙이란 수급의 권리는 필요시 즉시 이루어져야 하며, 시장·군수·구청장은 신청이 있을 경우 지체 없이 조사를 실시하고, 급여실시의 여부와 급여의 내용을 결정하여 신청인에게 알려야 한다는 원칙을 말한다.

(3) 세대단위의 원칙

세대단위의 원칙이란 수급자에 대한 수급품은 세대를 단위로 실시하여야 한다는 것을 말한다. 그러나 가구원에게 개별적인 급여가 필요한 경우에는 개인을 단위로 실시할 수 있다.

(4) 금전보장의 원칙

금전보장의 원칙이란 수급자에게 생계급여를 지급할 경우 금전을 지급하는 것을 말한다. 그러나 금전지급을 할 수 없거나 적당하지 않을 경우에는 물품을 직접 지급할 수 있다.

(5) 주거보장의 원칙

주거보장의 원칙이란 수급자에게 생계급여를 실시할 경우 주거에서 실시하여야 한다는 것을 말한다. 그러나 주거가 없거나 있어도 그곳에서 급여의 목적을 달성할 수 없을 때와 특별히 수급자가 희망하는 경우에는 사회복지시설이나 타인의 가정에 위탁할 수 있다.

(6) 타법우선보장의 원칙

타법우선보장의 원칙이란 부양의무자의 부양과 기타 다른 법령에 의한 보호는 「국민기초생활보장법」에 의한 급여에 우선하여 실시하여야 한다는 것을 말한다.

5. 국민기초생활보장제도

1) 국민기초생활보장제도의 전개과정

① 생활보호제도 실시

우리나라에서 근대적인 공공부조의 형식적 출발은 1944년 일본 식민지 시기에 공포된 조선구호령이다. 하지만 이 시기 일본은 실질적 빈곤 구제의 의지와 능력이 없었기 때문에 조선구호령은 실효가 거의 없었다. 이후 1961년 12월 30일 생활보호법이 제정되고, 1968년 7월 23일에는 자활 지도에 관한 임시조치법이 제정되면서 우리나라의 공공부조가 본격적으로 시행되었다.

그러나 생활보호법은 일제 강점기 조선구호령의 기본 틀을 답습하여 전체 저소득층을 대상으로 하지 않고 연령제한을 두는 법주적 공공부조의 형태였다. 그 내용을 볼 때 아동이나 노인으로 구성된 가구만을 생활보호의 기본적 대상으로 삼았기 때문에 근로능력을 가진 구성원이 있는 가구는 취로사업에 참여하는 것 이외의 지원을 받을 수 없었다.

② 국민기초생활보장제도 실시

범주적 공공부조제도에 대한 비판이 높은 가운데 IMF 외환위기가 발생하자 급속히 증가한 실업·빈곤가구에 대해 기존 정책으로 대응하는 데 한계가 나타났다. 1997년 말 닥친 IMF 관리 체제하의 경제위기는 대량 실업과 빈곤 인구를 양산하였고, 이는 다시 이혼, 아동·노인의 유기, 가출, 노숙, 자살, 결식 아동의 증가 등 각종 사회병리 현상을 야기해 빈곤 문제가 중요한 쟁점으로 부각되는 결과를 가져왔다.

이러한 사회현상에 비해 최후의 사회안전망인 생활보호제도는 모든 국민을 포괄하지 못하는 기능상의 한계가 제기됨에 따라 근로능력에 관계없이 최저생계비 이하의 저소득층이 기초생활을 국가가 보장할 필요성이 대두되었다. 이에 1998년 45개 시민단체가 '국민기초생활보장법 제정 추진 연대회의'를 구성하여 법률 제정을 청원하게 되었고, 여당과 야당, 정부 등 전 국민적 합의를 바탕으로 '국민기초생활보장법'을 제정(1999. 9. 7.)하였다.

이후 각계 대표, 전문가, 공무원 등으로 이루어진 '국민기초생활보장 추진 준비단'을 구성하여 1년간 준비기간을 거쳐 2000년 10월 1일 국민기초생활보장제도를 시행함으로써, 연령 관계없이 소득이 최저생계비에 미달하는 모든 저소득 계층은 국가로부터 기초생활을 지원받을 수 있는 일반적 공공부조제도가 본격화되었다.

국민기초생활보장제도는 40년간 유지된 시혜적이고 단순보호 차원의 생활보호제도로부터 저소득층에 대한 국가책임을 강화하는 복지 시책으로 대전환함을 의미하며, 보호가 필요한 절대빈곤층의 기초생활을 국가가 보장하되 종합적 자활·자립서비스의 체계적 지원을 통해 생산적 복지를 구현하는데 의의가 있다. 또한, 최저생활을 보장받을 헌법상의 권리를 실체적으로 규정한 법률로서 복지는 국민의 권리이며, 국가의 의무로 보는 복지 철학으로 대전환하는 계기가 되었다.

종전의 생활보호법에서는 근로능력이 있는 자에게는 생계비를 지원하지 않았으나, 국민기초생활보장법에서는 근로능력의 유무에 관계없이 국가의 보호를 필요로 하는 빈곤선 이하의 국민을 최저생활을 보장받게 되었다.

이 제도는 기초생활을 권리로서 보장하되 근로능력이 있는 사람에게 노동의 기회를 부여함으로써 개인의 능력을 최대한 발휘하게 하여 개인 행복 추구와 더불어 이웃과 사회 그리고 국가에 이바지하는 사회통합을 지향한다.

〈표 11-2〉 생활보호제도와 국민기초생활보장제도 비교

구분	생활보호제도	국민기초생활보장제도
법의 성격	시혜성 보호	국가의 의무와 시민의 권리
법률 용어	시혜성 용어 : 보호자, 보호기관, 보호대상자	권리성 용어 : 수급자, 수급권자, 보장기관
대상자 구분	인구학적 기준에 의한 대상자 구분(범주적 공공부조) 거택보호자 : 18세 미만 아동, 65세 이상 자활보호자 : 인구학적으로 경제활동 가능자	대상자 구분 폐지(일반적 공공부조) 취업 여부·연령에 관계없이 모든 저소득층 * 근로능력이 있어도 자활조건으로 수급자가 될 수 있음
소득·재산 기준	소득과 재산 기준의 이원적 기준	소득인정액이 선정기준 이하인 모든 국민(소득인정액 단일 기준 * 소득인정액 : 소득평가액 + 재산의 소득환산액
부양의무자기준	부양의무자 부양우선	부양의무자 기준을 완화하되, 부양의무자 부양우선 원칙은 유지 * 2021년 기준 주거급여, 교육급여는 부양의무자 기준 폐지, 수급권자 가구에 노인 또는 한부모가 포함된 경우 생계급여에 부양의무자 기준 제외

2) 급여의 신청

수급권자 본인 등이 급여를 신청하거나 사회복지전담공무원이 직권으로 신청한다(보건복지부, 2005). 특히 보장기관은 '지역사회 민·관 연계보호체계'를 구축하여 민간사회복지사 등의 협조를 받아 국가의 보호가 필요하다고 판단되는 저소득가구를 적극적으로 발굴하는 '찾아가는 복지'를 실천한다.

① 신청주의: 생활이 어려운 저소득가구의 가구원, 그 친족 및 기타 관계인이 해당 가구의 급여를 신청하는 것이 원칙이다(법 제21조 제1항).

② 직권주의: 사회복지전담공무원은 급여를 필요로 하는 자가 누락되지 않도록 관할지역 내에 거주하는 수급권자(생활이 어려우나 급여신청을 하지 않았거나 신청서를 작성할 수 없는 자)에 대한 급여를 본인의 동의를 얻어 직권으로 신청할 수 있다(법 제21조 제2항).

〈표 11-3〉 국민기초생활보장제도상의 용어

구분	용어의 정의
국민기초생활보장 수급권자	국민기초생활보장법에 의한 급여를 받을 수 있는 자격을 가진 사람을 말한다.
국민기초생활보장 수급(권)자의 부양의무자	국민기초생활보장 수급(권)자의 직계혈족 및 그 배우자, 수급(권)자와 생계를 같이하는 1촌 이내의 직계혈족과 그 배우자를 말한다.
부정수급자	사위(詐僞) 기타 부정한 방법에 의하여 급여를 받거나 타인으로 하여금 급여를 받게 한 사람을 말한다.
조건부수급자	국민기초생활보장 수급자 중 근로능력이 있는 자로서 자활사업 참여를 조건으로 생계급여를 지급받는 수급자를 말한다.
차상위계층	국민기초생활보장 수급자가 아닌 자로서 실제소득이 최저생계비의 120% 미만인 사람을 말한다.
1종 수급권자	국민기초생활보장법상 수급자 중 근로능력이 없는 가구로 구성된 수급자, 행려환자, 국가유공자, 독립유공자, 중요무형문화재, 광주민주유공자, 북한이탈주민, 이재민, 의사상자 등의 사람을 말한다.
2종 수급권자	국민기초생활보장법상 수급자 중 1종 수급권자에 해당하지 않는 사람을 말한다.

3) 소득・재산조사

급여를 신청한 자에 대하여 시장・군수・구청장은 사회복지전담공무원으로 하여금 즉시 수급권자 및 부양의무자의 소득과 재산 등에 관한 사항을 조사토록 하여 급여실시 여부와 급여내용을 결정한다.

'소득'은 사용되는 대상에 따라서 그 내용이 각각 다르다. 수급자 선정기준의 '소득'은 '소득인정액'을 의미한다. 즉, '실제소득'에서 가구 특성별 지출비용, 근로소득공제 등을 차감하고 남은 금액이다. 부양의무자나 차상위계층의 '소득'은 '실제소득'을 의미한다(소득평가액=실제소득−가구 특성에 따른 지출요인을 반영한 금품−근로활동을 통해 얻은 소득에 대한 공제액).

소득인정액=소득평가액+재산의 소득환산액

- 재산의 소득환산액 =(재산−기본재산액−부채)×소득환산율
- 소득평가액 =실제소득−가구 특성별 지출비용−근로소득공제

4) 급여의 기본 원칙과 종류

(1) 급여의 기본 원칙

① 최저생활보장의 원칙 : 생활이 어려운 자에게 생계・주거・의료・교육・자활 등 필요한 급여를 행하여 이들의 최저생활을 보장한다.

② 보충급여의 원칙 : 급여수준을 생계・주거 의료・교육 급여액과 수급자의 소득인정액을 포함한 총금액이 최저생계비 이상이 되도록 지원한다.

③ 자립지원의 원칙 : 근로능력이 있는 수급자에게는 자활사업에 참여할 것을 조건으로 급여를 지급한다. 수급자 가구별로 자활지원계획을 수립하고 자활사업에 참여하도록 조건을 부여한다. 조건불이행자에게는 수급자 본인의 생계급여 일부 또는 전부를 지급하지 아니한다.

④ 개별성의 원칙 : 급여수준을 정함에 있어서 수급권자의 개별적 특수 상황을 최대한 반영한다. 이를 위해 수급권자 및 부양의무자의 소득・재산, 수급권자의 근로능력・취업상태・자활욕구 등 자활지원계획 수립에 필요한 사항, 기타 수급권자의 건강상태・가구 특성 등 생활실태에 관한 사항 등을 조사한다.

⑤ 가족부양 우선의 원칙 : 급여신청자가 부양의무자에 의하여 부양될 수 있

는 경우에는 기초생활보장급여에 우선하여 부양의무자에 의한 보호가 먼저 행해져야 한다. 수급자에게 부양능력을 가진 부양의무자가 있음이 확인된 경우에는 부양의무자로부터 보장 비용을 징수할 수 있다.

⑥ 타 급여 우선의 원칙 : 급여신청자가 다른 법령에 의하여 보호를 받을 수 있는 경우에는 기초생활보장급여에 우선하여 다른 법령에 의한 보호가 먼저 행해져야 한다.

(2) 급여의 종류

급여의 종류는 생계급여, 주거급여, 의료급여(의료급여법 참조), 교육급여, 해산급여, 장제급여, 자활급여(국민기초생활보장 자활사업안내 참조)가 있다(국민기초생활보장법 제7조).

급여는 금전지급을 원칙으로 한다. 다만, 세대주의 알코올중독 등으로 자녀를 포함한 가구구성원의 기본적인 생계유지를 위하여 필요하다고 인정되는 경우에는 식품권, 식당이용권 등 물품으로 지급할 수 있다. 지급단위는 가구를 단위로 산정 지급하며 급여개시일은 급여신청일이 급여개시일에 해당한다. 즉, 수급자로 결정된 날이 아닌 급여신청일이 급여개시일이 된다.

조건부수급자로 결정된 자에게는 자활지원계획에 따라 자활에 필요한 사업에 참가할 것을 조건으로 생계급여를 실시한다. 조건부수급자가 자활사업에 참가한 달의 다음 달부터 매 3월마다 조건이행 여부를 정기적으로 확인하여 생계급여 지급 여부를 결정한다.

(3) 긴급복지지원제도

긴급복지지원제도란 갑작스러운 주 소득자의 사망, 중한 질병 등으로 생계유지가 곤란한 저소득층에게 생계·의료·주거지원 등 필요한 복지서비스를 신속하게 지원하여 위기상황에서 벗어날 수 있도록 돕는 제도이다. 긴급복지지원제도의 대상은 위기사유가 발생했거나 생계유지(소득의 경우 최저생계비

150% 이하여야 하고, 단 생계지원은 최저생계비 이하) 등 곤란상태의 경우 선지원 후처리를 원칙으로 현장 확인 후 긴급지원이 필요한 경우 우선 지원한다.

제2절 사회수당정책

1. 사회수당의 특성

사회수당이란 일반적으로 사회보장의 전통적인 한 방법으로서 사회보험 및 공공부조로 구분되는데 이것만으로는 한계가 있어 이들의 중간적 성격으로서 현금급여로 이루어지는 서비스를 말한다. 즉, 사회수당은 별도의 기여 없이도 인구학적 조건(노인, 장애인, 아동 등)을 충족하면 자산조사 없이 급여를 주는 제도이다. 국가별로 차이는 있지만 대부분 유럽 국가는 가족수당 또는 아동수당의 형태로 부양가족의 크기에 따라 일정액을 지급하고 있다. 선진 복지국가에서 실시하는 보편적 연금(universal pension)과 장애수당도 사회수당의 한 형태이다. 최근 주목되고 있는 기본소득(basic income)도 사회수당의 범주에 포함시킬 수 있다.

사회수당은 모든 구성원이 경제적 수준과는 무관하게 규정된 범주에 해당되면 경제적 지원을 받을 수 있다는 점에서 공공부조와 다르다. 또한, 보험려 납입과 같은 별도의 기여를 요구하지 않는다는 점에서 사회보험과 다르다. 특히, 급여수준이 소득수준과 연계되어 결정되지 않고 사회적 적절성을 기준으로 정해지는 정액을 모든 대상에게 동일하게 제공한다는 점에서 다른 유형과 구별된다.

사회수당은 사회복지 정책 유형 중 가장 넓은 대상층을 가지고 차별 없이 제공하는 보편적인 프로그램이다. 소득보장 영역은 아니지만 정부 일반 재정을 통해 재원을 마련하고 자산조사 없이 모든 사회구성원이 의료서비스를 제공받도록 하는 국민보건서비스(National Health Service)도 원리의 측면에서는 사회수당 제도와 유사성이 있다. 이들 프로그램은 모든 사회구성원에게 인간다운 생활을 할 수 있는 권리를 구체적으로 보장한다는 측면에서 가장 적극적인 복지제도라 할 수 있다. 그러나 모든 국민을 대상으로 보편적인 지원을 하는 제도이기에 사회수당 프로그램의 운영을 위해서는 엄청난 규모의 재원이 필요하다. 또한, 높은 조세부담을 통해 모든 국민이 감당해야 한다는 문제가 있다. 경제적 지원이 절실하지 않는 계층에게도 급여가 제공되어 불필요하게 사회적 자원의 낭비가 초래한다는 점과 급여수준을 높게 정하기 어려워 사회적 적절성의 한계가 지적되기도 한다. 그러나 사회적 권리를 가장 적극적으로 보장하고 그 실현 과정에서 대상자에게 낙인감을 전혀 주지 않을 뿐 아니라 동일한 급여를 통해 사회구성원의 연대의식을 높일 수 있다는 점에서 높게 평가되고 있다.

정리하면, 사회보험과 다른 점은 사회수당이 갹출을 조건으로 이루어지는 것이 아니며 공공부조와의 차이점은 이용자를 반드시 빈곤자에 국한하여 자격제한이 있음에도 보충성의 원칙에 적용하지 않는다는 것이다. 따라서 가족수당, 장애연금, 장애수당, 장애아동수당, 출산지원금, 양육수당, 보육료지원, 기초연금 등이 이에 해당된다.

2. 가족수당정책

1) 가족수당정책의 의의

각국에서는 가족이 그들의 아동을 위하여 적절한 원조를 제공해 줄 수 없을 때 가족의 기능을 강화하거나 보충하는 정책과 프로그램들에 대해 끊임없는 관심을 가져왔다. 즉, 국가 및 사회는 가정의 지원 및 아동의 건전 육성을 위하여 종합적인 대책으로서 가족복지정책을 추진해 나가는 것이 필요하게 되었다. 그러한 가족복지정책 중에서도 아동을 양육하는 가정에 대하여 국가가 양육비의 일부를 제공하는 대표적인 제도가 가족(아동)수당제도이다(박경일, 1995).

가족수당(family allowance)이라는 용어는 나라마다 달리 사용되고 있으며, 아동의 생활보장을 구체화시키는 현금급여로서 아동수당(child allowance)이라는 용어로도 통용되고 있다. 가족수당이 흔히 아동수당으로도 통용되는 것은 대부분의 국가에서 아동 수에 따라 수당이 지급되기 때문이다. 프랑스를 위시한 가족정책이 발달된 국가에서는 한부모를 위해서도 수당이 지급되고 있으므로 사실상 아동만을 대상으로 한 정책이라기보다는 전체 가족을 위한 복지정책의 관점에서 가족수당이라는 용어를 사용하고 있다(박경일, 1995).

아동양육비에 따른 가계부담을 줄이고 소득과 가족수의 불균형을 시정하며, 가정의 빈곤함을 방지하는 동시에 이를 통해서 적극적인 아동의 건전육성과 자질 향상을 꾀한다.

2) 가족수당정책의 특성

가족수당(family allowance)이라는 용어는 나라마다 달리 사용되고 있으며, 아동의 생활보장을 구체화시키는 현금급여로서 아동수당(child allowance)이라는 용어로도 통용되고 있다. 아동수당과 가족수당의 차이는 다음과 같다. 아동수당은 아동만을 대상으로 아동의 생활비를 충족시키기 위해 일정 기간 지급되는 현금을 가리키는 것이다. 가족수당은 그 대상을 요부양가족으로 확대하고 또한 현금급여 이외의 현물이나 서비스급여도 포함하는 통합적이고 포괄적인 사회보장제도로 볼 수 있다.

가족수당은 무갹출 비자산조사로서, ① 급여를 하나의 권리로서 제공받기 때문에 인간의 존엄성과 국민의 연대의식을 고양하며, ② 인구적 조사만 하므로, 프로그램 운영비가 적게 들고, ③ 경제적 욕구가 더 많은 가족에게 더 많은 급여를 지불하므로 수직적·수평적 형평성이 높고, ④ 가족해체의 유발가능성이 적은 것을 장점으로 들 수 있다(Briar, 1969).

가족수당이란 임금체계상에서 볼 때 노동력의 재생산비로서 간주될 수도 있으며, 출생률의 증대를 꾀해 미래의 노동력의 제공수단으로도 볼 수 있으며, 아동의 건전한 성장과 발달을 촉진시키고, 복지권의 실현을 위한 수단으로서 간주될 수 있다. 그리고 가족수당은 사회보장제도이므로 국가에 의한 소득보장급여로서, 또한 세대 간의 소득재분배방법으로서도 볼 수 있으며, 소득격차를 시정하고 인간능력을 개발시키는 수단으로서도 간주될 수 있다.

〈표 11-4〉 사회보험·가족수당·공공부조

구 분	사회보험	가족수당	공공부조
원 리	• 보험의 원리 계급성 • 능력주의 ① 갹출면 ② 급부면(의료보험은 제외)	• 수당의 원리 • 계급성 • 평등주의	• 부조의 원리 • 개인성 • 평등주의
기 능	• 임금의 재분배 • 방빈(사전적, 사후적)	• 사회화된 임금의 분배 • 방빈(사전적)	• 조세의 분배 • 구빈(사후적)
적용대상	노동자, 강제가입	노동자, 자동적	빈곤자, 신청부조원칙
비 용	유상, 지불능력주의(노사절반+국고)	무상(자본가 또는 국민)	무상, 조세지불주의(국고)
급여개시	사고의 발생	자녀의 양육사실	곤궁의 사실
수급자격	피보험자, 피부양자	자녀의 양육자	자산조사에 의한 자
급여수준	• 소득 : 임금수준의 40~70% • 의료 : 가능한 최적서비스	양육비 일부	최저한도의 생활
급여기간	사고에 의한 장·단기, 유·무기의 그 어느 것 중 선택	장기·유기	무기(자립재활 시까지)

출처: 박경일 (1995). p.48.

즉, 각국은 가족수당의 관점을 사회경제적 배경에 따라 다양하게 변화시켜

왔지만, 오늘날에는 사회보장적 관점과 아동복지적 관점을 중요시하고 있음을 알 수 있다. 따라서 향후 우리나라 가족수당정책의 목표는 아동양육 가정의 생활안정과 세대 간의 재분배를 도모하는 사회보장적 관점과 아동의 건전한 성장 발달과 복지권의 실현을 추구하기 위한 아동복지적 관점을 우선순위에 두고서 수립되어야 한다.

3. 장애연금 · 장애수당 · 장애아동수당

1) 장애인연금

장애인연금제도는 중증장애인에게 근로능력의 상실 또는 현저한 감소로 인하여 줄어드는 소득과 장애로 인하여 추가로 드는 비용을 보전하기 위하여 매월 일정액의 연금을 지급하는 사회보장제도이다. 장애인연금제도의 목적은 장애로 인하여 생활이 어려운 중증장애인의 ① 생활안정 지원과 ② 복지증진, ③ 사회통합을 도모한다. 이용자는 18세 이상의 등록한 중증장애인 중 본인과 배우자의 소득인정액이 선정기준액 이하인 경우이다.

따라서 장애인연금제도의 도입 의의는 중증장애인에 대한 다층소득보장체계를 구축하게 되었다. 즉, 국민연금제도의 장애연금은 국민연금 가입자가 가입 중에 장애를 입은 경우에 받는 사회보험방식의 공적연금(기여식 연금) 제도에 반하여 장애인연금은 무기여식 연금제도로서 국민연금의 사각지대를 일정부분 해소하게 되었고 장애인연금 수급에도 최저생계비에 못 미치는 가구는 기초생활보장제도를 통해 최저생계는 필수적으로 보장하게 되었다. 장애인연금의 지급대상은 「장애인복지법」(제32조)에 등록된 중증장애인(장애등급이 1급 또는 2급인 자, 3급 지적장애인 또는 자폐성장애인으로서 다른 장애가 중복된 3급 중복장애인)으로서 기초급여와 부가급여로 구성된다.

2) 장애수당, 장애아동수당

장애수당은 국민기초생활보장수급자 및 차상위계층으로서 만 18세 이상의 등록한 장애인 중 장애인연금법상 중증장애인에 해당되지 않는 자(종전 3~6급)에게 지급된다. 장애수당은 장애인 본인을 기준으로 지급하므로 1가구에 지급 대상 장애인이 2인인 경우에도 장애인 각자에게 지급한다. 즉, 공공부조의 원칙에서 세대별 지급이 원칙이나 장애수당은 개인별로 지급한다.

장애아동수당은 국민기초생활보장수급자 및 차상위계층으로서 만 18세 미만의 등록 장애인에게 지급되며 보장시설 수급자가 퇴소 시에는 재가 장애아동 수당을 지급받는다. 지급액은 〈표 11-5〉와 같다.

〈표 11-5〉 장애아동수당 지급액

구분	생계 또는 의료급여 수급자	주거 또는 교육 급여 수급자	차상위 계층	보장시설 수급자 (생계 또는 의료)
중증장애인	월 22만 원	월 17만 원	월 17만 원	월 9만 원
경증장애인	월 11만 원	월 11만 원	월 11만 원	월 3만 원

4. 출산지원금 · 양육수당 · 보육료 지원

1) 출산지원금

출산수당과 보육수당, 양육수당은 각 나라마다 저출산 대책을 위한 출산장려책으로 내놓은 정책이다. 선진국은 1.8명에서부터 대책을 수립하기 시작하였으나 우리나라는 2002년 1.17명, 2003년 1.19명에서야 대책을 마련하고 있다. 하지만 아직 가시적인 저출산율 회복 성과는 나타나지 않고 있다.

프랑스의 경우 출산수당은 수당 지급요건에 부합하면 아이 출산을 위하여 임신 9개월째부터 지급되었다. 2004년 이후부터 출생한 신생아, 입양아, 혹은 양자에게 지급되던 여러 수당(출산수당, 입양수당, 기초수당, 아이돌보기 등 활동임의보충수당)들은 신생아 수당으로 대체되었다. 우리나라의 경우 모든 산모에게 출산수당을 20~30만 원씩 지급하던 것을 2025년 기준 첫째 아이 200만 원, 둘째 아이 300만 원으로 지급하고 있다. 이는 기존 바우처 형태로 지급되던 첫 만남 이용권이 2025년부터 현금으로 지급되며, 출생아로서 출생 신고되어 정상적으로 주민등록을 부여받은 아동을 대상으로 한다. 또한, 조례, 재정수준, 자녀 수에 따라 많게는 1,080만 원에서 적게는 약 50만 원 등 다양하게 지원되고 있다. 출산 지원금의 최대 금액은 첫째 아이 기준 고흥군이 1,080만 원을 지급한다. 또한 임산부 산전 진찰을 위해 사용되는 진료비는 임신 1회당 100만 원을 지급하고 있으며 일부 지자체에서는 고령 임산부(35세 이상) 등에 한해 추가 지원을 시행하고 있다.

2) 양육수당

양육수당은 국가가 모든 국민의 양육비 부담을 덜어주기 위해 지원하는 제도이다. 이제도는 부모급여, 양육수당, 아동수당을 포함하며, 자녀의 나이에 따라 지원금과 방식이 달라진다.

(1) 양육수당

양육수당은 어린이집, 유치원, 종일제 아이돌봄서비스를 이용하지 않고 가정에서 양육하는 만 2세부터 6세까지(24개월부터 취학 전까지) 아동에게 지급된다. 매월 양육수당은 10만 원이 현금으로 지급된다.

(2) 부모급여

부모급여는 2022년까지 지급되던 영아수당이 2023년부터 부모급여로 바뀌었고, 2024년에는 지원금이 월 50~100만 원으로 확대되었다. 지원금은 가정에서 양육하는 경우 0세 100만 원, 1세 50만 원을 지급하고, 어린이집을 이용하는 경우 어린이집 비용을 바우처로 지급하고 나머지 금액은 현금으로 지급한다.

〈표 11-6〉 부모급여 지급액

지원 대상		만 0세 (2024. 1. 1. 이후 출생)	만 1세 (2023. 1. 1.~ 2023. 12. 31.)
지원금	가정 양육시	월 100만 원 현금	월 50만 원 현금
	어린이집 이용시	월 보육료 전액 +현금 = 100만 원	월 보육료 전액 +현금 = 50만 원

(3) 아동수당

아동수당은 아동의 양육의 부담을 줄이고 건강한 성장을 지원하기 위해 매달 일정금액을 지급하는 현금성 복지제도이다. 2018년 9월 처음 시행될 당시에는 만 6세 미만 아동만을 대상으로 시작되었지만 이후 점차 확대되어 현재 만 8세 미만 아동이 모두가 대상이 된다. 아동수당은 소득이나 재산 조건과는 무관하게 지급되므로 모든 가정에 차별 없이 지급된다. 아동수당은 단순히 금전적 지원을 넘어 아동의 기본권을 보장하고 양육에 대한 사회적 책임을 함께 나누는 의미도 담고 있다고 할 수 있다.

아동수당은 부모급여와 같이 부모의 소득과 관계없이 대한민국 국적의 모든 아동이 받을 수 있으며, 아동이 만 8세가 될 때까지 매월 정기적으로 지급한다. 지원금은 0세부터 8세(95개월)까지 아동 1인당 월 10만 원이 현금 또는 지역화폐로 지급된다. 그리고 어린이집, 유치원을 이용하지 않는 취학 전 만 5세 이하 등록 장애아동은 소득수준과 관계없이 장애아동양육수당이 지급되고, 어린이집 유치원을 이용하지 않는 취학 전 만 5세 이하 농어촌 거주 아동은 농지규모와 농어업 외 소득 일정 수준 이하의 아동은 농어촌 양육수당을 지급받는다.

3) 보육료 지원

보육료 지원은 만 0~5세 영유아를 둔 부모가 어린이집을 이용할 때 정부로부터 보육료를 지원받는 제도이다. 이 제도를 통해 가계 부담을 줄이고 모든 아이가 양질의 보육서비스를 받을 수 있도록 돕는다.

2025년 기준 0~5세 아동을 어린이집 등에 보낼 경우 보육료 28만 원~54.5만 원(만 0세는 54.5만 원, 만 1세는 47.5만 원, 만 2세 39.4만 원, 만 3세~5세 28만 원)이 지원된다.

5. 기초연금

기초노령연금제도는 고령자의 사회적 기여에 대한 보답 및 국가의 국민에 대한 권리보호 의무를 실현하기 위한 목적에서 2008년부터 시행된 사회보장제도이다.

우리나라는 공공부조와 함께 노후소득보장체계를 구성하는 제도로서 1998년 7월부터 저소득층 노인을 대상으로 한 경로연금제도를 도입·실시한 바 있다. 이러한 「노인복지법」상의 경로연금제도는 「사회보장기본법」상 규정되고 있는 사회적 위험 중에서도 특히 노령의 위험에 대한 사회보장제도로서 노령수당적 성격을 가졌으며, 자산조사를 통한 저소득 노령계층에 한정하여 지급되었으므로 선별주의적 성격이 강한 제도였다. 그러나 국민연금제도의 사각지대를 해결하기 위한 정부의 국민연금개혁과 함께 2007년 4월 사회보험으로서의 성격과 공공부조로서의 성격을 동시에 가지고 있는 노후 기초소득보장제도인 기초노령연금제도가 시행되었다.

기초노령연금은 65세 이상 고령자로서 전체 고령자 중에서 생활이 어려운 소득인정액 하위 60%에 해당하는 고령자를 대상으로 2008년부터 기초노령연금이 지급되기 시작했으며 2014년 7월부터는 기초연금제도로 변경되었다.

기초연금 대상자는 만 65세 이상의 어르신 중에서 상대적으로 형편이 어려운 소득하위 70%의 노인에게 지급된다. 즉, 첫 번째 조건은 연령이 만 65세 이상이어야 하고, 두 번째는 대한민국 국적을 가지고 있는 우리 국민이어야 하며, 세 번째는 소득인정액이 선정기준액(하위 70%) 이하여야 한다. 그러나 공무원연금, 교직원연금, 군인연금, 우체국연금 등의 연금혜택을 이미 받고 있거나 배우자가 수급 받는 경우에는 받을 수 없다. 2025년 기준 기초연금은 단독가구 기준 342,510원, 부부가구 548,010원(1인당 274,000원 수준)이 지급된다.

생각해 볼 문제

1. 다음의 내용은 공공부조정책의 어떤 원리에 대한 설명인가?

생활유지의 능력이 없거나 생활이 어려운 국민의 최저생활을 보장하고 자립을 지원하기 위한 책임을 말하며, 우리나라 사회보장기본법에서도 그 책임을 규정하고 있다.

① 생존권보장의 원리
② 국가책임의 원리
③ 최저생활보장의 원리
④ 무차별평등의 원리
⑤ 보충성의 원리

2. 다음 중 괄호 안에 들어갈 가장 적절한 말은?

국민기초생활보장제도의 급여신청은 수급권자 본인 등이 급여를 신청하거나 사회복지전담공무원이 ( )으로 신청한다.

① 인용 ② 부탁 ③ 직권
④ 권한 ⑤ 지시

3. 다음 중 사회수당이 아닌 것은?
① 가족수당 ② 장애연금 ③ 기초연금
④ 국민연금 ⑤ 출산지원금

CHAPTER 12 사회복지정책과 사회서비스

학습목표

1. 사회서비스의 추진에서 배경과 특징을 이해한다.
2. 사회서비스정책의 내용과 변화, 필요성, 전달체계를 공부한다.
3. 사회서비스 전자바우처를 이해한다.

CHAPTER 12 사회복지정책과 사회서비스

제1절 사회서비스의 추진

1. 사회서비스의 배경

1) 사회서비스의 등장

사회서비스 정책은 신사회위기에 대한 인식과 대안 모색에서 출발하였다. 저출산·고령화, 근로빈곤, 계층양극화와 고착화, 가족 해체 등과 같은 사회병리 현상들이 모든 계층에서 확인되었다. 사회학자들은 전통적 사회위기와 구분하여 이러한 현상을 "신사회위기"로 규정하였다. 2000년대 중반에 확인하였던 위기의 첫 번째 현상은 양극화와 중산층 붕괴였다. 또한 압축적 저출산·고령화, 가족해체, 다민족·다문화 사회로의 급속한 진입 등도 신사회위기 현상이었다(이재원, 2011). 즉 1997년 정부는 심화된 사회 양극화와 실업문제를 해소하기 위하여 사회적 일자리 사업을 시행하는 과정에서 새로운 개념으로 사회서비스를 개설하였다. 사회보험, 공공부조, 긴급구호의 1~3차 사회안전망의 복지사각지대를 메워주는 4차 안전망으로도 사회서비스에 대한 관심이 높아졌다. 사회서비스는 저출산·고령화 등 인구구조의 변화와 핵가족화 등 가족구조의 변화와 더불어 여성의 경제활동 참여가 증가됨에 따라 가족과 지역사회에서 비공식적으로 담당하던 아동·노인·장애인 등에 대한 돌봄기능을 사회적으로 지원할 수 있는 돌봄의 사회화이다. 특히, 우리 사회의 산업구조가 산업화사회에서 지식기반사회로 전환됨에 따라 고용창출이 점점 감소하고 있어 지속적인 고용 불안전이 계속됨에 따라 실업률도 높아졌다. 이러한 사회경제적 여건의 변화로 인한 고용 없는 성장 추세 속에 사회서비스 분야가 일자리 창출의 블루오션으로 등장하게 되었다.

종래의 사회복지서비스는 공급자 지원방식으로 소비자의 선택권이 제약되고, 전달과정에서 행정·재정 관리비용이 수반되는 등 비효율성이 발생되었다. 높아진 수요자의 요구에 부응하고 복지재정을 효율적으로 활용하기 위해 사회서비스 전달체계 개선이 요구됨에 따라 소비자의 선택권을 보장하고, 관리·운영비용의 효율성과 투명성을 높이기 위해 사회서비스 전자바우처(voucher, 이용권) 제공방식을 도입하게 되었다.

사회서비스는 전자바우처로 이용되는데, 전자바우처는 이용가능한 서비스의 금액이나 수량이 기재된 증표(이용권)로 전자바우처는 서비스 신청, 이용, 비용 지불·정산 등의 전 과정을 전산시스템으로 처리하는 전달수단이다(http://www.socialservice.co.kr). 사회서비스 바우처의 개념은 대상자에게 현금이 아닌 이용권을 발급하여 서비스를 제공하는 것으로 현금급여와 현물급여의 장점을 혼합한 급여방식이다.

2) 사회서비스의 개념

최근 사회서비스의 중요성이 커짐에도 불구하고 정책적 필요에 의해 도입되는 사회서비스마다 상이한 사회서비스 개념을 사용하여 현재 여러 가지 개념들이 혼재되어 있는 상황이며, 국가별로 상이한 정치·사회적 배경과 역사성의 차이로 인해 다양하게 나타난다. 그렇기 때문에 사회복지서비스(social welfare service), 사회복지사업(social work), 대인사회서비스(personal social service), 사회적 돌봄(social care), 휴먼서비스(human service)와 동일하거나 혼용되어 사용하기도 한다.

2012년 개정된 「사회보장기본법」 제3조제4항에 명시된 사회서비스(social service)란 "국가·지방자치단체 및 민간부문의 도움이 필요한 모든 국민에게 복지, 보건의료, 교육, 고용, 주거, 문화, 환경 등의 분야에서 인간다운 생활을 보장하고 상담, 재활, 돌봄, 정보의 제공, 관련 시설의 이용, 역량 개발, 사회참여 지원 등을 통하여 국민의 삶의 질이 향상되도록 지원하는 제도를 말한다."고 정의되어 있다. 즉 ① 제공주체는 국가·지자체 및 민간부문, ② 대상은 도움이 필요한 모든 국민, ③ 목적은 인간다운 생활을 보장하고 삶의 질이 향상되도록 지원, ④ 영역은 복지, 보건의료, 교육, 고용, 주거, 문화, 환경 등의 분야, ⑤ 서비스 유형은 상담, 재활, 돌봄, 정보의 제공, 관련 시설의 이용, 역량 개발, 사회 참여 지원 등이다.

한편, 노기성(2011)은 사회서비스란 소비외부성(consumption externality, 어떤 소비 행위가 그 소비에 직접적으로 관련 없는 제3자에게 영향을 미치는 현상을 말함)이 크고 사회적인 공적 제공(public provision)이 요구되는 대인 서비스로 정의하고, 광의의 개념은 보건복지분야와 교육 분야를 주로 포함하는 사회복지성이 강한 사회정책사업이며, 협의는 사회복지서비스와 보건의료 서비스로, 최협의는 돌봄서비스(care service)를 중심으로 한 사회복지서비스를 의미한다고 정의하였다. 사회서비스 개념을 제시할 때 다음의 세 가지 유의점이 있다.

첫째, 소비외부성이 크기 때문에 궁극적 서비스 품질 격차에 대한 인식이 발생한다. 사회서비스는 소비외부성이 크기 때문에 사회적 관심이 되는 서비스를 일단 사회서비스로 규정하고 소비단계에서 외부성이 발생한다는 측면에서 소비자 선택, 품질관리, 전달체계의 경쟁성 등이 요구되는 서비스를 고려할 수 있다.

둘째, 사회적으로 공적 제공이 요구되기 때문에 재원조달 측면에서 정부개입이 가능하고 정당화된다. 이는 사회서비스가 사회적으로 공적 제공이 요구된다는 측면이 있지만 국가에 따라 제공 주체가 상이할 수 있다는 것이다. 재원 구성이 사회적 합의에 따라 중앙정부, 지방정부, 사회, 민간, 지역사회에 다양하게 분포할 수 있으며, 제공 주체도 중앙정부, 지방정부, 사회적기업, 민간, 지역사회 등 다양하게 조성될 수 있다.

셋째, 사회서비스는 대인서비스이기 때문에 공공재가 아닌 개인적 소비 성격을 띤다. 이는 사회서비스가 대인서비스이기 때문에 서비스 대상자와 서비스 제공자 간의 유대가 매우 중요하고, 서비스 전달장소 및 방법 등에 대한 일반적인 표준성의 정립과 대상자 맞춤형 서비스가 요구된다(노기성, 2011).

2. 사회서비스의 특징

사회복지 환경은 사회 변화에 따라 수요가 증가하고 복지환경은 급변하고 있으나 높은 인건비 비중, 부가가치 창출의 어려움, 이용자의 낮은 구매력 등으로 인해 공공부분의 역할 강화와 함께 민간시장 및 산업 육성이 필요하게 되었다. 사회서비스의 특징은 ① 국민의 일상생활 지원, 가족과 공동체를 위한 생활서비스, ② 상대적인 불평등과 관련된 요구가 강한 서비스, ③ 사회적으로 필요하나 시장에서 최적의 양이 공급되지 못해 주로 초기에 공공부문에서 제공기반이 마련될 필요가 있는 서비스, ④ 이윤추구 등 경제적 동기 외에 이타주의 등 사회적 동기가 결합, ⑤ 사회적 소비의 총량은 개인적 선택 외에 집단적인 의사결정이 중요한 요소로 작용이다(보건복지부, 2025).

한편 사회서비스의 일반적 특징은 사회투자적 복지제도의 핵심과 정부-서비스제공자-대상자의 삼각관계의 두 가지 특징을 가진다.

1) 사회투자적 복지제도의 핵심

사회서비스는 새로운 사회의 위험에 대한 대응으로 확대된 복지제도로서 노령, 질병, 산업재해, 실업 등에 기인한 근로능력상실과 여성의 노동시장 참여 증대, 가족해체, 고령화 등의 사회환경 변화에 따라 노동시장에서의 고용불안정, 가정에서의 보육과 노인돌봄의 부담 증가가 새로운 사회위험으로 등장하였고, 이에 대한 대처로서 사회서비스가 산업사회에서의 소수 취약계층에 대한 서비스 제공이라는 틀을 벗어나 보편적인 서비스로 확대된 것이다.

새로운 사회적 위험에 대비는 사회투자적 복지국가 또는 적극적 복지국가라는 개념과 맞물려 이루어지고 있다. 사회보험과 공공부조 위주의 전통적인 사회복지제도가 경제성장과 선순환하지 못하며 새로운 사회적 위험에 적절히 대응하지 못한다는 비판에 따라 대안으로 제시된 복지체계가 사회투자적 복지국가 또는 적극적 복지국가이다. 이러한 사회투자적 또는 적극적 복지국가를 강조하는 정도와 실제 제도의 구축 수준은 국가마다 상이하지만 거의 모든 복지국가들은 이를 지향하고 있다. 보육, 노인돌봄, 아동에 대한 교육, 직업훈련 등의 사회서비스는 이러한 사회투자적 또는 적극적 복지의 핵심내용이라 할 수 있겠다. 아울러 사회서비스 제공은 그 자체가 일자리 창출, 특히 여성일자리 창출에 기여하므로 직접적으로 고용 증대에도 기여한다.

2) 정부-서비스제공자-대상자의 삼각관계

사회보험과 공공부조의 복지제공방식은 현금급여로 이루어진다. 이에 비하여 사회서비스는 대안서비스라는 현물급여가 원칙이다. 현금급여인 경우에는 정부가 대상자에게 현금만 제공되는 시스템으로 복지전달이 정부에서 대상자로 직접 이루어진다. 반면 현물급여인 경우에는 정부와 대상자 사이에 서비스 제공기관이 놓이게 되므로 정부, 서비스 제공자, 수요자의 삼각관계로 복지전달이 이루어진다. 이처럼 정부와 대상자 사이에 서비스 제공자가 놓이기 때문에 사회서비스 전달에서는 현금급여 위주의 복지전달과는 다른 다양한 문제가 발생한다.

다양한 문제의 핵심은 어떻게 하면 양질의 서비스를 대상자에게 차별 없이 제공할 것인가와 재정투자 대비 효율적으로 제공하게 할 것인가이다. 서비스 공급자는 가능하면 수입이 많게 하되 서비스 제공은 줄이려는 마음을 갖게 마련인데 다수의 사회서비스에서는 공급자와 수요자 사이에 서비스 내용에 대한 정보 비대칭이 존재한다. 즉, 서비스 제공자는 자신이 제공하는 서비스의 품질에 대해 알고 있지만 수요자는 제공받는 서비스 품질이 가격 대비 괜찮은 것인지 다른 공급자에 비하여 더 좋은지 나쁜지 등에 대하여 알기 어렵다. 정보 비대칭은 시장의 실패를 야기하는데 이는 정부가 재정지원만 하고 서비스 질의 규제나 정보 공개 등의 정보 비대칭 완화를 위한 개입을 하지 않은 상태에서 수요자와 공급자가 자율적으로 서비스를 매매하게 되면 지불하는 비용보다 낮은 가치의 서비스가 제공되기 쉽기 때문이다.

서비스 제공자가 정부라면, 즉 공무원 또는 공공부문 종사자가 직접 서비스를 제공하면 이 문제의 해결방법은 다소 단순해진다. 공공기관 종사자들에게는 보다 많은 이윤을 얻으려는 인센티브가 민간기관 종사자들보다 약할 것이며 제공되는 서비스의 질에 대한 감독기관의 감시와 통제도 민간기관보다는 더 용이할 것이다. 하지만 서비스 제공자가 민간인 경우에는 문제가 복잡해지는데 민간은 이윤 추구의 동기를 지녔으며, 감독기관인 정부와 서비스 사이에도 서비스의 내용에 대한 정보 비대칭이 존재하기 때문이다(김태일, 2011).

3. 전자바우처

바우처는 이용 가능한 서비스의 금액이나 수량이 기재된 증표(이용권)로 전자바우처는 서비스 신청, 이용, 비용 지불/정산 등의 전 과정을 전산시스템으로 처리하는 전달수단을 말한다. 바우처는 상품을 이용할 수 있는 구매력을 제공하고 구매하는 상품의 종류나 양, 범위 등 제한이 가능하고 이용의 합리성을 제고하기 위한 자부담(본인부담금)을 도입하여 정책 목적이나 취지에 따라 선택권을 조정하고 통제가 가능하게 하였다. 또한, 수요자와 공급자에게 별도의 자격기준 설정이 가능한데 소득기준, 장애인, 외국인, 연령의 수요 측면과 자격이나 면허, 품질인증의 공급 측면으로 구분되는 것이 특징이라 할 수 있다. 바우처는 쿠폰형과 포인트형으로 구분되며 쿠폰형 사업으로는 노인돌봄종합서비스, 노인단기가사서비스, 장애인활동지원, 산모·신생아 건강관리지원사업, 가사·간병 방문지원사업이 해당된다. 한편, 포인트형은 지역사회서비스 투자사업, 발달재활서비스, 언어발달지원사업이 해당되며 포인트형은 단가 산정이 곤란한 경우와 기본서비스 설정 자체가 곤란한 경우 사용된다.

제2절 사회서비스정책 변화

1. 사회서비스정책의 내용과 변화

1) 사회서비스 내용

사회서비스정책은 저출산 고령화, 가족해체, 다문화 사회로의 급속한 진입 등 신사회의 위기에 대한 인식과 그 대안을 모색하기 위해 출발하였다. 이러한 신사회의 위기 극복방안으로 떠오른 사회서비스정책은 1990년대 이후부터 유럽에서 활발하게 논의된 사회투자(social investment)가 핵심 기폭제가 되었다(Taylor, 2004; Esping, 2002; 박세경 외, 2016 재인용). 사회투자란 인적자본과 사회적 자본에 대한 투자를 통해 사회참여와 통합을 증진시킴으로써 경제성장과 사회적 발전 및 활성화를 추구하는 행위를 의미한다. 사회투자론이 2000년대 중반 무렵 국내에 소개되면서 그동안 저소득 취약계층에 대한 생활지원에 국한되었던 사회안전망 프로그램과 구분되는 새로운 정책들이 사회투자와 사회서비스 관점에서 추진되기 시작했으며 핵심내용은 〈표 12-1〉과 같다.

〈표 12-1〉 2000년 중반 사회투자 및 사회서비스 관점에서 추진된 정책의 핵심내용

구분	내용
사회적 돌봄	개인과 가족의 돌봄 역할 기능 부재에 따른 사회기반 해체에 대응하는 돌봄의 사회화 정책이 요구됨에 따라 비공식 영역의 돌봄기능을 사회적으로 지원하는 정책 필요성이 강조
대상자의 보편성	소득보장 위주로 진행되어 그 대상이 제한적일 수밖에 없는 공공복지체계의 한계를 벗어나 모든 국민들의 욕구에 다양한 가능한 정책필요성 대두됨에 따라 강조
수요자 중심의 서비스 공급	보편적 사회서비스 제공을 위한 수단으로써 서비스 이용자들에게 이용권으로 전자바우처를 공급하여 공급자와 이용자 간의 상호선택을 통한 사회서비스 시장 형성 유도와 시장실패로 인한 비효율성 문제 완화 시도
일자리와 산업	노인간병·보육 등의 주요 돌봄서비스 수요를 충족시키기 위해 사회서비스 분야에서 최대 90만 개의 일자리 창출이 필요함을 강조하며 사회서비스와 일자리 확충을 동시에 추진

출처: 박세경 외 (2016).

2) 사회서비스정책 변화

사회서비스정책 도입 초기인 2007년에는 보건복지부 정책 패러다임이 사회투자정책으로 전환되면서 사회적 위험으로부터 국민을 지키고 사회통합을 증진하면 사람에 대한 투자와 사회서비스 제공을 통하여 국민의 삶의 질 향상과 국가 발전에 기여한다는 목적으로 사회서비스가 정책 전반에 강조되었다. 이에 사회서비스 관련 정책은 일자리 창출뿐 아니라 사회서비스 확충을 통해 사회기반을 확대시키는 것과 사회서비스 공급 측면에서 안정화시키는 것에도 비중을 두었다. 또한, 인적자본에 대한 투자 확대와 사회서비스 확충을 통하여 지속가능한 성장기반 조성의 전략목표 아래 ① 사회투자형 사회서비스 확충, ② 사회서비스 시장 형성 촉진, ③ 사회서비스 품질 제고, ④ 사회서비스 일자리 확대를 세부 정책과제로 삼았다.

2008년은 복지서비스 시장창출 과제에서 사회서비스정책과 관련된 내용을

확인할 수 있다. 그 내용은 시장형성 초기 투자, 관련 제도 정비 등을 통한 민간기업과 연계하여 좋은 일자리(decent job) 창출을 강조하였다. 또한, 일자리 창출을 위해 잠재수요가 풍부하고 효과가 큰 업종 중심으로 중점 투자영역 발굴 및 육성할 것과 가사간병사업과 같은 기존이 사업을 수요자 중심의 전자바우처 방식으로 전환 등을 제시하였다.

2009년의 사회서비스 관련 정책은 저소득 여성 대상의 일자리 창출과 바우처 제도의 확대로 나뉜다. 사회서비스분야의 가사・간병돌봄서비스 일자리를 저숙련 장년층 여성에게 적합하다고 강조하고 있으며, 수요자가 직접 지원방식의 바우처 형태로 전환함에 따라 소비자의 선택권 보장 및 공급기관 간 경쟁 촉진을 추구하였다. 이와 더불어 전자카드를 통하여 행정비용 절감 및 서비스 중복이용을 방지하고자 하였다.

2010년은 서민생활안정을 위한 핵심과제로 한시적인 대책 종료 후에도 공백 없는 서민보호를 제안하고 보건복지분야에서 서민 일자리 15만 개 창출을 강조하였다. 사회서비스 관련해서는 보건복지분야의 사회서비스 일자리 1만 개 확충을 제시하였다.

2011년에도 사회서비스 관련 정책에서 일자리 창출이 중요하게 다루어졌으며 일자리 창출을 위해 보건복지분야 제3섹터 활성화도 함께 제안되었다.

2008년부터 2011년에 하나의 정책과제로 일자리 창출이 강조되었던 것과 달리 2012년에는 보다 효율적인 복지자원 관리체계를 구축하기 위한 사회서비스 시장 활성화 및 품질제고가 정책의 내용으로 다루어졌다. 또한 "사회서비스 이용 및 이용권 관리에 관한 법률(약칭: 사회서비스이용권법, 이하 약칭함, 시행 2012. 2. 5., 제정 2011. 8. 4.)이 시행되었다. 이법은 사회서비스 이용의 활성화, 이용자의 권익 보호, 사회서비스 제공자의 관리 및 사회서비스 기반 조성 등을 체계적으로 정립함으로써, 사회복지 전달체계의 효율성을 높이고, 이용자의 선택권을 보장하여 국민복지의 향상에 이바지하려는 것이다.

2013년 박근혜 정부의 국정과제로 고부가가치 사회서비스 일자리 확충이 제시됨에 따라 사회서비스는 다시 일자리 창출을 도모할 수 있는 보건복지부의 정책 분야 중 하나로 주목받게 되었다. 이에 유망사회서비스 및 부처 간 융·복합서비스를 발굴해 확대·제도화하여 취약계층 직접 일자리지원사업을 확대하고 범 부처별 사회서비스 일자리 창출계획을 수립하였다.

2014년에도 여전히 사회서비스분야의 일자리 창출이 정책과제로 제시되었는데, 경력단절 여성 등을 위한 맞춤형 일자리 창출과 취약계층의 보건·복지 분야 고용 지원을 위한 것이었다.

2015년과 2016년에는 복지서비스 이용의 편의성을 높이기 위해 기존의 복지서비스카드를 국민행복카드로 단계적으로 통합하는 계획이 제시되었다(박세경 외, 2016).

2022년에 시행된 "사회서비스 지원 및 사회서비스원 설립·운영에 관한 법률(약칭: 사회서비스원법, 시행 2022. 3. 25. 제정 2021. 9. 24.)에 의해 전국 광역자치단체에 사회서비스원이 설립되어 사회서비스의 전달체계를 저궁 강화하고 있다.

2025년 사회서비스이용권법이 개정 되었는데, 개정이유 및 주요내용은 사회서비스 제공인력에 대한 폭행·상해·성희롱 등의 이용자 금지행위를 규정하고, 이용자가 금지행위 등을 한 경우에는 사회서비스이용권의 사용을 중단하거나, 1년의 범위에서 사회서비스이용권의 수량이나 제공기간 등을 제한할 수 있도록 하며, 피성년후견인·마약류에 중독된 사람 등은 제공인력이 될 수 없도록 하고, 제공자는 제공인력 채용 시 경찰관서의 장에게 범죄경력조회를 요청하도록 하는 한편, 거짓이나 그 밖의 부당한 방법으로 사회서비스 제공비용을 지급받은 제공자, 제공인력 또는 사회서비스를 제공받은 이용자에 대하여 부정수급액에 대통령령으로 정하는 이자를 더한 금액을 징수하도록 하고, 제공인력의 자격 취소 및 자격 정지에 관한 사항을 규정하며, 일정한 경우 행정처분이 확정된 제공자의 위반사실을 공표할 수 있도록 하는 등 현행 제도의 운영상 나타난 일부 미비점을 개선·보완한다(법제처 제공).

2. 사회서비스의 필요성

1) 복지

사회서비스 투자에서 복지의 영역은 사회서비스 확충을 통한 사회안전망 강화 및 사회통합을 목적으로 한다. 이는 새로운 사회적 위험인 노후불안, 주거불안, 청년실업, 출산보육, 근로빈곤 등의 증가와 가족기능의 악화, 노인 기대수명 증가 등으로 인해 다양한 욕구와 그에 따른 정책이 요구되었다. 이러한 정책적 요구에 따라 사회보장 등으로 해결하기 어려운 보육, 신체·정신건강, 직업능력개발 등 사회서비스를 통한 서비스 제공이 필요하게 되었다. 또한, 베이비부머 세대의 은퇴와 1인 단독가구 증가, 사회적 관계 및 사회참여 등에 대한 사회서비스 증가가 예상됨에 따라 청년, 신중년 및 문화·여가서비스 등 기존에 상대적으로 미흡했던 대상이나 분야에 대한 사회서비스 보장의 확대가 필요하게 되었다. 이에 사회서비스는 사회로부터 서비스·일자리를 제공받음에 따라 사회적 신뢰 형성, 삶의 질에 대한 격차 완화 등으로 사회통합에 기여하고자 하였다.

2) 고용

사회서비스 투자에서 고용영역은 사회서비스 보장 강화를 위한 서비스 인력 확충을 목적으로 한다. 사회서비스 투자로 인하여 인력이 필요하게 되었고, 서비스 수요와 공급의 증가에 따른 자연스러운 일자리 창출이 가능하게 되었다. 사회서비스는 공공성, 사회적 가치 지향성이 요구되는 분야이기 때문에 양질의 공공부문 일자리 확충 여지와 필요성이 상대적으로 높다.

3) 성장

사회서비스 투자에서의 성장은 인적자본 축적과 고용 확대를 통한 성장 기여를 목적으로 한다. 사회서비스를 통한 아동의 건강한 성장과 청년의 사회진출, 신중년 재충전 등의 촉진으로 인적자본 투자 확대를 통하여 잠재적 성장동력을 확보하는 등의 사회서비스 일자리를 통한 근로소득 증대 및 이를 통한 소득주도 성장에 기여하고자 한다.

3. 사회서비스의 전달체계

1) 전달체계

우리나라의 사회서비스 전달체계는 공공과 민간으로 나뉜다. 공공은 중앙정부나 지방정부 또는 이에 준하는 공적기관이 해당되며, 민간은 시장(영리기관, 개인사업자)이나 민간 비영리기관에서의 서비스 제공이 해당된다. 각 공급주체별 역할은 〈표 12-2〉와 같다.

〈표 12-2〉 공급주체별 역할

구분	역할
대상자	시·군·구에서 사회서비스 대상자로 인정을 받은 대상자
보건복지부	대상자 선정기준, 서비스 유형 및 바우처 지급방법, 사회서비스 본부의 조직과 운영에 관한 내용, 기준·방법·절차에 대한 기반 마련
시·군·구	대상자 신청접수·선정·통지 및 제공기관 신청접수·선정·통지
사회서비스원	서비스 결제 승인, 자금관리(비용지급, 정산업무), 결제매체(카드 및 단말기) 등의 사업을 관리하는 기관
제공기관	보건복지부에서 사회서비스 제공기관으로 인정받아 대상들에게 사회서비스 제공

2) 지원방식

(1) 사회서비스 공급체계

사회서비스 공급체계는 사회서비스를 생산하고 소비하는 제반부문(sector)과 요소(element)들 간 관계로 구성되며(김영종, 2019), 2007년 바우처(서비스 이용권)제도가 도입되면서 대폭적인 변화를 겪게 된다. 기존의 사회서비스는 공급자 지원방식으로 이루어져 수요자의 선택권이 제한되어 시장창출에는 한계가 있었다. 수요자 중심의 직접지원방식인 바우처사업은 별도의 재정지원이나 보조금을 지원하지 않는 대신 정부는 이용자에게 서비스를 구매하는 방식으로 서비스 공급이 이루어진다. 이러한 특징은 정부에 의해 서비스의 시간당 단가가 정해지고 이를 기준으로 바우처의 가격, 즉 서비스 비용이 산정된다. 기존의 공급기관 지원방식이 수동적 보호대상인 수급자 등 저소득층을 대상으로 획일적이고 정형화된 서비스를 제공하였다면, 수요자 지원방식은 서민 및 중산층까지 서비스 대상을 확대하고 서비스 비용에 본인부담금을 책정하고 공급기관의 경쟁을 통하여 다양한 서비스를 제공하는 것이 특징이다. 특히, 수요자 직접지원방식은 공급기관의 허위·부당청구 등 도덕적 해이를 최소화할 수 있다. 특히, 자금 흐름의 투명성과 업무효율성을 확보할 수 있다.

〈표 12-3〉 지원방식의 차이점

구분	공급기관 지원방식	수요자 지원방식
대상	수급자 등 저소득층(수동적 보호대상)	서민·중산층까지 확대(능동적 구매자)
서비스 비용	전액 국가지원	일부 본인부담
서비스 시간	공급기관 재량	일부 본인부담
공급기관	단일기관 독점	다수기관 경쟁
특징	획일적이고 정형화된 서비스 제공	공급자 간 경쟁을 통한 다양한 서비스 제공

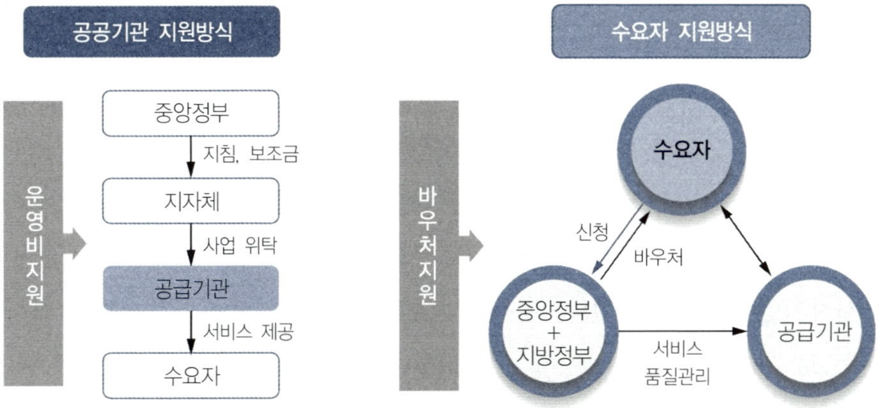

[그림 12-1] 지원방식의 비교

출처: 사회서비스 전자바우처 홈페이지 (2025).

(2) 전통적인 공급자 지원방식

전통적인 사회복지서비스들은 중앙정부가 표준적으로 설계한 사업이나 프로그램들을 민간 비영리복지기관을 통하여 대상자에게 전달하는 공급자 지원방식으로 운용되었다. 사회복지서비스의 지리적 외부성과 기초복지에 대한 국가적 책임 부담의 원칙에 따라 중앙정부가 상대적으로 많은 비중의 재원을 확보하고 이를 국고보조금으로 지자체에 전달한다. 지자체는 중앙정부가 마련한 표준지침에 따라 사회복지기관들로 하여금 서비스 적격자에게 전달하도록 위탁한다. 이러한 방식은 복지서비스의 안정적 전달이라는 측면에서 장점이 있지만 불가피한 현실적 한계도 적지 않다.

전달과정에서 상당한 행정 및 재정관리비용이 수반되는데 이러한 부담은 지자체와 서비스 제공기관에 집중된다. 개인별로 서비스가 제공되기 때문에 관리단위 역시 개인별로 운영되어야 한다.

4. 사회서비스원

1) 사회서비스원의 배경과 개념

사회서비스원에 대한 논의는 2006년 4월에 치뤄진 제4대 전국동시지방선거에서 민주노동당이 사회서비스공단을 정책공약의 맥락에서 제안하면서 비로소 시작되었다고 볼 수 있다. 정부는 2018년 초, 사회서비스공단을 사회서비스원으로 추진한다고 결정하게 된다. 이에 따라 국회에서는 사회서비스원 설립과 운영을 위한 근거법을 마련해야 했다. 정부는 2019년 3월 6일 '2019년 사회서비스원 시범사업 추진계획'을 발표하고, 2022년까지 17개 시·도에 사회서비스원을 설립하겠다고 밝힌다(보건복지부, 2019). 그 해 8월에는 사회서비스원 설립 및 운영 사업 예비타당성 조사에서 '조건부 통과'로 시범사업 추진을 위한 재정 지원 타당성까지 확보했다. 이후 2021년 8월 31일 사회서비스원법이 제정되었다.

사회서비스원은 보육, 요양 등의 돌봄 서비스와 장애인의 활동지원 등 다양한 사회서비스 영역에서 공공이 직접 서비스 제공자의 역할을 하기 위한 정책으로, 사회서비스 전반에 걸쳐 공공 책임성을 강화하기 위한 정책으로 의미가 있다. 이 정책은 특히 사회서비스의 제도화 과정에서 초기부터 민간 서비스 제공자에 의존하여 제도를 운용해 온 우리나라의 역사적 맥락을 고려했을 때, 사회서비스 공공성 강화를 위한 획기적 계기가 될 수 있다(양난주, 2020). 정부가 사회서비스 제공기관을 직접 운영하는 방식 등 운영의 주체를 다양화하지 않고, 전적으로 민간 중심의 바우처 사회서비스 방식을 시행하자 민간 사회서비스 기관이 폭발적으로 증가했다(김영종, 2019).

2) 사회서비스원의 업무

광역자치단체의 사회서비스원은 "사회서비스 지원 및 사회서비스원 설치에 관한 법률"에 따라 사회서비스의 공공성 등을 강화하기 위해 광역단위에 설립된 공공기관으로, 지역사회에서 국공립시설과 정부위탁사업의 수탁운영, 민간 사회서비스 기관 지원, 서비스 제공인력 처우개선, 사각지대 해소와 맞춤형 서비스 제공, 공급기관 발굴 연계 협력을 통한 통합적 서비스 등 사회서비스 질 향상을 위해 중요한 역할을 하고 있다. 광역자치단체의 사회서비스원의 설립 형태는 기존의 복지재단/여성가족재단/연구원 등의 전환을 기반으로 설립되거나, 자치단체 유관 공공기관들의 통합모델로 설립(대전, 충남, 대구, 울산 등) 되는 등 조직적 형태와 안정화의 어려움도 경험하고 있다. 그러나 경북과 같이 아직 설립되지 않은 지역도 있고, 서울처럼 해산된 지역도 있다.

사회서비스원은 사회서비스 공급의 장에서 공공의 역할을 확대하는 것뿐 아니라, 사회서비스의 보편적 제공과 접근성의 향상, 사회서비스 이용자의 만족 증진, 사회서비스 품질의 제고, 사회서비스 종사자의 고용 안정화와 처우 개선 등 공익적 가치에 복무하는 것 또한 사회서비스원의 중요한 역할 책무이고, 이러한 노력이 '실체적으로 구현'되어야 함이 강조되기도 하였다(이한나 외, 2022).

2021년 사회서비스원법 제정 이후 현재 중앙사회서비스원을 비롯해 현재 15개 시도 사회서비스원들이 설립/운영되고 있고, 사회서비스원의 역할은 국가와 지방자치단체의 책임 아래 사회서비스를 발전시키기 위한 전략과 실행과제 안에서 '사회서비스의 공공성, 전문성, 투명성 제고를 통한 사회서비스 질 향상과 국민에게 적절하고 충분한 서비스 제공 노력'이 구체화되어야 한다. 사회서비스원은 국공립 사회서비스 제공기관 확충, 민간 사회서비스 제공기관 지원사회서비스 종사자의 근무환경과 처우 개선 및 안정된 고용 보장민간부문의 서비스 강화와 질 향상 위한 관리감독 및 지원사회서비스원 사업으로 남는 긴급돌봄, 종합 재가, 연구개발 및 교육, 지역 내 서비스 수급계획 수립 지원, 사회서비스 시범사업 규정도 '국민에게 적절하고 충분한 서비스 제공 노력'이라는 국가와 지방자치단체의 책임이 사회서비스원의 사업으로 구체화된 것으로 이해할 수 있다. 사회서비스원법에 명시된 사업 규정은 다음의 표와 같다.

〈표 12-4〉 사회서비스원법의 사회서비스원 사업 규정

국가와 지방자치단체의 책임(제4조)	사회서비스원 사업(제10조 ①항)
① 국가와 지방자치단체는 사회서비스의 공공성·전문성 및 투명성(이하 "공공성 등"이라 한다)을 제고하고, 이를 통하여 사회서비스의 질을 향상하도록 노력하여야 한다. ② 국가와 지방자치단체는 사회서비스의 공공성 등을 제고하기 위하여 국공립 사회서비스 제공기관을 확충하고, 민간 사회서비스 제공기관을 지원하여야 한다. ③ 국가와 지방자치단체는 사회서비스 종사자의 근무환경과 처우가 개선될 수 있도록 시책을 마련하고, 안정된 고용이 보장될 수 있도록 노력하여야 한다. ④ 국가와 지방자치단체는 사회서비스원 소속 사회서비스 종사자들의 처우가 민간이 운영하는 동일한 분야의 사회서비스 종사자들에게도 동일하게 보장되도록 조치하여야 한다. ⑤ 국가와 지방자치단체는 사회서비스가 국민에게 적절하고 충분하게 제공될 수 있도록 노력하여야 하며, 민간 부문에서 제공하는 사회서비스를 강화하고 그 질을 향상하기 위하여 적절한 관리·감독 및 지원을 하여야 한다. ⑥ 국가와 지방자치단체는 지역 간 사회서비스 격차의 완화를 위하여 노력하여야 한다.	1. 재난 등의 발생으로 아동·노인·장애인 등에게 돌봄 공백이 발생한 경우 긴급돌봄서비스의 제공 2. 국가 또는 지방자치단체로부터 위탁받은 국공립 사회서비스 제공기관 운영 3. 국가 또는 지방자치단체로부터 위탁받은 사회서비스 제공 또는 지원에 관한 사업 4. 사회서비스 수급자의 욕구에 따른 종합적인 재가서비스 제공을 위한 사업 5. 사회서비스 제공 및 운영 기관에 대한 재무·회계·법무·노무 등에 관한 각종 상담·자문 6. 사회서비스 종사자의 처우 개선 및 고용 안정성 제고를 위한 사업의 지원 7. 지역 내 사회서비스의 질 제고를 위한 연구·개발 및 교육사업의 지원 8. 지역 내 사회서비스 수급계획 수립의 지원 9. 새로운 사회서비스 도입을 위한 시범사업의 실시 10. 그 밖에 시·도지사가 사회서비스 공공성 등의 제고를 위하여 필요하다고 인정하는 사업

3) 사회서비스원의 현황

우리나라의 제3차 사회보장기본계획(2024~2028)은 사회서비스 중심의 복지국가 전략을 보여주는 것이라 할 수 있다. "약자부터 두터운 복지", "전생애 사회서비스 고도화", "사회보장체계 혁신"이라는 세 개의 전략 중 하나의 전략으로 채택된 것은 물론, 각각의 전략에 해당하는 과제들 중에 사회서비스 분야와 직접 관련된 정책과제가 상당한 비중을 차지한다. 전체 111개 정책과제중 최소 65개(58.5%)가 사회서비스 분야의 정책 과제에 해당한다(정진경, 2024). 구체적인 설립현황은 다음과 같다.

2024년 7월 기준, 설립 및 일반현황으로 17개 광역시도 중 15개 광역시도 사회서비스원 설립, 15개 시도사서원 종사자 수 전체 4,776명, 본부 소속 540명(1개 사서원 평균 36명), 소속 시설 4,251명(1개 사서원 평균 283.4명), 시도사서원 평균 예산은 약 16억 원(국비 5억, 지방비 11억 원)이다. 국공립시설 운영 및 정부위탁사업 현황은 다음의 표와 같다.

〈표 12-5〉 2022~2024 주요 변화

구분	2022	2023	2024
사회서비스원 수(개소)	14	16	15
본부 종사자 수(명)	421	507	540
소속시설 종사자 수	3,589명(89.5%)	4,455명(89.7%)	4,251명(88.7%)
국공립시설 위탁	96시설(평균 6.7)	141시설(평균 11.3)	130시설(평균 9.3)
정부위탁사업	90개(평균 6.42)	103개(평균 6.43)	114개(평균 7.6)
종합재가센터	34개(평균 2.4)	29개(평균 1.8)	23개(평균 1.5)

출처: 정진경 (2024).

제3절 사회서비스 전자바우처

1. 전자바우처 공급방식

1) 시장과 수요자 중심의 바우처 방식

보편적인 사회서비스들은 수요자 관점에서 공급되어야 한다는 주장들은 특히 서비스 품질관리의 중요성이 강조되면서 당연한 가치로 설정된다 (Wunderlich & Kohler, 2001). 기초적 복지서비스는 사회적 정의와 국가 최저수준(national minimum)에서 공급되기 때문에 사회적 합의에 기반한 국가 혹은 공급자 관점의 적정 수준에서 제공된다. 하지만 사회적 기반 확충을 위한 보편적 사회서비스들은 최종 이용자인 수요자들의 선호와 욕구에 부합할 수 있게 최적 수준에서 다양하게 설계되어야 한다.

소비자의 선호에 따라 서비스가 공급될 수 있는 효과적인 대안으로는 소비자와 공급자의 자발적인 선택기능을 사회서비스 공급에 적용할 수 있는 시장기능을 활용하는 방안이 있다. 전통적으로 사회복지서비스는 시장에서 구매력을 가진 수요가 충분하지 못하여 효율적인 자원배분이 이루어지지 못하는 시장실패 영역이다. 이에 대한 대응으로 국가가 직접 시설투자를 하고 서비스를 공급하여 시장을 대체하는 직접지원방식과 시장실패 요소를 확인하고 이를 보완하는 간접관리방식이 있다.

〈표 12-6〉 시장 소비자 중심의 사회서비스 전자바우처사업의 비용

구분	중앙정부 · 지자체	제공기관	이용자
직접비용	• 기획, 심사, 승인, 시장관리 • 사회서비스 시장 관리기구 • 사회서비스 상품 홍보 • 대상자 판정과 전산입력	• 결제 장치 구입비 • 결제 장치 이용료 • 결제수수료	
간접비용	• 시장경쟁 관리와 독점 • 지역 간 시장 격차	• 시장 여건에 따른 매출 및 급여의 불안정성	• 사기와 담합 등 시장 위험노출
간접조사	• 정책정보 체계적 관리 • 시장 일자리 창출	• 제공기관의 사회적기업화 • 제공인력의 신축 운용 • 비영리기관의 경영활동	• 소비자 선택 강화 • 소비자 권리 증진

출처: 이재원 (2008).

후자의 방식이 바우처제도로서 잠재적인 소비자에게 국가가 구매력을 보전하여 유효수요가 창출되어 시장기능이 형성될 수 있다는 전제가 설정된다. 시장을 통하여 서비스가 공급되는 소비자 중심의 정책운용뿐 아니라 자발적 거래를 통한 행정관리 부담도 줄일 수 있는 두 가지 효과가 창출된다.

전통적인 사회서비스 공급방식은 중앙정부가 지침을 통하여 전국 표준적으로 전달하는 것이다. 이러한 방식은 서비스 전달의 안정성과 국가 최저수준 유지 측면에서 긍정적이지만 다양한 수요자들의 욕구를 반영하는 데는 한계가 있다.

사회서비스의 다양성을 위해서는 기존 전달방식의 양적 확대뿐 아니라 질적 변화도 동시에 추구하여야 한다. 이를 위한 첫 번째 시도가 분권 교부세를 통한 지방 이양이었다. 사회서비스 전자바우처사업은 중앙정부가 안정적인 재원을 확보하고 기본 방향을 설계하지만 실제 사업들은 지자체와 주민들의 선택을 통하여 추진될 수 있도록 시장 요소를 도입한 것이다. 이에 따라 소비자 주권과 시장의 효율성 장점이 기대된다. 하지만 다른 이면으로 시장실패와 중앙실패의 쟁점 역시 잠재되어 있다.

〈표 12-7〉 사회서비스 공급방식의 유형

<table>
<tr><th colspan="2" rowspan="2">유 형</th><th colspan="2">주 체</th><th rowspan="2">위험요소</th></tr>
<tr><th>중앙(안정성)</th><th>지방(다양성)</th></tr>
<tr><td rowspan="2">수단</td><td>권력
(표준, 독점, 비영리)</td><td>장기요양서비스
자활후견서비스</td><td>밑반찬 지원
경로당 지원</td><td>정부실패</td></tr>
<tr><td>시장
(선택, 경쟁, 이윤)</td><td>사회서비스
전자바우처사업</td><td>장애인 이동 차량
지하철 무임승차</td><td>시장실패</td></tr>
<tr><td colspan="2">위험요소</td><td>중앙실패
(경직·획일·통제)</td><td>자치실패
(외부성·정치성·격차)</td><td></td></tr>
</table>

출처: 이재원 (2008).

바우처에서 이용할 수 있는 가장 기본적인 시장 특성이란 이용자와 공급자가 가격을 염두에 두고 자유롭게 상호 선택한다는 것이다. 이에 따라 제공기관-수급자(클라이언트)의 전통적 관계들이 공급자-수요자로 전환될 수 있다. 이와 같은 시장참여자의 선택 행위에 따라 이용자와 공급자 모두 적정 가격과 품질 관계를 인식하고 내부 혹은 외부적으로 경쟁상태를 유지·활성화하는 효과가 창출되는 단초들만 확인될 수 있어도 충분한 의의를 가진다.

그런데 공급자도 수요자를 선택할 수 있다는 비판도 있다. 국민들 특히 취약계층의 일상생활에 필수적인 사회서비스가 공급자의 기피 때문에 제공되지 않을 수 있다. 또한, 공급자는 성과 창출이 상대적으로 쉬운 이용자를 의도적으로 선별하여 특정 서비스만을 공급할 수 있기 때문에 바우처의 정책효과들이 과대평가될 가능성도 있다. 따라서 사회서비스 공급에서는 수요자 방식이 타당한 영역들이 제한될 수 있기 때문에 한쪽 수단이 다른 쪽을 대체한다는 극단적인 접근은 위험하다. 따라서 공급자 지원방식과 수요자 중심방식에 대한 적정수준에서의 균형 유지가 매우 중요하다.

2) 전자바우처제도의 현황

전자바우처는 「사회서비스이용권법」 제2조에 명시되어 있다. 그 명칭 또는 형태와 상관없이 이용자가 제공자에게 제시하여 일정한 사회서비스를 받을 수 있도록 그 사회서비스의 수량 또는 그에 상응하는 금액이 기재된 증표이다. 즉, 전자바우처(e-바우처)란 사회서비스 이용권을 전자적 또는 자기적 방법으로 신용카드, 체크카드, 실물카드 등에 기록한 이용권을 말한다.

전자바우처사업의 운영방식은 이용자 선정, 제공기관 등록, 서비스 이용으로 구분된다.

먼저 이용자 선정은 국민들이 서비스 이용을 원하는 경우 관할 읍 · 면 · 동에 신청하면 읍 · 면 · 동은 접수받은 신청자료를 시 · 군 · 구에 제출하고 시 · 군 · 구는 소득 및 욕구조사를 후 이용자를 선정하게 된다. 이후 시 · 군 · 구에서는 신청 국민에게 대상자 통보서를 송부한다. 선정 통보를 받은 서비스 이용대상자는 금융기관에서 국민행복카드를 신청 발급받는다.

둘째, 제공기관 등록은 일정 요건을 갖춘 제공기관이 시 · 군 · 구에 제공기관 등록 후 서비스를 제공한다.

셋째, 서비스 이용은 국민행복카드를 발급받은 이용자는 제공기관을 선택하여 계약을 체결하고 제공기관은 해당 서비스를 제공한다. 이때 이용자는 국민행복카드를 이용하여 서비스 이용에 대한 비용을 결재한다.

바우처사업은 2007년 장애인 활동보조(장애인 활동지원), 지역사회서비스투자사업 시행을 시작으로 2008년에는 산모・신생아건강관리, 가사・간병방문지원사업, 임신・출산진료비지원사업을 시행하였다. 2009년에는 발달재활서비스, 2010년은 언어발달지원 사업이 시행되었다. 2011년에는 「사회서비스 이용 및 이용권에 관한 법률」이 제정되면서 2012년에는 사회서비스 사업을 차세대 전자바우처 운영체계로 전환하고 4개 사업을 지정제에서 등록제로 전환하였다. 특히, 6대 사회서비스 바우처사업을 전제로 금융기관 위탁방식에서 결제 승인・카드 발급・단말기 관리기능을 사회보장정보원이 일괄 수행하는 차세대 전자바우처 운영체계로 전면 전환하였다. 2014년은 발달장애인부모심리상담서비스를 시행하였으며, 2015년에는 국가바우처 운영체계 도입에 따라 국민행복카드를 출시하였고, 청소년산모 임신출산 의료비 지원사업, 기저귀 조제분유 지원, 에너지바우처 등의 사업을 시작하였다. 2022년에는 첫만남이용권 지원사업, 2024년에는 전국민 마음투자지원사업을 시작하여 우울과 불안 등 정서적 어려움으로 심리상담이 필요한 자에게 필요한 서비스를 지원하였다. 사회서비스 전자바우처사업 현황은 〈표 12-8〉과 같다.

〈표 12-8〉 사회서비스 전자바우처사업현황

사업명		바우처 시작 연도	대상	선정기준	지원수준	본인부담금 (월/원)
장애인 활동 지원	장애인 활동지원	07년 5월	장애인복지법상 등록 장애인(만 6세 이상~만 65세 미만)	종합점수 465점 장애인	등급에 따라 47~118시간(추가급여 종류에 따라 시간 상이)	인정조사: 면제~134,000원 종합조사: 면제~187,700원
	시·도	10년	장애인복지법상	시·도별 상이	시도 및 등급에 따	시도 및 등급별

	추가지원	10월	등록 장애인(시도별 상이)		라 10~868시간	상이
지역 자율형 사회 서비스 투자 사업	지역사회 서비스투자	07년 8월	사업별로 상이	중위소득 120% 이하(사업별로 상이)	사업별로 상이 (월 1회~월 20회)	사업별로 상이
	산모신생아 건강관리 지원	08년 2월	출산 가정	기준중위소득 150% 이하. 단, 소득기준 초과 대상자에게 시·군·구별 예외 지원 가능	등급에 따라 5일~25일간 건강관리사 파견	기관별 상이
	가사간병 방문지원	08년 9월	기준중위소득 70% 이하(만 65세 미만)	기준중위소득 70% 이하 계층 중 가사·간병 서비스가 필요한 자	월 24, 27, 40시간	면제~26,900원
장애 아동 가족 지원	발달재활 서비스	09년 2월	만 18세 미만 장애아동	기준중위소득 180% 이하(소득별 차등지원)	월 17~25만 원 내에서 포인트 지원 (월 8회 주 2회/회당 50분)	면제~최대 8만 원
	언어발달 지원	10년 8월	만 12세 미만 비장애 아동	기준중위소득 120% 이하(소득별 차등지원)	월 16~22만원 내에서 포인트 지원 (월 8회 주2회/회당 50분)	면제~최대 6만 원
발달 장애인 지원	발달 장애인 부모상담 지원	14년 2월	발달장애인 자녀의 부모	발달장애인으로(「장애인복지법」상 지적, 자폐성 장애인) 등록된 자녀의 부모 및 보호자	월 16만 원 포인트 지원(회당 50~100분, 월 3~4회 이상)	4천 원~최대 4만 원
	발달 장애인 주간활동 서비스	19년 3월	만 18세 이상 65세 미만 발달장애인	만 18세 이상 65세 미만 「장애인복지법」상 등록된 지적 및 자폐성 장애인	월 132,176시간	없음
	청소년 발달 장애인 방과후 활동 서비스	19년 9월	만 6세 이상 18세 미만 발달장애학생	만 6세 이상 18세 미만으로 일반 중·고등학교 및 특수학교(중·고등학교 해당 학급)에 재학 중인 발달장애학생	월 66시간	없음
임신출산 진료비지원		08년 12월	임신확인서로 임신이 확진된 임신·	임신확인서로 임신이 확진된 건강보험	임신 1회당 100만 원(일 한도 없음)	면제(월 지원금액 소진 시 신용카드

		출산 진료비 지원 신청자	가입자	(다태아의 경우 140만 원)	대금으로 청구)
청소년산모 임신출산 의료비지원	15년 5월	만19세 이하 청소년산모	임신확인서 상의 임신확인일 기준 만 19세 미만의 청소년산모	임신 1회당 120만원	면제(월 지원금액 소진 시 신용카드 대금으로 청구)
기저귀 조제분유 지원	15년 10월	저소득층 영아(24개월 미만)	2세 미만 영아를 둔 저소득층 가구	기저귀: 월 64,000원 조제분유: 월 86,000원	면제(월 지원금액 소진 시 신용카드 대금으로 청구)
에너지바우처	15.10월	「국민기초생활 보장법」에 따른 '생계, 의료, 주거, 교육' 급여 수급자 중 노인, 영유아, 장애인, 임산부, 중증·희귀·중증난치질환자, 한부모가족, 소년소녀가정(가정위탁보호아동 포함)을 포함하는 세대	「국민기초생활 보장법」에 따른 '생계, 의료, 주거, 교육' 급여 수급자 중 노인, 영유아, 장애인, 임산부, 중증·희귀·중증난치질환자, 한부모가족, 소년소녀가정(가정위탁보호아동 포함)을 포함하는 세대	1인 세대: 310,200원(여름: 55,700/겨울: 254,500) 2인 세대: 422,500원(여름: 73,800/겨울: 348,700) 3인 세대: 547,700원(여름: 90,800/겨울: 456,900) 4인 이상 세대: 716,300원(여름: 117,000/겨울: 599,300)	면제(지원금액 소진 시 신용카드 대금으로 청구)
아이돌봄지원	17.1월	시간제: 만 3개월~만 12세 이하 아동 종일제: 만 3개월~만 36개월 영아	기준 중위소득 150% 이하 가구	소득 유형별 상이	소득 유형별 상이
여성청소년 생리대바우처 지원사업	19.1월	출생연도기준 만 9세~만 18세 ※'연(年)'을 기준으로 만나이 산정 -지원대상: 1998.1.1.~2013.12.31.출생자(2020년 기준) -지원기간: 만 24세에 도달하는 연도 말까지 바우처 지급	「국민기초생활보장법」 따른 생계·의료·주거·교육 급여 수급자 -「국민기초생활보장법」 따른 법정차상위계층 *차상위계층: 차상위자활, 차상위본인부담경감대상자, 차상위장애인, 차상위계층확인서 발급 -「한부모가족지원	월 12,000원(연간 최대 144,000원, 6개월 단위로 지원)	없음

			법」 제5조 및 제5조의2에 따른 지원대상자		
첫만남이용권 지원사업	22.4월	2022년 1월 1일 출생아동 부터	없음	최초 1회 200만 원 바우처지원	없음
전국민마음 투자지원사업	24.7월	우울, 불안 등 정서적 어려움으로 심리상담이 필요한 자	지원대상자 기준별 증빙서류 제출이 가능한 경우	소득 기준별 상이	유형 및 소득 기준별 상이(면제~최대 192,000원)
일상돌봄 서비스사업	23.8월	일상생활에 돌봄이 필요한 청·중장년(19~64세) 또는 가족돌봄청년(9세~39세)	지원대상자 기준별 증빙서류 제출이 가능한 경우	기본 돌봄 서비스 24~72시간 특화서비스 병원동행, 심리지원 등	소득 기준별 상이
긴급돌봄 서비스사업		질병, 부상, 주돌봄자의 갑작스러운 부재(사망, 입원 등) 등으로 긴급돌봄이 필요한 자(만 19세 이상 출생연도 기준)	지원대상자 기준별 증빙서류 제출이 가능한 경우	기본 돌봄 서비스 72~144시간 방문목욕서비스	소득 기준별 상이
최중증 발달장애인 통합돌봄서비스		18세 이상 65세 미만 「장애인복지법」상 등록된 지적·자폐성 장애인	[주간그룹 1:1 지원] 최중증통합돌봄서비스 대상자 선정기준점수가 70점 이상 80점 미만인 자	월~금(주간) 09:00~18:00 일 최대 8시간 월 최대 176시간 *주말 · 공휴일은 휴무	없음

이와 같이 전자바우처 체계 도입은 일자리 창출과 선택권 강화, 품질 경쟁체계 구축, 투명성 · 효율성 향상의 성과를 도출해 냈다. 성과에 대한 내용을 자세히 살펴보면 고용 취약계층에게 적합한 일자리를 제공하여 서민안정과 경제활동 참여의 기회를 확대하였고, 복지서비스 대상자가 소극적인 복지수급자에서 능동적인 서비스 구매자로 전환되어 수요자의 선택권을 강화하였다. 실질적으로 수요자 지원방식 전환으로 국민의 정책 체감도 및 만족도가 증가되었다. 특히, 복지분야의 독점상태를 해소하여 경쟁을 통한 서비스 품질 제고 및 환경을 구축하고

자 민간 및 대학 등 다양한 사회서비스를 제공기관을 신규 확충하였다.

한편, 전자바우처 도입을 통한 사업의 전자화로 행정관리 비용이 감소되면서 재정운영의 효율성 및 투명성을 제고하게 되었다. 이는 서비스 비용 지불이나 정산업무 등을 전산화하면서 지방자치단체의 행정부담을 경감시켰다. 중앙정부의 집적체계로 사업실적을 실시간으로 파악할 수 있었다. 기존의 수작업 시에는 2~3개월의 시차에 대한 행정부담 비용이 발생하게 되는데 전자바우처가 도입됨으로써 이에 따른 행정비용이 절감되었기 때문이다.

2. 지역사회서비스지원단

1) 지역사회서비스지원단 운영

지역사회서비스 투자사업의 양적 확대 및 산업화에 대비하여 지역특성에 적합한 사회서비스 제공기관 및 인력 양성에 대한 필요성이 제기되었다. 또한 지역조직에 대한 체계적인 지원과 관리를 통해 사회서비스의 활성화에 대한 기반을 조성하고 사업모니터링 등 사업관리 역량의 보완이 필요하게 되었다. 더불어 지역사회 내에서 노무관리·회계관리 교육 및 컨설팅 기능을 수행하고 지역 내 우수사례 발굴 및 전파 기능을 위한 지원이 시급하게 되어 지역사회서비스지원단을 도입·운영하게 되었다. 지역사회서비스지원단 운영의 주요 목적은 지역사회서비스 종사자 역량 강화를 위한 교육과 훈련, 지역 자율형 사회서비스 투자사업 품질 향상 및 활성화, 지역 맞춤형 사회서비스 기획·발굴 등이다.

지역사회서비스지원단은 「사회서비스이용권법」 제31조(교육과 훈련)에 근거하여 관계 전문기관 또는 단체에 제공자 및 관련 종사자를 위한 교육과 훈련에 관한 업무위탁을 동법 시행규칙 제20조에 따라 시·도지사가 지정하여 운영하며 지정 관리주체는 시·도지사이다. 설치기관은 지방자치단체 연구기관, 시·도 산하 복지재단 등 지역 내 지원단 기능에 대한 수행에 역량이 있다고 시·도지사가 인정한 기관으로 시·도는 지원단의 운영계획 및 인력 규모 등이 합리적으로 운영될 수 있도록 관리해야 한다.

2) 지역사회서비스 투자사업 운영

사회적 양극화의 심화, 저출산·고령화, 핵가족화, 여성의 경제활동 참여로 인한 보육 및 돌봄기능의 약화, 고령화 등의 사회적 위험이 대두됨과 더불어 사회·경제적 변화에 따라 다양한 서비스에 대한 수요가 급증하였다. 이러한 양적 수요 급증이라는 복지환경의 변화로 기존의 사회서비스 전달방식과는 다른 전달체계가 필요하게 되었다.

이에 중앙집중식·하향식 제공방식에서 변화하여 지방분권적 사회서비스 전달체계가 필요해지면서 도입된 사업이 지역사회서비스 투자사업으로 지방자치단체가 지역 특성 및 지역주민의 수요에 맞게 사회서비스를 발굴, 기획하는 복지분권형 사업이다. 사업 초기에는 지역사회서비스 혁신사업(community social service innovation: CSI), 현재는 지역사회서비스 투자사업(community social service investment)이라고 하고 있다(구철회 외, 2015).

지역사회서비스 투자사업의 목적은 첫째, 지역별·가구별로 다양한 특성과 수요에 부합하는 차별적인 서비스(mass customized service)를 지자체가 주도적으로 발굴·집행함으로써 지역주민이 체감하고 만족하는 사회서비스를 기반으로 지역 맞춤형 사회서비스 개발을 통한 복지사각지대 해소이다.

둘째, 서비스 시장 형성 가능성이 높은 분야를 발굴하고 수요자의 구매력을 보전함으로써 지속가능한 사회서비스 시장 형성 및 일자리 창출을 도모하는 데 있다.

지역사회서비스 투자사업은 중앙정부가 전국을 대상으로 일괄적으로 실시하는 국가 주도형 서비스 제공방식에서 탈피하여, 지자체가 지역 특성 및 주민 수요에 맞는 사회서비스를 발굴・기획하는 사업으로 사회서비스 서비스 수요자에 대해 바우처를 지원하고, 원하는 서비스 제공기관을 선택하도록 함으로써 공급자 주도방식에서 탈피하여 수요자 중심의 새로운 접근으로 사회서비스 시장을 창출하고자 하였다. 특히, 지역의 자율성과 책임성을 강조하는 포괄보조방식 도입으로 지역사회서비스의 개발 및 심사, 관리, 점검 기능을 지자체에 부여하여 지역 맞춤형 사회서비스 개발 촉진 및 재정 효율성을 제고하고자 하였다. 재정은 지방자치단체 경상보조방식으로 보조율은 서울 50%, 서울 이외 시・도 70%, 성장촉진지역 80%(국토교통부 고시 제2014-559호, 행정안전부 고시 제2014-43호, 성장촉진지역)이다.

지역사회서비스사업은 사회서비스 전자바우처를 활용한다. 전자바우처는 이용자 또는 제공자에게 정부지원금을 직접 주는 현금보조 또는 현물보조가 아니라 이용자가 서비스 제공에 대한 대가를 전자바우처를 통해 지불하는 방식이다.

생각해 볼 문제

1. 다음은 사회보장기본법 제3조의 어떤 개념에 대한 정의인가?

지방자치단체 및 민간부문의 도움이 필요한 모든 국민에게 복지, 보건의료, 교육, 고용, 주거, 문화, 환경 등의 분야에서 인간다운 생활을 보장하고 상담, 재활, 돌봄, 정보의 제공, 관련 시설의 이용, 역량개발, 사회참여 지원 등을 통해 국민의 삶의 질 향상이 되도록 지원하는 제도

① 사회보장 ② 사회보험 ③ 공공부조
④ 사회서비스 ⑤ 평생사회안전망

2. 다음 중 사회서비스의 특징이 아닌 것은?
① 국민의 일상생활 지원, 가족과 공동체를 위한 생활서비스
② 상대적인 불평등과 관련된 요구가 강한 서비스
③ 사회적으로 필요하여 초기에 공공부문에서 제공기반이 마련될 필요가 있는 서비스
④ 이윤추구 등 경제적 동기가 제외되고 이타주의 등 사회적 동기만 강조
⑤ 사회적 소비의 총량은 개인적 선택 외에 집단적인 의사결정이 중요한 요소로 작용

3. 다음은 사회서비스 전달체계의 어느 공급 주체에 대한 설명인가?

대상자 신청접수 · 선정 · 통지 및 제공기관 신청접수 · 선정 · 통지

① 대상자 ② 보건복지부 ③ 시 · 군 · 구
④ 사회보장정보원 ⑤ 제공기관

CHAPTER 13

사회복지정책의 과제와 전망

학습목표

1. 복지국가 위기론이 제기된 사회적 배경에 대해 이해한다.
2. 복지국가 재편론 이후 대안론으로 등장한 사회투자, 기본소득, 사회적경제에 대해 이해한다.

CHAPTER 13 사회복지정책의 과제와 전망

제1절 복지국가의 위기와 사회복지정책의 대안적 접근

1. 복지국가의 위기 대안론

서구 복지국가는 제2차 세계대전 이후 경제발전에 힘입어 경제성장과 사회복지 증진이라는 두 가지 목표를 함께 이룰 수 있었다.

베버리지 보고서에서 제시된 보편주의 원리는 산업사회 초기에 존재했던 노동자들 간 그리고 노동자와 자영자의 불평등을 해소하기 위한 최선의 방안으로 여겨졌다. 그러나 1970년대에 발생한 오일쇼크와 경제적 세계화로 위기를 맞이하면서 낮은 성장률과 높은 실업률로 인해 사회복지제도들을 뒷받침할 재정적 능력이 축소되었고 지속적인 경제불황으로 인해 사회복지제도 축소에 대한 압력이 증가하게 되었다. 경제성장을 위해 국가의 재정 부담을 가중시키는 사회복지 비중을 줄여야 한다는 여론이 점점 거세짐에 따라서 복지국가 위기에 대응하기 위해 사회복지체제에 대한 개혁이 불가피해졌다.

이러한 복지국가의 위기는 1990년대 유럽경제 위기와 2008년 글로벌 금융위기 등으로 이어지면서 그 심각성이 더 커지게 되었다. 복지국가 위기에 대응하기 위해 사회복지체제에 대한 개혁이 불가피해졌고, 각 국가가 복지국가 위기를 초래하는 환경변화에 어떻게 적응하는가는 국가운영의 가장 기본적인 정책결정 중 하나가 되었다. 또한, 1990년대 이후 서구 경제가 제조업 중심의 대량생산체계에서 지식경제체계로 급속히 전환되면서 적극적 노동시장정책의 효율성은 급격히 떨어지게 되었다. 적극적 노동시장정책에 기초한 교육훈련으로는 IT를 중심으로 한 노동력 수요에 부응하지 못하는 현상으로 인해 제조업 내 일자리 제공은 줄어드는 반면 새로운 IT 중심의 서비스업종에서 주로 일자리가 제공되면서 노동인력의 수요와 공급의 불일치현상이 심해졌다(이승협, 2008 재인용).

경제구조가 변하고 여러 가지 시장규제가 작동하는 상황에서 제조업을 대체할 만한 서비스부문 확대는 쉽지 않았다. 서비스업 고용을 늘리기 위해 노동시장규제를 완화하면 파트타임, 비정규직 같은 불완전 취업이 늘어나고 이는 소득보전정책이 뒷받침하지 않는 한 소득불평등을 악화시키는 결과를 초래하게 된다.

이와 같이 복지국가의 위기론이 등장한 사회경제적 배경으로는 경제성장의 둔화와 오일쇼크를 계기로 스태그플레이션이 나타났고, 실업률이 증가하면서 복지지출이 급증하는 현상이 발생하여 세수감소와 맞물려 재정적자가 크게 늘어난 것이 계기가 되었다. 이에 따라 복지제도의 효율성, 관료화 등에 대한 비판이 증가하면서 복지국가의 정당성이 약화되기 시작하였다. 또한, 국가와 자본, 노동자 계급의 타협에 균열이 발생하게 되었다. 1970년대 이후 2000년대까지 이어진 경제적 세계화로 인한 경제구조 변화나 경제위기로 복지선진국들은 복지병에 시달림에 따라 '복지국가 위기론'이 제기되었다. 1980년대 이후 복지국가 재편이 가시화되면서 복지국가의 불가역론과 복지국가의 재조정론에 따른 복지국가 재편론 등이 등장하였다.

1) 사회경제적 배경

복지국가 위기 대안론은 사회민주주의적 복지국가를 비판하고 나온 신자유주의적 복지체제를 대체할 제3의 길에 대한 담론으로 1990년대 들어 본격화되었다. 고전적 복지국가체제를 공격하는 신자유주의 담론과 정책이 도전을 받으면서 이를 극복해야 할 필요성과 함께 신사회적 위험에 대응할 새로운 사회정책 패러다임이 요구되는 상황 속에서 복지국가 위기 대안론이 등장하였다. 여기서 신사회적 위험이란 전통적 복지국가의 기반이 되었던 제조업 중심의 경제성장과 복지확대의 선순환을 가능하게 했던 기본적 전제의 변화로 인해 전통적 복지국가가 감당하지 못하는 사회위험이 확대되고 이렇게 새롭게 확대된 사회위험을 말한다.

여성의 점증하는 노동시장 참여로 인해 보편적 생계부양자 가구로의 전환, 고령사회의 도래, 인구감소의 위협, 노동시장의 유연화로 인한 비전형적인 일자리의 증가, 복지서비스의 민영화로 인한 계층화 등을 대부분의 산업화된 복지국가가 직면한 공통의 사회위험으로 인식하고 있다.

복지국가 위기 대안론 등장의 사회경제적 배경으로는 서유럽 복지국가의 재정위기와 신자유주의 압박 및 지속적인 불평등 심화 그리고 지식기반 경제의 도래 등을 들 수 있다. 정치적 배경으로는 좌파정권의 입장에서 이념적 중도의 지지를 얻기 위해 신자유주의 수용과 동시에 좌파진영의 이념적 지향을 담아낼 새로운 국가전략이 필요하였다. 이러한 배경 속에서 등장한 위기 대안론은 각국에서 복지국가가 새로운 방향으로 재편되어야 한다는 공통의 목표를 갖고 다양한 정책들로 실천되었다. 복지생산 제도적 측면에서는 사회투자론으로, 고용목표와 연결하여서는 근로연계복지론, 그리고 복지공급 주체와 관련하여서는 복지 다원주의론으로 복지국가 위기 대안론이 출현하였다(유문무, 2015).

테일러 구비(Taylor-Gooby)는 산업화된 복지국가가 직면한 사회위험을 세 가지로 정리하였는데, 첫째는 일과 가족생활의 양립과 관련된 위험이다. 여성의 어머니 역할이 고용상의 지위에 영향을 미침으로써, 여성의 빈곤화뿐만 아니라 나아가 독립적인 시민으로서 생활하는 데 장애가 되고 있다는 점이다. 둘째는 유급노동과 관련된 위험이다. 특히 여성과 청년의 경우, 노동시장 진입이 어렵고, 노동시장에 진입했다 하더라도 비정규직에 놓이게 되어, 정규직을 중심으로 제도화된 사회보험의 대상에서 배제되는 것이다. 셋째는 복지의 민영화와 관련된 위험이다. 복지국가 변동과 관련하여 불안정하고 부적절한 연금과 불만족스러운 서비스를 제공하는 민간공급을 이용하는 경우이다. 민영화는 단순히 특정 복지국가 유형에서 나타나는 현상이 아니라 대부분의 국가에서 보편적으로 나타나고 있는 현상이다. 민영화 문제는 사회서비스의 주공급자로서, 국가의 지위가 약화되고 그 책임이 민간으로 이전됨으로써 사회서비스의 질과 접근성이 계층적으로 차별화되는 문제로 연결된다. 즉, 중산층은 시장에서 자신이 원하는 양질의 서비스를 구매하는 반면 중하층은 시장에서 낮은 질의 서비스를 구매하거나 또는 비공식적 부문에서 사회서비스에 대한 필요를 충족시켜야 하는 현상이 증대되고 있는 것이다.

따라서 이러한 사회적 환경 속에서 사회보장의 지속과 재정부담의 문제를 해결하기 위한 방안이 필요했고, 또 개인적인 차원에서도 복지수혜자들의 복지의존성과 사회적 배제를 해결할 수 있는 새로운 정책대안이 필요하게 된 것이다.

2) 정치적 배경

정치적 측면에서 복지국가 위기 대안론은 전통적인 케인즈주의적 복지국가(the Keynesian welfare state)의 위기 속에서 등장하였다. 1960년대에는 대부분의 유럽국가들이 실질적으로 완전고용을 달성했다고 볼 수 있다. 그러나 1970년대 오일쇼크 이후 유럽국가들의 최대 문제였던 고실업률이 나타났고 이에 총 수요관리 정책으로도 실업률이 줄어들지 않자 케인즈주의에 입각한 거시경제 관리

정책의 실효성에 의문을 제기하였다.

복지국가란 완전고용과 사회보장제도라는 두 축을 통해 유지되어 온 체제이기 때문에 실업과 불평등을 동시에 해결할 수 없다는 것은 복지국가를 건설해온 유럽의 좌파정부에게 커다란 위기를 의미했다. 현대 복지국가의 유지와 성장에 필요한 부의 창출을 전적으로 기업에 의존하고 있는 신자유주의적 자본주의체제하에서는 더 이상 완전고용과 높은 수준의 고용보호, 그리고 소득평등이라는 복지국가의 목표를 달성할 수 없는 상황이 되었기 때문이다. 경쟁이 치열해지는 환경에서 시장상황에 신속하고 유연하게 대응하는 것이 기업의 생존 여부를 결정하게 되자 노동시장의 유연화는 피할 수 없는 과제로 등장하였고 이에 따라 고용보호수준을 낮추지 않을 수 없는 상황에 직면하게 되었다. 또한, 지식기반경제의 진전은 지식과 기술의 변화에 부응하지 못하는 근로자의 도태를 불러왔고 장기실업의 증가를 가져왔다.

이러한 환경변화는 스웨덴의 사민주의국가에게도 경제관리의 어려움을 야기했다. 이에 북유럽의 사민당정부는 공공부분 고용을 증대시킴으로써 완전고용의 이상을 실현하는 전략을 구사하게 되었지만 이는 생산성 증가 없이 국가재정의 지나친 확대를 가져오는 결과를 낳아 경제에 무거운 짐을 안겼다(김홍식, 2014).

따라서 1990년대에 본격적으로 등장한 위기 대안론은 국가중심의 사회투자, 근로와 복지의 연계정책, 그리고 복지공급 주체의 다변화를 강조하는 것으로 선진 자본주의국가가 전통적인 복지국가의 재정적 위기를 극복하기 위한 노력의 산물이라 할 수 있다. 특히 사회투자국가 혹은 사회투자정책은 유럽의 좌파정당들이 1980년대 이후 맹위를 떨치던 신자유주의 우파정치세력에 대항하여 국민에게 제시한 새로운 국가운영전략이다.

이처럼 1970년대 스태그플레이션과 고실업문제를 해결하지 못하자 서구복지국가의 건설에 앞장섰던 좌파정당들은 정치적 영향력을 상실하게 되었고, 결국 1980년대 신자유주의 우파정치세력이 득세하는 상황을 맞이하게 되었다.

영국의 대처리즘으로 대표되는 신보수주의 정치세력은 시장력의 회복, 노동시장의 유연화, 민영화, 규제완화, 통화주의에 입각한 보수적 재정운영과 완전고용의 포기, 복지삭감 등을 진행하였다. 거대한 복지국가 대신에 작은 정부를 지향한 것이다. 대처리즘의 영국 보수당 정부나 레이건 이후 미국 공화당 정부 그리고 헬무트 콜의 독일 기민당 정부는 물론 좌파의 헤게모니가 강한 북유럽 국가들에서조차 우파정부가 들어서는 상황이 발생하였다.

이렇게 경제문제를 해결하지 못해 정권을 내어 놓아야 했던 유럽의 좌파정당들은 이제 민간과 공공부문의 조직노동을 중심으로 한 전통적인 노동계급의 숫자가 줄어들고 중산층 노동자들의 보수화가 이루어지는 상황에서 노동계급을 넘어서서 새로운 지지기반을 창출해야 하는 과제를 안게 되었다. 이념적으로 중도의 지지를 얻기 위해 신자유주의를 대폭 수용하여 복지국가를 개혁하되 좌파정당의 이념적 지향을 담아낼 수 있는 새로운 개념의 국가전략을 구상하지 않을 수 없게 된 것이다. 그동안 사민주의는 시민의 권리 향상에 매진하여 왔으나 상대적으로 시민의 책임과 의무에 대해서는 논의를 하지 않았었다. 그러나 신사회민주주의자들은 공동체주의(communitarianism)의 사회철학을 일정부분 수용하여 시민사회는 권리에 상응하는 책임과 의무를 다하는 공적 덕성(civic virtue)을 가진 자유시민으로 구성되어야 한다고 보았다. 따라서 사회적 위험은 개인이 책임져야 하는 부분이 존재한다고 보고 사회투자국가의 복지정책이 '기회의 평등'을 추구하되 기회의 평등을 보장해 주는 재분배정책의 설계와 시행에 있어 기회는 반드시 책임을 동반하도록 하고 재분배는 나태함을 보상하는 것이 아니라 근로를 보상하는 원칙을 세우고 있다. 또한, 평등주의에 대해 사후적 평등이 아닌 기회의 평등을 추구하며 복지국가의 목표는 사후적으로 불평등을 완화시키기보다는 사전적으로 '기회의 평등'을 보장하여 국민 개개인이 타고난 재능을 발현하여 자아를 성취하는 데 있다고 보는 것으로 전환되었다.

결국 복지국가 위기 대안론은 보다 많은 시민들을 시장으로부터 보호하려는 것이 아니라 시장에서 보다 성공적으로 경쟁할 수 있도록 개개 시민들의 능력을 배양해 주는 데 국가의 역할이 집중되는 것을 의미하였다. 이를 위해 교육과 직업훈련 등 인적자원개발에 대한 사회적 투자와 근로연계복지 그리고 복지다원주의가 강조되었고, 새로운 중도 좌파이념을 바탕으로 좌파정당들이 다시 1990년대에 집권에 성공하게 되면서 제3의길 전략에 입각한 경제 · 노동 · 복지개혁이 이루어지고 복지국가 위기 대안론이 등장하였다.

2. 보편주의 복지국가에 대한 논쟁

새로운 보편주의 복지는 북유럽 복지국가에서 먼저 등장하게 되었다. 시민의 기본적인 욕구를 국가가 결정할 때 개인의 다양한 욕구에 부응하는 방식으로 재편함으로써 대상으로서 보편주의의 포괄성은 유지되지만 균등급여에서 노동시장에서의 성과를 반영하는 소득비례급여로 급여방식이 전환된 것이었다. 소득비례급여는 사실상 소득계층 간의 차별적 욕구를 인정하고 이러한 차별적 욕구에 대해 차별적 자원할당을 공식화한 것이라는 점에서 보편주의 복지국가의 기본 원리와는 상이하다 할 수 있다.

보편주의에서 선별주의로의 전환을 의미하는가에 대한 논란은 컸지만 1990년대 북유럽 복지국가들은 보편적 급여 할당에서 선별주의 원리를 강화함으로써 보편주의 모델에서 자산조사에 근거한 잔여주의 모델로 나아가고 있다. 1994년 덴마크가 기본노령연금을 초과하는 연금보충부문에 부분적인 자산조사를 도입함으로써 선별주의로 이행하는 변화의 계기가 되었다. 1998년 스웨덴의 새로운 연금개혁을 시행하였고, 핀란드도 1996과 1997년 개혁을 통해 이러한 제도를 도입하였다. 이처럼 보편주의 복지국가의 전형으로 간주되는 북유럽 복지국가들이 보편주의 원리에서 비보편주의 원리로 이행하고 있는 이러한 변화는 유럽 복지국가에서 종종 나타나고 있다.

이러한 개혁들은 영어권 국가들에서 복지가 시장논리를 지향하게 만드는 계기가 되었으며, 사회복지영역에서 고용정책이 소극적 고용정책보다는 적극적 고용정책으로, 권리보다는 의무로, 보편주의보다는 선별주의로 이행하는 추세라고 볼 수 있다. 보편주의 복지국가에 대한 옹호와 비판에 대한 논점을 살펴보면 다음과 같다.

1) 보편적 복지국가에 대한 옹호적 입장

첫째, 비용효율성의 문제이다. 부유층을 분류하여 배제하는 데 소요되는 행정 비용이 부유층을 배제시킨 급여의 절감된 비용을 능가한다는 점이다.

둘째, 보편적 급여에 대한 비판 중 하나가 부유층과 중산층이 필요로 하지 않는 급여를 수혜할 수 있는 것인데 이런 이유로 이들을 배제시킨다면 혜택을 볼 수 없는데도 비용을 지불한다는 이유에서 누진세에 대한 지지를 약화시킬 것이라는 점이다.

셋째, 소득재분배로 인해 저소득층의 빈곤을 완화시킬 수 있다는 것이다.

넷째, 보편주의 복지는 비용이 너무 많이 들어 경제적 효율성을 저해한다는 주장이 지속적으로 제기되지만 높은 세금 및 급여와 낮은 경제적 효율성 간에는 뚜렷한 상관관계가 없다는 것이다(Esping-Andersen, 1996).

2) 보편적 복지국가에 대한 비판적 입장

보편적 복지 프로그램은 과도한 비용, 높은 조세 부담, 과도한 기대감 창출 등으로 첫째, 포스트모더니즘(postmodernism)과의 정합성 문제로 사회적 및 문화적 측면에서 획일성보다는 다양성을 추구를 통해 선택권을 행사하고 소비자로서의 정체성을 추구하는 것을 강조한다. 보편주의의 일반적 개념은 공평성을 획일성과 혼동하고 취급의 평등을 취급의 일률성과 혼동함으로써 사회적 다양성을 훼손한다는 것이다.

둘째, 조세와 복지 중첩으로 인해 경제 내에서의 비효율성을 초래한다는 점이다(최광 · 이성규, 2010). 저소득층에서는 세금에 대한 부담이 거의 없는데 비해 중산층과 고소득층에서 부담이 발생하여 비용 측면에서 보편적 복지체제 관점에서 문제점이 될 수 있다고 본다. 조세와 복지 중첩에 대한 현상은 현금 급여보다는 서비스에서 규모가 더 큰 것으로 알려지고 있다.

셋째, 사회서비스 영역에서의 적용상 소득 보장의 경우 보편주의는 수급권자와 실제 수급자가 대부분 일치하지만 사회서비스의 경우 급여 대상에 포괄된다는 것과 실제 급여는 일치하지 않는다는 한계점이다. 사회서비스의 경우 대상자 선정에 있어서는 보편적 소득보장정책과 유사한 원리를 적용할 수 있지만 급여 제공과 관련해서는 선별적 원칙에 따른다고 할 수 있다.

넷째, 지속가능성의 문제이다. 보편적 복지정책들이 성공적으로 실행된다 해도 지속가능성의 여부를 담보할 수 없다는 점이다.

제2절 미래 자본주의국가의 대안적 접근

복지국가가 새로운 방향으로 재편되어야 한다는 공통의 목표를 갖고 다양한 이름의 정책들로 각국에서 실천되고 있다. 미래 복지국가 위기 대안론으로부터 미래 자본주의국가에 대한 대안적 정책으로 등장한 사회투자, 기본소득, 사회적경제에 대해 살펴본다.

1. 사회투자

1990년대 유럽에서 본격적으로 등장한 사회투자정책은 전통적인 복지국가의 위기를 극복하기 위한 대안으로 나타났으며 이는 통화주의와 신자유주의적 노동시장개혁을 통해 친시장적 친기업정책을 통해 경제의 활성화를 견인하며 사회지출 중 소득이전은 줄이고 사회투자성 서비스를 강화하여 노동참여와 인적개발을 권장하는 것이다. 사회투자전략은 전통적인 케인즈주의적 복지국가의 위기 속에서 등장하였다.

케인즈주의적 복지국가의 주요 내용은 총 수요관리를 통해 경기불황을 타개하고 완전고용을 목표로 한다. 사회보장제도는 소득이전(income transfer) 중심으로 입안되고 실업·고령·질병·산업재해 등으로 생긴 소득상실을 다양한 사회복지급여로 보충해 주는 것을 주요 내용으로 한다. 1970년대 오일쇼크 이후 장기불황에서 벗어나지 못하고 실업률을 줄이지 못하면서 경기불황이 장기화되는 조짐으로 케인즈주의에 입각한 거시경제관리 정책과 소득이전 중심의 사회보장체제의 실효성의 문제가 나타나기 시작하였다. 또한 산업구조의 변화에 따라 제조업 중심의 산업기반에서 서비스 중심의 산업기반으로 전이되는 현상과 지식기반경제의 새로운 도래와 함께 복지예산의 증가는 새로운 재원을 창출해내지 못하는 케인즈주의적의 복지체계는 이를 감당하기 어려운 처지에 이르렀다. 사회적 변화요인으로는 고령화와 가족구조의 변화 및 노동시장의 유연화에 따른 고용불안과 일자리의 감소가 새로운 사회적 위험으로 나타났으며 새로운 시장을 개척하여 삶의 질을 높이려는 새로운 욕구가 등장하게 되었다.

이러한 사회적인 변화와 각국의 사정에 맞는 정책적인 변화를 담아내기 위해 정책입안에서부터 유연안정성(flexicurity), 고용가능성(employability), 활성화(activation) 등의 개념이 흐름에 맞도록 만들어지고 오래전부터 이어져 오던 전통적인 복지의 개념으로 담아낼 수 없는 사회정책의 내용 변화를 근로연계복지나 학습복지라는 신개념을 통해 이해하는 단계에 이르렀다. 나아가 전통적인 사회정책을 토대로 복지국가의 황금기라 할 수 있는 1960~1970년대와 현재 새롭게 구성되어 있는 복지국가의 차이를 강조하기 위해 사회투자국가(social investment state)라는 용어도 새롭게 만들어졌다. 이런 사회적 정책의 변화를 함축적으로 표현한 것이 사회투자(social investment)이다.

1990년대 영국노동당의 '제3의 길'을 이끌었던 앤서니 기든스(Anthony Giddens)를 위시한 유럽의 진보적 지식인들의 다양한 정의와 유럽연합(EU)이 회원국들에게 장려하는 노동·사회복지·인적자원개발정책을 포함하는 개념적 정의로 '사회투자란 사회구성원의 노동시장 참여의 권리와 기회를 보장하기 위해 국가 차원에서 이루어지는 인적자본과 사회서비스에 대한 지출'이라 할 수 있다.

사회투자적 사회정책은 경제에 부담이 되는 사회지출이 아니라 경제에 도움이 되는 사회투자로서의 복지를 강조한다. 복지정책을 통해 노동시장의 유연성을 개선하는 한편 노동력의 질, 적응성, 유용성을 개선하려는 적극적 노동시장정책(active labor market policy)을 추진하여 경제적 효율성과 사회적 형평성을 동시에 강조하는 것이 핵심적 내용이다. 사회투자에 관한 담론의 등장은 새로운 사회서비스의 욕구가 증대하는 사회적 변화와 밀접한 관련을 가지고 있다.

20세기 후반 이후 지식기반 경제와 서비스산업의 비중이 점점 확대되는 탈산업사회의 복지체제는 새로운 구조적 긴장에 직면하고 있다. 전통적 산업사회의 실직, 산재, 질병 등과 같은 구사회적 위험(old social risk)과 달리 새로운 사회적 위험(new social risk)이 커지고 있다(Taylor-Gooby, 2004). 서비스경제의 확대, 고령화의 급속한 진행, 가족의 약화, 노동시장의 유연화가 진행되면서 새로운 사회적 욕구가 커졌다. 탈산업사회가 확대되면서 현대 복지체제는 비정규직 노동의 증가, 맞벌이 가정에서 일자리와 가족생활을 동시에 수행해야 하는 어려움과 노약자를 위한 요양과 돌봄의 필요성의 증가 등 새로운 복지영역의 출현이라는 변화에 대비해야 한다. 이에 따라 새로운 사회서비스에 대한 요구가 급격히 증가했다.

사회투자국가로서의 복지국가는 소득보장보다는 사회서비스의 확대와 적극적 노동시장정책의 확장에 주목하고 있다. 개인들의 능동적인 자기실현과 사회참여를 할 수 있도록 돕고 변화에 적극적으로 참여하려는 책임과 의무감을 가지는 것이다. 사회투자국가 패러다임은 재분배적 평등성이 아닌 기회의 평등성을 복지국가의 목표로 보고 시장의 역동성을 개인 능력을 발현할 수 있는 주요한 기회로 본다는 점에서 사민주의 복지국가 패러다임과 다르다.

생애 주기에서 고용의 단절을 겪는 노동자의 재취업을 지원하는 교육과 훈련, 맞벌이 가정과 한부모 가정의 여성이 일과 가정의 균형을 유지할 수 있도록 지원하는 공공보육, 노인에 대한 간병, 간호, 돌봄체제의 지원 등이 대표적이다. 사회투자 담론은 지식경제의 확대, 노동시장의 유연화, 가족 구조의 변화에 적극적으로 대응하는 정책을 제시한다. 사회투자를 강조하는 사회정책은 사회의 빈곤율을 줄이고 삶의 기회를 확대하는 고용의 가치를 강조한다. 사회투자형 사회정책을 통해 사회구성원의 노동시장 참여 권리와 기회가 향상되면 고용률이 높아지고 근로자의 생산성이 높아져 경제성장이 확대되고 아울러 사회경제적인 잠재력이 확대될 것이며 적극적인 기회평등의 결과와 사회적 이동성이 활발해지므로 사회적 배제(social exclusion)를 극복하고 사회통합(social inclusion)을 이루게 될 것이다.

〈표 13-1〉 전통적인 복지정책과 사회투자정책

구분	전통적 복지정책	사회투자정책
문제인식	전통적 사회위기(빈곤과 질병)	새로운 사회위기(양극화, 근로빈곤, 저출산, 고령화)
주요 정책	소득보장, 의료보호	인적자산 및 사회기반투자
주요 대상	빈곤선과 기초생보수급자(3% 150만 명)	일반서민 전체(평균소득 이하 60%)
재정 우선순위	경제개발(물리적 기반투자)	사회개발(사회적 기반투자)
거버넌스	집권, 표준, 중앙정부, 공급자 중심	분권, 다양, 시장, 지방정부, 소비자 중심, 납세자 책임
우선순위	잔여적 복지(시혜와 관리) 배제, 분리, 수요관리	보편적 사회서비스(욕구와 보완) 통합, 계층유동성, 최적투자

2. 기본소득

기본소득은 누구에게나 조건 없이 일정 수준의 소득을 보장하는 것으로 최근 주목받고 있는 주요한 정책 아이디어이다. 기본소득은 역사적으로 1500년대의 토머스 모어(Thomas More)의 『유토피아』에서부터 오랫동안 지속적으로 주목받았으나 아직까지도 논란의 중심에 있을 뿐 전면적으로 시행되지 못하고 있는 정책이다. 최근 4차 산업혁명으로 인해 시작된 완전고용의 붕괴현상은 기존의 복지국가를 지탱하는 사회보험과 공공부조체제에 사각지대가 확대되면서 대안론으로 기본소득이 재조명을 받고 있다. 고용과 가족구조의 변화 등 기존 제도의 대응력을 넘어서는 새로운 사회적 위험이 등장함에 따라 복지국가는 단순히 기존 제도의 축소 또는 삭감이 아니라 보다 근본적인 재편 논의에 들어가면서 기본소득에 대한 관심과 논의가 더욱 고조되었다.

기본소득지구네트워크(BIEN)는 국가 또는 지방자치제(정치공동체)가 모든 구성원 개개인에게 아무 조건 없이 정기적으로 지급하는 소득이다. 즉, 노동시장의 위축과 사회 변화에 맞추어 자원을 개인에게 평등하게 분배함으로써 불평등의 수준을 낮추고 총 수요를 확대·창출하여 경제성장을 주도할 수 있다는 것이다. 국가 또는 지자체가 모든 사람들에게 지급한다는 보편성, 자산심사나 노동에 대한 요구 없이 무조건적으로 지급하는 무조건성, 가구 단위가 아닌 개개인에게 지급하는 개별성이 기존 생활보장제도와의 주요 차이점이라고 할 수 있다. 기본소득에 대한 관심과 논의가 증가하고 있음에도 불구하고 제도의 도입 여부에 대해서는 찬성과 반대의 논리가 첨예한 대립을 이루고 있다.

한국은 2009년 기본소득한국네트워크가 시작되었으며 2016년 서울에서 개최된 '제16차 기본소득지국네트워크(BIEN) 세계대회' 이후 기본소득에 대한 본격적인 논의가 구체화되었다. 한국에서의 기본소득은 인구 고령화와 청년 실업 문제, 양극화 문제로 인해 빈곤층으로 전락할 위험이 있는 청년, 노인, 농민을 중심으로 논의되고 있다. 2018년 30년만의 개헌에서 기본권에 기본소득 지급의 근거가 될 수 있는 내용을 삽입하기 위해 '온국민기본소득운동본부'를 결성하고 전국순회 설명회와 기본소득 학교, 캠페인 등을 벌이기도 하였다. 기본소득에 대한 정의는 학자들마다 다양하다.

기본소득지구네트워크에서는 기본소득을 '국가 또는 지방자치제(정치공동체)가 모든 구성원 개개인에게 아무 조건 없이 정기적으로 지급하는 소득'이라고 정의한다. 기본소득의 이론화 작업에 가장 큰 역할을 한 판 파레이스(Van Parijs)와 야니크 판데르보흐트(Yannick Vanderborght, 2017)는 기본소득을 '한 사회의 모든 성원 개개인들에게 그들이 다른 소득 원천이 있든 없든 아무 조건도 내걸지 않고 현금의 형태로 정규적으로 소득을 지급하는 것'이라고 정의하였다. 가이 스탠딩(Guy Standing, 2017)은 '개인에게 무조건 정기적으로 지급되는 적당한 금액의 돈'이라고 정의하였고, 모두에게 지급되기 때문에 보편적 기본소득이라고 말할 수 있다고 하였다. 여기서 '적당한 금액의 돈'에 대한 부가 설명으로 처음에는 낮은 수준에서 출발하여 점차 빈곤선 이상의 수준까지 오르기 위해 조성된 기금의 규모 및 국민소득 수준과 변화에 따라 커질 수 있다고 하였다(안효상 역, 2018 재인용).

기본소득의 특성을 정리해 보면 다음과 같은 공통점이 있다.

1) 무조건성

기본소득은 자산조사나 노동에 대한 의무와 상관없이 주어진다. 기존의 공공부조는 자산조사(meas-test)를 전제로 하기 때문에 소득·재산·부양의무자가 있을 경우 급여를 받을 수 없었다. 그러나 기본소득은 급여를 지급하는 데 특별한 조건이 없다. 현재 노동시장에 참여하고 있어 임금을 받고 있다고 해도 기본소득은 보장받을 수 있다.

2) 보편성

모든 시민에게 동일한 급여가 제공된다. 누구를 시민으로 정할 것인가가 논쟁이 될 수 있는데, 여기에서 논쟁의 핵심이 되는 대상은 이주노동자와 아동이다. 아동에 대한 급여를 개인별로 지급할 것인가 혹은 가족단위로 지급할 것인가가 논의되어야 한다.

3) 현금성

기본소득의 급여는 현물이 아닌 현금으로 정기적으로 지급된다. 소득을 보장하는 것이기 때문에 정기적으로 지급되며 가족단위가 아니라 개인단위로 제공되는 것이 원칙이다. 현물로 지급될 경우 가족단위로 지급되기 때문에 현금으로 지급되어야 하는데 가부장적 가족을 고려할 때 가구별로 기본소득이 지급되는 것보다 개인별로 지급될 때 고용주와 남성에 대한 여성의 협상력이 높아질 수 있기 때문이다.

또한 기본소득은 시민들 스스로가 소비와 투자의 내용을 결정할 수 있도록 함으로써 개인들의 실질적 자유를 확보하는 것이 목표이기 때문에 현금지급은 이를 실현하기 위한 좋은 방식이라는 것이다.

4) 충분성

기본소득을 주장하는 사람들이 대략 합의하는 기본소득 급여수준은 모든 시민이 기본적인 생활을 할 수 있는 수준이다. 그러나 여기서 기본적인 생활이라는 점에서 논란이 존재하는데 신자유주의자와 노동시장유연화를 핵심적인 원칙으로 간주하는 사람들의 경우 노동유인·경제성장을 방해하지 않은 선에서 급여가 결정되길 바라며, 기본소득을 통해 빈곤 및 비정규노동자의 문제를 해결하고자 하는 사람들의 경우 기본적인 필요(need)를 충족시킬 수 있는 적정수준의 급여 제공을 주장하고 있다. 실질적 자율성을 보장할 만큼 충분한 (sufficient) 급여수준을 보장하는 것을 원칙으로 한다. 이러한 충분성을 만족하는지 여부는 통상 최저생계비 혹은 중위소득의 50% 수준이 담보되는지를 기준으로 판단된다.

기본소득의 충분성 원칙은 인간다운 삶을 보장한다는 점에서 중요한 특성이긴 하나 충분한 기본소득 수준을 보장하기 위해서는 초기부터 대규모 재원이 필요하기 때문에 실현가능성이 희박해지는 문제가 있다.

이과 같은 특성을 살펴볼 때 기본소득은 자산조사 없이 모든 국민에게 노동의 반대급부 조건을 전제로 하지 않고 개인단위로 정기적으로 지급하는 현금성 소득보장제도이다.

〈표 13-2〉 기본소득과 현행 선별적 공공부조제도와의 비교

구분	기본소득제	현행 공공부조제도
수급단위	개인단위로 지급	가구단위로 지급
소득조건	• 개인의 자산·소득조사 없음 • 가구 내 소득이전 여부에 상관없이 지급 • 부양의무자 여부와 상관없이 지급	• 개인의 자산·소득조사를 통해 일정수준 이하의 가구에만 지급 • 소득인정액 산정 시 사적인정소득까지 포함시킴으로써 가구 내 소득이전 가능 여부가 수급 여부에 영향을 미침 • 수급권자의 1촌 직계혈족과 그 배우자 중 부양능력이 있는 부양의무자가 있는 경우 수급 불가
노동연계 여부	• 노동의무 없음	• 생계급여 수급자 중 근로능력이 있음으로 판정된 경우 자활근로사업 참여를 조건에 따름

출처: 보건복지부 (2018a). 2018년 국민기초생활보장사업안내; 한인정 (2018) 재인용.

기본소득이라는 정책이 주목받게 되면서 여러 논란들이 제기되고 있다. 기본소득정책에 대한 긍정적 지지자들의 주장을 살펴보면 다음과 같다.

먼저, 소득과 자산에 비례해 세금을 거둬 모든 국민들에게 공평하게 분배하는 기본소득은 부자로부터 빈곤층으로의 부의 재분배효과를 발생시킨다고 본

다. 소득불균형 심화로 인해 경제적 소외가 날로 심각해지고 있는 현대 자본주의사회에서 보다 공평한 소득분배를 통해 특히 빈곤계층을 중심으로 좀 더 긍정적인 효과가 기대되며, 더 나아가 사회 전체에 바람직한 소득균형 상태를 가져올 것으로 보았다. 기본소득은 자산심사 등을 거치지 않고 자격조건 없이 제공되기 때문에 행정 및 관리 비용이 절감될 수 있다. 또한 부자이든 가난한 자이든 관계없이 국민으로서 기본소득을 받을 권리가 있다고 본다. 임금노동만이 사회적 재화를 만들어 내는 것이 아니라고 본다. 즉, 임금노동만을 강조할 경우 무임금 가사노동, 봉사활동 등의 사회적으로 유익한 활동들이 소외될 수 있기 때문에 기본소득은 개인의 실질적 자유를 실현할 수 있는 수단이라고 보고 급여 액수가 충분하지 않더라도 인간다운 생활을 할 수 있는 최소한의 시간을 확보할 수 있다는 면에서 의의가 있다고 주장한다.

이와 같이 긍정적 입장에서 보면 기존의 선별적 사회보장제도가 현실에서 수급자들의 삶의 개선에 도움을 주지 못한다는 비판의 수위를 높이면서 보편적 복지제도는 불행한 사건이 발생한 후에 대책을 마련해 주는 사후적 대응이 아니라 시민에게 안정적인 생활조건을 보장함으로써 모두 상생할 수 있는 환경을 만들어주는 선제적 대응이라고 주장하는 것이다.

보편적 복지제도와 기본소득은 어떤 차이가 있는지를 살펴보면 보편적 복지제도는 아동수당, 청년수당, 기초연금과 같은 사회수당부터 기본소득에 이르기까지 다양한 형태로 나타나고 있다. 이는 사회수당과 기본소득은 모두 보편적 성격을 지향하고 있다는 점에서 유사하나 두 제도는 서로 성격이 다르다고 볼 수 있다. 아동수당, 청년수당, 기초연금과 같은 사회수당은 노동을 통한 소득활동이 없는 집단을 대상으로 그들의 특수한 복지욕구 필요성에 따라 나온 제도인 반면, 기본소득은 노동시장에서 현재 소득활동을 하고 있는 사람들까지 포함하여 모두에게 무조건적으로 지급되는 방식이라는 점에서 한정된 집단의 특정 복지욕구를 충족시키기 위한 사회수당제도와는 구분된다. 또한 기본소득은 추가로 근로소득이 발생해도 수급자들이 기본소득을 계속 지급받도록 설계되어 있다. 이와 같이 모든 시민들이 인간다운 삶을 영위할 수 있도록 최소한의 보호장치를 마련해 준다는 점에서 기본소득은 현행 선별적 사회보장제도와도 차이를 보인다.

기본소득 지지자들은 이러한 수급방식에서의 차이 때문에 현행 선별적 복지제도하에서 나타나던 근로유인 저하가 기본소득제도하에서는 상대적으로 적게 나타날 것으로 예측한다. 특히 이들은 기본소득은 당장 소득이 없어도 최소한의 생계유지를 할 수 있도록 보장해 주기 때문에 사회적 불확실성으로부터 오는 불안감을 완화해 주고 인간의 존엄과 가치를 보호해 준다고 주장한다(Standing, 2017; Van Parijs & Vanderborght, 2017).

이에 반대하는 기본소득의 부정적 입장은 현 시점에서 기본소득을 도입하기보다는 기존의 소득보장제도를 강화함으로써 복지 사각지대를 해소하기를 강구한다. 기본소득이 노동하는 자를 착취하는 제도이며 사람들의 근로의욕을 저하시킨다고 보고 있으며 기본소득의 경우 급여의 충분성이 충족되지 않으면 기본소득 본래의 목적인 실질적 자유 실현이 어렵다고 본다.

기본소득정책에 대한 부정적 입장은 이러한 기본소득 수급방식 때문에 반드시 수급자의 근로유인의 감소가 나타나고 그 결과 노동생산성이 떨어져서 결국 경제 성장을 저해할 가능성이 높아진다고 비판한다. 기본소득 재원 마련에 있어서도 시간이 지나면서 더 어려워져 재원고갈로 인해 제도붕괴로까지 이어질 수 있다고 경고한다. 또한, 호혜성(social reciprocity) 관점에서 사회로부터 기본소득을 제공받고도 근로 의무를 다하지 않는 사회적 정의에 반하는 것이라고 비판한다. 이런 문제의식에서 기본소득 도입의 부정적 입장론자들은 모든 사람들에게 무조건적으로 제공하는 기본소득방식이 아니라 저임금 노동자들만을 대상으로 현행 사회보장제도를 보완해 나가는 것이 훨씬 효과적일 수 있다고 주장하고 있다.

퍼먼(Furman, 2016)은 동일 재원으로 모든 사람들에게 나눠준다고 가정할 때 기본소득제도하에서는 이전보다 적은 혜택이 빈곤층에게 돌아가기 때문에 소득불평등이 오히려 증가한다고 보았다. 조경엽과 유진성(2013)의 연구에서도 기본소득제도는 저소득층보다는 상대적으로 중산층이나 고소득층에게 유리한 제도로 기존 선별적 복지제도하에서보다 소득분배가 오히려 악화될 수 있다는 실증적 분석 결과를 제시하였다. 기본소득을 보장해 주었을 때 빈민들이 더욱 성실히 노동하지 않고 나태해질 수 있다는 것을 과거의 스핀햄랜드제도와 영국의 복지병 현상 등을 사례로 들면서 최고의 복지는 일자리가 되어야 하며 일을 할 수 있는 이들에게 기본소득이 아니라 기본근로를 보장해야 한다고 주장한다.

이와 같이 기본소득은 국내외 학계에서 많은 관심을 이끌었고 기본소득에 관한 논의는 철학적 정당성으로부터 출발하여 기능적 정당성에 관한 연구들로 이어졌다. 한국에서도 완전고용 신화의 균열과 같은 사회경제적 변화로 복지국가가 포괄하지 못하는 사각지대의 보완대책으로 기본소득의 기능적 필요와 효과에 대한 연구가 진행되었으며 기본소득의 빈곤완화 및 재분배효과성에 대한 연구들이 활발히 진행되고 있다. 더 나아가 기본소득에 대한 정당성과 기능적 효과를 인정하더라도 정치적 이행가능성에 대한 상반된 견해를 살펴보면 기본소득이 기존의 노동운동을 와해시킬 수 있다는 비판들과 기본소득의 주체성 확보가 선순환적인 관계로 자본주의에 대한 변혁적 대안으로서 작용할 수 있을지에 대한 의견들도 여전히 분분하다. 기본소득이 충분하지 못한 수준으로 제공되었을 때는 기본소득이 노동 해방의 길을 열기보다는 자본주의에 최소 소비자로서 기능할 수밖에 없다는 비판도 제기되었다(김영희, 2013; 2017).

3. 사회적경제

1) 사회적경제의 개념

최근 경제 위기가 장기화되면서 일자리 창출과 사회서비스를 제공하여 사회적 문제를 해결해가는 사회적경제가 주목받고 있다. 사회적경제는 혁신적인 경제활동을 통해 정부와 시장이 해결에 실패한 사회문제들을 해결하기 위한 새로운 영역으로서 시민사회가 주도적으로 참여하고 민주적인 운영을 통해 사회적 가치를 우선으로 추구하는 경제이다.

사회적경제라는 용어를 최초로 사용한 이는 1800년대 프랑스 경제사상가 샤를 지드(Charles Gide)이다. 샤를 지드는 자본주의 발전에 따른 노동자의 집단적 대응의 필요성을 강조하면서 사회적경제를 자본주의 시장경제의 대안으로 보았고 사회 변혁의 필요성과 가능성을 주장하였다.

샤를 지드(Charles Gide)가 주장한 사회적경제의 목적은 첫째로 노동조건의 개선, 둘째는 주류경제 및 사회 시스템의 전반적 개선, 셋째는 위기에 대한 안전 보장, 넷째는 경제적 지위의 보장이었다. 시장경제를 더 사회적이고 공평한 체제로 전환할 수 있는 대안으로 자본주의 시장경제의 변화에 대한 조직적 실천으로 사회적경제를 구상하였다(김성윤, 2017; 한경진, 2019 재인용). 그러나 사회적경제는 제2차 세계대전 이후 유럽을 중심으로 복지국가 모델이 정착하면서 성장세가 둔화하고 주목받지 못했다. 복지국가의 위기와 재편의 시기를 지나서 현재에 이르러서야 사회적경제는 '공동체 연대경제'라는 담론과 결합하면서 OECD, ILO 등 국제기구에서도 중요한 개념으로 인식되고 있다.

1970년대 중반 이후 신자유주의는 시장에 대한 국가의 규제 해소, 공공부문의 민영화, 재정지출 축소 등 국가의 역할을 축소하는 대신 시장과 개인, 민간에 의해 문제를 해결하고자 하였다. 그러나 1980년대 이후 세계적인 금융위기, 빈부격차 확대 등의 문제에 직면하면서 더 이상 시장만으로는 경제문제를 해결하는데 한계가 있다는 성찰을 하게 되었다. 이러한 움직임에 따라 1990년대 이후 다수의 국가들이 시장경제의 보완적 혹은 대안적 경제로써 사회적경제를 제도화하게 된다(김학실, 2017).

사회적경제는 이제 단순하게 자본주의 경제를 보완하는 역할을 넘어 경제의 한 축을 담당하는 새로운 영역으로 성장해 가고 있다. 폴래드(Plaid, 2018)는 "사회적경제는 이윤보다 사회적·환경적 목표를 우선으로 삼고, 경제활동에서 윤리의 중요성을 강조하며, 민주적 자주 관리와 적극적 시민의식의 관점에서 경제적 실천을 성찰함으로써 경제에 대한 사회의 통제력을 회복하려는 움직임이다"라고 하였다. 유럽연합(EU, 2009)은 "현재와 같은 위기 상황은 새로운 경제적, 사회적 모델을 요구하는데 사회적경제는 산업민주주의와 경제민주주의를 강화하는데 상징적인 의미에서 그리고 실제 성과라는 점에서 대단히 중요하다"라고 하면서 사회적경제를 앞으로 유럽의 여러 나라가 선택하고 발전시켜야 할 새로운 경제와 사회적 모델로 선언했다. 유럽연합의 사회적경제에 대한 선언은 세계화, 저출산, 고령화 등 자본주의가 당면하고 있는 위기를 극복할 주요 대안으로 사회적경제를 선택한 것으로 볼 수 있다.

국제연합(UN)도 2009년 12월 총회에서 사회적경제 조직 가운데 '협동조합은 위기에 강한 조직'이라고 강조하며 2012년을 '세계협동조합의 해'로 선언(UN, 2009)하고 각종 기념사업을 전개하는 등 활성화를 위해 큰 노력을 하고 있다.

우리나라는 2007년 「사회적기업 육성법」 시행, 2011년 마을기업 육성 사업을 시작하여 2012년 「협동조합 기본법」 제정과 시행 등 정부가 주도적으로 정책과 제도를 마련하여 사회적경제를 육성해 오고 있다. 「사회적기업 육성법」에서는 사회적경제에 대한 정의는 규정하고 있지 않지만 그 의미를 내포하고 있는 사회적기업에 대해 "취약계층에게 사회서비스 또는 일자리를 제공하거나 지역사회에 공헌함으로써 지역주민의 삶의 질을 높이는 등의 사회적 목적을 추구하면서 재화 및 서비스의 생산·판매 등 영업활동을 하는 기업으로서 제7조(사회적기업의 인증)에 따라 인증받은 자를 말한다"고 정의하고 있다. 이는 사회적경제가 사회적 가치를 추구하면서 동시에 경제적 목적도 추구하는 경제적 활동이나 시스템을 의미한다고 할 수 있다. 현재 사회적경제를 포괄하는 '사회적경제 기본법안'이 현재 국회에 계류 중에 있으며 제정 여부가 논의되고 있다(2016. 8. 17. 윤호중 의원 대표발의, 2016. 10. 11. 유승민 의원 대표발의). 이 법안은 마을기업, 사회적기업, 협동조합 등을 사회적경제 조직으로 규정하고, 정부가 이들 조직을 육성·지원하는 내용을 담고 있다. 하지만 '사회적경제 기본법안'이 자유시장경제체제를 부정하고, 국가의 기본원리를 자유와 창의에서 협동과 연대로 전환하자는 것이라는 비판이 일고 있다(네이버 지식백과: 한경 경제용어사전).

사회적기업 육성법이 시행된 지 10여 년이 지난 한국의 사회적경제는 시민사회 참여와 지역사회에 대한 공헌, 혁신적이고 창조적인 성장 등 사회적경제가 가진 장점들을 제대로 살려내지 못하고 지속가능한 발전전략 수립이라는 큰 숙제를 끝내지 못하고 정체되어 있다고 할 수 있다. 그동안 정부의 사회적경제 육성정책은 사회적 일자리 창출과 개별 기업 및 조직을 중심으로 지원이 집중되면서 여러 가지 문제점을 드러내 새로운 변화를 요구를 받고 있다. 이런 상황에서 정부는 국정 100대 과제에 사회적경제를 경제 활성화를 견인하는 하나의 축으로 선정하였다. 사회적경제를 좋은 일자리 창출, 사회서비스 혁신, 도시재생 등 다양한 사회문제를 해결하는 시민 경제 모델로 정착시키겠다고 밝히고 있는 것이다.

이와 같이 한국에서 사회적경제가 주목받게 된 배경으로 다음과 같은 흐름을 정리할 수 있다. 첫째, 세계적인 시장경제의 확장으로 지역경제가 위기를 맞이하여 일반 시민들의 생활경제가 위기에 처해 이를 해결하기 위한 노력이 중요한 과제로 대두되었다. 둘째, 기존의 산업에서는 일자리 창출이 어려워진 상황에서 새로운 노동 수요 창출과 취약계층에게 일자리를 제공하는 노동을 통한 사회 통합력을 제고할 필요성이 있다. 셋째, 고령화, 빈부격차 등 자본주의 위기에 대응하여 지역 커뮤니티 활성화와 시민사회의 참여, 그리고 사회적 자본 연계 등 다양한 사회서비스의 수요가 증가한 것이다.

사회적경제는 정부가 지원한 일시적인 일자리 창출 사업에 더하여 지역사회가 갖고 있는 인적·물적자원을 활용, 지역경제 재구축과 생태계 조성이라는 발전을 이끄는 새로운 경제영역으로 편성된 것이다. 사회적경제에 대한 개념과 정의는 매우 다양한 논의가 있었지만 아직까지 통일되고 정형화되지 못했다. 지역과 시대에 따라 사회적경제는 매우 다양한 발전형태를 보였기 때문이다.

프랑스 경제사상가 샤를 지드(Charles Gide)는 사회적경제를 "인간의 삶의 질을 향상시키기 위한 모든 노력"으로 정의하고 시장경제가 유발하는 사회적 위험의 대안으로 제시하여 노동 조건이나 사회·경제 제도 등의 개선에 초점을 두었다(신명호, 2009; 임성은, 2018).

유럽사회적경제(Social Economy Europe)는 사회적경제는 "사람과 사회적 목적이 자본에 우선하고, 누구나 자발적으로 가입할 수 있으며 조합원에 의한 민주적 통제가 이루어지고, 조합원·이용자의 이익과 일반 이익이 조화를 이루며, 연대와 책임의 원칙이 지켜지는 조직"이고 정부 및 공공기관으로부터 자율성과 독립성을 유지하고, 잉여의 대부분을 지속가능한 발전을 추구하거나 조합원의 이익을 추구하는 데 써야 한다고 선언했다(Monzón & Chaves, 2016).

경제협력개발기구(OECD, 2009)는 사회적경제를 "국가와 시장 사이에 사회적 요소와 경제적 요소를 가진 조직들로 경제적 측면에서 재화와 서비스를 직접 생산하여 판매하고 높은 수준의 자율성, 자유로운 참여와 탈퇴, 구성원들의 실질적인 재정적 결정, 최소한의 임금노동자 고용 등을 유지하고 사회적 측면에서는 시민주도성이 확보되어 민주적으로 운영되고 1인 1표제 등 사람에 따라 의사결정이 이루어지고 이윤배분을 제한하며 지역사회 혹은 특정집단의 이익을 추구한다는 원칙이 있는 경제"라고 규정하고 있다.

캐나다 퀘벡의 사회경제위원회는 "이윤보다 회원과 공동체를 위한 운영, 국가로부터의 자율성, 1인 1표의 민주적 경영, 자본에 대한 개인과 노동의 우위, 참여의 원칙과 구성원에게 권한 부여라는 조건을 만족시키는 협동조합과 상호부조 등의 결사체를 포함하며, 주민과 공동체의 필요를 충족시키기 위한 모든 부문"을 사회적경제라고 규정했다.

사회적경제에 대한 개념은 시대와 사회 상황 그리고 국가와 학자별로 달라 모두에게 통용되는 동일한 개념을 정립하여 사용하기는 어려운 일이다. 사회적경제를 제도화하여 관련법을 운영 중인 국가들은 각기 법적 개념이 정립되어 있겠지만 우리나라는 아직 관련법이 없어 사회적경제에 대한 명확한 개념 정의가 어렵다.

우리나라의 경우 '사회적경제'란 일반적으로 사회적 가치를 실현하면서 동시에 경제적 목적도 추구하는 경제적 활동이나 시스템을 의미한다. 이러한 사회적경제 활동을 하는 사업 주체는 시장에서 경쟁을 통한 영리활동을 하면서도 사회문제를 해결하는 일을 사업 목적으로 하고 있기 때문에 일정부분 공공영역에서 해야 할 역할을 수행하고 있다고 할 수 있다.

노대명(2014)은 "법률적으로는 특정한 법적 구성요건을 충족하는 조직들이 활동하는 영역이고 법적 지위를 갖는 협동조합, 공제조합, 재단, 결사체(associations), 최근 등장한 사회적협동조합(social cooperatives)과 사회적기업(social enterprises) 등을 포함하는 영역"을 사회적경제라고 주장하고 있다.

사회적경제는 매우 다양하게 정의되고 있는데 공통으로 포함되는 요소들은 다음과 같다. 첫째, 시민사회의 자발적 참여, 둘째, 민주적인 의사결정 구조를 갖추고 있다는 점, 셋째, 공동체와 지역사회에 기여하고자 한다는 점, 넷째, 경제영역에서 '사회적인 것'의 중요성을 인식하고 경제적 가치와 사회적 가치를 동시에 추구한다는 점이다. 이와 같이 사회적경제에 대한 개념을 정리하면 〈표 13-3〉과 같다.

〈표 13-3〉 사회적경제 개념

구분	개념
경제협력개발기구 (OECD)	'국가와 시장 사이에 사회적 요소와 경제적 요소를 가진 조직들'로 경제적 측면에서 재화와 서비스를 직접 생산하여 판매하고 높은 수준의 자율성, 자유로운 참여와 탈퇴, 구성원들의 실질적인 재정적 결정, 최소한의 임금노동자 고용 등을 유지하고 사회적 측면에서는 시민 주도성이 확보되어 민주적으로 운영되고 의사결정은 자본 비율보다는 1인 1표제 등 사람에 따라 이루어지고 이윤배분을 제한하며 지역사회 혹은 특정집단의 이익을 추구한다는 원칙이 있는 경제
사회적경제 헌장 (Charte de l'Economie sociale)	민주적 의사결정(제1조), 수익의 공정한 배분 및 공익을 위한 투자(제5조), 인간중심의 가치지향(제6조 및 제7조) 등을 사회적경제의 핵심가치로 규정
유럽사회적경제 (Social Economy Europe)	기업이익보다는 사람과 사회적 목적을 우선 추구하고 자유로운 가입과 탈퇴, 민주적인 운영, 연대와 책임, 자율성과 독립성을 유지하며 운영되는 경제영역
샤를 지드(Charles Gide)	인간의 삶의 질을 높이기 위한 모든 노력이 사회적경제의 시작이고 노동 조건과 사회 및 경제 제도 개선이 중요함
퀘벡의 사회경제위원회	이윤보다 회원과 공동체를 위한 운영, 국가로부터의 자율성, 1인 1표의 민주적 경영, 자본에 대한 개인과 노동의 우위, 참여의 원칙과 구성원에게 권한 부여라는 조건을 만족시키는 협동조합과 상호부조 등의 결사체를 포함하며, 주민과 공동체의 필요를 충족시키기 위한 모든 부문에서 발전할 수 있다고 규정

출처: 한경진 (2019)에서 재구성.

사회적경제 조직은 노동시장에서 소외된 취약계층들을 위해 일자리를 만들고, 지역공동체 발전을 위한 생태계를 조성, 지역경제 활성화를 촉진하는 등 사회적 목적을 실현해 나가는 조직이다. 이윤보다는 사회적 가치를 추구하는 사회적기업으로 함께 소유하고 민주적으로 운영하여 조합원들의 경제 · 사회 · 문화적 필요를 해결하는 협동조합 등은 사회적경제를 이루는 대표적인 조직이다.

사회적경제 조직의 유형 분류는 일반적 기준이며, 각 나라마다 다르고 우리나라 또한 그 범위와 구분은 명확하지 않다. 국가와 시장에 기반을 두고 매개하는 혼합적 영역으로 제시되고 있는 사회적경제의 유형을 정리하여 〈표 13-4〉에 나타내었다.

〈표 13-4〉 사회적경제 조직 유형과 사례

유형 분류	세부사업
공공지원형 일자리사업	• 장애인보호작업장/노인생산공동체 • 복지부 자활근로사업단 • 노동부 사회적 일자리사업
공공지원형 사회적기업	• 자활공동체 • 노동부 사회적기업
민간지원기관	• 대안금융기관
사회적경제	• 시민사회단체(서비스공급형) 노동자협동조합 • 농협/수협/산립조합/신협/새마을금고

출처: 노대명 (2007); 나재진 (2019)에서 재구성.

2019년 기준 국회에 계류 중인 2건의 '사회적경제 기본법안'에서도 〈표 13-5〉에 있는 유형들을 모두 사회적경제 조직 또는 사회적경제 기업의 영역에 포함하여 정의하고 있다.

〈표 13-5〉 사회적경제 조직 유형과 법적 근거

사회경제적 조직 유형	법적 근거
사회적기업	사회적기업육성법
협동조합, 협동조합연합회, 사회적협동조합, 사회적협동조합연합회	협동조합기본법
중앙자활센터, 광역자활센터, 지역자활센터, 자활기업	국민기초생활보장법
마을기업	도시재생활성화 및 지원에 관한 특별법
농어업법인, 조합, 단체 등	농어업인의 삶의 질 향상 및 농어촌지역 개발촉진에 관한 특별법

출처: 김학실 (2017); 나재진 (2019) 재구성.

사회적경제 조직으로는 사회적기업, 예비사회적기업, 협동조합, 자활기업 등을 들 수 있는데, 이들 조직의 운영은 각각의 개별법에 따르고 있으며, 사회적경제 전반을 아우르는 포괄적 법령이 없어 그 범위와 기준을 정확히 한정하기는 곤란하다. 현재 '사회적경제 기본법안'이 국회에 계류 중이지만 상당기간 동안 논쟁이 이어지고 있어 이 법이 언제쯤 제정될 수 있을지 매우 불투명한 상황이다.

여러 유형의 사회적경제 조직 중에서 가장 대표적인 것은 사회적기업이다. 「사회적기업 육성법」에 따라 일정 자격요건을 갖춘 기업이 사회적기업으로 인증을 요청하면 고용노동부는 심사를 통해 인증 여부를 결정하고 인증을 받은 사회적기업은 정부로부터 사업개발비, 인건비 등 다양한 지원을 받을 수 있다. 사회적경제 관련 정부 예산투입은 일자리 창출 사업이 가장 큰 비중을 차지하고, 목적별 예산 구성도 일자리 제공이 68.4%로 압도적으로 많은 비중을 차지하고 있어 이에 대한 개선이 요구되고 있다. 〈표 13-6〉은 한국 사회적경제 조직 형태와 현황을 나타낸 것이다.

〈표 13-6〉 한국 사회적경제 조직 형태와 현황

구분	개념	현황
사회적기업	사회(공공)서비스 또는 일자리를 제공하며 취약계층과 지역주민 삶의 질을 높이기 위한 사회적 목적을 추구하면서 생산, 판매, 서비스 등 영리활동을 하는 기업 및 조직(사회적기업 육성법)	사회적기업: 2,201개 예비사회적기업: 941개 (2019. 6. 3. 기준)
마을기업	지역주민이 지역 자원을 활용하여 기업을 운영, 그 수익으로 지역문제 해결을 위해 활동하고 소득과 일자리를 만 들어 지역경제 발전을 위해 설립, 운영하는 기업	1,514개 (2018년 기준)
협동조합	공동으로 소유하고 민주적으로 운영하는 사업체를 통하여 경제·사회·문화적 필요와 열망을 이루기 위해 자발적으로 결성한 사람들의 자율적인 조직	15,598개 신고·등록 (2019. 6. 3. 기준)
자활기업	생활보호 대상자 등 취약계층이 협동조합이나 공동창업을 통해 빈곤을 탈출하기 위해 활동하는 기업	1,173개 (2018. 12. 기준)
농어촌공동체회사	농어촌지역 주민들이 기업경영방식을 도입하여 지역의 인적·물적자원을 활용, 일자리와 소득을 만들고, 복지 등 사회서비스 제공을 통해 지역문제 해결 및 지역 활성화에 기여하는 조직	2018년 18억9천만 원 2019년 33억 원

출처: 한경진 (2019) 재인용.

생각해 볼 문제

1. 복지국가 위기의 원인으로 옳지 않은 것은?
   ① 경기침체와 국가재정의 위기
   ② 관료 및 행정기구의 팽창과 비효율성
   ③ 포디즘적 생산방식의 비효율성
   ④ 독점자본주의의 축적과 정당화 간의 모순
   ⑤ 복지혼합을 통한 정부와 민간의 역할조정

2. 복지국가의 위기론이 등장하게 된 사회경제적 배경에 대한 설명으로 옳지 않은 것은?
   ① 복지국가의 위기론이 등장한 사회경제적 배경으로는 경제성장의 둔화와 오일쇼크를 계기로 스태그플레이션이 나타났다.
   ② 실업률이 증가하면서 복지지출이 급증하는 현상이 발생하여 세수 감소와 맞물려 재정적자를 크게 증대시켰다.
   ③ 복지제도의 효율성, 관료화 등에 대한 비판이 증가하면서 복지국가의 정당성이 약화되기 시작하였다.
   ④ 국가와 자본, 노동자 계급의 타협에 균열이 발생하게 되었다.
   ⑤ 복지공급에 있어서 국가의 역할이 축소되고, 시장과 비공식부문 등으로 다원화되었다.

3. 사회투자국가의 특징에 관한 설명으로 옳지 않은 것은?
   ① 인적자본과 사회적 자본에 대한 투자를 강조하여, 미래의 시민이자 노동자로서 아동에 대한 투자를 중요하게 간주한다.
   ② 사회정책을 우위에 두고 경제정책과 사회정책을 통합시키는 데 관심을 두고 있다.
   ③ 여성에게 일과 가정의 양립을 가능하게 하여 노동시장 참여를 촉진하는 데 주목한다.
   ④ 시민의 권리는 의무와 균형을 이루어야 한다고 주장한다.
   ⑤ 소득을 보장하는 소비적 지출은 가능한 억제하려고 한다.

4. 기본소득정책에 대한 관심이 높아지고 있는데 보편적 복지가 될 수 있는 정책인지 토론해 보자.

생각해 볼 문제 정답

chapter 01

1. ① 2. ① 3. ⑤

chapter 02

1. ⑤ 2. ② 3. ③

chapter 03

1. ⑤ 2. ④ 3. ②

chapter 04

1. ② 2. ⑤ 3. ①

chapter 05

1. ⑤ 2. ④ 3. ③

chapter 06

1. ③ 2. ④ 3. ③

chapter 07

1. ③ 2. ① 3. ⑤ 4. ④

chapter 08

1. ③ 2. ① 3. ① 4. ④ 5. ⑤

chapter 09

1. ① 2. ③ 3. ⑤

chapter 10

1. ⑤ 2. ③ 3. ⑤

chapter 11

1. ② 2. ③ 3. ④

chapter 12

1. ④ 2. ④ 3. ③

chapter 13

1. ⑤ 2. ⑤ 3. ②

참고문헌

강병구 (2017). 적정 조세부담률과 새정부의 재원확보를 위한 로드맵 제언. 한국조세재정연구원.

강영실 (2005). **사회문제론**. 대왕사.

강영실 (2013). **사회복지정책론**. 신정.

강욱모 (2018). 보편적 복지국가 논쟁. **현상과 인식, 42**(3), 41-72.

강종일 (2012). **사회복지정책론**. 학현사.

경제협력개발기구(OECD) (2016). OECD Revenue Statisticsn.

고수현 (2006). **사회복지정책 이행과정**. 교육과학사.

고수현, 강호성, 김정헌, 남연희, 박성복, 윤종갑, 정영주 (2016). **사회복지정책론**. 양성원.

고용노동부 http://www.moel.go.kr

구인회, 손병돈, 안상훈 (2017). **사회복지정책론**. 나남.

구제관, 김성철, 김재원, 박경숙, 박종팔, 이양훈 (2015). **사회복지정책론**. 양서원.

구철회, 심재승, 강현옥, 허인철, 장혜숙 (2015). 지역사회서비스투자사업 가격 자율화 방안. 보건복지부.

권진욱 (2016). 기로에 선 한국형 복지국가. **한국민주주의연구소, 5**, 3-14.

김기원 (2003). **한국사회복지정책론**. 나눔의집

김기태, 박병현, 최송식 (2000). **사회복지의 이해**. 박영사.

김상균, 주은선, 최유석, 이정호 (1999). 우리나라 복지이념모형 구축을 위한 기초연구. **사회복지연구, 14**. 한국사회복지연구회.

김성욱, 유희원 (2016). 사회복지재원 구성전략과 경제사회적 성과. **비판사회정책**(53), 175-212.

김성윤 (2017). '사회적인 것'의 이데올로기적 지형. 중앙대학교 대학원 박사학위논문.

김연명 (2016). 2060 재정전망과 한국 복지국가의 미래에 대한 성찰. 사회정책연합 공동학술대회, 229-244.

김영종 (2019). **한국의 사회서비스**. 학지사.

김영화, 박태정, 장경은 (2008). **사회복지정책론**. 공동체.

김영희 (2013). 불평등의 기차를 어떻게 멈출 것인가? 「세계화 시대와 소외된 노동」에

관한 응답. 대동철학회.
김영희 (2017). **세상을 바꾸는 즐거운 상상, 기본소득**. 부산대학교 한국민족문화연구소.
김윤태 (2010). **복지 담론과 사회투자의 다양성**. 사회와이론.
김윤태 (2016). **복지와 사상: 복지국가 이데올로기의 역사적 전환**. 한울아카데미.
김종명, 송낙길, 염일열, 이영희, 이형렬, 임재옥, 장정순 (2015). **사회복지정책론**. 양서원.
김종일 (2009). **사회복지정책론**. 학현사.
김태성 (2007). **사회복지정책입문**. 청목출판사.
김태성 (2012). **사회복지정책론**. 청목출판사.
김태성, 김진수 (2005). **사회보장론**. 청목출판사.
김태일 (2011). 한국사회서비스의 특징과 전망. **아세아 연구, 54**(2).
김학만 (2013). **사회복지정책**. 신정.
김학만, 김경우, 이용환, 진석범 (2005). **사회복지정책론**. 대왕사.
김학실 (2017). 사회적경제 제도화 과정에 대한 비판적 담론 분석. **사회적경제와 정책연구, 7**(1), 27-61.
김홍식 (2014). 복지국가 위기론에 대한 연구: 복지국가 개념을 중심으로. 서강대학교 대학원 박사학위논문.
나기산 (1994). **정책분석론**. 법문사.
나재진 (2019). 사회적경제 활성화를 위한 소셜벤처육성·지원방안 연구. 한양대학교석사학위논문.
남기민 (2015). 사회복지정책론. 학지사.
노기성 (2011). 사회서비스정책의 현황과 과제 '사회복지서비스를 중심으로'. 한국개발연구원.
노병일 (2018). **사회복지정책론**. 공동체.
노시평, 시휘석, 송재복, 장덕제 (2002). **사회복지정책론**. 대경.
닐 길버트 (2009). **사회복지정책론-분석틀과 선택의 차원**. 남찬섭·유태균 역 (2009). 나눔의집.
박경일 (1989). 일본의 연금개혁에 관한 연구: 1989 신연금제도의 형성과정을 중심으로. **한국사회복지학, 13**.
박경일 (1995). 가족수당정책의 형성과 발달에 관한 연구. 부산대학교 대학원 박사학위논문.

박경일 (1995). 문민정부의 사회복지정책 추진방향 분석과 발전과제. **사회복지개발연구**, **1**(2). 사회복지개발연구원.

박경일 (2007). **가족수당정책론**. 양서원.

박경일 (2018). **사회복지정책론**. 공동체.

박경일, 김경호, 서화정, 윤숙자, 이명현, 이남주, 이재모, 전광현, 조수경 (2013). **사회복지학강의**. 경기: 양서원.

박광준 (2005). **사회복지의 사상과 역사**. 양서원.

박병헌, 윤성호 (2017). **사회복지정책론**. 정민사.

박병현 (2003). **사회복지정책론**. 나남.

박병현 (2009). **사회복지정책론: 이론과 분석**. 학현사.

박병현 (2015). **사회복지정책론**. 정민사.

박성복 (2007). 녹색주의 반응과 생태적 관점. **서울행정학회**, **12**, 339-355.

박세경 (2016). 사회서비스정책 진단과 고도화 전략 연구. 한국보건사회연구원.

박정호 (2003). **사회복지정책론**. 학지사.

박주현 (2017). **사회복지정책론**. 어가.

박혜담 (2016). 한국의 사회투자정책에 관한 연구. 건국대학교 대학원 석사학위논문.

배기효, 박영국, 송정애, 오현숙, 이남순, 이은영, 이채식, 이형렬, 전영록 (2014). **사회복지학 개론**. 창지사.

보건복지부 (2018). 지역사회서비스투자사업 안내.

보건복지부 (2019). 사회서비스원, 서울, 대구, 경기, 경남에서 최초 설립, 운영, 2019년 3월 6일.

보건사회연구원 (2012). OECD 회원국의 사회복지지출과 재정건전성 비교연구. 연구보고서, 2012-27.

빅 조지, 폴 윌딩 (2008). **이데올로기와 사회복지**. 남찬섭 역 (2008). 한울아카데미.

사회복지교육연구센터 (2015). **사회복지정책론**. 나눔의집.

생각의 마을 (2018). **사회복지정책론**. 공동체.

석재은 (2005). 장기요양보호정책의 한국적 모형에 관한 탐색적 논의: 국가, 시장, 가족의 역할 분담과 정책 설계. 2005년 한국사회복지학회 추계공동학술대회.

송근원 (2004). **사회복지정책론**. 학지사.

송근원, 김태성 (2007). **사회복지정책론**. 나남.

송호근 (2001). **세계화와 복지국가: 사회정책의 대전환**. 나남.

신섭중 (1993). **한국사회복지정책론**. 대학출판사.

신섭중 (1998). **사회보장정책론**. 대학출판사.

양난주 (2020). 사회서비스원은 공공성을 강화하는가?: 사회서비스원 시범사업 초기 성과 분석. **한국사회정책, 27**(4), 107-135.

양승일 (2019). **사회복지정책론**. 양서원.

에이블뉴스 (2006.02.04). 장애발생원인, 후천적 원인이 89% -2005년 장애인 실태조사결과 분석.

오세영 (2017). **사회복지정책론**. 신정.

우명숙 (2008). 제3의길 사회투자 관점과 복지정책의 공공성. 한국사회학회 사회학대회 논문집, 646-661.

우종모, 김재호, 조장호 (2004). **사회복지행정론**. 양서원.

원석조 (2006). **사회보장론**. 양서원.

원석조 (2019). **사회복지정책론**. 공동체.

유문무 (2015). 복지국가 위기 대안론에 대한 비판적 연구. 서울시립대학교 대학원 박사학위논문.

윤철수, 노혁, 도종수, 김정진, 김미숙, 석말숙, 김혜경, 박창남, 성준모 (2014). **사회복지개론**. 학지사.

윤홍식 (2011). 복지국가의 조세체계와 함의. **한국사회복지학, 63**(4), 277-299.

이기원, 김휜, 정혜선, 김경자, 박미영, 이경열 (2024). **사회복지정책론**. 동문사.

이슬이 (2018). 국가의 재정분권이 복지재정에 미치는 영향, 성균관대학교 석사학위논문.

이승주 (2018). 모의실험(Simulation)을 통한 기본소득 도입의 효과분석. 연세대학교 대학원 박사학위논문.

이승협 (2008). 유럽의 사회정의와 사회정책. **사회복지정책, 0**(34), 413-434.

이영범 (2011). 사회복지서비스 전달체계 노기성 편. 사회서비스정책의 현황과 과제. KDI정책 연구시리즈, 2011-07.

이영찬 (2000). **영국의 복지정책: 구빈법부터 제3의 길까지**. 나남.

이인재, 류진석, 권문일 (2010). **사회보장론**. 나남.

이재원 (2008). **사회서비스 전자바우처**. 대영문화사.

이재원 (2012). 사회서비스정책의 전개과정과 정책과제: 보건복지부 사회서비스 전자바우처사업을 중심으로. **지방정부연구, 15**(4), 333-359.

이정서 (2017). **사회복지정책론.** 정민사.

이정우 (2013). **사회복지정책론.** 학지사.

이한나, 엄다원, 김가희, 김유휘, 김회성, 어유경, 문용필, 엄태영, 한은영, 박세경 (2022). 사회서비스 혁신 위한 시, 도 사회서비스원 기능 강화 방안 연구. 한국보건사회연구원.

이해진 (2015). 한국의 사회적경제 제도화의 과정과 지역화 전략. **지역사회학, 16**(1), 136-180.

임정문, 나직균, 김영숙, 나혜숙, 안원철, 전대성 (2016). **사회복지정책론.** 동문사.

장인협 (1986). **사회복지학개론.** 서울대학교출판부.

정경희, 이현주 (2006). 한국의 사회서비스 쟁점 및 발전전략. 한국보건사회연구원.

정영숙・한상일 (2011). **사회복지정책론.** 공동체.

정진경 (2024). 사회서비스 진흥을 위한 사회서비스원의 역할과 발전 방안, 한국사회복지학회 추계학술대회 중앙사회서비스원 세션 기조발제.

조영구, 이재문, 이은모 (2016). **사회복지정책론.** 정민사.

중앙일보 (2019.11.12.). 신성식의 요람에서 무덤. 아동·청년·농민 수당 폼 잡기 좋지만….

최기영 (2018). 복지재정 확충을 위한 과세형평성 및 국민개세주의관점의 조세정책 연구. 고려대학교 석사학위논문.

한겨레 (2019.11.10). 진로 못 찾은 청년의 76.6%, 청년수당 받자 목표 생겨….

한국근현대사사전 (2005.9.10). 한국사사전편찬회.

한국조세재정연구원 (2017). OECD 회원국의 조세통계로 본 국제동향.

한국조세재정연구원 (2018). 주요국의 조세동향. 2018년 2호.

한국조세재정연구원 (2019). 주요국의 조세동향. 2019년 1호.

한면희 (2010). 현실 녹색정책의 이념과 생태주의 사상. **동서사상 연구소, 2,** 162~179.

한상진 (2019). 사회적경제 활성화 요인에 관한 연구. 목표대학교 대학원 박사학위논문.

한인정 (2018). 기본소득 담론 연구. 가톨릭대학교 대학원 석사학위논문.

현대경제연구원 (2018). 조세재정정책의 소득재분배효과 국제비교와 시사점, 통권 818호.

현외성 (1996). **사회복지학의 이해.** 유풍출판사.

현외성 (2004). **사회복지정책강론.** 양서원

현외성 (2014). **핵심 사회복지정책론.** 양서원.

현외성 (2016). **사회복지정책강론**. 양서원.

현외성, 강욱모 역 (1999). **전환기의 복지국가**. 경남대학교출판부.

홍봉수, 조당호, 임현진, 금기윤, 장승전, 조웅, 배재덕, 정문진, 성시한, 김남식, 한성수 (2019). **사회복지정책론**. 공동체.

Beveridge, W. (1942). *Social Insurance and Allied Services.* Reprinted 1984. London: HMSO.

Briar, S. (1969). *Why Children Allowances.* Social Work.

Chaplin, J. P. (1968). *Dictionary of Psychology.* New York, Dell Publishing Co, Inc.

Dye, T. R. (1984). *Understanding Public Policy.* Englewood Cliffs, NJ: Prentice-Hall, Inc.

Esping-Andersen, G., Gallie, D., Hemerijck, A., & Myles, J. (2002). *Why We Need a New Welfare State.* Oxford University Press.

Esping-Anderson, G. (1990). *The Three Worlds of Welfare Capitalism.* Policy Press.

Freeman, H., & Sherwood, C. (1970). *Social Research and Social Policy.* Englewood Cliffs, NJ: Prentice-Hall, Inc.

Gilbert, N., & Specht, H. (1981). Title XX Planning by Area Agencies on Aging: Efforts, Outcome, and Policy Implication. *The Geronatologist, 19*(3), 264-274.

Gilbert, N., & Terrell, P. (2002). *Dimensions df Social Welfare Policy.* 5th ed. Boston: Allyn and Bacon.

Gilbert, N., & Terrell, P. (2007). *Dimensions od Social Welfare Policy.* Pearson Education Inc.

Gillbert, N., & Terrell, P. (2014). *Dimensions of Social Welfare Policy.* Essex, UK: Pearson Education, Inc.

Marshall, T. H. (1970). *Social Policy in the Twentietb Century.* London: Hutchinson.

Myrdal, A. (1968). *Nation and Family.* Cambridge, MA: MIT Press. 133-153.

Pampel, F. C, & Williamson, J. B. (1989). *Age, Class, Polities and the Welfare State.* Cambridge: Cambridge University Press.

Pigou, A. C. (1920). *Economics of welfare.* London: Macmillian

Powell, M., & Hewitt (2002). *welfare state and welfare change.* Buckingham, UK: Open University Press.

Sainsbury, R. (1999). The Aims of social Security. in J. Ditch (Ed.). *Introduction to Social Security: Policies, Benefits and Poverty.* London: Routledge.

Taylor-Gooby, P. (2004). New Risk, New Welfare; The Transformation of European Welfare State. Oxford University Press.

Veit-Wilson, J. (1999). Poverty and the Adequacy of Social Security. in J. Ditch (Ed.). *Introduction to Social Security: Policies, Benefits and Poverty.* London: Routledge.

Webb, A. L., & Sieve, J. E. B. (1970). *Income Redistribution and the Welfare State.* London: Bell and Sons.

국가기록원 기록정보서비스. http://www.archives.go.kr

국민건강보험공단. http://www.nhis.or.kr

국민연금공단. http://www.nps.or.kr

기획재정부. http://www.moef.go.kr

보건복지부 사회서비스 전자바우처. http://www.socialservice.or.kr

보건복지부 정책정보. http://www.mw.go.kr/front_new

보건복지부 통계포털. http://stat.mw.go.kr

보건복지부. http://www.mohw.go.kr

복지로. http://www.bokjiro.go.kr

사회보장정보원. http://www.socialservice.or.kr

사회서비스 전자바우처. https://www.socialservice.or.kr

저/ 자/ 소/ 개

조추용

대구대학교 사회복지학과 졸업
(일본)佛敎大學 대학원 사회학 석사 및 박사
현재, 꽃동네대학교 사회복지학부 교수

저서 및 논문
노인의 일상적 스트레스와 고독감 간의 관계에서 여가만족의 매개효과에 관한 연구(한국케어매니지먼트연구, 제26권, 2018)
농촌지역 경로당 프로그램 참여가 행복감에 미치는 영향에 관한 연구(사회복지실천과 연구, 제16권 1호, 2019)
노인요양시설 요양보호사의 안전관리 인식수준과 안전사고 대응태도가 노인돌봄태도에 미치는 영향(한국케어 매니지먼트연구, 제32호, 2019)
노인복지론(공저, 창지사, 2019)
지역사회복지론(공저, 양서원, 2018) 등 다수

이채식

대구대학교 사회복지학과 졸업
(일본)도시샤대학 대학원 사회복지학 석사
경기대학교 대학원 사회복지학 박사
현재, 우송정보대학 사회복지과 교수

저서 및 논문
중고령 장애인의 취업자와 미취업자 간의 제반 특성비교를 통한 취업 결정요인(장애와 고용, 2014)
중도장애인의 취업결정에 영향을 미치는 심리사회학적 특성과 종단적 변화에 관한 연구(장애와 고용, 2015)
장애인의 일자리 만족에 영향을 주는 요인에 관한 연구(GRI, 2016)
임금근로장애인의 직업적 능력이 일자리 만족에 미치는 영향(GRI, 2018)
장애인복지론(공저, 창지사, 2018)
사회복지실천론(공저, 창지사, 2017) 등 다수

전영록

대구대학교 사회복지학과 졸업
영남대학교 행정대학원 행정학 석사
대구대학교 사회복지대학원 철학 박사
현재, 제주관광대학교 사회복지과 교수

저서 및 논문
재가장애인의 건강체육시설 이용 만족도에 관한 연구(공저, 사회복지실천연구, 2024)
노인돌봄서비스 이용의향에 미치는 영향요인 연구(공저, 사회복지실천연구, 2023)
인간행동과 사회환경(공저, 양성원, 2025)
장애인복지론(공저, 창지사, 2024)
자원봉사론(공저, 공동체, 2023)
사회복지학개론(공저, 창지사, 2022)

오선영

충북대학교 학사, 일반대학원 석사, 박사수료
대전대학교 사회복지대학원 석사(사회복지학)
원광대학교 일반대학원 박사(가정아동복지학)
현재, 충북보건과학대학교 복지행정과 교수

저서 및 논문
청소년의 식생활 및 영양상태와 정신건강(한국엔터테인먼트산업학회논문지, 2016)
노인의 생활만족도에 관련된 노인의 가족기능과 외로움(노인복지연구, 2008)
조손가정 아동의 생활경험에 대한 사례연구(아동권리연구, 2006)
사회복지실천기술론, 사회복지현장실습, 인간행동과 사회환경, 사회복지조사방법론 등

이승민

청주대학교 사회복지학과 졸업
숭실대학교 일반대학원 사회사업학 석사
서울시립대학교 일반대학원 사회복지학 박사
현재, 동원대학교 사회복지학부 교수

저서 및 논문
자기결정권의 의미와 판단기준 : 성년후견제도를 중심으로(한국케어매니지먼트연구, 2020)
사회서비스 공급체계의 공공성 실현방안(한국케어매니지먼트연구, 2022)
장애인평생교육복지연구, '발달장애인 주간 및 방과후 활동서비스 현황과 과제'(장애인평생교육복지연구, 2022)
노인복지론(공저, 양서원, 2024)
장애인복지 이해와 실천(공저, 정민사, 2011)

정미경

한국교통대학교 행정정보학과 졸업
건국대학교 사회과학대학원 사회복지학 석사
충북대학교 대학원 행정학 박사
현재, 가톨릭꽃동네대학교 사회복지학부 교수

저서 및 논문
농촌 노인의 일상생활수행능력과 생활의 어려움이 정신건강에 미치는 영향요인에 관한 연구(노인복지연구, 제71권, 2016)
재가장애인의 정신건강이 자아존중감에 미치는 영향에 관한 연구(한국케어매니지먼트연구 제21권, 2016)
노인의 일상적 스트레스와 고독감 간의 관계에서 여가만족의 매개효과에 관한 연구(한국케어매니지먼트연구 제26권, 2018)
중장년 여성들의 이중부양부담과 노후준비도와의 관계에서 자아통합감과 가족결속력 다중매개효과(사회적경제와 정책연구, 2024)
중장년 여성들의 자아통합감과 품위있는 죽음태도의 관계연구(카리타스복지 총론, 제19권, 2024)
노인복지실천기론(공저, 양서원, 2020)
케어복지론(공저, 양서원, 2023) 등

사회복지정책론

초판발행 2025년 9월 5일 **1판 1쇄 인쇄** | 2025년 9월 10일 **1판 1쇄 발행**

지은이 조추용 이채식 전영록 오선영 이승민 정미경
펴낸이 최용구 | **펴낸곳 도서출판 신정**
주소 (04316) 서울시 용산구 원효로 89길 19 (원효로1가)
전화 02)3211-4782, 0266(영업부), 3211-4783(편집부), 3211-4784(팩스)
이메일 shinjeong72@naver.com | **홈페이지** www.sjbook.co.kr
등록 2001년 5월 11일 제13-702호
기획마케팅 최용구 장만동 송대용 최충구 | **책임편집** 석기은 황가연

ISBN 978-89-5912-952-2 93330
정가 27,000원